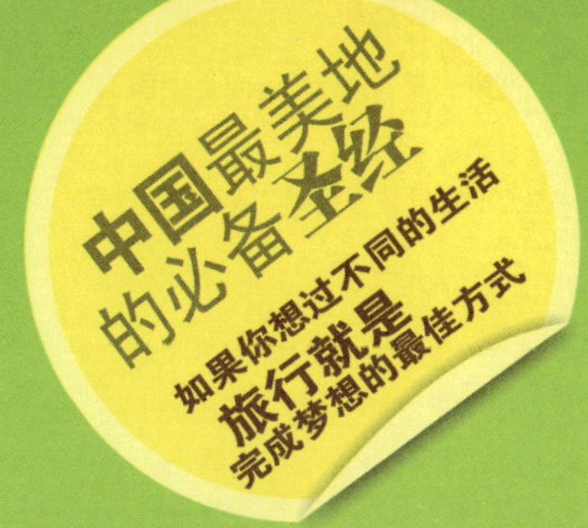

中国最美的88个地方
这辈子都要去一次

罗运模　主编

站在世界之巅的**珠穆朗玛**，眺望碧水椰风的**群岛南沙**，在**锡林郭勒**放声歌唱，让歌声飘到**天山脚下**。中国广袤大地，孕育了太多的风情，造就了太多的风物。把中国最美地融为一体，**带你一次欣赏完中国最美的88个景点**。

廣東旅游出版社
GUANGDONG TRAVEL & TOURISM PRESS
悦读书·悦旅行·悦享人生

图书在版编目（CIP）数据

中国最美的88个地方，这辈子都要去一次 / 罗运模主编.
-- 广州：广东旅游出版社, 2013.6
ISBN 978-7-80766-507-6

Ⅰ.①中… Ⅱ.①罗… Ⅲ.①旅游指南－中国 Ⅳ.
①K928.9

中国版本图书馆CIP数据核字(2013)第088262号

策划编辑：陈川
责任编辑：符皓
图片摄影：本书图片摄影作者名目见后记详述
封面设计：邓传志
图书设计：谢晓丹
责任技编：刘振华
责任校对：李瑞苑

广东旅游出版社出版发行
（广州市越秀区先烈中路76号中侨大厦22楼D、E单元　邮编：510095）
邮购电话：020-87348243
广东旅游出版社图书网
www.tourpress.cn
广州市官侨彩印有限公司印刷
（广州市番禺石楼官桥村）
889毫米×1194毫米　32开　14印张　276千字字数
2013年6月第 1 版第 1 次印刷
定价：29.80元

序

旅游不仅仅是身体上的自我放逐，更是精神上的流浪。“读万卷书，行万里路”，领悟的是大自然无穷的生命哲学。观赏自然风光，欣赏人文景观，了解历史地理，体验民俗风情，这一切都带给我们旅游的最宝贵的收获——快乐。快乐，是每个行走在途中的游人应有的态度。我徒步，不是自虐，而是在体验脚踏实地的快乐；我驾车，不是抠门，而是在寻找自由自在的快乐。

今天，随着现代交通的便捷和通信方式的发达，我们可以想去就去，说走就走，无论是雪山冰川，还是戈壁沙漠，都挡不住我们前进的脚步。崇尚“潇洒走一回”的小资也好，扛起背包就拿双脚丈量大地的野驴也好，都有一颗热爱旅游的心。我们所爱的，就是这行走在路上的感觉。

行走在路上，旅行在他乡，旅游是一种身心都需要投入的审美活动。千姿百态、灿烂夺目的景点不断地引起游客的奇思妙想，景物因此变为“人化的自然”或“自然的人化”，从而呈现出新的内容、新的境界、新的意趣。游览不同特色的景点，要带有不一样的眼光。浏览自然风光，要从雄、奇、险、秀等形象特征入手，让自然的萧声带领我们欣赏。品味人文景观，要投入情感思绪，再以情观景，欣赏景观的古、雅、致，从而领略建筑布局的结构、形态，品味出艺术作品的古朴奇特。观赏民俗风情，要了解当地的风土人情，把自己融入其中，置身于境，才能舒心地欣赏异域他乡不一样的风情。

目录
CONTENTS

山峰篇

溶洞篇

冰川篇

荒漠篇

乡村篇

城区篇

湿地篇

湖泊篇

草原篇

森林篇

瀑布篇

峡谷篇

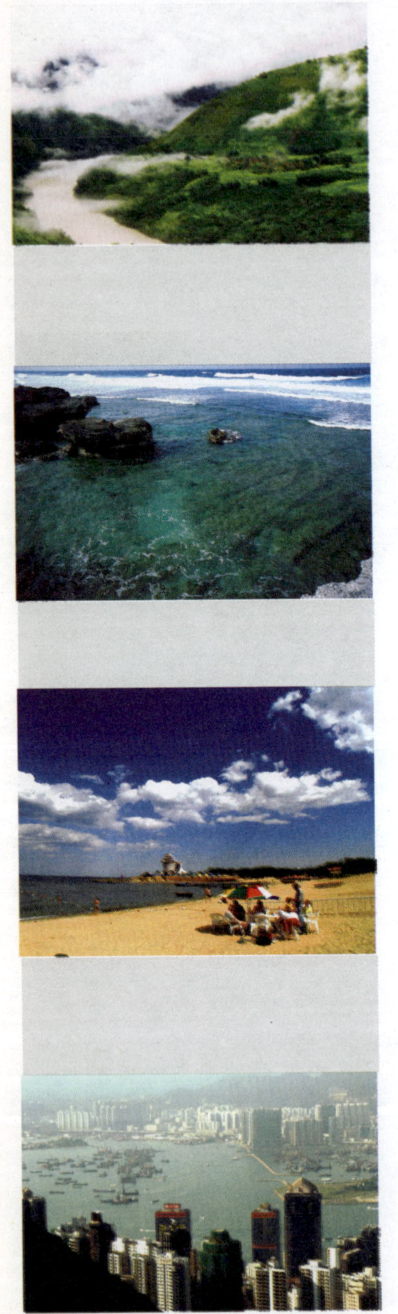

海岛篇

海岸篇

冈仁波齐↑

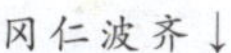

冈仁波齐↓

冈仁波齐↑

黄山↑

黄山日出↓

黄山↑

黄山↓

贡嘎山↑

央边勇雪山↑

央边勇雪山↓

庐山↑

庐山如琴湖↓

贡嘎山日照金山↑

四姑娘山↓

庐山迎客松↑

玉龙雪山↓

玉龙雪山↑

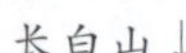

长白山↓

四姑娘山海子沟↓

四姑娘山枯树滩↑

峨眉山金顶↓

峨眉山↑

张家界天子山↑

张家界↑

张家界日出↓

梅里雪山卡瓦格博峰↑

乔戈里峰↑

乔戈里峰↓

武夷山↑

武夷山↑

武夷山九曲溪↓

夏诺多吉↑

仙乃日雪山↓

泰山唐摩崖↑

泰山天街↑

泰山脚下↓

泰山↑

黄龙洞龙宫↓

本溪水洞↑

本溪水洞↑

黄龙洞千丘田↓

山不在高，有仙则灵，水不在深，有龙则灵。

有人说泰山最美，因为它自古就是皇帝祭天之地；
有人说峨眉山最美，因为它是宗教圣地；
又有人说黄山最美，
徐霞客不是说过“五岳归来不看山，
黄山归来不看岳”吗？
而现代登山者会说，珠穆朗玛峰最美，它是世界最高峰。
其实，每一座山都有自己的特点，或是巍峨，或是峻美，或是薄雾缭绕，或是冰雪封顶。
这些不同类型的高山怎是
仅仅用“最美”二字就概括得全？

登此顶峰，你将比60亿人更靠近天堂

游览时机

珠穆朗玛峰北侧地区的雨季时段为6月中旬~9月中旬，其中以7~8月降水量最大。珠穆朗玛峰地区海拔7000米以上高空风速的季节变化主要决定于副热带西风急流带（也称“南支西风急流带”）的变化。据统计，珠穆朗玛峰上空（海拔7000~9000米）的风速在1~3月和11~12月最大，一般不宜攀登。综合上述两个条件，在从珠穆朗玛峰北侧攀登顶峰的登山季节以4月下旬~6月上旬、9月中旬~10月上旬为最好。

>> 概要介绍

珠穆朗玛峰峰顶终年积雪，一派圣洁景象，峰顶岩石面海拔8844.43米。珠穆朗玛峰地区拥有4座海拔8000米以上、38座海拔7000米以上的山峰，被誉为地球第三级。

珠穆朗玛峰地形极端险峻，环境异常复杂。雪线高度：北坡为海拔5800~6200米，南坡为海拔5500~6100米。东北山脊、东南山脊和西山脊中间夹着三大陡壁（北壁、东壁和西南壁），在这些山脊中又分布着548条大陆型冰川，总面积达1457.07平方公里。珠穆朗玛峰地区气候复杂多变，即使在一天之内也往往变化莫测。

珠穆朗玛峰地区具有非常宝贵的动植物资源。珠穆朗玛峰自然保护区位于我国西藏自治区与尼泊尔王国交接处，面积338万公顷，是世界上海拔最高的保护区。保护区特殊的地理环境不仅集中了西藏西部的主要原始森林及雪豹、喜玛拉雅鹿、喜玛拉雅塔尔羊、长尾叶猴、喜玛拉雅红豆杉等国家重点保护的特有的动植物物种。世界海拔8000米以上的14座高峰中的5座就位于保护区，并保存着较为完整的极高山生态系统。据调查，保护区内共有高等植物2348种，哺乳动物53种，鸟类206种，两栖动物8种，鱼类10种，含有代表该地域特色的国家重点保护的珍稀濒危动植物47种，其中国家一级保护动植物10种，二级保护动植物28种。

>> 地理位置

珠穆朗玛峰位于喜马拉雅山中段，地处中尼边界的东段，北坡在中国西藏定日县境内，南坡在尼泊尔王国境内，处于东经86°55′，北纬27°58′。

远眺珠穆朗玛

游览线路

珠穆朗玛峰山脚下的世界海拔最高的寺庙——绒布寺，是观看珠穆朗玛峰的最佳位置，它与珠穆朗玛峰的直线距离仅20多公里。

珠穆朗玛峰处在中尼公路以南大约100公里的边境线上。从日喀则、拉孜找便车到新定日（协格尔）不是很困难，但是剩下到登山大本营的100公里，能坐上便车的机会就比较少了，所以从拉萨包车前往是最稳妥的。如果坚持要搭车，可先乘私营中巴到拉孜县，再从拉孜县找便车到协格尔西边的鲁鲁边检站。那是到珠穆朗玛峰的必经之路，这时车上如有多余位置能搭一程到珠穆朗玛峰，司机一般都不会拒绝。但是这样的车比较少，即使在旅游旺季，也可能需要等待很长的时间。所以绝大多数游客都是租车前往，而且都是坐得比较满，以便节省费用。

衣食住行

配备御寒衣服（特别厚厚的羽绒服是不可不带的）是到珠穆朗玛峰大本营旅游的重要事项。在珠穆朗玛峰旅游要有长途步行的准备。

珠穆朗玛峰大本营附近过去唯一能够提供游客住宿的地方就是绒布寺，床位每人25元。住寺庙旅店条件较差，5人一间，但在此住宿，便于观看珠穆朗玛峰的早晚景色，也还是有所值的。绒布寺门口有一藏族小伙子开的小餐馆，老板不会讲汉语，但可以用简单的英语点菜和讨价还价。小餐馆里菜的味道一般，但是价格奇贵，考虑到全都是从遥远的日喀则一路颠簸着运过来的，也可以理解了。现在，绒布寺门前又开了一些新的旅馆，大大小小有20间左右的房间，没有电，都是通铺或者简易板床，被褥比较干净，4人一间，30~40元/人。

定日珠穆朗玛峰宾馆于1997年新建了一家下属分店，即“珠穆朗玛峰雪豹客栈”，位于离珠穆朗玛峰60公里的老定日（岗嘎）。此处草原辽阔、视野宽广，从雪豹客栈可以观赏珠穆郎玛峰、卓奥友峰等名山。雪豹客栈独具特色，具有浓厚的当地藏民族风格，拥有100个床位，餐厅可以同时接待

>> 自然风光

绒布冰川位于喜马拉雅山中段的珠穆朗玛峰山脚下，是珠穆朗玛峰的重要组成部分，属于复式山谷冰川。

珠穆朗玛峰脚下发育了许多规模巨大的现代冰川，刀脊、角峰、冰斗等冰川地貌分布广泛。珠穆朗玛峰面积在10平方公里以上的山岳冰川就有15条，最大的绒布冰川长达26公里，平均厚度达120米，冰川的补给主要靠印度洋季风带两大降水带积雪变质形成。珠穆朗玛峰冰川千奇百怪，美不胜收。有千姿百态、瑰丽罕见的冰塔林，冰茸、冰桥、冰塔等，又有高达数十米的冰陡崖和步步陷阱的明暗冰裂隙，还有险象环生的冰崩雪崩区。其中最大、最著名的就是绒布冰川。

绒布冰川是一条可以游览的冰川，位于珠穆朗玛峰脚下海拔5300~6300米的广阔地带，是世界上发育最充分、保存最完好的特有冰川形态。到达珠穆朗玛峰登山大本营后，步行大约3~4小时即可到达冰塔林——冰川世界。

冰塔林是珠穆朗玛峰冰雪世界的代表，也是珠穆朗玛峰地区和喜马拉雅山脉北侧冰川的特色。因为只有在低纬度气候干燥的高海拔地区，由于太阳入射角度高，太阳辐射从冰川上面直射冰川裂隙，

洁白的珠峰

引起从上到下的消融，才能使冰塔林个体高耸、陡峭，冰塔才能成林。如果缺少任何一个条件，譬如纬度偏高、太阳入射角偏小、冰川面从侧面开始融化，则形成的冰塔林就不会高朗而陡峭。

旗云是珠穆朗玛峰的一种气象奇观。所谓“旗云”是指在珠穆朗玛峰顶端不断生成的对流性的“积云”，受强烈的高空风影响随风飘动，远望宛如一面旗帜挂在峰顶上的特殊天气现象。观测研究表明，珠穆朗玛峰顶端出现的“旗云”绝大部分是自西向东飘动，但当特殊天气来临时，“旗云”也会自东向西飘动。珠穆朗玛峰顶上的“旗云”的确可称作“世界最高的风向标”。

>> 人文景观

珠穆朗玛峰山脚下的人文景观极为丰富，其中著名的寺庙就有绒布寺、扎西通明寺、绒布德寺、桑多坡寺。

绒布寺是珠穆朗玛峰游览的大本营，它距珠穆朗玛峰仅 20 公里左右，是观赏珠穆朗玛峰的最佳地点。

绒布寺始建于 1899 年，由红教喇嘛阿旺丹增罗布创建，属红教（宁玛派）寺庙。位于珠穆朗玛峰北麓的绒布冰川末端，海拔 5154 米，是世界上海拔最高、僧尼同处一寺的寺庙。尽管称不上多么古老，但它却是世界上海拔最高的寺庙，所以景观绝妙。这里曾一度住着 500 多名僧侣，今天只剩下 50 余名僧人与尼姑。1983 年寺庙经历了大规模的修建。这里的壁画值得仔细观赏。

整个绒布寺依山而建，一共五层，现在仍在使用的只有两层。据说当初之所以把寺庙建得这么高，主要是因为这里清静，便于修行。不过由

50 个客人，还设有观望台、商务中心、酒吧等，床铺 30~70 元/铺。

注意事项

珠穆朗玛峰地区不但是极高的寒冷地区，而且还是边境地区，因此有诸多注意事项：

1.切记无论如何不要在冬天或者 7~8 月去看珠穆朗玛峰，因为那时通常不是天气不好就是道路不好。

2.去珠穆朗玛峰必须办护照，或者边境通行证。但在西藏办证很麻烦，所以出行前最好在户口所在地办妥。办证时填写前往地点，最好是写聂拉木县樟木。

3.旅游者进入珠穆朗玛峰自然保护区时，都要办理一张“通行证”。离开新定日之前在新定日路口的旅馆办理进山手续。

4.请妥善处理个人垃圾。在旅游途中，游客如果有废弃物，可以生物降解的就挖个坑埋在土里，能烧掉的就用火烧掉，不能降解的就用袋子装在车上带走。在珠穆朗玛峰自然保护区沿路的每一住宿地都有垃圾箱。爱护来之不易的高原植物，当在荒野区徒步旅行时，不要践踏娇嫩的植物或采摘任何植物，请在可行的路上行走。

于珠穆朗玛峰近些年来旅游越来越热，庙里的喇嘛们就再也清静不起来了。寺外白塔下有许多当地佛教信徒们堆积的玛尼堆。不过，现在十字架和英文也出现在里面了。

>> 珠峰传奇

珠穆朗玛峰作为世界最高峰不仅是登山者向往的圣地，也是大众关注的地方。然而，在人类探险和攀登的历史上，怎样确定珠穆朗玛峰是世界最高峰？哪些人第一次走近它？又有哪些人曾经登上了世界之巅？包括登山爱好者在内的许多人都并不了解这些辉煌的故事。

历史记录中，最早对珠穆朗玛峰的测绘是在清朝康熙年间。公元1714年，清政府派出理藩院主事胜住、喇嘛楚尔沁藏布和兰本占巴三人对广大的藏卫地区进行勘测。当然，当时测量的具体的高度数值我们现在无从得知，只是在1717年官方出版的《皇舆全览图》中，现今珠穆朗玛峰的位置上，有一个明确的标示：“朱母郎马阿林”！

世界第一高峰当然也是世界登山运动者瞩目和向往的地方。珠穆朗玛峰的攀登活动开始于20世纪初，而到了1953年，才由英国登山队在队长约·汉特的带领下，有两名队员登上顶峰，他们是新西兰人依·希拉里和藤辛·诺尔盖。而中国登山队也于1960年5月25日在突击队长王富洲的率领下，首次由北坡中国边境内登上了世界最高峰。这些先驱者们为以后的登山运动员提供了宝贵的信息。此后，各国登山队不断攀越顶峰。截至2005年6月，中国健儿已经15次共计65人登临“地球之巅”。

冰塔林

南迦巴瓦峰

——直刺苍穹的长矛

为雅鲁藏布江所环绕的峻美神峰

>> 概要介绍

“南迦巴瓦”藏语意为“直刺蓝天的战矛”，而地质学家则将其比喻为一根锁定乾坤的神针。南迦巴瓦峰也叫“那木卓巴尔山”，藏语意为“天上掉下来的石头”，有“众山之父”之称。

南迦巴瓦峰是喜马拉雅山脉东端的最高峰。它之所以被评选为中国最美的十大名山之首，主要是因为雅鲁藏布江的环绕及其大峡谷的壮美。雅鲁藏布江自喜马拉雅山脉西段的冰峰雪山发源，沿喜马拉雅北坡山谷一直向东，历程1000多公里，流至喜马拉雅山脉东段尾翼，在林芝、米林、墨脱、波密4县交界处直转南下，形成一个马蹄形大峡湾。在这个峡湾内侧，就是世界第十五高峰、海拔7782米的南迦巴瓦峰。

游览时机

欲睹南迦巴瓦险峻的奇峰，最好的季节是秋末冬初，此时秋高气爽，看到南迦巴瓦峰的机率会大很多，是休闲旅游、观山看景的好时机。

南迦巴瓦地区雨季较长，一般从5月延续至9月，尤其是7~9这3个月，几乎天天降雨，同时云量也很大，峰体终日云雾缭绕。从11月~翌年4月为旱季，天气以晴为主；每年的2~4月和10~11月，是旱季和雨季的交替期，是选择登山的好时机。

游览线路

南迦巴瓦地区峰高沟深，景区内交通极为不便，因此一般的（休闲、自助）旅游者只可以在较远的距离遥望南迦巴瓦峰。

从拉萨出发，沿康藏公路东行至八一镇，全程404公里。而沿尼洋河南下，经雅鲁藏布江冈嘎大桥到米林县城，行程75公里。从米林县城沿雅鲁藏布江东行91公里至海拔3100米的派乡。从派乡沿简易公路北上18公里，经大渡卡乡至格嘎。然后步行到海拔3512米的南迦巴瓦登山大本营。

对于旅游者来说，比较容易到达的观赏地点有两个，一个是在色季拉山口，另一个是在派乡附近的大渡卡村和直白村。当然了，想要看到最辉煌的雪山景色，还是要走进大峡谷里面，那种扑面而来的震撼感绝对会让你终生难忘。

南迦巴瓦峰所在地区的极其复杂的地质构造，形成了该地区异常险峻的地形。雅鲁藏布江大峡湾沿着一系列断裂带发育，随着青藏高原分阶段地隆起，河流相应下切，使山峰至河谷高差达5000~6000米，成为世界罕见的高峰深谷。而且河流从峡湾入口处的海拔2800多米至出口处的海拔900余米，落差近2000米，河面平均坡降达到10%，因此河水湍急、奔腾咆哮。

大峡湾地区南侧直接面对印度洋，暖湿的西南季风可沿雅鲁藏布江北上，使该地又受到海洋性气候的影响。高峰峡谷、充沛的降水和温暖的气温，为该地自然地理的垂直分布提供了良好的条件。谷底的雅鲁藏布江畔是大片浓阴遮日的热带雨林，循着山坡往上，各种阔叶树相互参差。雪线以上白雪覆盖，一片冰清玉洁。可以毫不夸张地说，南迦巴瓦峰地区是一个地跨热带和寒带的不可多得的“自然博物馆”和“绿色基因库”。

南迦巴瓦峰多为陡壁悬崖，山谷中发育着数十条巨大的冰川，常年被冰雪覆盖。该地区冰川大都属于海洋性冰川，运动较快；受气温和降水的影响，加之地势陡峭，冰、雪崩十分频繁。

南迦巴瓦峰

>> 地理位置

南迦巴瓦峰位于西藏米林县，是喜马拉雅山和念青唐古拉山的会合处，雅鲁藏布江在此流过。南迦巴瓦峰在雅鲁藏布江大拐弯的南侧，它是林芝、墨脱、米林的界山，处于东经95°，北纬29°36′。

>> 人文景观

南迦巴瓦峰位于林芝、墨脱、米林的界山怀抱，这里是中国人数极少的门巴族、珞巴族等少数民族的聚居地，他们的生活习惯和宗教信仰都保留着浓厚的原始色彩。这一带山高水长、人所难及，是世界上仅存的绝少为人类所涉足的净土之一。

南迦巴瓦在藏区是很著名的神山，每年都会有很多的藏族群众到这里来“转山”。居住在这里的藏族人民对这座“神山”有他们来自生活实践的敬畏。他们认为，“神山”那高耸的峰顶是神仙们居住的宫殿，并有与天神交往的通天之路。在南迦巴瓦峰下是禁止打猎的，他们认为那样会惊扰居住在顶峰的山神，即使砍伐树木，藏民们也是小心翼翼，生怕惊动山神。其实，这是由于南迦巴瓦峰极易发生雪崩，任何稍大一些的声响均可能导致雪崩。曾有一支在雪山进行登山活动的登山队为了招呼队员吃饭而敲打铁盆，结果就招来雪崩！

>>神话传说

南迦巴瓦在藏语中有多种解释，一为“雷电如火燃烧”，是指其复杂多变，难以征服；另一为“直刺天空的长矛”，指其高大挺拔，形似长矛。后

衣食住行

南迦巴瓦地区既有陡壁悬崖，又有许多巨大的冰川，冰雪较多，温度变化大，到该地区旅游应多带衣服。

南迦巴瓦地区山高沟深、植被繁茂、降雨量大。到该地区旅游，雨具是必须要携带的。

南迦巴瓦地区属于人烟稀少地区，在风景区的饮食主要由游客自带干粮来解决。特别是对于登山者来说，更是需要携带富含热量的干粮。

一般旅游者不需要在景区住宿。登山者则需要携带帐篷、睡袋等居住用品。

除参加旅游团集体游览者外，自助旅游者要有长途步行的准备。登山者则需要有更好的体力，不但能够长距离步行，还要具有爬山技能。

自助旅游，可以从西藏拉萨出发，也可以从八一镇出发，甚至可以从米林县城出发。前面已经介绍过，由于该地区的交通不便，自助旅游会遇到较多的困难，请慎重选择。

自驾车旅游者可以开车直接前往南迦巴瓦地区旅游。这种旅游一般有四条路径：

一是从拉萨出发，经八一镇前往南迦巴瓦地区；二是从成都出发，经甘孜、昌都、八宿前往南

壮美的南迦巴瓦峰

迦巴瓦地区（川藏北线）；三是从成都出发，经巴塘、芒康、八宿前往南迦巴瓦地区（川藏南线）；四是从昆明出发，经德钦、芒康、八宿前往南迦巴瓦地区（滇藏线）。

一个名字来源于《格萨尔王传》中的“门岭一战”。在《格萨尔王传》中将南迦巴瓦峰描绘成状若“长矛直刺苍穹”。由这些充满阳刚的名字里，我们大概也能揣摩出南迦巴瓦峰的刚烈与不可征服。

南迦巴瓦峰主峰高耸入云，不可尽视。当地人相传，天上的众神时常降临其上聚会和煨桑，那高空风造成的旗云就是神们燃起的桑烟；山顶上还有神宫和通天之路，因此居住在峡谷地区的人们对这座陡峭险峻的山峰都有着无比的敬畏。

关于南迦巴瓦峰另外还有一个广为外界所知的传说。相传很久以前，上天派南迦巴瓦和加拉白垒镇守东南。弟弟加拉白垒勤奋好学、武功高强，个子也是越长越高，哥哥南迦巴瓦十分嫉妒，于是在一个月黑风高之夜将弟弟杀害，将他的头颅丢在了米林县境内，化成了德拉山。上天为惩罚南迦巴瓦的罪过，于是罚他永远驻守雅鲁藏布江边，永远陪伴着被他杀害的弟弟。这个神话故事很生动地向我们解释了这两座山的特点：我们现在看到的加拉白垒峰顶永远都是圆圆的形状，那是因为它是一座无头山；南迦巴瓦则大概自知

罪孽深重，所以常年云遮雾罩不让外人一窥。

>> 登山历史

由于南迦巴瓦峰所在的雅鲁藏布大峡谷地区地质的构造复杂、板块构造运动强烈，造成南峰地区山壁耸立、地震、雪崩不断，攀登难度极大，因而使南迦巴瓦峰很长时间以来都是一座最高的未被人类登上的“处女峰”，直到 1992 年 10 月 30 日方由中日联合登山队登顶成功。这是 20 世纪仅有的一次人类在其顶峰留下足迹。

险峻的地形，恶劣的气候给攀登南迦巴瓦峰增加了极大的困难。早在 1910 年，就有英国人进入该地区活动。几十年过去了，各国登山家们进行了许多尝试，终归失败。1984 年，中国登山队首次冲击南迦巴瓦峰，但初战失利。1991 年，中日两国联合组队，再次挑战南迦巴瓦峰，谁知又遭变故，再度功败垂成。1992 年，中日两国再次联合组队，第三次挑战南迦巴瓦峰，获得成功——中日两国联合登山队共 11 名队员全部成功登顶。

眺望南迦巴瓦峰

注意事项

在南迦巴瓦地区旅游主要是要注意交通安全和雪山安全。川藏线和滇藏线均在崇山峻岭、高山峡谷中穿行，经过这些线路的自驾车旅游者要十分注意沿途的交通安全。

南迦巴瓦地区旅游的游客要注意以下一些事情：

1.有严重高血压、心脏病患者不宜去西藏，严重感冒者请不要进藏。

2.西藏地处高原，大部分游人或多或少会有高原反应，要注意休息。当有高原反应时，可适当服用一些药品（如红景天、诺迪康等），或适当吸氧，或寻找医务人员帮助。

3.由于西藏条件特殊，宾馆大多没有空调，要注意自身保暖，第一天请尽量不要洗澡，以免感冒。

4.拉萨—林芝要翻越海拔 5030 米的米拉山口，景色壮丽，但天气寒冷，要注意保暖。

5.出行前购买足够的胶卷，建议带上 8~12 卷。

6.对于那些登山者来说，最主要的是要注意避免遭遇雪崩，因为在该地区是雪崩最为频繁的地区。

长年不化的雪

游览时机

该区属温带亚热带高原气候，气候变化较大，每年6~10月为雨季，11月~翌年5月为旱季。一年里气温最高是4~5月份。一般的旅游活动的最佳时机是4~5月或10~11月。登山活动多选择在旱季和雨季交替期。

>> 概要介绍

贡嘎山是横断山系的第一高峰，也是世界著名高峰之一。海拔7556米的主峰及其周围姊妹峰终年白雪皑皑，晴天金光闪闪，阴天云海茫茫，姿态神奇莫测，可谓自然界一大奇观。

贡嘎山地区地质构造活动频繁，产生了许多断裂褶皱。随着山体的抬升，河流东西两坡之间形成高差近5000米的峡谷。贡嘎山主峰有4条主山脊：西北山脊、东北山脊、西南山脊、东南山脊。由于该地区岩层以花岗岩为主，加上长期冰蚀作用，狭窄的山脊犹如倾斜的刀刃，坡壁陡峭，岩石裸露，坡度多大于70°。

由于贡嘎山主峰相对高度达海拔5500米以上，终年白雪皑皑，银光闪耀，数百里之外均可看见它那直插云霄、气势磅礴的雄姿，再加上时

而蓝天陪衬，时而白云缠腰，又给人变幻莫测之神秘感。山脚气候温和，植被茂盛，林海茫茫，山花烂漫。

贡嘎山地区是动植物大观园。贡嘎山地势高低悬殊，自下而上处于亚热带、暖温带、寒温带、亚寒带、寒带、寒冷带、冰雪带 7 个气候区。特定的地理环境和特殊的气候条件形成了多层次的立体植物带和特有的自然景观。海拔 5000 米以上的山峰终年积雪，低海拔、无人烟的山坡地带森林密布、郁郁葱葱。该地区生态环境原始，森林受人类活动的影响小，植被完整，几乎拥有从亚热带到高山寒带能生存的所有植物物种达 4880 余种。珍稀植物种类繁多，属国家保护的珍稀物种就达 400 余种。东部河谷地区还遗留了不少被称为“活化石”的古老的动植物。栖息在这里的野生动物达400 余种，珍稀保护动物有 28 种，堪称世界野生动、植物的大观园。

>> 地理位置

贡嘎山坐落在青藏高原东部边缘，在横断山系的大雪山中段，位于大渡河与雅砻江之间，在四川省康定、泸定、石棉、九龙 4 县环抱之中，面积 1 万平方公里。贡嘎山山体南北长约 60 公里，东西宽约30 公里，地处东经 101° 48′，北纬 29°36′。

贡嘎山

游览线路

前往贡嘎山攀登主峰的登山者有两条进山路线可以选择。一条线路是从成都乘车沿川藏公路前行，经雅安、康定至六巴，全程 474 公里。再从六巴换畜力经上木居、子梅村，可到贡嘎山南侧的贡嘎寺登山大本营，从此处开始雪山登顶活动。另一条路线是从泸定南下到磨西镇，经海螺沟或燕子沟，到达贡嘎山东南或东北侧，由此开始登山活动。

而经海螺沟攀登贡嘎山的登山者可先乘车到达海螺沟游览区的三号营地，然后再步行登山。一般游客到达海螺沟后，即可观赏贡嘎山和冰川。关于海螺沟的游览，读者可参阅本书“海螺沟冰川”一篇。

注意事项

1.贡嘎山是进行登山探险的好地方。在此登山的注意事项与其他地方登山的注意事项基本相似，即最主要的是要注意雪崩。另外，如果从海螺沟或燕子沟攀登，则还要注意冰崩的危险。

2.贡嘎山不但是进行登山探险的好地方，更是冰川旅游胜地。事实上，绝大多数的游客都是冲着其著名的海螺沟冰川而来的，因为在这里可以观看到亚洲海拔最低的海螺沟冰川。

3.由于贡嘎山地处川西人烟较为稀少的地区，因此当地百姓对其造成的环境损害较少，故该地仍属于环境优良地区。另外，由于游览贡嘎山的游客主要集中在海螺沟，因此只要做好对海螺沟及其冰川的环境保护工作，就能比较好地保持该地的环境质量。

>> 自然风光

贡嘎山为国家级风景名胜区，以贡嘎山为中心，由海螺沟、木格错、五须海、贡嘎南坡等景区组成，拥有众多的自然景观。

日照金山是贡嘎山地区最负盛名的自然景观。在天气晴朗的早晨，每当一丝血红的阳光从背光的云层裂缝中显现出来时，50 多座峻峭挺拔的雪峰如一把把金色的利剑直刺云霄，光亮耀眼。

冰川众多是贡嘎山的特色之一。在海拔 7556 米贡嘎山的主峰周围，林立着 145 座海拔五六千米的冰峰，形成了群峰簇拥、雪山相接的宏伟景象。贡嘎山有现代冰川 71 条，著名的有海螺沟一号冰川、贡巴冰川、巴旺冰川、燕子沟冰川、磨子沟冰川等。海螺沟冰川是国内同纬度海拔最低的冰川，最低点为海拔 2850 米，伸入原始森林 6 公里，形成冰川与森林共存的绝美景观。这里还有中国最大的冰瀑布，高 1080 米、宽 1100 米，每当雪崩、冰崩发生时，贡嘎山地区冰雪飞腾，响声如雷，气势磅礴壮观。冰川运动形成了许多的冰川弧、冰川断层和冰塔、冰桥、冰川石蘑菇、冰城门等许多奇异的冰川造型。

冰山湖泊星罗棋布是贡嘎山的特色之二。十多个高原湖泊分布于景区内，著名的有木格错、五须海、人中海、巴王海等。这些冰山湖泊或在冰川脚下、或为森林环抱，水色清澈透明，保持着原始、秀丽的自然风貌，仿若“瑶池仙境”。

温泉分布广泛是贡嘎山的特色之三。山中活动性断裂带上分布有许多温泉，水温介于 40~80℃之间，有的甚至高达 90℃。著名的有康定二道桥温泉和海螺沟温泉。

>> 人文景观

贡嘎山地区为少数民族地区。游客不但可以游览区内的贡嘎寺、塔公寺等藏传佛教寺庙，更可领略到藏族、彝族等丰富多彩的民族风情。

转山朝圣是生活在贡嘎山地区藏族群众的一项虔诚的宗教活动。对于生活在贡嘎山周边的藏族人来说，贡嘎山无疑是他们心中所崇仰的圣山。特别是对于生活在贡嘎山西北部的玉农希以及老榆林地区的藏族人来说，至今仍然保留着围绕贡嘎山麓巡礼一周的传统。无论路途是多么的崎岖，需要翻越多高的山口，为了表示对圣山的崇敬以及虔诚，他们都会带着坚定的信念徒步走上一圈。

对于玉农希的人来说，他们的转山一般是翻越海拔4648米高的盘盘山口，走到康定的老榆林，然后再翻越海拔3846米高的雪门坎山口，沿着雅家埂河走到泸定县的磨西，再从磨西到石棉县的草科藏族乡，沿着田湾河经过巴王海抵达子梅村，最后来到能够展望到圣山的贡嘎寺朝拜。这座位于贡嘎山山腰处闻名于世的古庙，虽然现在仅有一个喇嘛在打理，风光不再，但它却是贡嘎雪山攀登者们的一个重要的驿站。

贡嘎景色

传奇故事

贡嘎山主峰是一座较早为人类所征服的雪山。在人们将其征服的过程中，有成功的喜悦，也有失败的教训，更有死亡的悲剧。

1957年5月，中国登山队首次攀登海拔7000米以上的高峰时，就选择了贡嘎山。6名登山队员克服了经验不足、装备简陋、技术不成熟的重重困难，经历了九死一生的生死考验，终于登顶成功。贡嘎山登山史上最为传奇的一个事件是日本登山队员松田宏也遇险被困19天生还的奇迹。松田宏也在雪线以上无保暖无食物的情况下竟然生存了19天，这种生命和意志的奇迹，已经被很多生存教科书作为极限生存的典范。

在众多的雪山中，贡嘎山是攀登中死亡率最高的雪山，其死亡率高达90%。从1957年至今，共有24人成功登顶，同时也有22人遇难。至今，在贡嘎脚下的海螺沟四号营地的长草坝，以冰镐和绳索图案组成的纪念碑沉默于丛林之中，遥望着令英雄折戟的贡嘎主峰。

洗涤心灵的雪山

>> 概要介绍

梅里雪山包括怒江、迪庆州以及丽江地区、大理州的部分地区。西与缅甸相接，北与四川、西藏毗邻。景区内有怒江、澜沧江、金沙江 3 个风景片区，8 个中心景区，60 多个风景点，总面积 3500 多平方公里。三江并流、高山雪峰、峡谷险滩、林海雪原、冰蚀湖泊，广阔美丽的雪山花甸、丰富的珍稀动植物、壮丽的白水台、独特的民族风情等，都令人神往。

梅里雪山是云南最壮观的雪山山群，绵延数百里的雪岭雪峰，占去德钦县 34.5%的面积。海拔 6000 米以上的太子十三峰各显其姿，又紧紧相连。迪庆藏族人民在梅里雪山脚下留下了世世代代的生存痕迹，也将深厚的文化底蕴赋予了梅里雪山。从州府中甸乘车至德钦县城，再往城东行

游览时机

梅里雪山天气变幻莫测，一般来说雨季在 7~8 月，但也有雨季在 9 月上旬的。

据当地朋友说，每年的 1~5 月是去看雪山的最好时机，也有摄影师说 10 月能够拍到非常好的照片，但是大家都建议不要在 7~9 月的雨季去梅里雪山，因为路太难走。

该地区的地势为北高南低，河谷向南敞开，气流可溯谷而上，受季风影响大，干湿季节分明。由于垂直气候明显，因而雪雨阴晴变化只在瞬息之间。

数公里，就到了飞来寺。此时，作为梅里雪山主体雪峰的太子十三峰就展现在视野里。若巧逢天气晴朗，便能见到那清远澄净的蓝天映衬着高洁雄奇的雪峰，卡瓦格博峰白色的锋芒直指苍穹。

>> 地理位置

梅里雪山位于云南迪庆藏族自治州德钦县和西藏的察隅县交界处，在德钦县的东北方，距离约10公里，与云南省省会昆明相距849公里。梅里雪山处于横断山脉中段怒江与澜沧江之间，北连西藏阿冬格尼山，南与碧罗雪山相接，位于东经98°36′，北纬28°24′。

>> 自然风光

云遮雾罩是梅里雪山一大奇特景观。许多时候，云就罩在雪峰之顶，或系挂于山腰，使其呈现朦胧神秘的景象。这种缥缈的景象使太子十三峰愈发神奇。在宗教气氛浓郁的迪庆及周边藏区，藏传佛教的信徒们历来把这里当作朝觐之地。

明永冰川是梅里雪山最重要的雪域冰川奇观。梅里雪山不仅有太子十三峰，还有雪山群所特有的各种雪域奇观。卡瓦格博峰下，冰川、冰碛遍布，其中“明永恰”最为壮观，它处在卡瓦格博主峰的胸膛，从海拔5500米的高度蜿蜒伸下至海拔2700米的原始森林地带，平均宽度500米，离澜沧江水面仅800米。

明永恰，是藏语名字，汉语翻译过来是：恰，冰川；明永，即火盆。明永冰川，如同处在火盆上的冰川，号称世界上少有的低纬度、低海拔季风海洋性现代冰川。

雨崩瀑布在卡瓦格博峰的南侧，它从千米悬

游览方式

游览梅里雪山可以参加旅游团，也可以自助或自驾车旅游。

从德钦的汽车站到飞来寺有时候早上有班车，但是可能赶不上看日出，最好是前一天晚上约定一辆汽车来接你去飞来寺，车费大约30~50元。看完日出再搭班车去明永冰川，可以节省包一天车的费用。如果整天包车，北京吉普大约是200~300元/天。晚上可以回德钦住，也可以在明永村住下，那里有不错的旅馆。但是，中甸和德钦之间早上8点钟后就很少有班车了，游客要注意去汽车站问清楚。

提示：在德钦的包车价格一般为：面包车200元/天，越野车400元/天。

游览线路

从德钦县城出发沿简易公路可分别到达永中乡或斯农乡。在这里换畜力或依靠人力，就可以到达雪峰脚下。

下面两个地点是梅里雪山的最佳观赏地点：

1.飞来寺烧香台：飞来寺村位于德钦往西藏的214国道上，离德钦县城约11公里，当地藏民及过往行人均在此烧香祈福，此乃观日出日落之佳境。

2.雾农顶观景台：从中甸方向进入德钦的214国道上，离德钦县城约15公里，建有13座白塔，地势开阔，颇为壮观。

以下是部分从昆明、成都、拉萨或德钦出发的自助或自驾车旅游线路：

1. 昆明—大理—丽江—虎跳峡—中甸（香格里拉）—德钦—飞来寺

2. 成都—康定—理塘—稻城—乡城—得荣—奔子栏—德钦—飞来寺

3. 成都—康定—理塘—稻城—乡城—中甸—德钦—飞来寺

4. 拉萨—芒康—盐井—德钦—飞来寺。

5. 飞来寺（德钦）—明永冰川—太子庙

6. 德钦—燕门—茨中教堂

崖倾泻而下，在夏季尤为神奇壮观。因其为雪水，从雪峰中倾泻，故而色纯气清；阳光照射，水雾蒸腾，将阳光映衬为彩虹。雨崩瀑布的水，在朝山者心中也是神圣的，他们虔诚地认为，受其淋洒可得吉祥。高山湖泊清澄明静，在各个雪峰之间的山涧凹地、林海中星罗棋布，神秘莫测；若有人高呼，就有“呼风唤雨”的效应，故而路过的人几乎都敛声静气，不愿触怒神灵。完好、丰富的森林则成为藏民们以佛心护持而未遭破坏的佛境。

>> 人文景观

转山朝圣是梅里雪山地区藏民的肉体和心灵之旅。卡瓦格博峰是藏传佛教的朝觐圣地，传说是宁玛派分支伽居巴的保护神，位居藏区的八大神山之首。每年秋末冬初，西藏、青海、四川、甘肃的大批香客千里迢迢徒步前来顶礼膜拜心灵中的自然丰碑，少则7天，多则半月；若逢藏历羊年，转经者更是增至百十倍，那全身平伏于地磕着长头的场面令人叹为观止。

转山朝圣

在滇藏川青等地的藏族人意识里，不朝拜梅里雪山，死后就没有好归宿。所以，朝山转经者络绎不绝，虔诚尤甚者则匍匐而行。据说藏历羊年为卡瓦格博的本命年，因此每逢此年，来自四面八方的朝圣者牵羊扶杖，围着神山绕匝朝拜，其场面十分壮观。朝拜路线分为内转和外转两种。外转路线为顺时针方向绕卡瓦格博神山一周，内转者先到白转经堂（雪山对岸），视为拿到入神山宫殿的钥匙，然后到飞来寺、太子寺等，最后到雨崩瀑布。十分虔诚的信徒内转之后还要外转。

飞来寺是梅里雪山地区一座历史悠久的藏传佛教喇嘛庙，建在山坡上，规模不大。有道是：山不在高，有仙则名；庙不在大，有神则灵。当年十世班禅大师曾在这里做过法事，里面供有卡瓦格博（云南海拔最高主峰之神）的神像和大量藏经；这里也是四川、西藏甚至青海的喇嘛教徒都争先前来朝圣的地方。因为这座庙宇处在一个非常开阔的位置上，因此可以在这里一览梅里雪山全貌。庙宇周围可见玛尼堆，上面插着的五颜六色的经幡在风中飘曳。山坡上，成片的青稞熟了，泛着金黄色；寺庙旁边的木楼上，挂着风干的几只羊、犬用以祭祀神灵……

>> 神话传说

如果问一个藏族人梅里雪山在哪里，他一定会茫然地摇摇头，可当你一旦提起太子雪山，他就会兴奋地告诉你关于雪山的传说故事。

传说中的“卡瓦格博”是藏族英雄格萨尔王的大臣，是一位头戴银盔，身着白色战袍，手持银箭和银鞭，骑着一匹白色神马，十分威武英俊的王子，是当地藏民信奉的神明的化身。自古到

衣食住行

梅里雪山属于高寒山区，且气候复杂多变，因此无论何时到该雪山旅游都需要多带些衣服。如果是冬天上雪山，更要带上足够的衣服、围巾、手套、防风的帽子，这是非常明智的。有一对优质的防滑靴很重要。

由于梅里雪山距离德钦县城非常近，所以吃住行均可在德钦县城解决。

游客，特别是自助游客，可以选择德钦县城，也可以住在飞来寺或明永村。如果一大早需起床看梅里雪山日出，则建议住在飞来寺。

在德钦县城有旅行者之家、德新藏家楼等。在飞来寺有梅里山庄、摄影者之家、梅里客栈等。在明永村有明永藏家风情园、明永山庄、冰川山庄等。

今，卡瓦格博不但为附近的藏民所崇敬，而且还有来自西藏、青海、四川以及更远的甘肃，笃信喇嘛教的藏民每年都成群结队或单个前来向其朝拜。信徒们有自己专门的传统朝觐路线，他们先到登贡寺和飞来寺敬香，然后按顺时针方向沿雪山山麓磕头朝拜。据说卡瓦格博是属羊的，所以每逢羊年，远近属羊的藏民全都牵着羊，跋山涉水，不辞艰辛来这里“转经”（围绕太子雪山跪拜一周）。转山途中常有朝拜者的尸体，在藏民们看来，朝觐途中死去是“升天”了，脱离了苦海，是人生最大的福分。我们一群游人围着玛尼堆，听着动人的故事，无不为之而感动，沉浸于传说之中。另外，还有一种传说，就是信徒们如有幸登上布达拉宫朝觐，在布达拉宫上向东南方眺望，能够看到卡瓦格博的白色顶峰的话，那将是一生中最大的福气。

注意事项

1.梅里雪山虽然至今仍未为人类所征服，然而却由于过度的旅游开发等人类活动导致了冰川的退缩。自 1999 年起，明永冰川的前沿从海拔 2660 米的地方向上缩进了 200 米，厚度从原来的 300 多米变成了 150 米。明永冰川从海拔 5500 多米的山体上向下蔓延，呈扇形一直延伸到 260 米处的森林地带。因此，保护梅里雪山的冰川资源刻不容缓。

2.游客要将生活垃圾带下山，并妥善处理。

梅里雪山

乔戈里峰

——遥远的秘境

高山攀登的最后梦想

>> 概要介绍

喀喇昆仑山脉绵延数千公里，呈西北—东南走向，一般海拔在6000米以上。山脉上高峰密集，包括乔戈里峰在内，紧密相连地排列着4座海拔8000米以上的世界级著名高峰，而海拔7000米以上的高峰有20多座，这里成了世界登山家们瞩目的登山中心。乔戈里山峰主要有6条山脊，西北—东南山脊为喀喇昆仑山脉主脊线，同时也是中国、巴基斯坦的国境线。其他还有北山脊、西山脊、西北山脊。北侧如同刀削斧劈，平均坡度达45°以上。从北侧大本营到顶峰，垂直高差竟达4700米，是世界上海拔8000米以上高峰垂直高差最大的山峰。峰巅呈金字塔形，冰崖壁立，

登山时机

乔戈里峰位于非常偏远的地区，不属于良好的观光地区，但却是世界登山家们瞩目的第二个登山中心。

对于观光旅游的游客来说，游览乔戈里峰地区的最佳时间是5~6月中旬或9~10月中旬。

登山活动的最佳时机应安排在5~6月初进山，其时河水虽涨，但不太严重；7~9月，山顶气温稍高，好天气持续时间较长，是登顶的好时间。

衣食住行

乔戈里峰地区不但地形险恶，气候恶劣，而且地处荒凉偏僻地区，无论是到该地区游览或是登山，衣食住行等一切事务均需要自行解决。由于进山路线漫长，应该多带衣服和食品，以防不测。

注意事项

1.每年5~9月，该地区进入雨季，且雨大，持续时间较长，进山一定要带雨具。

2.每年9月中旬至翌年4月中旬，西风凛冽，寒冷异常。峰顶的最低气温可达−50℃，最大风速可达25米/秒以上，此时禁止登山。

3.如果要到乔戈里峰登山，则要做好策划和准备工作。登山的计划很重要，有了充分的准备，即使遇到意外情况也能沉着应对；反之，就可能直接导致登山的失败。像攀登海拔8000米的大型登山，一定要做好计划，物资一定要有盈余。

4.乔戈里峰地区属于穆斯林信徒聚居地区，要注意尊重他们的宗教信仰。

山势险峻，在陡峭的坡壁上布满了雪崩的溜槽痕迹。北侧的冰川叫“乔戈里冰川”，地形复杂多变。冰川表面破碎，明暗冰裂缝纵横交错。冰川西侧山谷为陡峭岩壁，滚石、冰崩、雪崩频繁。乔戈里峰两侧就是长达44公里的“音苏盖提冰川”。

乔戈里峰进山路线是我国目前开放山峰中最长的路线。从南疆重镇叶城乘汽车沿新藏公路到麻扎，再沿简易公路行25公里到达麻扎达拉。从这里开始步行6天，行程90公里方能到达乔戈里峰登山大本营（海拔3924米的音红滩）。这段路要翻过海拔4800米的阿格勒达板进入克勒青河谷，要避免7~8月克勒青河河水的暴涨，此时人畜均无法通过。

>> 地理位置

乔戈里峰是中国和巴基斯坦的界山，坐落在喀喇昆仑山的中段。乔戈里峰的北侧在中国的新疆维吾尔自治区喀什专区的叶城县境内，南侧属于巴基斯坦，位于东经76°30′，北纬35°54′。

>> 自然风光

音苏盖提冰川是中国已知的最大冰川，位于新疆喀喇昆仑山上乔戈里峰北坡，长约 30 公里，冰舌长约 4200 米，冰川末端的海拔 3948 米，其融水注入叶尔羌河。乔戈里峰登山大本营，即音红滩是观看该冰川的理想地点。音苏盖提冰川面积达 380 平方公里，估计冰储量不少于 116 万立方米。它是由 4 条巨大的支冰川和十余条规模不等的冰流汇合而成的树枝状山谷冰川。冰川末端下伸至海拔 3948 米左右的谷地中，冰川消融区表碛密布，冰塔林发育十分完全，裂隙密集，又称为“裂隙冰川”。

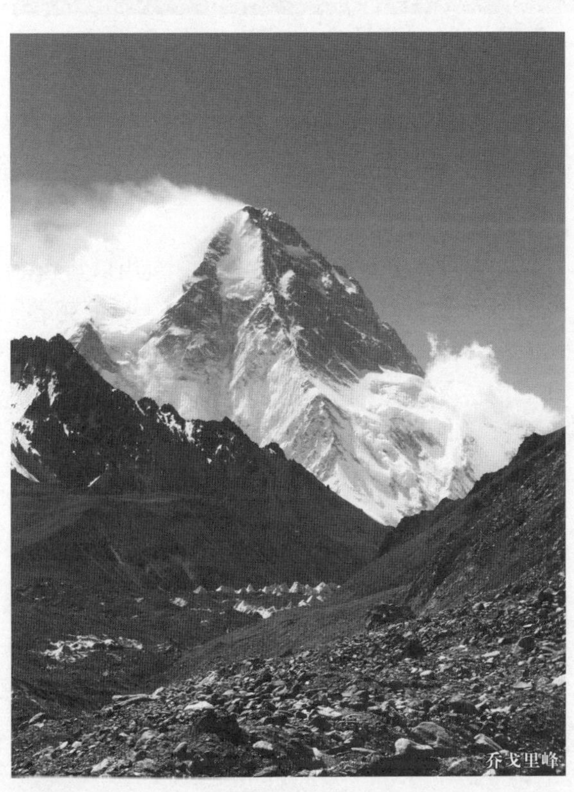

乔戈里峰

登山线路

就目前来说，乔戈里峰地区不是一般游客前往游览的地区，因此前往该地的人主要是自助旅游者和登山者。攀登乔戈里峰主要有北山脊攀登路线和西壁北山脊攀登路线两条线路。一般来说，乔戈里峰的登山线路是从麻扎开始的。下面是日本横滨山岳会登山队于 1990 年成功登顶乔戈里峰的登山路线。

麻扎—伊力—两叉—第二羊圈—第一红柳滩—第二红柳滩—大本营—登山。

攀登乔戈里峰是非常耗费时间的，日本登山队这次登山活动从 5 月开始，持续到了 8 月，前后共花费了 4 个月的时间。

黄山

——奇松怪石的展览馆

五岳归来不看山，
黄山归来不看岳。

>> 概要介绍

在大自然鬼斧神工的造化下，黄山以其独特的风貌耸立在皖南山区。它似一幅天然的画卷，一首无声的诗歌。它广积华山之险峻、岱岳之雄伟、衡岳之烟云、匡庐之瀑布，是中国名山中一颗璀璨的明珠。我国明代著名的旅行家徐霞客曾这样评价黄山："五岳归来不看山，黄山归来不看岳。"北京人民大会堂客厅内亦悬挂一幅黄山迎客松。国画大师刘海粟曾于1988年实现了十登黄山的夙愿，可见黄山是多么的瑰丽。特别是近几年，四海嘉宾、五湖游客都慕黄山之美名，千里迢迢辗转逗留，共赏这座值得中华民族骄傲的天下名山。

游览时机

黄山地处江南，一年四季均可游览。但最好的游览时机是在春天和秋天。

黄山日出气势磅礴，宏伟壮丽。在黄山看日出最理想的地点是北海的清凉台和狮子峰，其次是光明顶和玉屏楼。观黄山晚霞的最佳地点是西海的排云亭和丹霞峰。

黄山是多雨之山，一年有近300天下雨，因此观看到黄山日出实属不易。

日出时间：春季5:30~6:00；夏季4:40~5:20；秋季4:50~5:20；冬季5:30~6:00。

>> 地理位置

黄山雄踞安徽省南部，地处风景秀丽的皖南山区。

>> 自然风光

黄山素以“奇松、怪石、云海、温泉”四绝闻名天下。那72峰、24溪、2湖、3瀑，峰峰奇特、溪溪曲折，极尽天下山水之美，更聚集名山大川之胜。据考证，100多万年前，黄山是一个冰封雪飘的世界。第四纪冰川时期，那尖硬的冰层挟着石砂撞开岩石的裂缝，冲刷掉风化的岩石。自然之力似无数把锋利的刻刀雕琢着各种岩体，塑造成多种优美的形态，经风雨剥蚀，剩下的尽是黄山的风骨，黄山的灵魂。

奇松为黄山四绝之一。连绵的群峦之间遍布奇松异树，点缀着如画的黄山，给它增添了秀丽之色。

黄山松原本为油松，只是由于黄山的自然条件产生了变异，成为一个独立的品种。黄山松不仅是因它苍劲、挺拔、秀美而动人，更是因它生长于万分艰辛的自然环境。许多奇松下无寸土，只得扎根于山体花岗岩的裂隙之中；因峭壁陡滑，雨水难留，为寻找水源，根部要不断潜入岩体深处有水的断层，所以根的长度往往超过树身数倍。黄山松就是这样活下来的，并稳稳地扎根于坚固的岩石之上。它风撼不倒，雪压不断，根深叶茂，四季长青。

迎客松是黄山最为有名的一棵奇松。它挺立在玉屏峰东侧、文殊洞之上，破石而生，寿逾800年。树干中部伸出的两大侧枝恰似一位好客的主人在挥展双臂，欢迎四方宾客。迎客松俊俏多姿，

游览线路

黄山是我国最成熟的旅游景区之一，因此游览黄山的路线也就丰富多彩，比较典型的有黄山一日游、黄山二日游，并以黄山二日游为最佳，因为这有可能观看到黄山日出。

典型的黄山一日游的行程如下：

早上从屯溪出发，至云谷寺（可乘索道缆车）再到白鹅岭，游览北海景区；经西海、飞来石、光明顶、天海、莲花峰、玉屏楼、半山寺、慈光阁、温泉，返回屯溪。中餐一般在天海或光明顶。

行程时间短、内容多是该线路的特点，不过由于时间紧，所有景点只能走马观花，但为赶时间的游客提供一品黄山美景的机会！

典型的黄山二日游的行程如下：

第一天：早上从屯溪出发，乘坐空调旅游车直达黄山风景慈光阁登山口，步行或缆车上山。可游览天都峰、玉屏楼、迎客松、蓬莱三岛、百步云梯、鳌鱼峰、莲花峰、光明顶等景区。晚上宿山上白云或西海山庄。

第二天：早观日出，游光明顶、飞来石、回音壁、排云亭、西海、北海、狮子峰、梦笔生花、猴子观海等景点，由白鹅岭下山至云谷寺、返回市区（抵达市区时间一般在下午5点左右）。

雍容潇洒，被誉为“国宝”。北京人民大会堂安徽厅陈列的巨幅油画《迎客松》，即据其形象制作。

怪石又是黄山的一奇，它们的形状常与人类或动物的动作造型极为相似，惟妙惟肖，尽显天工之美。

黄山之峰，座座陡峭挺拔、伟岸险峻。群山之中，奇形怪石密布。黄山的怪石，以奇取胜，以多著称，似人似物，似鸟似兽，情态各异，形象逼真。其分布可谓遍及峰壑巅坡，或兀立峰顶，或戏逗坡缘，或与松结伴，构成一幅幅天然山石画卷。已被命名的怪石有120多处，其形态可谓千奇百怪，令人叫绝。

梦笔生花怪石位于散花坞。在下圆上尖的石峰顶端，一株奇松盘曲伸展，如同笔尖。清人项黻赞之为：“天然一管生花笔，写遍奇峰入画图。”

云海是黄山“四绝”之最。黄山的云海婀娜多姿，气象万千，飘曳在群峦之巅。绿色的群峰加之云海的渲染和烘托，更显得黄山神奇莫测。

黄山云雾

每当谷雨过后，谷壑里云雾缭绕，从游客的脚下一直舒展到天边。置身于那醉人的云海仿佛身处仙境般，美妙无限。

温泉古称“汤泉”。黄山共有温泉15处，其中位于黄山海拔850米紫云峰下的温泉最为著名。黄山温泉自唐代开发以来已享誉千年。相传轩辕皇帝曾在此沐浴，须发尽黑，返老还童。据科学测定，该处泉水终年温度在42℃左右，清澈甘醇，含有对人体有益的阴离子和人体所需的铝、镁、钾、钠、钙等多种微量元素。1979年邓小平来黄山视察，沐浴温泉之后欣然题道：“天下名泉”。现黄山宾馆一侧建有温泉浴室和温泉游泳池。

>> 人文景观

情人锁链是黄山游客们自行建造的一道人文景观。在举世闻名的黄山迎客松的附近，本是为了游客安全而设置的围栏铰链上锁满了情人们为了表达永久爱情而锁上的各种铁锁。这种锁人们称之为同心锁。同行的一位漂亮美眉断然买了把锁，将家人名字铭于锁身，尔后神态虔诚地将锁锁上，玉手挥处，钥匙划出一道弧线直堕山谷。打通千里之外的电话，美眉问：“刚才几点几分你有什么感觉？”电话那头，不明就里地怯怯答道：“刚才……刚才有点头晕。”

衣食住行

除冬天外，在黄山地区旅游均不需要携带很多的衣物，因为这里地处长江下游的南方温暖地带。

在黄山地区旅游，美食当然是徽菜了。徽菜是安徽菜肴的主要代表，中国八大菜系之一。徽菜起源于歙县，发扬光大于绩溪的“徽帮厨师”。

黄山虽是成熟的旅游地区，但山上山下的住宿却差别巨大。在山下的黄山市区有各种星级的酒店。但由于上山后住宿资源紧缺，因此山上的住宿条件较差，一般4~8人一间，有的房间还是上下床。

黄山汽车交通便利，与上海、杭州、南京、合肥、九华山、景德镇等地均有国道相连。

注意事项

1.游览黄山的老年游客，上下黄山时建议均乘坐缆车，因为上下山的路程均较长。2003年，我们陪同一位80岁的老人游览黄山，上山是乘坐缆车上去的，但由于乘坐下车的缆车需要排队等候很长的时间，加之误认为下山走路比较省力，因而步行下山，结果差一点让老人累倒。

东方的阿尔卑斯

游览时机

游览四姑娘山的最佳时间为每年的5~6月及9~10月，其实11~12月也不错，天气特别好，很少下雨。

每年“五一”及“十一”期间，游人特别多，酒店爆满而且价格奇高，可带帐篷及相应设备前往景区宿营，不仅节约费用，而且能体验到四姑娘山特别的风味。

>> 概要介绍

四姑娘山以雄峻挺拔闻名，其山体陡峭，直指蓝天；常年冰雪覆盖，银光照人。山麓森林茂密，绿草如茵，清澈的溪流潺潺不绝，宛如一派秀美的南欧风光，因此又有“东方的阿尔卑斯山”之称，为中外旅游和登山运动者所仰慕。近年来已成为中外登山者常来的旅游胜地，据说因为四峰峭壁过高，至今还没有人登上过四峰。

虽然登山也是四姑娘山的一个旅游项目，但不是游览四姑娘山的主要项目。对普通游客来说，游览四姑娘山是看山而不是登山。四姑娘山的景色绝不能简单地以山来概括。四姑娘山之美，除了山美之外，还有草甸、牧场、嘉绒藏族风情等等与高原相关的景色。

>> 地理位置

四姑娘山位于四川省阿坝州小金县和汶川县交界处的日隆镇（海拔 3160 米），是横断山脉的一部分。

>> 自然风光

四姑娘山风景区分布于山的南侧沃日河北岸的几条支流中，主要由一坪（歌庄坪）、两山（巴郎山、四姑娘山）、三沟（双桥沟、长坪沟、海子沟）组成。其中的三条沟从北向南纵深十余公里到数十公里，穿行于高山峡谷之中。四姑娘山风景区是在高原特有的净洁透明的蓝天下，由皑皑雪山、奇峰异树、瀑布飞泉、草甸溪流交融汇合而成的绝美景色，因而分外诱人。

双桥沟是目前四姑娘山中唯一不需要骑马就可游览的沟，景区主要以雪峰、牧场、草地、森林等为主。双桥沟距日隆镇约 7 公里多，景区全长 34.8 公里，面积约为 216.6 平方公里，所以游览最好能乘车加步行，如果全步行是非常难走的。景区比较有特色的是撵鱼坝栈道，四姑娘山景区的灵秀与宏伟在这里得到了充分的融合。

长坪沟

游览线路

自助游的游客可以在成都乘车前往四姑娘山。旺季时，成都有两个地方发车前往四姑娘山，一个是茶店子车站，一个是新南门车站，均是早晨发车。车费约 60 元左右。

双桥沟游览需要在日隆镇再乘车到达沟口。沟内游览可乘坐游览车，也可步行。乘坐游览车方便快捷，但属于走马观花，步行虽可细细观赏，但耗时较多。

海子沟的游览只能靠步行或骑马，由于距离太长，一般需要一天时间。对于美景爱好者来说，最好在沟内露宿一夜。有的海子海拔太高，一般游人到不了，所以不为人知。唯有当你到达的时候，才会发现景色的美让人窒息。所以，如果你是一个真正的驴友的话，海子沟是不能不去的好地方。

长坪沟开发较早也较成熟，主要以森林、峡谷及峡谷顶上的雪山组成。游览长坪沟更多的带有参与性，游客骑着马，在长坪沟峡谷里穿越，走过原始森林、跨过各种小溪、翻越雪山等等，时间长达 6~7 小时。

游览方式

四姑娘山风景区可以参加旅行社组织的团体旅游，一般有三日游、四日游。自助游的游客可在成都乘车到达日隆镇（小金县方向）。自驾车游的游客可从成都出发，经都江堰市往卧龙方向行驶，到达日隆镇即可。

无论采取何种旅游方式，到日隆镇后就可以选择常规游览和特种游览。

1.常规游览

常规游览比较简单，主要是指游览四姑娘山的三条沟：长坪沟、双桥沟、海子沟。

2.特种游览

这种主要是指登山、徒步穿越、露营。

一般旅游者只要有勇气，均可登上大峰。许多60~70岁的老年人均有登上大峰的经历。严格来说，登上大峰不能算登山，只能算爬山。近年来，有不少爱好者开始登上二峰，登上三峰的人相对较少。攀登三峰的人员主要是那些有比较好的登山经验的半专业人士。目前还很少有人能登上四姑娘山主峰（即幺妹峰）的，主要原因有三：一是海拔较高，二是天气变化较大，三是登山路线较险。

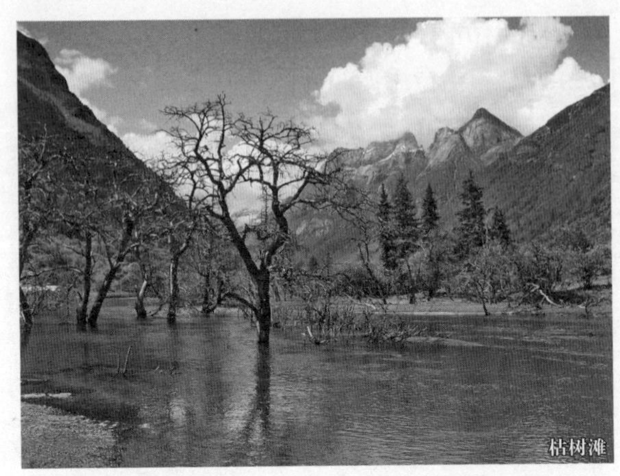
枯树滩

双桥沟景区内分三段，已开发20几个景点，可观看到十几座海拔4000多米以上的雪山。其中，古猿峰、猎人峰、鹰喙岩、金鸡岭这些大自然鬼斧神工创造出来的奇崖让人惊骇不已；五色山、望月峰、舍心岩、色情谷这些充满神奇传说的山石显露着独有的灵性。但画面留不住她们的灵魂，语言描写不出她们的个性，你只有用眼睛和心灵去和她们沟通，才能使之鲜活永忆。

海子沟全长19.2公里，面积126.48平方公里。沟内有大海子、花海子、浮海、白海、蓝海、黄海等十多个高山湖泊，湖水清澈见底，清风吹来，漾起千层碧波，万点晶莹。蓝天和白云都将自己最美丽的身影留给这高原上的小海中，而四面山色则层次分明地栖息在海水之中。无鳞的远古鱼类因此保留下来，成为今天人们了解这块土地的活化石。站在方圆几十公里的大海子边，看高原黄鸭在水面飞翔，听空山鸟语美妙的音乐，让人冥想这些海子的灵性。圣洁的水将洗却尘世的忧怨，让生命归于永恒。

海子沟也是登山爱好者可攀登四姑娘山各个

山峰的必经之地，登山者一般从海子沟进入，徒步或骑马到达一号营地及大本营，并在此发起对大峰及二峰、三峰、主峰的冲击。

长坪沟内有古柏幽道、喇嘛寺、干海子及高数十米的飞瀑，并有奇石之景。春天，山花与油菜花齐开；秋日，赤桦与红枫竞艳。历经沧桑的翠柏青松郁郁葱葱，飞瀑流泉在密林中哗哗作响，古代驿路在茫茫林海里穿梭延伸。

长坪沟全长 29 公里，面积约为 100 平方公里，峡谷长天、平缓悠长，四姑娘山就坐落在沟内 16 公里处。山沟内只有部分路段可以通车，其余大部分路段只能步行或骑马。经过长坪沟可直通四姑娘山的山脚下，还可绕过四姑娘山经毕棚沟穿越到理县。

>> 人文景观

四姑娘山风景区的当地居民属藏族——嘉绒支系，只有语言，无文字。很多新一代藏民甚至只能说汉语，不会说藏语，大都已汉化。他们民风淳朴、热情好客，世代居住的石碉楼，雍容华贵的民族服饰及饰物，热烈隆重的祭祀庆典，别具一格的婚丧嫁娶，悠扬悦耳的山歌，矫健欢快的锅庄，以及香喷喷的青稞酒、酥油茶、藏瓜汤，构成了一幅幅美丽动人的风土人情画卷。

衣食住行

四姑娘山地区属于高原气候，早晚较凉，冬季甚至春季都会下雪，偶尔也会 6 月飞雪，请带足保暖防寒衣物。特别是对于准备登山的游客，更要备带防严寒的衣物。

四姑娘山的旅游配套设施已经比较改善，除了冬季因运输困难及经营成本原因，在其他时节游客都可吃到比较可口的饭菜(以川菜为主，有些宾馆也提供南方菜品)。但在景区深处，由于没有相应的餐饮点，需要自带食物。

四姑娘山的旅游发展相当快，特别是酒店业，目前已有各种从农家乐到四星级酒店档次的住宿地 50 多家，除黄金周外，完全可以满足各种需求的游客的住宿。

注意事项

1.当体会到有高山反应时，不宜剧烈运动，宜少饮酒，多吃蔬菜、水果。最好能备常用药品及抗高山反应药物。

2.景区日照强，紫外线强。长时间在户外活动，要注意戴上太阳帽，涂抹防晒霜，以保护皮肤。

3.景区内骑马时间较长，要注意安全，听从服务人员指导。

寻找最后的香格里拉

>> 概要介绍

亚丁三神山位于亚丁自然保护区内。由于受第四纪新构造运动影响，这个地区发生了强烈的抬升和断裂，形成了以冰峰雪岭、冰川宽谷、原始森林和高原草甸为主的极高山自然生态系统。亚丁自然保护区属大陆性季风高原型湿润气候，由于区内海拔相对高差达3000米，因此气候的垂直分异明显。由于该区域独特的地理位置，因而其环境基本未受人类活动的干扰和破坏，原始风貌保存较完整，加之独特的自然景观，被誉为"最后的香格里拉"，在国内外享有较高的知名度。

游览时机

游览稻城三神山的时间一般是4~6月和9~11月。其中，9~10月是最佳的旅游时机，这时秋高气爽、空气清新、云雾较少，有很多机会可以看到神山的尊容。另外，由于进入秋季，树叶红、橙、黄、绿、黛五彩缤纷，因此是摄影的极好时机。

骑马是三神山游览的唯一交通工具。进入亚丁的游客到达亚丁风景区的亚丁村后，就只能步行游览或骑马游览。由于该地区属于高山地区，步行会消耗过多的体力，绝大多数游客均选择骑马游览。

>> 地理位置

稻城三神山位于四川西部的横断山脉沙鲁里山南段，四川木里藏族自治县和稻城县的交界处。东经 99°58′，北纬 28°11′。

>> 自然风光

在藏传佛教中，仙乃日、夏诺多吉、央迈勇这三座闻名于世的雪峰分别代表佛的身、语、意，也是众信徒身体、思想、心灵的三种依怙，因而成为人们转山朝拜的对象，藏民们称它们为“三怙主雪山”。

仙乃日是亚丁景区三大高峰之首，在三怙主雪山中佛位第二。仙乃日雪山是四川第五大山峰，巍峨伟丽，雄剑如削，直插云霄。它的周围是冰蚀峰林地貌、冰川和冰川遗迹及高山湖泊。峰向北偏 10°，西对北斗星，被佛教称为“吉祥如意山”（因佛教都把北斗星称为吉祥之星）。

央迈勇为三怙主雪山的南峰，在佛教中排在三怙主雪山之首。在佛教中，文殊菩萨是智慧的化身。冰晶玉洁的央迈勇雪峰傲然于天地之间，像文殊菩萨手中的智慧之箭直指苍穹。1928 年，洛克先生走在云南与稻城毗邻的崇山峻岭中，远远望见了央迈勇，即被它圣洁、高贵的气质所折服。他在日记中写道：“它（央迈勇）是我见过的世界上最美的山峰。”

夏诺多吉是三怙主雪山的东峰，在三怙主雪山中佛位第三。它勇猛刚烈，神采奕奕，胯下围着斑斓虎皮，腰间绕着罪恶的大蟒，成为佛教中除暴安良的神圣。洛克先生把它形容为展翅待飞的蝙蝠，将它比喻成希腊神话中的雷神。神山脚下的洛绒牛场就是当年洛克先生宿营处。

长长的骡马队行走在崎岖的山路上，铃儿叮叮当当作响，煞是好听，很有一番行走茶马古道的意味。山路是循着溪流往上的，路边长满高大的松树，并且树上满挂一种绿纱般的植物，当地藏胞称作“桐皮”。桐皮为松林增添了许多柔和又迷幻的色彩。伴着铃声，行走林中，犹入梦境。沿途常有野生动物出没，我们经常发现前面的枝头一动，定睛细看时，却是松鼠跳来跳去，旁若无人地玩耍。一路上还要经过无数的玛尼堆，这是藏民们的神物。

游览线路

稻城三神山游览区景点集中，主要的景点有仙乃日神山、央迈勇神山、夏诺多吉神山、冲古寺、洛绒牛场、珍珠海等。

景区游览线路主要有三条。

第一条是从亚丁村经冲古寺到珍珠海，骑马往返需要 3~4 小时。沿这条路线可以参观冲古寺，然后上山到达珍珠海。

第二条是从亚丁村过冲古寺到洛绒牛场，需要 6~8 小时。沿这条路线可以观看冲古寺旁的高山草甸、溪流风光。在这条路线的行进过程中，能够逐个观看神山，最先看到的是仙乃日神山，然后看到

夏诺多吉神山，最后是央迈勇神山也进入眼帘。

第三条是从亚丁村过冲古寺到洛绒牛场，再从洛绒牛场延伸到牛奶海，需要9~12小时，一般需要在洛绒牛场或牛奶海住一晚（注意：只能住自带的帐篷）。沿这条路线可以观看三神山，还能游览央迈勇神山冰川、山下牛奶海和五色海。

衣食住行

高原地区海拔高、日照强烈，早晚温差大，需准备长袖衣裤、羊毛衫、夹克衫。11月最好带上棉衣或羽绒服。即使在成都穿单衣，在亚丁也可能需要穿棉衣或羽绒服。

在亚丁村几乎没有多少好吃的，即使有些小餐馆，但质量也较差，要注意多从外面带些食物进山。

在亚丁景区可住亚丁村或冲古寺。亚丁村藏民的许多房屋均可出租。另外，还有一些旅行社自己修建了住宿基地。

在亚丁景区没有汽车

稻城三神山呈“品”字形排列，仙乃日在北、夏诺多吉在东、央迈勇在南。这样，三座神山就如一个三角形，牢固稳定地镶嵌在亚丁的中央。

在亚丁，不但有神圣的三神山，而且还有许多独特美丽的自然景观，主要有洛绒牛场、珍珠海、牛奶海、日生湖等。

洛绒牛场位于三神山中间，是藏民们的夏季牧场。当年洛克一行考察神山时，曾在此居住多日，并在这里拍下那幅举世闻名的香格里拉雪山冰川照片。当我们站在此处仰望神山时，无不为神山的神气美丽所震撼——仙乃日的大气、央迈勇的秀美、夏诺多吉的雄伟，令人心旷神怡。

珍珠海为仙乃日神山的下方的一小型高山湖泊，又叫卓玛拉错。珍珠海并不大，绕行一周仅仅需要十多分钟。她被密林环绕，水面波澜不起，如同一面明镜将仙乃日倒映其中。像所有的高原湖泊一样，珍珠海有着绚烂多变的色彩，碧绿、酱黄、深棕、靛蓝、黝黑，各种不同的色彩又都呈现出纷繁复杂的深浅层次，互相搀杂着在仙乃日的倒影中流转。山中不时掠过微风，随风会带

稻城三神山

来极细小的雪末，落在脸上、手上，瞬间消失，不留痕迹。

舍身崖是央迈勇雪山的一个亮丽的悬崖景观，它立于绝壁的悬崖之上，如刀削一般，十分险要；高约百丈有余，非常壮观。旅客和转山的人们到舍身崖对面山坡休息时，可以看一看舍身崖的绝壁地形，或烧香敬拜神灵。

牛奶海（俄绒错）是央迈勇雪山下一个美丽的海子。该海子属于古冰川湖，状如水滴，面积0.5公顷。四周雪山环绕，湖水清莹碧蓝，牛奶海以其玲珑秀雅、水色翠蓝而著名。牛奶海上方还有大片美丽的冰川。

日生湖（勒西错）位于央迈勇西坡，湖面呈长条形，海拔4600米，面积7公顷，是由冰川运动而形成的古冰斗湖，是景区内面积最大的高原湖泊。湖水翠绿，湖光潋滟，雪峰倒映。湖畔绿草茵茵，野花绽放，牛马信步，景色秀美。每到枯水季节，均能看到湖底，其错落有致的钙化沟美妙之极，很像用藤条编织而成的艺术品。

>> 人文景观

稻城三座神山不但自然风光美丽，而且民俗风情古朴，人文景观神秘原始。

冲古寺相传为五世达赖喇嘛阿旺所建，是该地区的一座古老的佛教寺庙，也是稻城三神山中景区里最大的交通枢纽，一边往上可以抵达珍珠海，一边往前去洛绒牛场。冲古寺海拔3880米，位于仙乃日雪峰脚下。因位置优越，成为景区内一个有名的宿营地。冲古寺即是观赏三座神山——仙乃日、央迈勇、夏诺多吉的必经之地，也是当地藏族转山仪式的出发地。

或摩托车之类的现代化交通工具，只可以步行或骑马。

休闲游客一般可在四川成都报名参团。自助游览可在成都、理塘或稻城乘坐长途班车，或搭便车到稻城的亚丁，然后就可以按“游览线路”一节中所介绍的路线进行游览。自驾车游览者一般从成都租车前往稻城的亚丁，然后同样可以按“游览线路”一节中所介绍的路线进行游览。也可以在昆明租车经云南香格里拉县（中甸）前往稻城的亚丁。

注意事项

1.身体准备：进藏区前睡眠和休息要充足，有条件者可适当饮用红景天等饮料，严重高血压、心脏病患者不宜进高原。

2.心理准备：保持乐观情绪，如有心理负担会加重高原反应，延缓人体适应高原气候。进入高原每个人都会感到不同程度的高原反应，如头痛、胸闷、呼吸急促、恶心、呕吐、失眠等，一般来说过1~2天后以上症状都会逐步减轻或消失。

3.高原海拔高、日照强烈，早晚温差大，要注意保暖和防晒。

4.带足够的胶卷、相机电池、现金、全球通手机、湿纸巾、个人卫生用品。

5.有些地方需骑马，需注意安全，必须由马夫牵着方能骑，不能独自骑马，更不能骑马奔跑，险路和下坡路必须下马步行。

6.来去路途遥远，经常不能按时抵达就餐点，同时所经地区多为少数民族地区，条件有限、物质匮乏，用餐多有不合口味之处。要注意自备佐餐，同时准备足够的干粮、矿泉水等食品在途中食用。

藏民们对神山是十分崇敬的。当我们用手指指向神山诉说着什么的时候，马上就有藏民纠正我们的动作。他告诉我们：不可以用手指指向神山，而应该用手掌（而且应该五指并拢、掌心向山）指向神山。但谁能想到，这位藏民竟是一个十三四岁的小孩呢？

到过藏族地区的游客都会体会到，藏区的自然资源保护得十分完好。这是因为除了这些地区地广人稀外，更主要的是他们信神。藏民们把雪山当神、把湖泊当神、把树木当神、把溪水当神。谁要是破坏这些自然资源，就是触犯神灵。

以前的老寺院已完全毁坏，一片残垣断壁。在老寺庙旁建有一个两层房屋，有一个喇嘛负责管理过往旅客的入住及保护周围生态环境。一层为客房及喇嘛房间，二层为经堂，游人不能上二楼。每日早上及下午喇嘛都要熏香念经，每当这时诵经声和法鼓声在寂静的山谷中回响，使这里显得更加神圣和神秘。

>> 传奇故事

1928 年 6 月，美国植物学家、探险家约瑟夫·洛克和他的 21 名纳西族随从由木里县穿越至贡嘎岭地区到达此地，并于 1931 年 7 月在美国《国家地理杂志》上撰写文章并发表所摄照片（其中有一幅雪山冰川照片）。美国作家希尔顿据此写出了著名的小说《消失的地平线》一书。他在该书中描绘的各民族和谐相处的理想社会，在全世界——特别在中国——产生了巨大的影响。香格里拉已经成为美丽和谐社会的代名词。希尔顿的著名小说《消失的地平线》一书问世后，世界各地的人们均在寻找其书中所描绘的“香格里拉”。

1994 年，四川省的一位摄影爱好者在四川省的稻城县的亚丁村发现了与洛克于 1928 年在美国国家地理杂志刊登了一幅雪山冰川照片一模一样的雪山冰川景观，这就是亚丁的三座雪山之一的央迈勇雪山。我们于 2005 年 11 月也发现，现在所看到的央迈勇雪山冰川与洛克照片中的雪山冰川没有任何变化。80 多年了，央迈勇雪山冰川没有变化。亚丁由此被人们称为“最后的香格里拉”。亚丁所在的稻城县日瓦乡也由此改名为“香格里拉乡”。

玉龙雪山

——似龙飞舞

在天堂漫步

>> 概要介绍

整座玉龙雪山由 13 峰组成，由北向南呈纵向排列，延绵近 50 公里，东西宽约 13 公里。玉龙雪山是世界上北半球纬度最低、海拔最高的山峰。其主峰扇子峰海拔 5596 米，如一把尖刀直插云霄，气势壮丽磅礴，险峻异常，是长江南岸第一高峰，也是北半球距赤道最近的雪山。玉龙雪山还是一座人类尚未征服的处女峰，近半个世纪以来，虽然有中国登山队以及国外一些登山队前来攀登，但均在主峰扇子峰下望峰兴叹，知难而退。

玉龙雪山常年不化的积雪与崖畔悬挂的现代冰川千姿百态，晶莹的冰塔林在阳光照射下透出

游览时机

玉龙雪山地区属亚热带—热带高原湿润气候，冬季干燥，夏季降水集中，雨季一般从 5 月下旬延续到 9 月下旬，年降水量 500 毫米左右，其中 7~8 月份最多。风季大多集中于 2~3 月份。旅游、登山活动的最佳季节为春季的4~5 月和秋季的10~11 月。

一股淡绿，给人一种雄浑巍峨、冷峻圣洁的美感。玉龙雪山现代雪线高度为海拔4800~5000米，雪线附近的年平均气温为-3.3℃~4.7℃，年降水量为1500~2000毫米。

玉龙山从海拔1000多米的金沙江河谷到山上海拔4500多米永久积雪带之间，有着亚热带到寒带的多种植物，组成了非常明显而完整的山地垂直带谱。玉龙山上地貌复杂，地质构造特殊，地层剖面出露完整，山顶古代冰川遗迹典型。在厚达3000余米的大雪山石灰岩层中，含有丰富的古生物化石、单体珊瑚、海百合及各种动物化石，这里又是地质学和古生物学的一个优良研究场所。

玉龙雪山是纳西族及丽江各族人民心目中的一座神圣之山，纳西族的保护神“三朵”，就是玉龙雪山的化身。每年农历二月八日，丽江人民和旅居外地的纳西族同胞都要举行盛大活动，欢度“三朵节”，表达对玉龙雪山和三朵大神的敬仰。

>> 地理位置

玉龙雪山位于云南省丽江坝北边，距丽江县城15公里，山北麓直抵金沙江，北纬27°，东经100°。它处于青藏高原东部边缘，横断山脉分布地带，属于横断山脉褶皱带。

>> 自然风光

玉龙雪山从江面到山顶，高差悬殊达3000米。随着海拔高度的升高，气温逐渐降低，由热到寒，形成立体气候（即垂直气候带），如丽江坝子一带海拔2145米，四季温和，没有冬夏；上到雪山南麓的雪蒿村，海拔2750米，则是“人间四月芳菲尽，山寺桃花始盛开”；到了山腰乌头地，

游览线路

从丽江乘车到达云杉坪后，可以乘坐云杉坪索道缆车到达冰川公园，也可以从登山道直接攀登到冰川公园。

索道缆车采用6人座豪华脱抱式全封闭吊箱，安全舒适，行程由下部站的茫茫林海到上部站的白雪皑皑，中间运行时间仅为30分钟，而游客却有经历四季之感。强烈的季节变化，冷暖的差异，景物的转换，会使游客兴奋不已。

从登山道直接攀登需要强壮的体格。云杉坪的海拔3365米，已经是高山地带。从这里爬升到4680的冰川公园观赏点，虽然只有1000多米的高差，但空气特别稀薄，因此体力消耗特别巨大。

海拔 3850 米，“六月暑天犹着棉，终年多半是寒天”；上到海拔 4000 米以上，已是“半年雪封严寒天，山上多半是苔藓”的高山荒漠气候；到了海拔 5000 米以上，就是“积玉堆雪几万年，山顶处处有冰川”的高山冰漠型气候了。当地人说，“山高一丈，大不一样”，果真不假。

玉龙雪山森林茂密，泉潭众多。主要景点有冰川公园、云杉坪、牦牛坪、白水河、玉柱擎天、玉湖倒影、冰塔林、干河坝、卧鹿坪、蚂蟥坝等奇丽景观。

冰川公园位于玉龙雪山海拔 4000 米以上地区。玉龙雪山是欧亚大陆纬度最低的一座有现代冰川分布的雪山。在其东麓，有古冰川作用的遗迹，分布在南北长 15~16 公里、东西宽 4~5 公里的冰川公园范围内。在这样一个离城较近的区域，却有一个面积不大但类型十分齐全多样的现代冰

层云绕玉龙

川和古冰川遗迹，可说是浓缩了全球中低纬度山岳冰川的主要精华。这种冰川公园在我国是十分罕见的，它对冰川研究、生态环境保护及旅游、科学考察研究都具有极为重要的作用。

云杉坪的面积约有1000平方米，具有天然的高山牧场风光。云杉坪是玉龙雪山主峰扇子峰半山腰的一个高山草甸。大片天然云杉、冷杉林围护着宽敞无比、海拔3100米的高山牧场。在这里，变幻的雪山犹如一块硕大的背景，映衬出云杉坪奇丽无比的景致。只见绿色草甸豁然开朗，牦牛、黄牛、山羊、丽江马漫步在芳草如茵的林中草场，不时低头啃一嘴鲜嫩的绿草；斑鸠、布谷、山雀鸣叫于云杉林海，充分领略大自然的宁静与淡泊。

藏在雪山深处的云杉坪，海拔3365米，纳西语称“吾鲁游翠阁”，意为“玉龙山中的殉情之地”，是纳西族神话传说中“玉龙第三国”的男女青年殉情处。此地雪峰拱卫，密林环绕，草甸舒缓，极具神奇色彩。

牦牛坪的特征是高山草甸的风光，在这里可以清楚地看到玉龙雪山的山峰如宝剑一般矗立。这里也是观赏玉龙十三峰的最佳地点（同时也是拍摄玉龙雪山的好地方，尤其是一早一晚日出日落时分），纳西语称其“般弄国”，意为“美丽的雪山草甸”。和云杉坪不同的是，牦牛坪地势并不平坦，而且随着山势的起伏有着较大的差异，一条黑水河也在这里蜿蜒流过。如果说云杉坪是一幅美丽的水彩画，那么牦牛坪就是一幅有着强烈层次感的油画。

除了自然风光之外，这里还是山下藏族牧民的夏季牧场，每年的春、夏、秋季节他们都会将

衣食住行

由于玉龙雪山地区属亚热带—热带高原湿润气候，在其最佳旅游、登山活动的季节为4~5月和10~11月，一般带有羊毛衫或毛衣即可。

在景点的小商店里还可以喝点青稞酒、酥油茶，尝尝烤牦牛肉，味道还是很不错的。

玉龙雪山景区和丽江城均有较完善的宾馆设施。游客可以选择住玉龙雪山景区或者丽江城。我们于2003年游览玉龙雪山时，就居住在丽江城中的旅馆中。

前往玉龙雪山，可在丽江城内的各个汽车站乘车，购票方便，也可在各主要宾馆门前乘坐专线车或县城内包租出租车，往返票价约40~60元。

包车去玉龙雪山60~100元/天（运气好的话，有的司机可以直接把你带进景点）；也可从大水车附近的红太阳广场乘公交车7路去玉龙雪山，15元/人。当然，游客也可以乘坐索道公司的巴士上山，每天上午在古路湾宾馆发车。

自家的牛羊赶到山上，自己也住在这里的夏季小屋里。如果游客在这个时候来，那么就能很方便地走进牧民们自然的生活中去。

在牦牛坪的西面有一个雪花湖，是一个浅黄色的高山湖泊，这里是牦牛集中饮水的地方。这里的水就来自于牦牛坪最高点——瑶池。瑶池虽然并不大，但是水质清澈，蓝天、白云、雪山、翠柏在水面清晰地倒映着。

白水河是一条雪山融雪形成的河流。走过白水河桥，沿着桥旁的小路就可以走到白水河边了。白水河给人的第一印象就是“白”。由于白水河河道都是由灰白色的沉积岩组成，加之河水本来就是经过砂石净化过的清澈流水，所以一眼望去看到的就是河床的颜色。白水河也是因此而得名的。白水河给人的第二印象应该就是“凉”了。因为河水来自冰川融水，即使在夏天，河水也依然冰冷刺骨。白水河给人的第三印象是河水浅，好像河水是从河坝上滚过一般。作者亲见一位游客本想踏过河坝，不料一脚踩下去，却湿了半只脚，并真实地感觉了一下河水的冰凉。

玉龙雪山

注意事项

1.玉龙雪山旅游索道营业时间为 9:30~16:00。自助游的旅客要特别注意，否则在下午 4 点以后即使到了索道，也上不了公园，只能望山兴叹了。

2.牦牛坪海拔 3800 米，有些人到达那里都会有轻微的高山反应，比如头晕、喘不过气来等等，这时走路不要太快，喝点酥油茶可能会有好转。

3.玉龙雪山山上的云杉坪索道站可以租羽绒服，如果打算到达上方索道站（海拔 4500 米）后，再攀登到冰川公园（海拔 4680 米），则可以不带羽绒服，因为这 180 米的登高会发热出汗。云杉坪索道站也有氧气袋出租，20 元，要先交 100 元押金。在玉龙雪山顶的医务室内，有一种叫“红景天”的药，专治高原反应，50 元一瓶。

4.在云杉坪索道站乘坐索道缆车到达 4506 米的冰川公园索道站后，游客还需要攀登高差 100 多米的栈道，才能到达 4680 米的冰川公园观赏点，才能观赏到冰川。攀登这 100 多米的高山困难重重，大多数人都有高山反应，主要表现有头疼、气喘、头晕等。

武夷山

——山弯水更弯

白云遮眼不知处，
人间仙境在武夷。

游览时机

武夷山四季温和湿润，年均温度17.6℃，降水量大，雾日长，气候垂直变化显著。一般说来，一年四季都适宜游武夷山，但冬季山景萧条，自然风光会大打折扣，而夏季虽然气温偏高，却是万物生长最为茂盛、武夷风光最具特色之时，此时去是最好不过的。每年6~9月为最佳旅游时节，此时九曲溪水量充足，利于漂流，天气也以晴天为主。

>> 概要介绍

武夷山通常指位于福建省武夷山市西南15公里的小武夷山，武夷山脉北段东南麓，就是我国著名的武夷山风景区。

武夷山有“三三”、“六六”、“七十二”、“九十九”等美丽风景。“三三”指的是碧绿清透、盘绕山中的九曲溪；“六六”指的是千姿百

态夹岸森列的 36 峰；“七十二”是指这里有 72 个洞穴；“九十九”是指 99 座奇异山岩。碧水丹山，一曲一个景，曲曲景相异，构成了奇幻百出的武夷山水之胜。临水可观山景，登山可望水秀。乘上一叶竹筏游览世间一绝的九曲溪，顺流而下，山沿水立，水随山转，山光水色，交相辉映，三十六峰、九十九岩一览无余。

武夷山是座历史文化名山。早在新石器时期，古越人就已在此繁衍生息。如今悬崖绝壁上遗留的“架壑船”和“虹桥板”，就是古越人特有的葬俗。武夷山还曾是儒家学者倡道讲学之地。陈朝顾野王首创武夷讲学之风，宋代学者杨时、胡安国和朱熹等都先后在此聚徒讲学。清朝康熙二十六年（1687 年），康熙帝御书“学达性天”颂赐宋儒朱熹，匾额悬挂于朱熹亲手创建的武夷精舍，故后人称武夷山为“三朝理学驻足之薮”。至今山间还保存着宋代全国六大名观之一的武夷宫、武夷精舍、遇林亭古窑址、元代皇家御茶园、明末清初农民起义军山寨，以及 400 多处历代名人摩崖石刻等文物古迹，为研究武夷山古代文化提供了珍贵的资料。

武夷山是全球生物多样性保护的关键地区，是尚存的珍稀、濒危物种的栖息地，是代表生物演化过程以及人类与自然环境相互关系的突出例证。武夷山自然保护区总面积 85 万亩，区内动、植物资源十分丰富，是珍稀、特有野生动物的基因库，被中外生物学家称为 “世界生物之窗”。

>> 地理位置

武夷山位于福建省西北部、闽赣两省交界处，在福建省武夷山市南郊，东经 117°，北纬 27°。

衣食住行

在 6~9 月到武夷山旅游，男士穿单衣，女士穿裙子即可。

武夷山当地特色菜有鸡蓉金丝笋、兰花蛇丝、菊花草鱼、泥鳅粉丝、家乡豆腐。武夷山还有不少极具特色的“宴”，幔亭宴是武夷山最具传奇色彩的神仙宴；八卦宴盛行 800 年而不衰；蛇宴花样繁多，鲜美无比；如果你能喝两盅的话，那么武夷留香、武夷沁泉、菊花酒、五步蛇酒以及十月白米酒都是不错的选择。

可以选择吃住在峰峦下碧水边的小旅馆，是当地农民开的，价廉物美，开窗就是风景，夜里上厕所即可数星星。风景区内有宾馆、饭店上百家，武夷山国家旅游度假区颇具规模，建成各类宾馆、酒店近 50 家，数十幢度假别墅，可提供不同档次选择，价格 60~350 元不等。

武夷山机场到武夷山景区的路程在 15 公里左右。从武夷山度假区打的到机场，车费在 30 元左右。福州、厦门和泉州每天各有一班空调快速列车直达武夷山。从上海、杭州方向来的旅客可先乘火车到江西上饶，再从上饶去武夷山（4 小时）。从北京、南京、合肥、南昌、西安、武汉、长沙、广州、重庆、昆明方向来的旅客可先乘火车到福建邵武，再转车到武夷山。福建省的南平、邵武和江西省的上饶是进出武夷山的口子，每天都有客车往返，其中从上饶到武夷山的班车票价为 25 元，4 小时可到达；从邵武到武夷山车程 3 小时。

从武夷山市到武夷山景区有 15 公里，沿途都有招手即停的旅游专线车，票价在 5 元以内。如果打的的话车费在 30~40 元之间。市区内有湖桃、西门、南门等三个汽车站，景区内的车站设在三姑、武夷宫和星村。在武夷宫、玉女峰、九曲宾馆、水帘洞、一线天、星村码头、永乐禅寺和莲花峰等处均设有停车场。

>> 自然风光

自古山以水秀，而武夷之水精华在九曲溪。九曲全长约 15 华里，溪水碧清，曲曲弯弯，如玉带盘绕群峰。

游人乘坐宽约 2 米、长约 9 米的古朴竹筏，自星村码头冲波击浪而下，可尽情领略有惊无险的情趣：抬头可见两岸山景，俯首能赏水色，侧耳可听溪声，伸手能触清流。

闽中山水奇秀以武夷山为第一，武夷之魂在九曲溪。这条发源于武夷山脉主峰——黄岗山西南麓的溪流澄澈清莹，经星村镇由西向东穿过武夷山风景区，盈盈一水折为九曲，因此得名。

九曲溪全长约 9.5 公里，面积 8.5 平方公里。山挟水转，水绕山行，每一曲都有不同景致的山水画意。“溪流九曲泻云液，山光倒浸清涟漪”，形象地勾画出了九曲溪的秀丽轮廓。

九曲溪的两岸，奇峰怪石林立，争奇斗妍，目不暇接，引得游人称奇叫绝。河道弯弯曲曲，浅滩接着深潭，时而波平如镜，时而浪打飞舟。乘竹筏观山，水在脚下；游水，山在眼前；赏洞，洞在岩壁。

古人游九曲溪，是从武夷宫按曲序逆流而上。

武夷九曲溪

自崇桐公路开通后，游人则是从九曲到一曲顺流而下，这样随波逐流，更加轻快、迅疾。游九曲，所乘之舟为 8~9 根去皮毛竹烤后扎成。木筏吃水浅、浮力大，游人乘坐安稳舒适，视野开阔，可见山景，能赏水色，漂流而下，疾徐相间，既轻松惬意，又有惊无险，漂流活动是现代旅游中颇带刺激性的旅游项目。

一线天又称“一字天”，位于武夷山群峰南端之二曲溪南面的一个幽邃的峡谷里。该处有一座巨岩，宛若城郭，名“甫灵岩”。岩倾斜而出，覆盖三个毗邻的山洞，其顶有裂隙 100 余丈，宽不及 1 米。探身洞中，仰观崖顶裂隙，可见天光一线奇景，此即“一线天”。

三洞名伏羲、灵岩、风洞，前后通连，由一线天兜进的风转从风洞而出，迅疾不停，到此顿觉凉爽。灵岩洞终年滴水，汇成一壑清泉，叫“圣水”。洞南有一座巍岩，名“楼阁”，传说中谓之神仙楼阁，岩壁题刻颇多。在一线天的天崖缝中，时常有罕见的哺乳动物白蝙蝠，洞边有竹中奇珍四方竹。

玉女峰位于九曲溪二曲溪南，奇峰亭亭玉立，插花临水，有姝丽之态，故名。“插花临水一奇峰，玉骨冰肌处女容”，这就是玉女峰风采神韵的真实写照。

玉女峰与大王峰隔溪相望，铁板嶂横亘其间。据说：很早以前，武夷山是一个洪水泛滥、野兽出没的地方。后来，从远方来了位叫大王的勇敢青年带领大伙劈山凿石、疏通河道，终于治服了

武夷品茶

武夷岩茶“臻山川精英秀气所钟，品具岩骨花香之胜”，宋代进入京都皇室，元代被列为朝贡珍品。明末清初，乌龙茶首先在武夷山问世，其中“茶圣”大红袍更是茶中绝品。如果有兴趣的话，也可去看看盛产岩茶的武夷御茶园。乘竹筏从武夷山九曲溪顺流而下，临近四曲时，游客便可看到在四曲的南面有一片依山傍水的平地，这就是元代皇家御茶园的遗址。

水患。被疏通的河道就是今天的九曲溪。一天，玉女驾云出游，被武夷山美景所迷，并下凡与大王相亲相爱。不幸此事被铁板鬼得知并密告了玉皇，玉皇大怒，下令捉拿玉女归天。玉女不从，定要与大王结为夫妻。铁板鬼便施展妖法将他俩点化成石，分隔在九曲溪两岸。铁板鬼为讨好玉皇，也变成山岩横亘在两恋人之间，日夜监视他俩，这就是现在的铁板嶂。从此，两人只好凭借镜台泪眼相望了。玉女峰下的浴香潭，相传是玉女沐浴的地方。潭中的“印石”是大王送给玉女的定情信物。玉女峰东侧有圆石如镜，光洁照人，是玉女梳妆台。壁间“镜台”二字，是武夷山最大的摩崖石刻。

注意事项

1.不要食用国家保护的动植物，即使有人拉你去吃，也应该洁身自好。

2.如果想在一线天拍摄白蝙蝠，最好借着阳光拍，白蝙蝠在阳光下会变得很透明，十分美丽。

3.一线天洞内非常黑，最好自己带手电筒，门口有出租，5元/次。

4.游览九曲溪，乘竹筏时要注意安全，打水仗要注意节制。

武夷玉女峰

张家界

——巨石组成森林

>> 概要介绍

张家界是湖南省最著名的旅游风景区之一，也是全国著名的旅游胜地。张家界以其独特的自然景观著称，它集奇、幽、野、险、秀于一身，于1992年12月被列入《世界遗产名录》。国内外专家、学者赞誉武陵源是“大自然的迷宫”和不可思议的“地球纪念物”。

张家界地处湘西北边际，澧水之源，武陵山脉横亘其中，总面积为9563平方公里，其气候属于中亚热带山原型季风湿润气候，年平均气温16.8℃，四季宜人。张家界地处云贵高原隆起区与洞庭湖沉降之间，既受隆起影响，又受沉降的牵制，加上地表水切割强烈和岩溶地貌极其发育，形成了当今这种高低悬殊、奇峰林立、溪谷纵横的地貌形态。

游览时机

张家界冬无严寒，夏无酷暑，年平均气温16.8°C，可谓四季如春。初夏和初秋，也就是4~5月和10~11月都是游览张家界的好时节，这两段时间张家界的自然风光最美。

>> 地理位置

张家界市，地处北纬28°，东经29°，是湖南省西北部一个正在开发建设，以发展旅游为特征的新兴县辖地级市。天子山位于湖南省张家界市武陵源西北，桑植县东南边缘。

>> 自然风光

张家界武陵源风景名胜区的山不叫山，而叫“峰林”，其分布既广又密，形态多姿，气势磅礴，蔚为壮观。

天子山游览，人走在风景中，风景层层叠叠地展开。这里的山景洒脱俊秀，一座一座都是自顾自地拔地而起，瘦削独立，绝少拖泥带水。在天子山，巨石是山，山是巨石。

俯视天子山，奇峰如千军万马，浩浩荡荡，尽收眼底。主要景点有御笔峰、仙女散花、点将台、仙人桥、将军岩等。但欣赏这样的风景大多需要“三分长相，七分想象”。

御笔峰是令摄影家与画家们倾倒的最佳风景点之一，国内外30多家画刊报纸曾展露过它的芳容。站在天子山观景台向西南远眺，但见山谷数十座错落有致的秀峰突起，直冲蓝天。靠右边的石峰像倒插的御笔，靠左边的石峰似搁笔的“江山”。

衣食住行

4~5月或10~11月游览张家界都需要携带羊毛衫和茄克一类的防御风寒衣物。

张家界的土家族饮食既具有浓厚的民族特色，又融合了湘菜的精华。辣，是湖南菜的特色，土家菜也不例外，除了辣以外，土家人还特别钟爱腊、酸、腌制菜食，风味独特，建议品尝一下。

武陵源宾馆是一家三星级宾馆，它位于张家界市武陵源区武陵大道192号，交通便利，环境幽雅。云海宾馆坐落于风景秀丽的世界自然遗产保护区武陵源繁华中心地段，是一座按三星级标准建造的旅游涉外宾馆，拥有豪华、高、中档标准客房100余间，24小时供应热水。

乘坐火车、汽车或飞机抵达张家界市，市内前往张家界天子山景区的客运汽车繁多，交通十分方便。

仙女散花是天子山一座拔地而起的奇石，因酷似天女散花而得名。每当天子山云海翻滚时，无数如画的翠峰山崖变成了座座孤岛。风驱白雾，渐露一少女的倩影。但见她头插鲜花，胸脯隆起，怀抱一只玲珑的花篮，右手抓起满把的鲜花撒向人间，满月似的脸庞还挂着淡淡的微笑，这奇景就是“仙女散花”。此景也有人称为“仙女献花”。

天子山雪景

点将台因巨大石峰下面无数怪石林立而得名。在天子山白雾缭绕的深谷里，数十怪石嶙峋，高处居中的石峰像戴天子冠的皇帝，面东安坐，发号施令，前面的石头像个捧圣旨的传令官，正宣读圣谕。立于两侧的两巨石则似躬身而立的左丞右相。深谷中耸立的石柱如无数将士在静听。这便是民间传说的点将台，相传向王天子在此阅兵出征。

金鞭溪是天然形成的一道美丽的溪流，因金鞭岩而得名。溪水弯弯曲曲自西向东流去，即使久旱也不会断流。走进金鞭溪，满目青翠，连衣服都映成了淡淡的绿色。流水潺潺，伴着声声鸟语，走着走着，忽然感到一阵清凉，才觉察有微风习习吹过，阵阵袭来的芬芳使你不由得驻足细细品味。

闺门峰与闺门倒影：从老磨湾大氧吧进入金鞭溪的入口处，绝壁般排列着十余座孤直的岩峰，峰顶有绿丛覆盖，绝壁上有灌木倒悬，宛如一道

注意事项

1.张家界的10月是一个多雨的季节，要注意携带雨具（雨伞或雨衣）。

2.天子山上游览以步行为主，要穿一双适合旅游的鞋。

屏风，称“闺门岩”。其中有两座岩峰相衬，好像一座山门，被称为“闺门初开”，意为“养在深闺”的张家界好像佳丽一般已打开闺门迎候远方嘉宾。这排石峰前面有一口半公顷宽的池塘，水面平静，清碧如镜，站在池边，可见石峰全部倒映水中，形成地上、水底虚实两景相映成趣的美妙景色，此景亦称为“闺门倒影”。

金鞭岩：再往下行几百米，小溪南侧一峰拔地而起，高350米左右，似一柄利剑直指云霄。岩峰三面如削，壁面线条笔直，棱角分明。清乾隆《永定县志》称其“上插霄汉，晴辉雪积，最擅奇观”。相传秦始皇持鞭赶山填海路过此地，恰遇鸡叫天明，山已赶不动了，他一怒之下，将金鞭扔在此处，形成了现在的金鞭岩。

站在该岩峰东北60多米的溪畔仰视，可看到金鞭岩的峰色一日数变：拂晓，峰在烟云缭绕下，呈暗褐色；午时阳光直射，金辉灿灿；傍晚夕阳涂抹，峰面火红；晴夜月朗，峰体银光闪烁；若遇烟雨迷蒙，峰则隐约飘忽，如天穹抵柱。距此岩约50米处过石桥建有红漆彩绘的亭子，是观此岩的最佳地点。

神鹰护鞭：金鞭岩相对高度380多米，在它的左侧有一堵高大的呈弧形的石壁，看上去像一只张开翅膀的雄鹰，头高昂，勾嘴，双翅半展，靠金鞭岩雄立，似欲与来犯金鞭者搏击。相传，那是天上的王母娘娘不放心，生怕金鞭岩被人破坏，专门派来一只神鹰保护这根金鞭。两处景点连在一起，人们称之为“神鹰护鞭”。

长寿泉：再往下走，路的右边有一眼泉水，从石缝里汩汩而出，泉上一石板上竖刻着“长寿泉”三个大字。据说，此泉水含有益于身体健康的矿物质，喝了它能够延年益寿，长命百岁，所以叫它“长寿泉”。

文星岩：饮罢长寿水，再观对岸景，小溪左边对岸有一巨峰矗立，似人面浮雕，面向东北，面容清瘦，宽额短发，颧骨突出，鼻隆唇厚，仰首苍穹，酷似文豪鲁迅和高尔基。传说此峰是天上的文曲星降落到此变成的，所以叫“文星岩”。

双龟探溪：看过文星岩往东行，路边密林中有一座直径约10米、高约25米的石柱，石柱的顶端重叠两块巨石，背略拱，上还附有斑纹，极像两只重叠的乌龟，并向溪流方向探头探脑，像在侦察溪流中的动静，人们称它“双龟探溪”。

紫草潭：过双龟探溪不远，就到了紫草潭，紫草潭原名“纸草潭”，因清代山民造土纸在此漂洗而名。潭长约5米，宽4.5米，深2米。潭沿潭底皆紫红色岩石，潭上端溪硫湍急。潭内水面平静，清澈见底，有鱼虾悠游其中。潭岸浓阴蔽日，危崖簇立，翠峰白云倒映潭中。潭边缘是斜面紫红色大石板，小憩于其上或坐或卧，只觉清风徐来，鸟鸣荡谷，流水泻韵，潭影净心。此处正好位于金鞭溪游道的中间地带，为方便游客休息，景区管理处在此建了一座紫草潭山庄，备有土家擂茶、饮料及旅游纪念品等物。想听山歌，还可以请土家妹子唱几首原味的土家山歌。

张家界

庐山

——自然和文化的完美结合

游览时机

庐山气候温和，一年四季皆可游览，最佳游览时间为春、夏、秋三季。春天山花烂漫，万紫千红；夏天云雾弥漫，凉爽宜人；秋天满山红叶，风景秀丽；冬天白雪皑皑，银装素裹。

>> 概要介绍

庐山面积 302 平方公里，外围保护地带面积 500 平方公里。远看，庐山有如一山飞峙大江边；近看，千峰携手紧相连；横看，铁壁铜墙立湖岸；侧看，擎天一柱耸云间。正是庐山的这种气势，使宋代大文豪苏东坡诗兴大发。

千万年前的地壳运动，造就了庐山于平地之间兀然拔立的地垒式山峰，造就了庐山叠障九层、崇岭万仞的赫赫气势，伴生出峰峦无穷、怪石不绝的刚阳之美。

庐山地处中国亚热带东部季风区域，面江临湖，山高谷深，具有鲜明的山地气候特征。年平均降水 1917 毫米，年平均雾日 191 天，年平均相对湿度 78%，每年 7~9 月平均温度 16.9℃，夏季极端最高温度32℃。良好的气候和优美的自然环境，使庐山成为世界著名的避暑胜地。

庐山由于高耸于江湖之间，雨量丰富，山中温差大，云雾多，千姿百态，变幻无穷。清晨，那轻盈的薄雾从涧底婀娜多姿、缥缥缈缈地升腾着、弥漫着，像是仙女飘舞的纱巾，纱巾飘过之处，景物便渐次迷蒙起来。雾越来越厚，不消片刻，便如雪浪排空，填满了深谷幽壑，把天地连成了一片。

在季节变化上，庐山夏季凉爽，秋季早到，冬无酷寒，春则晚来，早已成为世界著名的避暑胜地。唐代诗人白居易诗云："人间四月芳菲尽，山寺桃花始盛开。常恨春归无觅处，不知转入此中来。"

庐山是一座名人山，历代许多帝王和文人到庐山游历。相传夏禹王疏九江来过庐山，秦始皇南巡时也曾登临；陶渊明、李白、杜甫、白居易、范仲淹、苏轼、陆游、王阳明等历代大文豪都曾纷纷赋诗填词；岳飞、文天祥、李时珍、徐霞客等亦曾到此游历。据统计，现存历代名人歌颂庐山的诗词达4000多首。山上的历代名家书法、碑刻也均有很高的艺术价值，是我国旅游文化的瑰宝。

三叠泉

游览线路

游览庐山一般有3条线路：

庐山一线游：由牯岭街乘旅游车到小天池、牯岭、花径、锦绣谷、仙人洞、大天池、龙首崖、黄龙潭、乌龙潭、三宝树、芦林湖、博物馆、庐山会址、美庐别墅返回。

庐山二线游：由牯岭街乘车到含鄱口、植物园、五老峰、三叠泉返回。

庐山三线游：由牯岭街乘车到白鹿洞书院、秀峰、东林寺返回。

衣食住行

春季上山，要携带厚实一些的衣物；夏、秋两季上山，短袖短裤最舒适，女士准备长袖衣，以备夜晚逛街时抵御山风；冬季上山要携带毛衣或棉衣一类的衣物。

庐山的生活用品和食品虽然也要靠汽车运输上来，但比起很多名山靠人背上去的东西来说，庐山的物品价格就便宜很多。“庐山三石”——石耳、石鱼、石鸡早就名声在外。石耳是一种菌类，生长在山崖石壁上，口感滑软，有滋阴润肺的功效；石鱼是一种可以用吸盘吸附于飞瀑深潭、山崖石缝的小鱼，肉质细嫩鲜美；石鸡是一种麻皮青蛙，常年生长于庐山潮湿的山溪边，因肉质肥美如鸡而得名。

庐山有星级宾馆16家，各种价位的宾馆都有。19世纪末，美、英、法、俄、日等20多个国家的名人、传教士来到庐山，留下了近千幢风格各异的别墅，其中很多别墅今天已经作为宾馆对游人开放。不过别墅很抢手，旺季最好网上查找电话预订。

九江是前往庐山的必经之地。京九铁路和长江在这里交汇，铁路和水路交通方便；南昌与九江有高速公路相连。

>> 自然风光

庐山是一座地垒式断块山，外险内秀，具有河流、湖泊、坡地、山峰等多种地貌。主峰——大汉阳峰，海拔1474米。庐山自古命名的山峰便有171座。群峰间散布岗岭26座，壑谷20条，岩洞16个，怪石22处。水流在河谷发育裂点，形成许多急流与瀑布，瀑布22处，溪涧18条，湖潭14处。著名的三叠泉瀑布，落差达155米。庐山奇特瑰丽的山水景观具有极高的科学价值和旅游观赏价值。

庐山瀑布群不但是自然景观，更是文化景观。历代诸多文人骚客在此赋诗题词，赞颂其壮观雄伟，给庐山瀑布带来了极高的声誉。最有名的自然是唐代诗人李白的《望庐山瀑布》——“日照香炉生紫烟，遥看瀑布挂前川。飞流直下三千尺，疑是银河落九天。”已成千古绝唱。

黄岩瀑布是诗仙李白写诗赞美的庐山瀑布，因以前瀑布上面有一黄岩寺而得名。当年飞瀑终年不断，瀑布排山倒海，水声如雷，惊心动魄，落差为120米，在瀑布的左上方有像双剑直插云霄的双剑峰，以及“日照香炉生紫烟”的香炉峰。不过，现在的黄岩瀑布已没有当年的气势了。

庐山的瀑布群最著名的应数三叠泉，被称为庐山第一奇观，旧有“未到三叠泉，不算庐山客”之说。三叠泉瀑布之水自大月山流出，缓慢流淌一段后，再过五老峰背，经过山川石阶，折成三叠，故得名“三叠泉瀑布”。

站在三叠泉瀑布前的观景石台上举目望去，但见全长近百米的白练悬挂于北岩大盘石之上，又飞泻到第二级大盘石，再稍作停息，便又一次喷洒到第三级大盘石上。白练悬挂于空中，三叠分明，正如古人所云："上级如飘云拖练，中级如碎石摧冰，下级如玉龙走潭。"而在水流飞溅中，远隔十几米仍觉湿意扑面。

含鄱口位于庐山东谷含鄱岭中央，海拔 1211 米，左为五老峰，右为太乙峰。山势高峻，怪石嶙峋，形凹如口，对着鄱阳湖，似乎要把鄱阳湖一口吞下似的，故名"含鄱口"。

含鄱口西侧，为著名的冰川角锋"犁头尖"，活像一块犀利的犁头，耕耘着茫茫云海。含鄱口对面为庐山最高峰——汉阳峰，北面为庐山第二高峰——大月山，南面为庐山第三高峰——五老峰，山麓是中国第一大淡水湖——鄱阳湖，湖光山色，相互比美。

含鄱岭上有一座雕梁画栋的方型楼台，这就是庐山观日出的胜地"望鄱亭"。倚亭四望，浩浩荡荡，胸襟顿时为之开阔。这里是看鄱阳湖日出的绝妙佳境，也是观看庐山云雾的佳地，定使你流连忘返，回味无穷。踏着晨光登上望鄱亭，依栏远望着呈现鱼肚白的天际，等待着旭日东升。

如琴湖

在天气晴好的日子，晨光微曦，水天一色，一轮红日喷薄而出，金光万道。霞光染红了波光粼粼的湖面，染红了天空，染红了远山和近岭。

五老峰位于庐山的东南侧，海拔1436米。它虽不是庐山最高峰，但却为庐山著名的高峰。五老峰山顶苍穹，下压鄱湖，削辟千仞，绵延数里，山峰受岩层垂直节理的影响，形成了既相互分割又彼此相连的五个雄奇的峰岭。五座主峰俨然五老并坐，故名“五老峰”。从各个角度去观察，山姿不一，有的像诗人吟咏，有的像武士高歌，有的像渔翁垂钓，有的像老僧盘坐。在星子县海会寺方向看五老峰最为真切。五峰中以第三峰最险，奇岩怪石千姿百态，雄奇秀丽蔚为大观；第四峰最高，峰顶云松弯曲如虬，下有5小峰，即狮子峰、金印峰、石舰峰、凌云峰和旗竿峰。五老峰东有“三叠泉”，西南为“庐山松”、“一线天”，峰麓为海会寺，处处皆是庐山胜景，为游人必登之地。李白曾在五老峰后山中建太白书堂，隐居于此。

五老峰

锦绣谷是从花径西侧的吊桥洼绵延至仙人洞的一段秀丽的山谷，相传为晋代名僧慧远采撷花卉、药草的地方。这儿四时花开，灿若锦绣，既有万谷呈芳的樱花、梅花、云锦杜鹃，又有古今闻名的庐山瑞香花。沿锦绣谷旁绝壁悬崖修筑的石级便道游览，可谓“路盘松顶上，穿云破雾出。天风拂衣襟，缥缈一身轻”。谷中千岩竞秀，万壑回萦；断崖天成，石林挺秀，峭壁峰壑如雄狮长啸，如猛虎跃涧，似捷猿攀登，似仙翁盘坐，栩栩如生。一路景色如锦绣画卷，令人陶醉，成为庐山热门景点。毛泽东的著名诗篇：“暮色苍茫看劲松，乱云飞渡仍从容。天生一个仙人洞，无限风光在险峰”即是此景的绝妙写照。

>> 人文景观

庐山是一座名人山，历代许多帝王和文人曾到庐山游历、隐居、讲学、祭祀，为庐山留下了许多历史文化遗迹。

白鹿洞书院位于庐山东南五老峰下的海会镇和星子县白鹿乡的交界处，全院占地面积近 3000 亩，建筑面积 3800 平方米。

白鹿洞书院为宋代四大书院之一。后有五老峰，西有左翼山，南有卓尔山，三山环山，一水（贯道溪）中流，无市井之喧，有泉石之胜。初为唐代贞元元年（785 年）洛阳人李渤与其兄隐居读书之处。李渤养一白鹿，出入跟随，人称之“白鹿先生”。唐末兵乱，高雅之士来此读书。南唐开元年间，李善道、朱弼等人在此置田聚徒讲学，称为“庐山园学”。宋初扩建书院，与睢阳、石鼓、岳麓并称“四大书院”。南宋时朱熹到白鹿洞书院察看遗址，经奏孝宗批准，筹款建屋，征集图书，聘请名师，广集生徒，亲任洞主，亲自讲学，并制定了“博学之，审问之，慎思之，明辨之，笃行之”等五条教规，即有名的《白鹿洞

注意事项

1.要根据上山的季节携带适当的衣物。

2.晕车的人要注意携带一些减轻晕车症状的药品。

3.携带适当的证件（比如老年证、军人证、学生证等），以便获得减免门票费用。

4.开车到庐山上的景点，需要到庐山交警大队办通行证。

书院揭示》。至此，白鹿洞书院达到了它的鼎盛时期，被誉为“海内书院第一”。今日白鹿洞书院形成了以礼对殿为中心，由明伦堂、文会堂、御书阁、朱子阁、思贤台、状元桥、门楼、牌坊、碑刻等众多殿堂组成的古建筑群，与周围的山川环境融为一体。

近代别墅群是一道亮丽的风景。自1895年英国传教士李德立花200两白银租借牯岭长冲河一带的800亩土地为避暑之所以后，俄、美、英、法、德、意、日、瑞典、瑞士、丹麦、挪威、葡萄牙等20多个国家的商贸名流和国内各界人士都争相来此兴建度假别墅，总数达640多栋，有英国式、美国式、俄国式、瑞典式、瑞士式、日本式，等等，真可称之为“世界别墅建筑艺术博物馆”，庐山遂亦成为驰名世界的旅游避暑胜地。

东林寺是我国佛教净土宗发源地，位于庐山西麓。东晋太元十一年（386年），名僧慧远在此建寺讲学，他先在西林寺以东结“龙泉精舍”，后得江州刺史桓伊之助，筹建东林寺。慧远在东林寺主持30余年，他倡导“弥陀净土法门”，集聚沙门上千人，罗致中外学问僧123人结白莲社，译佛经、著教义、同修净土之业，成为佛门净土宗的始祖。东林寺在唐时达到极盛，有殿、厢、塔、室共310余间。扬州高僧鉴真东渡日本之前，曾来过东林寺，后偕东林寺僧智恩同渡日本，慧远和东林净土宗的教义也随之传入日本，至今日本东林教仍以庐山东林寺慧远为始祖。

诸神的黄昏

>> 概要介绍

冈仁波齐峰的腰部是较大的淡红色平台，平台边缘被冰雪侵蚀，风化严重，呈犬牙状，平台上有一圈凹进去的沟槽。冈仁波齐峰经常被白云缭绕，很难目睹其真容。峰顶终年积雪，威凛万峰之上，极具视觉和心灵震撼力。由于多种原因，至今仍是一座无人问津的处女峰。

冈仁波齐峰之所以被称为“神山”，并不纯属偶然，可能与它那险峻的奇峰异貌有密切的关系。在该地区峰峦起伏的群山之中，唯有雄姿独特、气势磅礴的冈仁波齐峰凌空直耸云霄。冈仁波齐峰峰顶常年被皑皑冰雪所覆盖，就像戴上了一顶壮观的大银冠，与朵朵白云浑然一体，举目远眺，真有“神浮盈空”之感。经过长期风化作用而形成的天然台阶，纵贯峰体中央，好像通往云端的

转山时机

每年4~10月是转山的季节，直到多玛拉山口被大雪封阻。但是实际上4、5月和10月还是比较冷的，不是本地人的话，通常都会感到很辛苦。

一般游客可选择在5~6月下旬，因这段时间好天气多，而且可能持续6~8天。雨季从7月初开始，7、8月份降水最多。

转山线路

由于冈仁波齐峰是众神的居所，所以多种宗教信仰者均以能到此山转山为人生的最大愿望。现在，有些非宗教信仰者也加入到了转山的行列。

据说佛祖释迦牟尼的生肖属马，马年转山一圈相当于其他年份转山 13 圈，且最为灵验，也更能积累功德。所以每逢藏历马年，转山的朝圣者最多。

佛教徒的转山路线一般有两条：内围和外围。内围是绕山南侧的因揭陀山的小环山路线，外围是以冈底斯山为核心的大环山线路。外线徒步需 3 天工夫，磕长头则需 15~20 天。绕神山外围一周的距离是 56.5 公里。藏传佛教徒和印度教徒顺时针转，而苯教徒则是按逆时针绕行的。

悬梯；两侧悬崖绝壁，使整个峰体显得更加庄严雄伟，真像个天生的大宫殿。故在科学尚未发达的岁月里，因不能正确地解释这些奇峰异景的形成，而被宗教所利用，并加以神化，就成了至今还在相传的“神山”了。

几个世纪以来，冈仁波齐一直是朝圣者和探险家心目中的神往之地，但是至今还没有人能够登上这座神山，或者说至今还没有人胆敢触犯这座世界的中心。

冈底斯山脉的一条条涓涓细流在山间蜿蜒流淌，川流不息，渐渐汇聚成奔腾咆哮的大河。正是这些大河的引导，恒河流域的印度人、尼泊尔人、孟加拉人，印度河流域的古印度人、巴基斯坦人，还有雅鲁藏布江及布拉马普特拉河流域的藏族人等寻找到冈底斯山，找到养育他们的水之源头，朝拜他们心中的神灵。

>> 地理位置

冈仁波齐峰位于西藏普兰县境内。在该县境内有两个水系相通、间隔仅 3 公里的高原湖泊：东面较大的是玛旁雍错，西面较小的是拉昂错。在湖泊的南北是两座著名的山峰：北面是冈底斯

冈仁波齐峰

山主峰冈仁波齐峰，海拔6638米，位于东经81°18′，北纬31°，南面是喜马拉雅山西段的纳木那尼峰，海拔7694米，位于东经81°30′，北纬30°24′，两峰相距约100公里。

>> 众神之山

作为神山的冈仁波齐峰，其地位是世界性的。印度教、佛教、苯教和耆那教等均把此山敬为自己的神山，每年均有络绎不绝的来自印度、不丹、尼泊尔以及我国各大藏族聚居区的朝圣队伍，使得这里的神圣意味绵延了几千年。

印度人称这座山为Kailash，也认为这里是世界的中心。印度教里三位主神中法力最大、地位最高的湿婆，就住在这里。而印度的印度河、恒河的上游都在此发源。所以，现在在冈仁波齐峰地区会见到大批的印度朝圣者就不足为怪了。

在佛教盛行的年代里，当地及印度、尼泊尔、不丹和锡金等国的佛教徒把它当成祈天求神的圣地，不远千里、不辞辛苦来到这脱离尘世的“仙境”祈求“神灵”，表达他们的“诚心”。他们要沿路叩头祈祷，最后到“神山”之下绕山朝拜数圈，才算完成夙愿。

相传，苯、佛相争的早期，佛教尊者米拉日巴与苯教徒纳若本琼于冈仁波齐峰斗法时的若干遗迹仍有存留。在这些地方转一转并祈祷一番是朝圣者不可或缺的功课。公元10世纪左右，西藏原始宗教苯教与传入西藏的佛教为争夺宗教统治地位，发生了旷日持久的争斗。最后，佛教胜出，苯教虽“败”，但并未就此退出雪域，其寺庙仍散布于高原的各个角落。他们所敬畏和供奉的山湖鬼神及众多精灵也仍被不同地区的藏族人所朝拜。

衣食住行

和珠穆朗玛峰一样，冈仁波齐峰地区也属于极高寒地区，一般情况都要多带些衣服，以抵御寒冷。最好是在出发之前咨询旅行社或上网查询一下。

冈底斯宾馆是一个比较好的住处，该宾馆是当地最著名的旅店，有开水供应，有发电机供电到24:00。院子内用水泥砌了一些平台供搭帐篷。冈底斯宾馆上面不远处有个停车场，里面有一排房子也可以住宿。

冈底斯宾馆东门外就是神山下著名的拉萨饭店。说是饭店，其实只是一个帐篷饭馆，门口也只用英文标着“Lhasa restaurant”。饭馆主人是一对教师——卓玛老师原来在泽当中学教书，退休之后和同样做教师的丈夫一起到这里开了一家帐篷饭馆。这里简简单单，但却是神山下最好的饭馆。这里的菜肴味道远胜附近的山东水饺店，价格也公道，大学生还可以优惠。

如果住宾馆或招待所的话，则可以在此解决肚子问题，但一旦离开居住地点，就需要自带干粮了。

在冈仁波齐峰地区基本上只有用双腿来解决行路问题。既然要转山，自然是需要徒步的，否则怎么能达到心诚之境界呢？大家或许看到转山的队伍中有些马匹，但那只是驮东西的。

注意事项

1.去冈仁波齐峰地区一定要办边境通行证，在巴噶会有检查站查边境证，从阿里南线到塔钦和塔钦到普兰都会经过，有些时候还会有流动的检查哨。

2.睡袋、防潮垫必备。如果自信能够承受当地寺庙旅馆的卫生条件，就带一个普通的棉睡袋，到时候再盖上当地的被子。如果计划野营，在7~8月，750克左右的羽绒睡袋比较惬意，再早或再晚则要更保暖一些的。

3.南下走新藏公路的话，因为那里冬春两季大雪封山，最好是在每年5~10月前往，由于沿途的气候及食宿条件很差，需带好足够的防寒衣物和药品。

4.从拉萨西行的游客要注意，此行往返4000公里，约15天，每辆车租金1~1.7万元。出拉萨最后的加油点在拉孜，拉孜至狮泉河约1600公里没有加油站。

5.炉子最好也带上。不要连吃3天的冷食品，对身体非常的不好。晚上烧点开水，泡杯咖啡或热果珍会感觉舒服异常，不仅缓解疲劳，而且也睡得开心。

6.推荐小食品：巧克力、牛肉干、果珍。

>> 人文景观

世界上大多数宗教都有一个共同特色——朝圣。带着强烈而巨大的心愿，沿着一条相对固定、充满神迹启示的圣路，向一个公认的圣地进发，这便是朝圣之举。朝圣由来已久，在自然环境险恶卓著的西藏，朝圣尤其显得精诚执著。

笃信佛教的藏族人坚信：朝圣能尽涤前世今生之罪孽，增添无穷的功德，并最终脱出轮回，荣登极乐。因此，总是有数不尽的藏族人以独有的磕长头方式俯仰于天地之间，向强磁场般的圣地跋涉。信徒们相信，没有血肉之躯，便无朝圣之举，没有风尘仆仆，便无朝圣之途，不历经千辛万苦并跨越真正的时空，就不会有心灵的虔诚。朝圣对于一个信徒而言，是可以用一生的时间去认真对待的神圣之举。甚至可以这样说，超出“苦行”意义之上的朝圣之旅是将个体生命之旅推向极致的唯一途径！

人们从四面八方涌向冈底斯山，每年来此朝拜的世界各地的信徒成千上万。来冈底斯山朝圣，是一个佛教徒或印度教徒或苯教徒乃至于印度的耆那教徒一生的最大夙愿。在只能徒步行走的年月，为了到冈底斯山朝圣，信徒们要提前半年甚至一年启程，或穿越无人区，或翻越喜马拉雅山，行走数千里的遥远路途。他们有的沿途乞讨，甚至死在半道；有的朝拜了冈底斯山后再也没能返回家乡，死在冈仁波齐峰转山道上。信徒们不但不为转山死亡而畏惧，反而认为能死在冈仁波齐峰身旁是一种福气。居住在冈仁波齐附近的阿里藏民是幸运的，他们认为拥有冈底斯就已拥有一种至尊和财富。他们去尼泊尔、印度或青康藏区，只要一说他们是冈仁波齐附近的居民，就会受到特殊的礼遇。据说来过此山朝圣的外地人和外国人，回到家乡后也处处受人敬仰且自视高人一等。过去，在印度、尼泊尔和不丹，教徒和喇嘛们来朝山时，在国内还可享受乘坐马车不付钱的礼遇。

冈仁波齐峰周围共有 5 座寺庙。年日寺为转山第一站，以后依次为止拉浦寺、松楚寺（也称“幻变寺”）、江扎寺和赛龙寺，其中后两座寺位于内线。这 5 座寺庙都有不少脍炙人口的传说故事，并留存有丰富的雕刻、塑像、壁画等文物，但如今都程度不同地毁坏了。

远眺冈仁波齐峰

一览众山小

游览时机

游览泰山以 4~11 月为佳，观日出则以秋季为最佳。岱顶夕照比之日出更吸引人，据说天气好的时候可以看见黄河。冬天要待下雪时景色才出奇。雨天不要轻易放弃登山，此刻山上常会遇到云海奇观，若遇上日出云海就更幸运了。

>> 概要介绍

泰山东临波澜壮阔的大海，西靠源远流长的黄河，凌驾于齐鲁大地，几千年来一直是东方政治、经济、文化的中心。泰山有着深厚的文化内涵，其古建筑主要为明清的风格，将建筑、绘画、雕刻、山石、林木融为一体，是东方文明伟大而庄重的象征。泰山一直是历代帝王封禅祭天的神山。随着帝王封禅，泰山被神化，佛道两家盛行，文人名人纷至沓来，给泰山与泰安留下了众多名胜古迹。泰山自然景观雄伟高大，因有数千年精神文化的渗透和渲染，以及人文景观的烘托而被称为“五岳之首”，它是中华民族的精神文化的缩影，而今又成为世界珍贵遗产。泰山风景名胜以泰山主峰为中心，呈放射状分布，由自然景观与人文景观融合而成。

泰山主峰玉皇顶突起于华北平原，凌驾于齐鲁丘陵，相对高差达1300米，视觉效果格外高大，具有通天拔地之势，形成“一览众山小”的高旷气势。泰山绵亘200余公里，盘卧方圆426平方公里，形体集中，产生厚重安稳之感，正如“稳如泰山”一词所述。泰山岩性坚硬，节理发育，古松与巨石相互衬托，云烟和朝日彼此辉映，突兀峻拔，耀眼磅礴。

泰山的人文景观繁多，从西南祭地的社首山到帝王驻地的泰城岱庙，再到封天的玉皇顶，形成一条长达十余公里的“地府”、“人间”、“天堂”三重空间。岱庙是山下泰城中轴线上的主体建筑，前连通天街，后接盘道，形成山城一体，由此步步登高，渐入佳境，而由“人间”进入“天庭仙界”。泰山拥有2000多处摩崖石刻，其规模之大，精品之多，时代之久，书体之全，在国内外名山当中是无与伦比的。巍巍泰山就像一座民族的丰碑屹立于中华大地，举世瞩目。泰山有寺庙58座，古遗址128处，碑碣1239块，摩崖石刻1277处。这些人文景观主要分布在岱阳、岱顶、岱阴及灵岩等处。

>> 地理位置

泰山位于山东省中部，跨越泰安、济南两市，风景区总面积426平方公里，主峰玉皇顶在泰安市北，海拔1.545米。

>> 自然风光

泰山十八盘是泰山登山盘山路中最险要的一段，称为“天梯”。全程共79盘，共计1633级，为泰山的主要标志之一。此处两山崖壁如削，陡

游览方式

经过多年的开发，泰山的登山线路已经丰富多彩。登临泰山可选择步行登山，乘坐缆车，甚至可以乘坐飞机。

步行登山需要有较好的体力。从泰山脚下开始，虽然路途较远，却是亲临其境欣赏泰山风景的最好途径。当游客步行到泰山十八盘时，可以看到此处不但险峻，而且绝美。面对高远的摩天云梯，顿感泰山之雄伟。十八盘全程1公里多，石阶1594级，垂直高度400米。爬完十八盘后到达南天门，虽然浑身是汗，但是心情舒畅，因为终于登上了泰山。

对于年纪较大的人，或者是不喜欢步行的人，可以选择乘坐泰山的登山缆车。现在，从中天门至岱顶望府山已架设了空中缆车。乘坐缆车既轻松，又可以俯瞰下面的一些美景，会有另一番的体会。

另外，游客还可以到直升飞机场乘坐直升飞机亲临泰山山顶。这样不但轻松，还非常刺激，更为有趣的是可以观赏泰山全景。

衣食住行

泰山一年四季皆可游览，除了在冬季或春初需要携带一些御寒衣物外，其他时间只需携带单衣即可。无论什么时候（即使是在夏天），泰山顶上均比较寒冷，往往需要穿上棉衣。

白菜、豆腐和水，并称“泰山三美”，可见泰山的豆腐宴和野菜宴历史之悠久。历代帝王来泰山，均“食素斋，洁身养性”，以示虔诚。仅豆腐宴一项就有150多道菜。泰安风味亦小有名气，著名的有泰安煎饼、巧炸赤鳞鱼、白蜜食、酱包瓜、酱蘑菇、泰山牙枣、烤地瓜等，不可不尝。

峭的盘路镶嵌其中，远远望去，恰似天门云梯。中间蹬道盘旋，行人几乎直上直下，不禁有高、陡、危、奇之感。人们一般把升仙坊以下称“慢十八”，以上称“紧十八”。每盘有石阶200级，紧慢十八盘相互连接，恍若上青天，故有“升仙”之称。

十八盘岩层陡立，倾角70°~80°，在不足1公里的距离内升高400米。明人祁承赋《十八盘》诗曰：“拔地五千丈，冲霄十八盘。径从穷处见，天向隙中观。重累行如画，孤悬峻若竿。生平饶胜具，此日骨犹寒。”

十八盘在对松山北，高阜之上，双崖夹道，旧称“云门”，今名“开山”，为清乾隆末年改建盘道时所辟，十八盘自此而始。开山北为龙门，旧有龙门坊，后毁。西岩有清道光年间魏祥摹刻狂草“龙门”大字。坊址东为大龙峪，雨季众水归峡，飞泉若泻。

泰山

>> 人文景观

泰山人文历史悠久，文化遗产丰厚。从四五万年前的旧石器时代到新石器时期，泰山周围地区都出现了人类活动的踪迹，这些经过考古挖掘、科学鉴定的远古文化遗迹，说明泰山地区是中华民族悠久文明的重要发祥地之一。秦始皇、秦二世、汉武帝都到此举行封禅大典。经唐、宋到明清，尤其到了清朝康熙、乾隆时期，泰山的地位抬高到了无以复加的程度。这种封禅祭祀活动在泰山延续了数千年，并贯穿了整个中国封建社会。

玉皇庙位于泰山主峰之巅的玉皇顶。玉皇顶是因有玉皇庙而得名。玉皇庙始建年代无考，明成化年间重修。主要建筑有玉皇殿、迎旭亭、望河亭、东西配殿等，殿内置有玉皇大帝铜像。神龛上匾额题"柴望遗风"，说明远古帝王曾于此燔柴祭天，望祀山川诸神。殿前有"极顶石"，标志着泰山的最高点。极顶石西北有"古登封台"碑刻，说明这里是历代帝王登封泰山时的设坛祭天之处。东亭可望"旭日东升"，西亭可观"黄河玉带"。

岱庙旧称"东狱庙"或"泰山行宫"，位于泰安市区北，泰山南麓。它是泰山最大、最完整的古建筑群，为道教神府，是历代帝王举行封禅大典和祭祀泰山神的地方。岱庙城堞高筑，庙貌嵯峨，宫阙重叠，气象万千。

岱庙创建于汉代，至唐时已殿阁辉煌。在宋真宗大举封禅时，又大加拓建，修建天贶殿等，使之更见规模。其建筑风格采用帝王宫城的式样，周环1500余米，庙内各类古建筑有150余间。主要建筑有正阳门、配天门、仁安门、天贶殿、后寝宫、厚载门、铜亭等。庙内古柏参天，碑碣如

泰山顶上有各种档次的住宿，三星级"神憩宾馆"标准间门市价500元（淡季可砍到300元），还经常客满，不过也有照床位算的，每位100元，最好能在上山前打个电话预订。如果要租军大衣，5~15元/件，清晨看日出时也可御寒。

由于泰山位于交通发达的山东省中部，因此游览泰山的方式也就多种多样，随心所欲。

自助旅游的游客可以选择乘坐飞机、火车或汽车到泰山游览。

乘坐飞机的游客可在山东济南降落，然后乘坐火车或汽车到达泰山脚下的泰安市。

泰安市内有多条公交线路可以到达登临泰山的各个起点。

泰安市内公交3路：天外村（泰山西路登山起点）—大众桥—医学院—五金站—前进饭店—中心医院—龙潭宾馆—火车站—泰山商场—财源街—下河桥—百货大楼—岱庙—市委—岱宗坊—红门（泰山中路登山起点）。

泰山旅游巴士1线：火车站—天外村—中天门，上山票价：13元，下山票价11元。

泰山旅游巴士2线：火车站—桃花峪—桃花源索道，上山票价：13元，下山票价11元。

林，文物荟萃，游人络绎不绝。

封禅是古代许多帝王都在泰山进行的活动。秦始皇、秦二始、汉武帝、章帝、安帝、唐高宗、武则天、唐玄宗、宋真宗、清康熙帝、乾隆帝等12个帝王、帝后曾先后来过泰山。据说，汉武帝7次到泰山，乾隆11次到泰山。泰山自远古起就有封禅活动，据《史记·封禅书》记载：“此泰山上筑土为坛以祭天，报天之功，故曰封。此泰山下小山上除地，报地之功，故曰禅”。

孔子登临处是孔圣人在泰山留下的印记。泰山就在孔子故乡曲阜的附近，孔子自然也就在泰山留下了圣人的足迹。孔子登临处位于一天门北，为四柱三门式跨道石坊，古藤掩映，典雅端庄，额题“孔子登临处”五大字。明嘉靖三十九年(1560年)始建。柱联曰：“素王独步传千古，圣主遥临庆万年”。坊两侧分立两碑，东为明嘉靖间济南府同治翟涛题“登高必自”碑，西为巡抚山东监察御史李复初题“第一山”碑。

注意事项

1.泰山十八盘全程虽然只有1公里多，但有石阶1，594级，垂直高度400米，因此年老体弱的游客不要勉强上爬，可以乘坐缆车登上山顶。

2.登山途中有许多卖水或西红柿的，价格很公道，即使泰山顶上的食品也不算贵，所以登泰山大可不必多带什么吃的上去。

3.登山路上要注意多喝水，登山路上和山顶上均有不收费的厕所，不必担心内急问题。

泰山景色

峨眉山——四川盆地的保护神

佛光·金顶·顽猴

>> 概要介绍

峨眉山山体呈南北方向绵延，像一道巨大的翠屏，耸立在成都平原西南。遥望它弯曲柔美的山体轮廓，犹如少女的面容和修眉，于是人们很早便称它为“峨眉”。

峨眉山平畴突起，巍峨、秀丽、古老、神奇。它以优美的自然风光、悠久的佛教文化、丰富的动植物资源、独特的地质地貌而著称于世，素有“峨眉天下秀”之美誉。唐代诗人李白诗曰：“蜀国多仙山，峨眉邈难匹”；明代诗人周洪谟赞道：“三峨之秀甲天下，何须涉海寻蓬莱”；当代文豪郭沫若题书峨眉山为“天下名山”。古往今来，峨眉山就是人们礼佛朝拜、游览观光、科学考察和休闲疗养的胜地。峨眉山千百年来香火旺盛、游人不绝，魅力长存。

游览时机

游览峨眉山的最佳时间是每年的5~9月。峨眉山海拔2000米以上地区约有半年时间为冰雪覆盖，一般是10月到次年的4月，峨眉山都是白雪皑皑的，没有四季之分，只有冬春之别。

登临金顶，不能不看“金顶四奇”：日出、云海、佛光、神灯。而欣赏“四奇”的最佳观赏点在卧云庵左侧的睹光台。

登峨眉山观佛光的最佳时间应在12月~翌年3月期间的上午9:00~10:00和下午3:00~4:00，下午最宜。

游览线路

峨眉山是一处旅游设施完善的旅游胜地，山中的游览线路较多，游客可以根据自己的喜好和身体状况选择相应的游览路线。但游览峨眉山的主线是：万年寺停车场—万年寺—华严顶—洗象池—雷洞坪—卧云庵—金顶—万佛顶。游客可以完全步行上山游览，从山脚一直上到山顶；也可以步行和乘坐缆车相结合的方式上山游览。

万年寺停车场到万年寺和雷洞坪到金顶这两个山势较陡的路段均建有索道，游客可在这两段乘坐缆车，可以减少劳累，还可以节省时间。

另外，报国寺客运中心的绿色环保旅游车队统一售票，循环发车，每间隔 20 分钟一班车。游人可在全山五大车场任一时间随意上、下车。

>> 地理位置

峨眉山位于四川中南部，四川盆地西南边缘的峨眉境内，距成都约 160 公里，在峨眉山市西南 7 公里处。在我国的旅游名山中，峨眉山可以说是最高的一个，它高出五岳，秀甲天下，最高峰万佛顶海拔 3099 米。

>> 自然风光

峨眉山以优美的自然风光、独特的地质地貌、游览景点众多而著称于世。随着季节的变化和山势的不同，加上古木参天，流泉飞瀑，以及阴、晴、风、雨、云、雾、霜、雪的渲染，使峨眉山的景色更加清幽，风景独秀。

罗峰晴云，峡深水秀，白云片片。伏虎寺后有罗峰岭，岭上有罗峰庵，原名“龙凤辉室”。康熙年间，蒋超在此修撰《峨眉山志》，改名“罗峰庵”。山上林木繁茂，山下峡深水秀。登上罗峰，峨眉平原一望无垠，蓝天万里，这就是峨眉十景之首的“罗峰晴云”。

双桥清音，两江之水，汇流于此。清音阁下

峨眉山景色

有“双飞桥”，是两座小桥的合称。桥下之水，一是发源于九老洞的黑龙江，一是发源于雷洞坪的白龙江，两江之水奔腾而来，汇流于此。两水汇流之处，伫立着一块巨石，高约2米，色黑褐而有光泽，状若牛心，名曰“牛心石”。由于千万年来被流水磨砺得光洁晶莹，又名“洗心石”。当洪水来时，左右冲激，声浪如千军万马，但平日里却清音淅沥，如鼓琴瑟。

大坪霁雪，大雪纷飞，玉琢冰雕。在大坪寺旁有一株古松，寿逾千年。传说当年开山老僧常在松下打坐入定，每逢虎狼来袭，只需默诵咒语，群兽即告驯服。冬天大雪纷飞时，这一带的山木林泉即成一片茫茫银色世界，青葱翠绿，尽变玉琢冰雕。一旦天空放晴，曙光普照，原来的白玉无瑕又仿若红妆素裹，分外娇娆。这一景因此得名为“大坪霁雪”。

洪椿晓雨，每日晓雨，纤尘不染。“人到天下秀，清幽还数洪椿坪”。洪椿坪气候变幻无常，每日清晨均有小雨，终年气温多在摄氏7~20℃之间。人们游洪椿坪都有着一种很特别的感觉，那就是雅静。事实上，所谓“晓雨”其实并不是雨，而是地处高山环抱之下的洪椿坪蒸发不散的湿气，在夏日雨后初晴的早晨形成如烟似雾的大气。站在寺前的旷野望去，山间林岗飘忽，雾雨霏霏，亭台楼阁在晓雨间时隐时现，虚幻缥缈。

九老仙府，深奥莫测，溶蚀而成。九老洞在仙峰寺后。相传轩辕黄帝问道经过此地，见一位老者鹤发童颜、仙风道骨，于是问老者道：“就您一位在此吗？此处是否还有别人？”老者回答：“加上我，共有九人。”这就是“九老仙府”的来历之一。还有一说，从前有个樵夫背着柴禾经过

衣食住行

峨眉山气候垂直分布明显，即使是在夏季，也要多带点衣服上山，以防着凉。

喜欢四川美食的游客可以在成都或峨眉山饱尝口福。四川的麻辣可是世界闻名的，不过别吃得过多，否则会肚子疼。

成都或峨眉山均有很好的住宿设施，游客尽可放心。无论山上还是山下，峨眉山的交通均非常便利，游客不用特别注意。

自助旅游的游客可以乘坐汽车、火车、飞机等到达成都，然后在成都参加旅行社的团队旅行，或在成都再乘坐汽车到达峨眉山。从成都市前往峨眉山，车辆班次最多的车站是新南门的旅游汽车客运中心。

自驾车旅游的游客则可以直接将爱车开到峨眉山风景区。夏季凡22座以下的非经营性的自驾车均可上雷洞坪。冬季为了旅客的安全则不能自行开车上山。

山洞，见有九位老人正在下棋，于是便去观棋。观棋之后，九老邀樵夫进洞玩耍。后来樵夫再去洞里找九老时，已不见九位老人的踪迹。于是几位老人下棋的溶洞就称为“九老洞”。九老洞内有一尊财神像，每年都有许多游人来此求神送财。深奥莫测的九老洞最初是一条地下暗河，后因地壳抬升，长期经河水冲刷、溶蚀而成。目前人能进入的深度仅1500米，其中有大小支洞67个，形态各异，各色各样的化学沉积物遍布洞内。洞外右边有天皇台，是观日出的好地方。

象池夜月，孤峰耸秀，佛灯闪烁。洗象池旧名“双喜亭”，又名“初喜庵”。此池在峨眉山主峰绵延下来的山背上，为一六边形的水池。据说普贤菩萨的坐骑白象曾沐浴于此，由之得名。池下有尊象石，石下镌有“岩谷灵光”四字。池前有一石坪，是观赏峨眉一大奇观——佛灯的最佳地点。

峨眉佛灯的出现，需要具备无云之夜和无月之夜两个条件。先是一点小火点，在山谷的入口处冉冉地飘浮进谷，像星星一般时明时暗，眨动不停。不出一盏茶工夫，第二、第三以至无数个的小火点就都出现了，一上一下、一明一暗地飘了过来。有的快，有的慢；有的由远而近，然后又由近而远；先由小而大，后又由大到小；有的只一亮，便烟消云散；有的却化身二三，散了开去。

白水秋风，天高气爽，层林尽染。清音阁附近的白龙洞，楠木参天，林阴夹道。据说当年明代高僧别传在此念诵《法华经》，每念一字便植树一株，经文念完，共手植楠木69777株，号称“古德林”。每到秋季，天高气爽，人们站在万年寺殿前白水池旁观景，满山红叶，层林尽染，时有琴蛙伴奏，秋意醉人，人称“白水秋风”。

金顶佛光，光环人影，动静相随。金顶是峨眉山三大绝顶之一，有著名的四大奇观：云海、日出、佛光、佛灯。其中，佛光名闻天下，是峨眉山之游的高潮。

在晴朗无风的午后，站在睹光台前，可在太阳反方向的云雾幕上看见一轮彩色光环，人影正好投在光环之中。人动影也动，人静影也静，这便是著名的“金顶祥光”。

佛光出现的先决条件是晴空无云，岩下两三千尺处铺有海底云，云上平静无波，看上去一片白色，且没有耀眼的散光，佛光才会出现。佛光之现，冬多夏少，夏日游人目睹佛光的机会实在难得。

这一“光环随人动，人影在环中”的神奇光学现象，是太阳光在特定条件下透过水蒸气形成的，和雨后天空出现彩虹是同样道理。虹是由下往上看，而佛光是由上往下看，前者弧形，后者则呈环形。云层就像一块屏幕，日光从背后照来，自然会把身影投射映现，影子的大小浓淡则与光线的强弱、方向和云屏的位置有关。

圣积晚钟，空谷传音，动人心魄。圣积寺，在峨眉山南边，原是古时朝山拜佛的必经之地，始建于14世纪中叶。1564年，圣积寺住持别传禅师在四川江阳造铜钟三口：一置万年寺（百水寺），一置永延寺（山峰富顺县间）。最大的一口，于次年运至峨眉县城南虹溪桥打磨钻字，1567年悬挂于圣积寺真境楼中，故名“圣积寺铜钟”。铜钟通高2.6米，腹径2.1米，唇厚0.2米，重2.5万斤，有“巴蜀钟王”之称。当年，入夜时分开始敲钟，每敲一下，钟声历时1分15秒，声闻30里。后来，此钟移至报国寺，且因种种原因，钟声不再如前。

>> 人文景观

峨眉山也是一座佛教名山，相传是释迦牟尼身旁的普贤大菩萨显灵说法的道场。它与山西五台山、浙江普陀山、安徽九华山并称为中国佛教的“四大菩萨”道场。峨眉山原为佛道两教并存的宗教重地。东汉之初，山间便有了第一座以药农舍宅为寺庙的“初殿”。后来历经晋、唐、宋续建，以及明、清两代发展，在连绵百里的山峦先后兴建佛寺200多处，僧众人数达数千人。随着佛教兴盛和道教的衰微与绝迹，峨眉山遂成为以“菩萨信仰”为中心的佛教圣地。由于历史变迁，现在峨眉山景区内尚存十余处古寺，如报国寺、万年寺、仙峰寺、洗象池、金顶等，寺院内的佛教徒依然保持着正常的宗教生活。

金顶是峨眉山著名的寺庙，也是峨眉山游览的终点，海拔3099米。由洗象池上行5公里，经过登金顶最长最后的一道有2380余石级的险坡——七里坡，再经接引殿即至。

金顶上有正殿，古名“华藏寺”，始建于晋汉时期。当时称“普光殿”，后改名为“元相殿”，又称“铜殿”。因其殿顶鎏金，瓦、柱、门、窗皆为铜中掺金建造，在阳光下金光闪闪而得名“金顶”。华藏寺侧为卧云庵，庵左为睹光台。华藏寺后的断岩720米，峭绝如削。这里遥对西康雪山，下临

注意事项

游览峨眉山是比较安全的，但游客还是要注意以下一些事情：

1.峨眉“灵猴”成群结队，非常顽皮，不可任意挑逗，以免受其伤害。

2.有高血压、心脏病患者登山不宜过高。女士宜穿平底鞋，不宜穿长裙。

3.购买本地特产时最好有行家指导，不要购买国家保护动物的皮毛和猴骨等。

4.随身携带雨具、手电和常用药品（腹泻、晕车药、创伤外用药和防蚊虫的雾剂等）。

5.峨眉山海拔3099米，相对高度达2500米以上（山下的峨眉山市海拔仅420米），垂直高差大，气温常较山下低10℃左右，故登山者需早作御寒准备（金顶也有棉衣可供租用）。

6.峨眉山云低雾浓，细雨时停时降，终日不绝，故登山者应准备相应雨具（以轻便的塑料薄膜雨衣为佳）。

7.峨眉山部分路段非常险滑，游人应特别注意安全，不宜穿光底和硬底鞋。

3000多米的深壑。立于其上，但见云雾浮沉，深不可测，令人触目惊心。登临金顶，不能不看“金顶四奇”——日出、云海、佛光、神灯，而欣赏“四奇”的最佳观赏点在卧云庵左侧的睹光台。

报国寺位于今峨眉山市的峨眉山麓，是峨眉山进山的门户，为峨眉山第一景。报国寺海拔551米，离市内约7公里。冯玉祥将军曾题写了“名山起点”四个大字。报国寺原址在离现址不远的伏虎寺对岸的瑜伽河畔，始建于明万历年间(1573~1620年)，原名“会宗堂”。清顺治年间（1644~1661年）移址至此重建。清康熙四十二年（1703年）重修，并取佛经中“四恩”之一“报国主恩”之意，御赐“报国寺”名。后经两次扩建，成为四层殿宇、亭台楼阁俱全、布局典雅的宏大寺庙，其规模为峨眉山下的寺院之首。寺院山门“报国寺”匾额为清康熙皇帝御书，寺内殿宇轩昂，大雄殿内，中间供奉着释迦牟尼，两侧排列十八罗汉。

报国寺内存有大量珍贵的文物。七佛殿内，两侧墙壁上存有宋代著名文学家、书法家黄庭坚的四幅《七佛偈》木刻条屏真迹。七佛殿后，有明永乐十三年（1415年）由江西景德镇窑工烧制而成的大型彩釉瓷佛一尊，高2.7米，佛像底座为千叶莲台。瓷佛身缀千佛莲衣，暗含“一花一世界，千叶千如来”的佛经教义。这尊瓷佛形象高大、比例匀称、生动形象、线条流畅，为国内所罕见。

普贤铜像是无梁砖殿内的一尊菩萨铜像。相传，北宋太平兴国五年(980年)，四川地方官员多次向皇帝上奏说普贤菩萨在峨眉山现身。笃信佛教的皇帝便下诏指派工部官员前往成都，专门督造普贤菩萨骑六牙白象的铜像。该铜像分段铸好，南运300余里，铆接而成，供奉在无梁砖殿。这尊铜像高7.35米，重62.1吨，造型为普贤菩萨坐在六牙白象背上的莲花宝座之上。普贤菩萨头戴五佛金冠，上嵌六颗宝珠，比一般菩萨更加华贵美丽。铜像上身垂直端坐，身着披肩，环系彩带，胸部半露；双腿盘曲坐在莲花宝座之上，庄重之间又显自然；双臂弯曲，手执如意一只。莲花宝座为金色，高1.3米、宽2.53米，莲花宝座下一头白色大象俯首贴耳，目光下视，鼻低垂，六只长牙外伸，四蹄平站于四朵莲花之上。普贤菩萨端坐在莲花宝座之上，俨然一位贵妇，雍容华贵，典雅端庄。

佛牙是万年寺传世之宝。该佛牙长1.28尺，重6.5公斤，是明代嘉靖年间斯里兰卡的僧人所奉。相传，释迦牟尼涅槃后火化，全身都变成了细小的舍利子，只有牙齿完整不化。而事实上，据专家考证，这枚牙齿并非释迦牟尼的牙齿，而是剑齿象的牙齿化石，距今已有20万年的历史了，颇为珍贵。

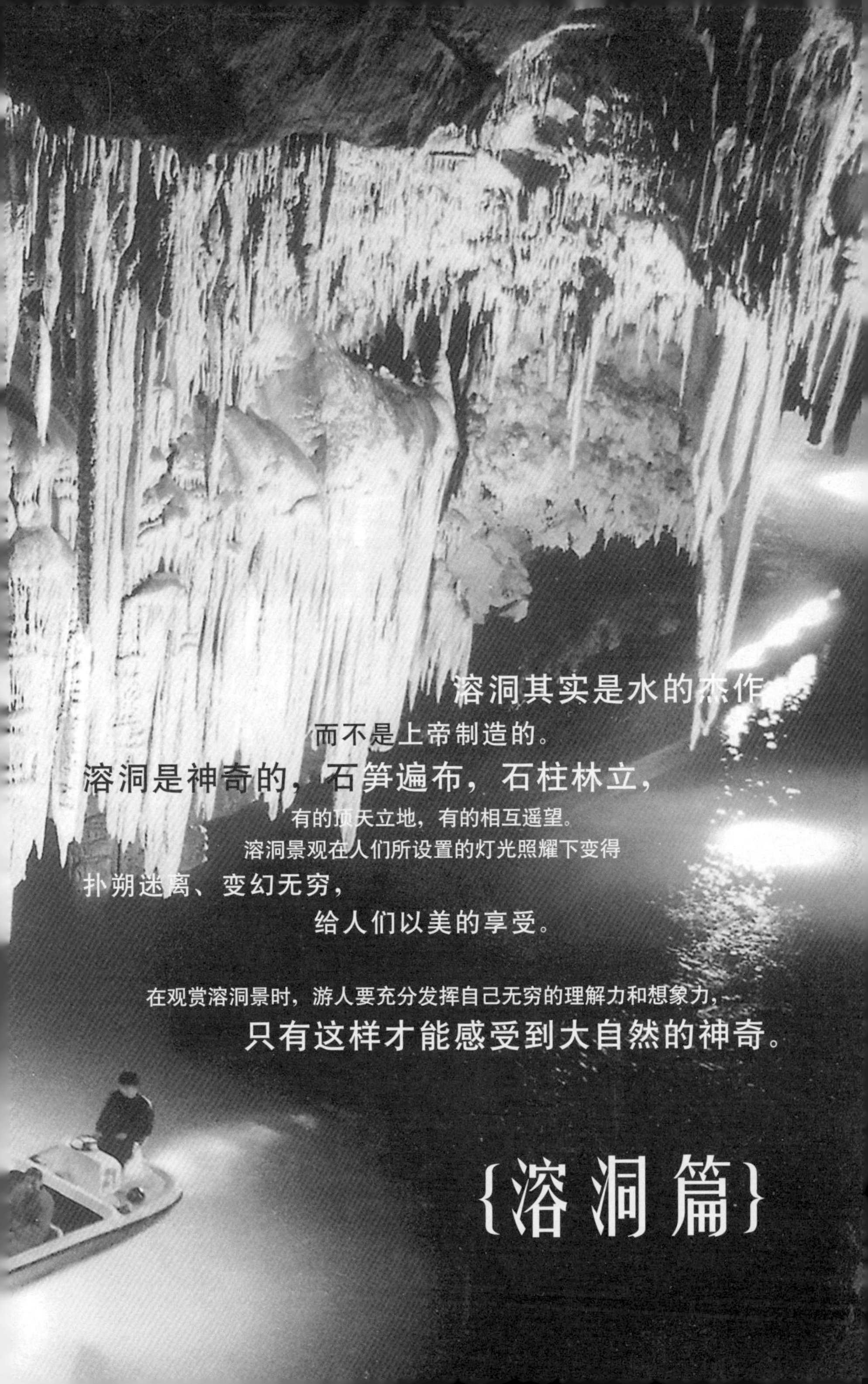

溶洞其实是水的杰作，

而不是上帝制造的。

溶洞是神奇的，石笋遍布，石柱林立，

有的顶天立地，有的相互遥望。

溶洞景观在人们所设置的灯光照耀下变得

扑朔迷离、变幻无穷，

给人们以美的享受。

在观赏溶洞景时，游人要充分发挥自己无穷的理解力和想象力，

只有这样才能感受到大自然的神奇。

{溶洞篇}

织金洞——岩溶博物馆

只有想不到，没有见不到

游览时机

到织金洞最好的游览时间是每年的春、夏、秋三个季节。

>> 概要介绍

织金洞原名“打鸡洞”，是一处奇妙的溶洞景观。贵州属于喀斯特岩溶地质地貌，故形成了山中有洞、洞中有景的地理特征，出现了石林、石沟、石牙、峰林、漏斗、天生桥、岩溶湖、瀑布等地表岩溶形态，又有溶洞、地下河、地下湖、钟乳石、石柱、石笋、石幔等地下岩溶形态，从而组成了发育完整、类型多样、造型奇特、宏伟瑰丽的岩溶洞穴系统。织金洞便是这之中的佼佼者，1988 年国务院将这里列为国家级重点风景名胜区之一。

>> 地理位置

织金洞位于贵州省织金县城东北 23 公里处的官寨乡，距省城贵阳 120 公里。

>> 洞内奇观

织金洞是一个多层次、多阶段、多类型的溶洞。洞长6.6公里，最宽处175米，相对高差150多米。全洞容积达500万立方米，空间宽阔，有上、中、下三层。洞内有40多种岩溶堆积物，显示了溶洞的一些主要形态类别。根据不同的景观和特点，织金洞分为迎宾厅、讲经堂、万寿宫、雪香宫、寿星宫、广寒宫、灵霄殿、十万大山、塔林洞、金鼠宫、望山湖、水乡泽国等景区，共有47个厅堂、150多个景点。洞内有各种奇形怪状的石柱、石幔、石花等组成的奇特景观，身临其境如进入神话中的奇幻世界。最大的洞厅面积达3万多平方米，每座厅堂都有琳琅满目的钟乳石，大的有数十丈，小的如嫩竹笋，千姿百态。还有玲珑剔透、洁如冰花的卷曲石，霸王盔、玉玲珑、双鱼赴广寒、水母石、碧眼金鼠等景观，形态逼真、五彩缤纷。特别是那高17米的“银雨树”，挺拔秀丽，亭亭玉立于白玉盘中，人人赞叹。织金洞不仅有很高的旅游、美学价值，而且于研究中国的古地理、古气象学等都有极高的参考价值。织金洞内景点繁多，受篇幅限制，难以一一介绍。下面仅介绍其中的“讲经堂”和“万寿宫”两个景点，供读者欣赏。

讲经堂中妙趣横生，一巨佛端坐潭中，双手合十，

织金洞

衣食住行

景区有很多餐馆可以选择。可回县城住宿，也可在景区内的一家三星宾馆和招待所住宿。安顺市内客运东站可以乘坐巴士，约3小时左右至织金县。

注意事项

1.洞内路程远，最好穿上运动鞋，带上饮用水。

2.洞内不要吸烟。

3.导游熄灭灯光后，洞内黑暗，要小心被绊倒。

闭目讲经，左侧有一木鱼。八百罗汉齐集台前聆听，实则心不在焉，有的手捧经卷，有的以手托腮，有的东张西望，有的窃窃私语，有的垂首欲睡，窥其内心世界令人捧腹。织金洞之所以被人们称为“溶洞之王”在于它在世界溶洞中具有多项世界之最。如整个洞已开发部分就达35万平方米；洞内堆积物的多品种、高品位为世间少有；洞厅的最高、最宽跨度属于极至；神奇的银雨树，精巧的卷曲石举世罕见。最大的景物是金塔宫内的塔林世界，在1.6平方米的洞厅内耸立着100多重金塔银塔，而且隔成11个厅堂。金塔银塔之间，石笋、石藤、石幔、石帷、钟旗、石鼓、石柱遍地，与塔群遥相呼应。

万寿宫内的“三星聚会”无论是南极仙翁、太白金星还是张果老，都是帽状滴石形成的高约20多米的钟乳石人形。洞内还有一种珍宝——月奶石，眼观如石，用手指一捻即成水渣，晒干后极坚硬，吸水力极强，此石是生物变化形成的，在我国目前仅发现两处，一处是北京郊区的石佛洞，另一处便是织金洞。据地质学家介绍，此石世间罕见，堪称为洞穴沉积物的珍品。此外，洞内遍布的石花、晶牙、石龟、鸡血石、玉葡萄、石莲花、谷针田、云蝶、松子石、蛇皮石、石珍珠等等更是璀璨夺目，令人赞叹，乐而忘返。

石花斗奇

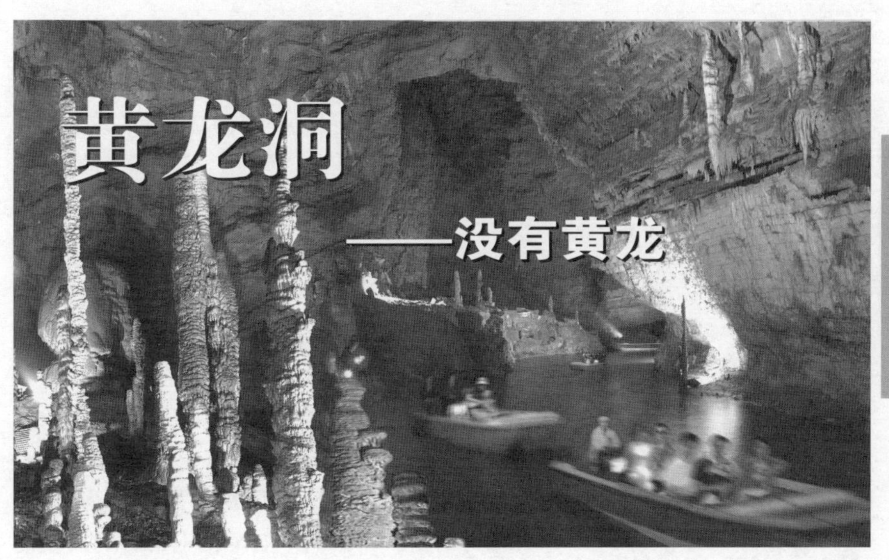

中华神奇洞府，世界溶洞奇观

>> 概要介绍

黄龙洞属典型的喀斯特岩溶地貌，现已探明总面积48公顷，全长15公里，垂直高度140米，内分两层旱洞、两层水洞。黄龙洞洞中有洞，洞中有河，由石灰质溶液凝结而成的石钟乳、石笋、石花、石幔、石枝、石管、石珍珠、石珊瑚等洞穴景观遍布其中，无所不奇，无奇不有，仿佛一座神奇的地下“魔宫”。

黄龙洞已开发的洞内景观面积约20公顷，分旱洞和水洞。共4层，长13公里，最高处百余米。属石灰岩地下河侵蚀型洞穴。两层水洞与两层旱洞上下纵横，形成洞下洞、楼上楼螺旋结构，最大洞厅的面积1.2万平方米，可容纳上万人。洞内有1个水库、2条阴河、3条地下瀑布、4个

游览时机

黄龙洞的最佳游览时间为每年的4~10月。

水潭、13 个大厅、96 条游廊。洞内流痕、边石、倒石芽、倒锅状窝穴阶段发育良好，钙质石积物呈五颜六色，绚丽多姿。穹顶石壁滴水沉淀的石乳、石柱、石笋、石幔、石琴、石花如水晶玉石，琳琅满目，异彩纷呈，美不胜收，有“地下迷宫”之美称。

黄龙洞现分龙宫、水晶宫、石琴山、天仙水、乡水河、迷宫等游览线。龙宫是黄龙洞中的精华，面积约 1600 平方米。“龙王宝座”位居中央，数以千计的石柱、石笋林立四周。此外，洞内还有音响石，洞中瀑布最高 50 余米。洞中有水又有山，尤其是洞中有山，在国内溶洞中实为罕见。令人称奇的是，叩击洞中石琴山上的钟乳，便能发出动听的丝竹管弦之音。

>> 地理位置

黄龙洞位于索溪峪自然保护区东部，索溪峪镇东 7 公里（索溪峪河口村）的一座山腰上。这里地处世界自然遗产张家界武陵源核心景区的东端，位于张清公路 40 公里处，交通十分方便，距张家界火车站、张家界机场、张家界汽车站均为 35 公里。

>> 洞内奇观

黄龙洞中有许多的神奇景观，这里我们仅介绍其中的三个。

定海神针是黄龙洞最为奇特的石笋，位于龙宫游览区，高 19.2 米，两端粗中间细，最细处只有 10 厘米，据专家测定，“定海神针”生长发育至今约近 20 万年历史，而且仍在生长之中。为更好地保护好这一标志景点，黄龙洞景区 1998 年特

衣食住行

如果是在每年的 4~10 月期间游览黄龙洞，则不需要特别携带御寒衣物。夏天时，洞内清凉，非常舒服。

土家人自古爱吃辣，辣椒既开胃健脾又帮助消化，小孩能吃，老者也能吃，男人能吃，女人也能吃。有句俗语形容得最为恰当：“三日不食辣，心里就像猫爪抓，走路脚软眼也花。”最为常见的吃法有：炒辣椒、煎辣椒、油炸辣椒、酸辣椒、酱辣椒、辣椒水、辣椒汤等等。除了辣椒外，土家人还特别钟爱吃具有腊、酸、腌制味的菜食。

黄龙洞距离张家界自然风光的中心地带还有近 20 分钟车程，所以那里提供住宿的地方不是很多。建议参观黄龙洞后，坐车到张家界自然风光带售票处那条街上去住宿。那里不论是星级宾馆还是普通的旅馆都很多。

在张家界市汽车站乘开往索溪峪的中巴，到武陵源镇，然后再乘摩托车去黄龙洞，每人 2 元。

地为“定海神针”买下1亿元人民币保险，创世界为资源性资产买保险之先河。

双门迎宾位于黄龙洞入口100米处，为两扇并列的天然洞门，被世人称为世上最美满的洞门。宽的是长寿门，窄的是幸福门，传说从宽门过能寿比南山，从窄门过能福如东海。如果进洞选择一道门，出洞选择另一道门，当然就“福寿双全”、两全其美了。

天仙瀑布是世界上最为壮观的洞中瀑布，在黄龙洞天仙宫景区内，地下有一片巨大石瀑布群，南北宽62米，东西长105米，落差达40米，为国际上已开发的旅游溶洞中规模最大的石瀑布群。更为叫绝的是，在天仙宫洞顶，还有三股泉水从30米高的蜂窝状的石窟倾斜而下，形成美轮美奂的天仙水瀑布奇观。

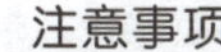

注意事项

1.由于黄龙洞内的气温比外面要低一点，所以建议不要在寒冷的季节去。

2.如果不吃辣椒，则要预先告知导游或厨师。

3.导游熄灭灯光后，洞内黑暗，要小心被绊倒。

定海神针

一叶扁舟探深幽

游览时机

洞内常年保持12℃左右的恒温，四季如春，一年四季均可游览。

注意事项

1.务必携带厚实一点的御寒衣物。

2.洞内有水，要注意安全。

3.导游熄灭灯光后，洞内黑暗，要小心被绊倒。

>> 概要介绍

本溪水洞在侠柯山中，侠柯山属辽东山地，为千山山脉的东北边缘。洞内温度常年保持在12℃左右，自然通风良好，洞内空气与洞外相近，但湿度偏高，常年保持在85%左右。全洞分主、辅两洞，两洞相背而生。主洞为充水溶洞，是一条长达3000米以上的蜿蜒幽深的地下长河，河道曲折，清澈见底，故名“九曲银河”，可供游人乘船游览2300米。辅洞为旱洞，长280余米。

>> 地理位置

本溪水洞位于辽宁省本溪市，在本溪市东北35公里处的太子河畔，距本溪县城小市镇6公里。

水洞面积3.6万平方米，全长2300米。现可游览的地下暗河长3000米，水流终年不竭，清澈见底。洞口呈半月形，进入洞口是个大厅，可容千人，大厅右侧有个300米长的旱洞。洞府高低错落，洞中有洞，各有洞天。洞顶和岩壁钟乳石多沿裂隙成群发育，钟乳石、石笋、石柱、石华等均发育良好，形状奇异，各呈物象，不加修凿，自然成趣，宛若龙宫仙境。该旱洞现已建成一座大型古生物馆，再现了亿万年古生物进化过程。大厅左侧为一处“港湾”，灯光所及，洞中物象一一倒悬水中，琼宫晶阁，十分好看。大厅正面是通往水洞的码头，千余平方米的水面，灯光所及，水中游船、洞中石景倒映其中，使人如入仙境。从护岸石阶拾级而下，通过长廊从码头上船，即可畅游水洞。这里，游客可以尽情欣赏水洞之大、之长、之深以及飞瀑之美。

太子河从洞口200米处流过，玉带逶迤，澄清似练，下游注入辽河入海。洞口坐南朝北，呈半月形，高于太子河面13米。水洞河道两岸石笋林立，千姿百态；洞顶穹庐钟乳高悬，情趣盎然，60多处景点各具特色，琳琅满目，泛舟其中，如临仙境，被中外游人誉为“北国一宝”。

很早以前，古人类就发现此洞，并在这里居住栖息。建国以来，政府多次组织发掘，迄今为止，考古工作者已在洞口发现了距今约1万年前的新石器时代的文物，如磨制的石器、动物的骨骼等，还发掘出4000多年前青铜时代的陶器，公元前200年至公元后400年的绳形陶、五铢钱等著名文物。

衣食住行

无论何时，洞内游览均需要穿戴保暖衣物。

农家饭菜颇具特色。御用贡米、粘糕、山野菜、河鱼、田鸡、喇咕等享誉省内外。

景区内的聚仙楼宾馆占地1600平方米，是一座具有独特满族风格的花园式旅游涉外宾馆，集餐饮、娱乐、住宿为一体，大小包房8间及多功能厅可同时容纳300人就餐。优美的环境、优质的服务将满足不同层次宾客的需求。

本溪市有旅游星级饭店20余家，床位1万多张，有富佳大酒店、正方宾馆、金鼎饭店、水洞宾馆和具备三星级以上评审资格的中高档旅游饭店，有一批一、二星级标准和具有接待外国人条件的旅游饭店。

本溪火车站有旅游专线车前往。

米堆冰川↑

波密民俗↑

海螺沟温泉↓

托木尔峰↑　　　　　　　　　　　　海螺沟温泉↓

古尔班通古特沙漠↑

古尔班通古特沙漠↑

乌尔禾↓

乌尔禾魔鬼城↑

塔克拉玛干↑

塔克拉玛干↓

婺源 ↑

丽江大研镇纳西古乐 ↓

哈尼梯田↑

哈尼梯田↑

丹巴甲居藏寨↓

鼓浪屿八卦楼↓

青岛↓

“琴岛”鼓浪屿↑

阳朔↑

若尔盖纳摩寺↓

巴音布鲁克人家↑

降扎温泉↑

黄河九曲第一湾↓

黄河日出↑

若尔盖花湖↓

相信许多人都看过瀑布，

其雄伟壮观总是给人留下深刻的印象。

世界落差最大的瀑布也不过百米，

然而冰川的最大落差却可达千米以上，给人以一泻千里之感。

因而，冰川留给人们的印象更加深刻。

以海螺沟冰川为例，

其巨大的一号冰川从海拔7000多米的贡嘎雪山奔腾而下，

止于海拔2800多米的原始森林中（末端落入森林带内6公里），

全长14.2公里，

落差达到1080米。

这是任何瀑布都不能与之相比的。

{冰川篇}

银色的长龙

游览时机

从海螺沟目前的旅游基础设施来说，任何时候都可以进入游览。但最佳的游览时间是每年的5~6月份和9~11月份。5~6月份的时候，满山杜鹃花开，这时可以观看到杜鹃花映红了雪山和冰川的壮丽景色。9~11月份的时候，山林红、黄、绿竞相争艳，天高云淡，可以比较清楚地看到贡嘎雪山和所有的冰川，还可以看到美丽的雪莲花。

>> 概要介绍

地球上的冰川几乎全部存在于远离人类聚居的南极地区，其余极少部分虽分布于各个纬度，但又大多处于高寒、高海拔地区，使一般人难以到达。而中国四川的海螺沟冰川，不仅其所处的纬度较低，而且海拔也低，一般体力的旅游者都可以亲自登上宽达2公里、冰体厚度达100~300米的冰川，领略它独有的魅力。

海螺沟冰川生成于大约1600年前，属于海洋性现代冰川。它是贡嘎山最大的一条冰川，长14.2公里，末端落入森林带内6公里，又形成冰川与原始森林共生的绝景。

海螺沟冰川以其冰面河、冰面湖、冰下河、冰川城门洞、冰裂隙、冰阶梯、冰石蘑菇、巨大的冰川漂砾、冰川弧拱和极其宽阔的U形冰川峡谷、两侧高逾数百米的留有冰川擦痕的绝壁以及黛绿色的原始森林等形成唯冰川所有的独特景观。更妙的是沟中这样接近冰川的地方竟然有大流量的温泉、热泉甚至沸泉。

海螺沟冰川共有4条，分别命名为1号冰川、2号冰川、3号冰川和4号冰川。其中1号冰川最为壮观。

>> 地理位置

海螺沟位于四川省甘孜藏族自治州泸定县的磨西镇，在四川成都市的西南方，距离约320公

海螺沟

游览路线

经过多年的开发，海螺沟的旅游设施已经较为完善。海螺沟内主要景点有：城门洞、冰塔林、冰瀑布观景台、大冰瀑布、金银山、粒雪盆等。在海螺沟内，还建立了4个游览营地。

海螺沟内的门票80元，景区内交通费55元。游客可在海螺沟内乘坐景区内的交通车（注意，由于已交纳了交通费，所以在景区内可以随时上下车）在各营地之间、各景点之间穿梭。当然，也可以步行游览，但耗时较多，体力消耗也大。

在海螺沟游览，最有趣味、最有吸引力的当然是观看冰川，海螺沟冰川已经开辟了3条游览线路。

1.索道线路

可乘车或步行到达索道线路的索道站，乘索道缆车上四号营地看冰川，费用较贵，往返160元/人，但比较轻松。

2.步行线路

从3号营地先乘观光车到索道购票处，再沿观光路步行上到观景台，单程步行约需30分钟至1小时左右，途中穿越原始森林，景色非常漂亮。到观景台后，还可下行到冰川底部，近距离观赏冰川。但步行比较累，时间也较长。

3.滑杆线路

可在步行处乘四川特有的滑杆（一种用两根竹杆加一把椅子的双人抬的轿子）上观景台，可享受到步行所看到的风景，且比较节省体力，对那些体力较差及老年游客比较适合，乘滑杆可一段一段的乘坐，费用也从 20~80 元不等。

三条观看冰川的线路比较：

索道线路优点是比较轻松，而且可以观看 1 号冰川的全貌。到达 4 号营地后，可以看到海螺沟的全部 4 条冰川，还可以观赏雪莲花、高山杜鹃花等。缺点是费用较贵。

步行线路的优点是可以体会穿越原始森林的感觉，可以近距离观赏冰川的局部。缺点是步行比较累，时间也较长，而且不能观赏到冰川的全貌。

滑杆线路的路线与步行线路的路线相同，优点是不但可以体会穿越原始森林的感觉，还可以节省一些体力。缺点则与步行线路相同，而且还要耗费一些金钱。

海螺沟温泉

里；在泸定县城南，距离约 55 公里。地处东经 101°48′，北纬 29°36′。

海螺沟冰川处于我国著名的风景旅游区、四川的海螺沟森林公园、著名山峰贡嘎山东坡的一条长 30.7 公里的冰川峡谷中。

>> 自然风光

海螺沟冰川具有六大自然景观：

日照金山连绵：在海螺沟的周围仅海拔 6000 米以上的高峰就有 45 座。每当冬日，清晨的太阳升起的瞬间，这数十座雪峰全都披上一层金光，这就是海螺沟最著名的“日照金山”美景。

雪山冰瀑相连：海螺沟 1 号冰川直接从海拔高达 7556 米的贡嘎雪山主峰奔流而下，到达海拔高度 2850 米融化点，上下相差达 4706 米，长达数十公里，其景观令观者震撼。

冰川深入原始森林：海螺沟 1 号冰川末端（冰舌）落入森林带内 6 公里，形成冰川与黛绿色的原始森林共生的绝景。海螺沟不但有高山杜鹃、雪莲花，还有茂密的原始森林。

海螺沟的原始森林主要以麦吊杉树为主。此

树高大挺拔，树冠终年翠绿，与雪山冰川形成翠白相映、刚柔相济。

冰川与温泉相映：海螺沟的1号营地、2号营地和沟口附近均有大流量的温泉、热泉甚至沸泉。这里的奇妙之处在于冰川非常靠近温泉。

在海螺沟泡温泉不但可以放松身心，而且还可以观看雪山、冰川和原始森林。

雪莲映冰川：海螺沟的4号营地周围有许多的雪莲，令前来观赏冰川的游客大饱眼福。海螺沟4号营地的大片雪莲位于海螺沟的4条冰川的包围之中。站在雪莲花中可以看到海螺沟的4条冰川中的任意一条冰川。

杜鹃花红照冰川：海螺沟的4号营地生长着大片的高山杜鹃，每年5月杜鹃花开，漫山遍野，映红了雪山，也映红了冰川。

>> 人文景观

海螺沟的民风民俗完全不同于西藏，由于这里正处于从汉区到藏区的过渡地带，因此具有厚重的边缘文化色彩。在这周围，汉、藏等各民族和睦相处，互相促进，共同繁荣。

在海螺沟，主要是大量的自然景观，但也有几处鲜为人知的人文景观。

天主教堂：磨西镇位于海螺沟口，是进入海螺沟冰川风景区的停留之地。在这样一个交通不便、重山包围的小镇内却有一座具有200多年历史的天主教堂，确实令人颇感意外。

这个天主教堂不大，但其内非常整洁，大概可以容纳100~200人。与接待我们的阿婆闲聊得知，该镇有天主教徒100多人。

毛泽东旧居：非常有趣的是毛泽东曾经也在磨西镇的天主教堂的小楼内居住。

衣食住行

由于海螺沟冰川的特殊地理条件，除了冬季外，其他季节均可着单衣或夹衣浏览冰川。但如果是在11月进入海螺沟的话，还是多带些衣服为好。笔者在11月间游览此处的时候，就穿上了羽绒服，因为此处已下起了大雪。

经过近几年的开发，海螺沟游览的住宿条件已经大大改观。游客可以住在磨西镇（海螺沟游览区的大门就在该镇旁），更可以住在海螺沟游览区的1号营地、2号营地或3号营地。

游览冰川之后再返回营地住宿，住宿最好选择有温泉的地方，可以免费泡温泉，因为海螺沟的温泉可是极有名的哟。

自助旅游的游客可在成都乘车前往。成都每天有一班直达海螺沟的班车，票价100元，约在上午9点从成都新南门汽车站开往海螺沟。

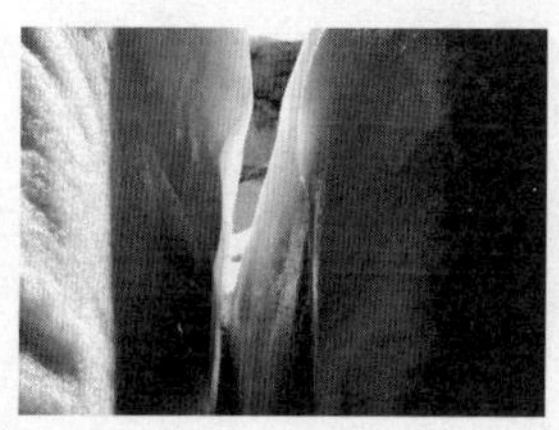

注意事项

海螺沟地区因地形复杂，游客应特别注意安全。一般游客及老弱游客建议在低山区参观游览为佳。在登临中、高山区时应注意防寒、防雪崩、泥石流和冰裂缝，此外还要注意高山缺氧的危险。以下建议请注意参考。

1.冰川上无法修建游览道路，游客最好紧跟导游，不要在冰川上单独行动。

2.观赏大冰瀑布，严禁跨越冰川警戒线。

3.冰雪反射阳光较强，请戴墨镜保护眼睛。

4.进入冰川前要通过松散层陡坡和砾石区，要注意脚下站稳和谨防高坡坠石，进入冰川城门洞时要警惕冰崖滑塌。

5.游客注意保护宝贵的雪莲资源。在海螺沟冰川的4号营地可以观看到许多美丽的雪莲花，但我们发现有不少的雪莲消失了，明显被一些旅游道德欠佳的游客摘走了。我们呼吁游客们不要损害海螺沟宝贵的雪莲资源！

两万五千里长征过程中，在红军胜利强渡大渡河，并攻占泸定后，毛泽东在磨西镇主持召开了遵义会议后第一次重要的会议——“磨西会议”。这次会议讨论决定了红军北上抗日的具体行军路线。

在磨西镇的天主教堂一幢砖砌的两层小楼内，还完整地保留了当年毛泽东和卫兵居住过的房间、召开“磨西会议”的会议室、红军使用过的马鞍、水壶等。

磨西会议旧址、毛主席住地旧址在1991年被定为县级文物保护单位，2005年又被定为省级文物保护单位。

>> 神话传说

美丽的海螺沟有着众多的动人传说。在很久以前有一个猎人进沟打猎，山中猎物甚多，他很有收获。临近黄昏，一新的猎物出现，他即迅速追赶，但却忘了时辰。待到夜幕降临，他听到了山林中的少女嬉闹声，便循声而去，拨开树丛，即被眼前的景象惊呆了：只见温泉瀑布之下，一群美丽的少女正在游泳嬉戏！他以为自己眼花了，便揉了揉眼睛，待到他再睁开眼睛时，已没了少女的踪影，眼前所见只有大大小小各式各样的一堆海螺石。原来这些石头由于采集了天地之灵气、日月之精华，修炼成了女儿身。她们经常聚集玩耍于山林间，结伴嬉戏于温泉龙潭，后来，有一位海螺仙女还嫁给了这位勇敢的猎人。于是，人们就将这条美丽的山沟取名为“海螺沟”。

远古的痕迹

>> 概要介绍

“托木尔”为维吾尔族语，意为“铁山”。托木尔冰川地区是现代冰川最为发育的地区，也是古代冰川遗迹保存最为完整的地方。托木尔峰海拔 7439 米，为天山第一峰，被列为国家综合自然保护区。

托木尔峰是天山山脉在我国境内的最高峰。天山山势由东向西高起，主要山脊高达 4500~6000 米。横贯亚洲中部的托木尔冰川是现代冰川分布比较集中的山系冰川之一，冰川集中在汉腾格里——托木尔峰区及依连哈比尔尕山区等处，雪线介于海拔 3800~4200 米，冰川末端海拔 3000~4000 米，某些长大的冰川末端可下伸到海拔 3000~2800 米。

游览时机

托木尔峰是阿克苏的一个旅游景点，夏季和秋季是这里的旅游季节。游览托木尔冰川的最佳时机是夏季。

游览线路

游览托木尔冰川，有两条线路可供选择。一条线路（北线）是从温宿北行到塔格拉克，然后徒步沿琼兰河谷北上，可达托木尔峰南坡。另一条路线（东线）是从温宿东行60公里至破城子，然后徒步溯木尔特河谷北上40公里至吐盖别里齐。

注意事项

1.托木尔峰属于保护区的核心地带，进入保护区一定要和阿克苏地区林业部门打招呼，或在塔格拉克的托木尔峰保护站登记。规模较大的探险一定要在阿克苏林业部门办理相关的手续。

2.每年7~8月份是托木尔峰地区的雨季，加上南部新疆的持续高温，冰川溶化加速，台兰河水暴涨，一定要做好安全渡河的准备。

3.进入托木尔峰道路崎岖，线路漫长，一旦发生意外，很难实施有效的救援。所以进山前要充分做好物资和医疗自救的准备。规模较大的登山探险活动要配备必要的通讯设备（短波电台或卫星电话），以便和外界沟通，请求支援。

4.禁止携带枪支进入保护区，保护区内禁止点篝火。

>> 地理位置

托木尔冰川位于天山西部温宿县境内，东经80°6′，北纬42°。

>> 自然风光

托木尔峰地区属于海拔4000米以上的高山、高寒地区，即使在炎热的夏季也是一派玉龙纷飞、漫天寒彻的冰雪世界。该地区是我国最大的现代冰川作用区之一，共有冰川829条，其中发育在我国境内的有509条，冰川总面积达2746平方公里，比两个祁连山冰川面积还大1.3倍；冰雪储量3500亿立方米，是中国冰川之最，比祁连山和珠穆朗玛峰地区冰雪储量的总和还大得多。托木尔峰地区的冰川为亚大陆性冰川。这里长达10公里以上的冰川有20余条，最长的冰川是托木尔峰北部的汗腾格里冰川，是世界八大山谷冰川之一，号称“天下第一冰川”，长60.8公里，横跨中、吉两国；托木尔冰川长32公里，是我国著名的冰川之一。在山谷冰川中，有许多巨大的树枝状冰川，中科院将其命之为“托木尔山谷型冰川”，这类冰川占托木尔峰地区冰川总量的85%。

冰川上的消融区常形成水深莫测的冰面湖、数百米深的冰裂缝，还有浅蓝绿色的冰溶洞、冰蘑菇、冰下河道等冰川奇景。大量冰川融水由冰舌末端的冰洞流出。

>> 刀郎歌舞

托木尔地区悠久的历史、灿烂的文化、多姿的风光、独特的民俗孕育了歌舞之乡的美誉。独特的赛乃姆、买西来甫、盘子舞、龟兹舞、刀郎舞等歌舞艺术和民俗风情，向世界展示着这里的地域文化艺术的特色和魅力。刀郎人以刀郎舞、刀郎乐器、刀郎木卡姆、刀郎农民画等闻名于世。

刀郎舞发源于麦盖提，这在《词源》、《辞海》里都可以得到证明。在以麦盖提为中心、叶尔羌河流域的岳普湖、巴楚、莎车、叶城等地，刀郎舞也很流行。

刀朗舞历史悠久，源远流长，形式完备，历久不衰，具有浓郁的游牧民族的草原生活气息。保留了游牧、狩猎与迁徙中游移不定的痕迹，再现了自古以来刀郎人精诚团结、不屈不挠、英勇善战、乐观向上的豁达与顽强不屈的民族精神。

刀郎人用独有的卡伦琴奏起了悠扬、婉转的散板，刀郎艾介克、刀郎热瓦甫、刀郎沙塔尔、刀郎弹布尔也一起响起。一排排蓄着长胡须、穿着袷袢、神态自若的老人虔诚地席地而跪，敲响羊皮制作的纳格拉鼓，双手捧起圆如满月的达甫鼓在胸前或肩上不住地敲打摇晃。他们凝聚胸腔、鼻腔、丹田之气，用高八度而且已经有点嘶哑的声音引吭高歌，接着，大大小小的达甫鼓、纳格拉鼓一齐奏响。这时，舞蹈节奏沉雄有力，乐队演奏的旋律变得欢快流畅，人们的舞蹈动作也变得庄严肃穆，极富穿透力与感染力。

当那高亢、悠扬的男高音响起之时，就是族长或首领在召唤各个部落族人立即行动起来参加狩猎的号令。接着是穿越密林，披荆斩棘，高擎着火把、棍棒寻找野兽的集体行动。于是，刀郎麦西莱甫在辽阔广袤的叶尔羌河岸边悄悄演绎和传播开来了。

衣食住行

由于需要前往冰川地区，因此要多携带一些衣物，一般需要携带棉衣或羽绒服。

食宿可在阿克苏或温宿。前往托木尔冰川时要自带干粮。

在阿克苏或温宿有不少著名的新疆小吃，如小吃馕坑肉、手抓羊肉、烤包子等。如果人多可与当地餐馆预订烤全羊。新疆的馕饼是一种不错的小吃。阿克苏地区水果香甜，有白杏、哈密瓜、香梨、西瓜、葡萄等。

前往托木尔冰川，游客可以从乌鲁木齐乘汽车或飞机，或者自驾车至阿克苏。然后从阿克苏北上到达温宿，再选择北线或东线前往托木尔冰川。

铜壶、小刀、工艺挂包、格吉木吉丝巾、壁画临摹工艺品等是阿克苏很好的旅游纪念品。不过，乘飞机返回的游客要注意的是，小刀是不可以带上飞机的，但可以邮寄。

米堆冰川
——桃花源里的来客

游览时机

米堆冰川地区是西藏自治区的一处观光旅游、科学考察的理想重要地区。春秋两季是这里观光旅游、科学考察的最佳时机。

>> 概要介绍

米堆冰川位于西藏东南部，地处念青唐古拉山与喜玛拉雅山交界处，由于受印度洋西南季风影响，形成了独特的亚热带半湿润气候带。这里气候温和，雨量充沛，生物繁茂，冬无严寒、夏无酷暑，是典型的江南气候。

米堆冰川主峰海拔 6800 米，雪线海拔只有 4600 米。米堆冰川朝向西南，长 20 多公里，其下段穿行于针阔叶混交林带，末端海拔只有 2400 米。该冰川常年雪光闪耀，景色神奇迷人，享有“西藏的瑞士”、“雪域的江南”等美誉。

米堆冰川

米堆冰川的冰盆巨大、

冰柱奇特、雪崩众多，冰瀑长达700~800米，其末端深入林间，形成冰川、冰碛湖和农田、村庄共存的奇特冰川景观。

冰碛丘陵又叫“冰川基碛冰碛丘陵”，它是一种古冰川堆积而成的地貌组合。这种地貌是在中国第四纪冰川的作用下形成的。其中，形态最典型、构造最完整、规模最壮观、数量最多的冰碛丘陵分布在许木乡热西村玛玉塘境内（这里是观赏自然风光冰碛丘陵的好去处），此地面积约50万平方米，冰碛丘陵约有几百座。

>> 地理位置

米堆冰川位于西藏自治区波密县玉普乡米美、米堆两村，距离西藏林芝地区波密县东约100公里。

>> 民族风情

米堆冰川所在的波密县民俗历史悠久、内容丰富、博大精深、无与伦比，主要有锅庄、独具特色的热巴舞、山歌、北谐、赛马、马术表演及服饰文化等具有特色的民族风情。

波密锅庄源远流长，是全县最普遍的歌伴舞文化活动。逢年过节、婚嫁喜庆等场合，都要以跳波密锅庄的形式表示庆祝。波密锅庄的舞步、唱腔与昌都锅庄基本相同，男女各成一队，围着圆圈沿顺时针方向旋转。舞步节奏感很强，可以称为运动的“踢踢舞”，一般为16步变换一组动作。歌伴舞为男声一段、女声一段交替进行，男声与女声都密切配合领唱领舞者的节奏。

波密热巴舞在西藏全区都久负盛名。热巴舞开头与结尾都是慢动作转圈的集体舞，男、女队

游览线路

米堆冰川地区虽然峰高沟深，但交通方便，米堆冰川距离波密县城仅100来公里，离318国道（川藏公路）仅8公里。

米堆冰川坡度平缓，可以徒步直上冰川，这正是米堆冰川吸引人们去探险和观赏的重要因素。

从拉萨出发，沿川藏公路东行经八一镇、通麦即可到达波密县城。这里是前往米堆冰川探险、游览的重要据点。目前已有公路到达米堆村，因此离开318国道（川藏公路）后可沿到达米堆村的公路行进。在冰川景区需要徒步。因此去此地旅游的主要是冰川探险旅游者、自助旅游者或自驾车旅游者。

衣食住行

米堆冰川地区属于高原地区，气温为-20~-30℃之间，风速有时达到40米/秒。因此到该地区旅游应多带衣服。

当游人到藏族群众家做客，会受到主人的盛情款待。献哈达，敬切玛、青稞酒、酥油茶之后，还可以吃上手抓牛肉、酸奶、糌粑等民族饮食。

一般旅游者不需要在景区住宿，在波密县城住宿即可。

自助旅游，可以从西藏拉萨出发，也可以从波密出发。但一般需要包车前往。

自驾车旅游是指自己开车直接前往米堆冰川的旅游。这种旅游一般有4条路径：

一是从拉萨出发，经八一镇、通麦、波密县城前往米堆冰川地区；二是从成都出发，经甘孜、昌都、八宿（不必到达波密县城）前往米堆冰川（川藏北线）；三是从成都出发，经巴塘、芒康、八宿（不必到达波密县城）前往米堆冰川（川藏南线）；四是从昆明出发，经德钦、芒康、八宿（不必到达波密县城）前往米堆冰川（滇藏线）。

波密热巴舞

一段一段地唱，而中间则加快节奏形成高潮。中间的一组形同武打的动作，十分刚健。由一个或两个男演员亮相，舞蹈与演唱停止，以鼓声指挥节拍，做单脚卷曲跳跃、连续翻筋斗、倒立单手撑地等高难度和快速旋转动作；此后由女队做快速转身、各种击鼓姿势动作。跳热巴舞的男演员左手持钹片一片，钹片上有击打发声的小铁珠相连，作用与铜铃相同，以击打伴奏使舞步准确无误；右手持牦牛尾巴，腰间的绳带吊着一串小铃铛，身体转动时也发出有节奏的响声。跳热巴舞的女演员，左手提着一个带把的鼓，右手拿着细小的弯棍作鼓棒，轻轻击鼓，用鼓点作为舞步的节奏。

北谐是当地举行赛马前的演讲词，由一名骑手演讲，形同单口相声，用语生动，逗人发笑。北谐的词意内容非常丰富，主要是喜庆丰收、祝福吉祥等。

赛马是波密群众的一项重要的体育运动。“会说话就会唱歌，会坐就会骑马”。波密的群众喜欢骑马，所以养马、驯马都有独到的技术。尽管现在汽车、拖拉机都已基本普及，行路下田用不着马匹，但群众仍坚持每户养马1~2匹，专用于赛马。纯粹的赛马分为大跑赛和小跑赛。大跑赛比速度，以最先到达终点的马和骑手为优胜者；小跑赛比马的碎步动作，行走平稳的马和骑手为优胜者。凡被评为优胜的骑手和马匹，都要献哈达、戴红花，还要颁奖，很受人尊重。

赛马前或赛马后还要同时举行马术表演。马术表演主要有：马背行礼、马背倒立、跑马拾哈达、跑马射箭、跑马火枪射击。在激烈的竞技场上，您尽可以领略雪域骑士彪悍、勇猛的风采。

波密的服饰文化也独具特色。男士戴博士帽、扎西帽、狐皮帽，赛马时戴“索夏”帽。如今虽已不习惯在头上戴珠宝了，但项链上仍有戴九眼珠的习惯。节日集会，他们冬穿毛面料皮藏装，夏穿毛面料、绸缎藏装，一般会脱开双臂或右臂，将袖筒系在腰上。藏装下部和扣缝处嵌有高高的水獭皮或豹皮边，有的饰边上还呈吉祥图案。衬衣仍喜用白、红藏绸制作，当然也不排除穿现代白衬衣。他们总是身佩银腰刀。骑马时，还要肩披箭袋，袋中装箭。信教的男士胸前挂一个护身佛盒。

女士的头顶、项链上都习惯戴宝石珊瑚九眼珠，当然也有戴次仁帽的。如发辫卷在头上，将显出红绿相间的发穗。女士藏装穿着有的穿长袖藏装，与男士基本一样；有的穿工布女藏装，无袖、色泽鲜明，外加金丝绒布包衣角。女士藏装的腰带系三层，第一层彩色绸带，第二层花围裙，第三层为银腰带恰玛，银腰带配有银吊穗，有的也一并佩带小银刀。她们的一套盛装往往价值连城，少则数万元，多则近20万元。

注意事项

米堆冰川地区属于西藏高原地区，雪山与冰川相映，风光秀丽。到该地区旅游的一般游客要注意以下一些事情：

1.有严重高血压、心脏病患者不宜去西藏，有严重感冒者请不要进藏。

2.西藏地处高原，大部分客人会或多或少有高原反应，要注意休息和饮食得当。

3.西藏早晚温差较大，请务必带上羊毛衫、厚外套、牛仔裤等，注意保暖，预防感冒。

4.西藏日照强烈，气候尤其干燥，防晒霜、墨镜、润唇膏等必不可少。

5.攀登冰川要使用专业工具，务必保证安全。

6.出行前购买足够的胶卷。

透明梦柯冰川

——荒漠中的甘泉

游览时机

除了每年7、8月是冰川融水期，山洪咆哮而下，很危险，无法进山外，其他时间均可游览透明梦柯冰川。但由于该地区在海拔4000米以上，1月的平均气温为−22.9℃，非常寒冷。因此，最好是在9~10月到该地旅游。5~6月虽然也可以游览透明梦柯冰川，但天气还是比较寒冷。

多姿的纯净世界

>> 概要介绍

从甘肃境内延伸到青海长达2000多公里的祁连山脉，是青藏高原的北部边缘。在古匈奴语中，祁连意为“天”，祁连山因此而得名“天山”，又因位于河西走廊以南，也称“南山”。祁连山脉西接阿尔金山山脉，东至兰州兴隆山，南界柴达木盆地和青海湖。祁连山脉呈西北至东南走向，由数条近似平行的山脉组成。祁连山孕育的冰川与丝绸之路有着颇深的渊源，在属于典型的大陆干旱荒漠气候的河西走廊，祁连山脉的冰川灌溉了附近的绿洲并成为其经济发展和人民生活的命脉。

位于甘肃省肃北蒙古族自治县境内的大雪山是祁连山的中断块形成的一个完整的小山地。其北为昌马盆地，东界疏勒河峡谷，南临野马河谷

透明梦柯冰川

地，西至公岔达阪山口。大雪山平均海拔4000米左右，最高峰5555米，是祁连山北端最高的山体。由于大雪山地处西北气流直下的要冲，高山降水丰富。大雪山共有冰川203条，面积159.4平方公里。大雪山的老虎沟地区共有冰川44条，面积54.3平方公里。老虎沟内的12号冰川即是透明梦柯冰川，是祁连山区最大的山谷冰川。

>> 地理位置

透明梦柯冰川位于甘肃省肃北蒙古族自治县石包城乡、祁连山区大雪山北坡老虎沟内，长10.1公里，面积21.9平方公里，是祁连山区最大的山谷冰川。

>> 自然风光

透明梦柯冰川具有明显的稳定性冰川的特征。透明梦柯冰川属于极大陆型的双支山谷冰川，有宽大的粒雪积累区。冰川末端海拔4260米，最高峰海拔5483米。该冰川坡度较平缓，粒雪区最大坡度26°，没有雪崩危害，承受力大、安全性高是

游览线路

透明梦柯冰川属于我国极易游览的冰川之一。沿大雪山的老虎沟即可游览这梦幻般的冰清玉洁、透明平缓的冰川。

步行是游览透明梦柯冰川的唯一选择，游客务必要有心理和物质准备。公路到老虎沟口需要步行40公里，从老虎沟口还需步行约30分钟才可以看见透明梦柯冰川。

其显著的特点。而国内已开发的甘肃嘉峪关“七一”冰川（面积2.78平方公里）、新疆乌鲁木齐“一号”冰川（面积1.84平方公里）、云南玉龙雪山“一号”冰川（面积1.52平方公里），面积都只是透明梦柯冰川的十分之一。

雄浑、壮阔、旷达是透明梦柯冰川的特色。冰面景象丰富、变幻奇特，突兀的雪峰险峻嶙峋、纵横交错的冰谷曲折迂回、冰洞神幻奇妙、冰壁高耸陡峭；冰瀑好似银河倒挂，冰谷、冰蘑菇、冰斗、冰瀑布、冰裂缝等特有冰川地貌在这里随处可见，各种景观惟妙惟肖。冰川两侧雪山巍峨、帷幔皑皑。当人们向上行进的时候，雄浑、壮阔的冰川尽在脚下，辽阔的雪原一览无遗。

透明梦柯冰川洁净坡缓。透明梦柯冰川不但表面透明洁净、冰清玉洁，而且冰川地势平缓，冰面坡降为3°~6°，人员容易进入、攀登。游人可徒步不受阻碍直达冰川后壁，甚至登上海拔5483米的最高峰。站在冰川之上，远眺如此旷达的雪野、透明洁净平缓的冰面，更觉眼前景象万千，令人震撼。

透明梦柯

衣食住行

透明梦柯冰川地区属于高寒地区，需要携带棉衣或羽绒服一类的御寒衣服。另外，还要注意携带保暖手套、雨靴、雨衣等。

游客一般可在敦煌、酒泉或肃北县城住宿。如果要在透明梦柯冰川地区夜宿，那就需要自带帐篷一类的住宿用品。

一般来说，在住宿地均可解决吃饭问题。但进入透明梦柯冰川就需要自己携带足够的食物和饮用水。

休闲游客可以由两条线路进入老虎沟。一是从国道312线上的玉门镇前行约60公里便到石堡城或昌马城，再行约40公里就可以到达老虎沟口；二是从敦煌机场、嘉峪关机场到石堡城，再行约40公里便到达老虎沟口。从敦煌乘车至肃北县县城每日有班车4班，票价10元/人。

自驾车游客可自备车辆，或在敦煌租车。车辆一定要是底盘较高、越野性能较佳的四驱越野车，并且一定要带上备用车胎。由于路况复杂，行前最好聘请向导跟随。

透明梦柯冰川景色

透明梦柯冰川冬干夏湿。该冰川位处大雪山麓，由于大气环流和高山地形的影响，气候变化特别明显，夏季多云雨，冬季云少而天气晴朗。

注意事项

1.去透明梦柯冰川地区游览一般都会去攀登冰川，一定要注意听从导游的指挥，以防出现意外事故。

2.对于攀登冰川和大雪山的游客，要安排学习冰雪活动的基本知识。主要内容有：登山器械的基本操作、冰面基本行走技术、冰壁攀登技术等。

透明洁白的冰川雪景

沙漠的壮美在于苍茫。

它以傲然的姿态拒绝着生命。

这里一切的生命都会让你感动，当天地间只剩下黄色主宰一切的时候，

绿色，是多么的桀骜不驯，是多么的顽强。

沙漠的美，是很难用语言，甚至也难以用图片来描述的;

只有置身其中，

才能欣赏其美丽的一面，

才能体会到心灵的震撼。

{荒漠篇}

塔克拉玛干沙漠

——中国最大的沙漠

游览时机

每年10月下旬~11月中旬这20天左右的时间，是穿越塔克拉玛干沙漠的黄金季节。这个时间的塔里木盆地的胡杨树叶非常张扬地变成一片金黄。在美景如画的和田河行走，能获取更丰富多彩的体验。

名副其实的"死亡之海"

>> 概要介绍

塔克拉玛干沙漠，为暖温带干旱沙漠，酷暑最高温度达67.2℃，昼夜温差达40℃以上；平均年降水不超过100毫米，最少时只有四五毫米；而平均蒸发量高达2500~3400毫米。全年有三分之一是风沙日，大风风速每秒达300米。由于整个沙漠受西北和南北两个盛行风向的交叉影响，风沙活动十分频繁而剧烈，流动沙丘占80%以上。据测算，低矮的沙丘每年可移动约20米。近1000年来，整个沙漠向南伸延了约100公里。丝路古道南道的精绝、小宛、戎卢、圩弥、渠乐、楼兰等古代城镇和许多村落都被流沙所湮没。今日的沙漠南沿的新建和田市也正面临着被沙漠淹没的困扰。

塔克拉玛干沙漠是非常奇妙的。我们于2005年10月曾在塔克拉玛干沙漠边缘的尉犁县的“罗布人寨”进入到沙漠之中。在塔里木河中的一个沙洲上，我们看到沙洲的四周是塔里木河，而沙洲上却没有一棵胡杨树。但在由风吹所形成的两个深达十多米的倒圆锥形的沙坑底部有一些小草，因为塔里木河水已经渗透到了沙坑的底部。从这里我们深深体会到了水是生命之源，以及生命的顽强。

在浩瀚的塔克拉玛干沙漠中，迄今发现的古城遗址无数，尼雅遗址曾出土东汉时期的印花棉布和刺绣。

>> 地理位置

塔克拉玛干沙漠位于新疆南部的塔里木盆地中心，整个沙漠东西长约1000余公里，南北宽约400多公里，总面积30多万平方公里。

>> 自然风光

塔克拉玛干沙漠有“死亡之海”之称，苍茫浩瀚，奇异神秘，是魔鬼辖治的王国，也是人们向往的地方。

在世界各大沙漠中，塔克拉玛干沙漠是最神秘、最具有诱惑力的一个。沙漠中心是典型大陆性气候，风沙强烈，温度变化大，全年降水少。塔克拉玛干沙漠流动沙丘面积广大，风沙活动频繁，沙丘形态奇特，沙丘高度一般在100~200米，最高达300米左右。沙漠腹地，沙丘类型复杂多样，复合型沙山和沙垄宛若憩息在大地上的条条巨龙；塔型沙丘群呈各种蜂窝状、羽毛状、鱼鳞

游览线路

一般旅游通常沿沙漠石油公路行进，主要是观赏胡杨。探险穿越沙漠游览一般从和田出发，沿和田河向北行进，最后到达新疆阿克苏的阿拉尔。到沙漠旅游一定要参加旅行社组织的团体旅游，或参加有组织的探险旅游。一般不要自助游。

衣食住行

塔克拉玛干沙漠旅游需要携带较为厚实的御寒衣物，探险旅游最好带上睡袋。

塔克拉玛干沙漠地区最重要的食物是用小麦粉制成的饼，制作过程非常有特点，和好面后用篝火烧热沙子，然后把面摊开放在烧热的沙子上用热沙盖好，过不了多久饼子就烧熟了，而且上面没有一粒沙子，这种食物叫“库买西”。这里的人们很少能吃上蔬菜，除了面食就是牛羊肉。

塔克拉玛干沙漠并非热点旅游地区，因此住宿地方很少，但搭帐篷是个好的住宿方法，尤其是双人帐篷。

由于塔克拉玛干大沙漠的大部分景点都在沙漠之中，所以往来各景点最便捷的交通方式就是租车，为了旅途顺利，一定要租性能好的越野吉普车。

状，变幻莫测。沙漠腹地有两座红白分明的高大沙丘，名为“圣墓山”，这是由于地壳的升降运动，由红沙岩和白石膏组成的沉积岩露出地面后而形成红白鲜明的景观。“圣墓山”上的风蚀蘑菇奇特壮观，高约5米，巨大伞盖下可容纳十余人。白天，塔克拉玛干赤日炎炎，银沙刺眼，沙面温度最高时达70~80℃。旺盛的蒸发使地表景物飘忽不定，游人常常看到远方出现朦朦胧胧的“海市蜃楼”幻景。沙漠四周，沿叶尔羌河、塔里木河、和田河及车尔臣河两岸生长着密集的胡杨林和红柳灌木，形成“沙海绿岛”。特别是纵贯沙漠的和田河两岸，长生芦苇、胡杨等多种沙生野草，构成沙漠中的“绿色走廊”。走廊内流水潺潺，绿洲相连。林带中住着野兔、小鸟等动物，亦为“死亡之海”增添了一点生机。考察还发现沙漠中地下水储存量丰富，且利于开发。

>> 人文景观

塔克拉玛干塔里木沙漠石油公路是世界上第一条沙漠高等级公路。该公路横穿世界第二大流动性沙漠——新疆的塔克拉玛干沙漠，全长522公里，其中沙漠路段长446公里，1995年10月4日，塔里木沙漠石油公路全线通车。

塔克拉玛干沙漠

过了轮台故城，就是沙漠公路的起点，路上竖立着用金属支架建造的大门作为标志，上书：“塔里木沙漠公路”，对联是：“千古梦想沙海变油海，今朝奇迹大漠变通途”；路旁一座金属雕塑，是S形的，象征着沙漠公路弯弯曲曲地延伸到遥远的天边。

20世纪80年代，随着我国国力的增强和塔里木石油天然气的开发，修建一条横穿塔克拉玛干沙漠的塔里木石油公路的计划在1991年被列入国家重点科技攻关项目。有关部门在进行了2公里先导试验和30公里的工业试验取得成功后，于1993年开始了沙漠公路的正式施工，1994年6月建成了从北疆轮台县至沙漠深处塔中油田共219公里的公路。随后，又将公路延伸至南疆的民丰县，全长共446公里。这是世界上在流动沙漠中建造的一条最长的高等级公路，也是世界公路筑路史上的奇迹。

公路通车后，为了保证公路的正常使用，科技人员采取先扎草方格将流沙固定，然后选用公路沿线储量巨大的沙漠高矿化度地下水进行就地采水滴灌的办法，在沙漠两侧建成了等同于公路里程的绿色走廊，远远望去犹如一条长长的丝网，牢牢缚住了狂暴躁动的沙漠。在它的隔离保护下，公路像一条黑色长龙，自由自在地游弋于沙海。这一成果使这条公路成了世界上生态科技含量最高的一条公路。

沙漠公路的建成，不仅使塔克拉玛干沙漠中蕴藏的丰富石油和天然气得到了开发，而且使南疆至新疆首府乌鲁木齐的公路里程大为缩短，有力地促进了这一地区的经济发展，在国防上也有极重要的作用。

注意事项

1.因为是沙漠,必须带上足够的食物和水。

2.沙漠里的沙子细得惊人，最好不要用手擦脸，因为沙子细得足以钻进脸部毛孔，那会奇痒难忍，但又是无可奈何的。

3.如果是自驾车游去沙漠，应结队前往，并需要具有沙漠旅游经验的参与者或在当地聘请导游。不可以单独行动。

古尔班通古特沙漠
——以沙绘景

游览时机

最佳旅游季节与众不同，不是在夏秋季，而是在每年的 9~12 月，秋冬季节的古尔班通古特沙漠是最美的。

>> 概要介绍

古尔班通古特沙漠面积 4.88 万平方公里，海拔 300~600 米。它由 4 片沙漠组成，西部为索布古尔布格莱沙漠，东部为霍景涅里辛沙漠，中部为德佐索腾艾里松沙漠，其北为阔布北—阿克库姆沙漠。准噶尔盆地属温带干旱荒漠，年降水量 70~150 毫米，沙漠内绝大部分为固定和半固定沙丘，其面积占整个沙漠面积 97%，形成中国面积最大的固定、半固定沙漠。固定沙丘上植被覆盖度 40%~50%，半固定沙丘达 15%~25%，为优良的冬季牧场。沙漠内植物种类较丰富，可达百余种，植物区系成分处于中亚向亚洲中部荒漠的过渡。沙漠的西部和中部以中亚荒漠植被区系的种类占优势，广泛分布以白梭梭、梭梭、苦艾蒿、白蒿、蛇麻黄、囊果苔草和多种短命植物；沙漠西沿有甘家湖梭梭林自然保护区，为中国唯一以保护荒漠植被而建立的自然保护区面积上千公顷。

>> 地理位置

古尔班通古特沙漠位于新疆维吾尔自治区准噶尔盆地的中央，在沙漠玛纳斯河以东及乌伦古河以南地区，处于北纬 44~46°，东经 84~91°。

>> 自然风光

这里生命与死亡竞争，绿浪与黄沙交织，现代与原始并存，是观光考察自然生态与人工生态的理想之地。有寸草不生、一望无际的沙海黄浪，有梭梭成林、红柳盛开的绿岛风光；有千变万化的海市蜃楼幻景，有千奇百怪的风蚀地貌造型；有风和日丽、黄羊漫游、苍鹰低旋的静谧画面，有狂风大作、飞沙走石、昏天黑地的惊险场景。中午黄沙烫手，可以暖熟鸡蛋；夜晚寒气与冬天相似。在这茫茫大漠绿洲不仅有各种奇观异景，而且保留了大量珍贵的古丝绸之路文化遗迹。北庭都护府遗址 (红旗农场南)、土墩子大清真寺、烽火台、马桥故城、西泉冶炼遗址、一〇三团场新渠城子遗址、一〇五团场头道沟古城遗址等都在这条通道附近。

五彩湾是古尔班通古特沙漠中的一处美丽沙漠景观，位于吉木萨尔县城以北 100 余公里的沙漠中，由五彩城、火烧山、化石沟组成。早在侏

游览线路

可以沿沙漠南缘进行游览，这时可以将新疆生产建设兵团的各团生活地作为游览的停靠点和补给点。另外，也可以先到吉木萨尔县城，然后再前往五彩湾。沙漠探险，可从东道海子继续北上，沿古驼道横穿古尔班通古特大沙漠腹地，直抵阿勒泰。

游览古尔班通古特沙漠以自驾车游览为主。既可以沿沙漠的边缘游览，亦可以深入到沙漠的核心地带。当然，这里最好的沙漠景观在核心地区。

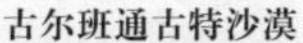
古尔班通古特沙漠

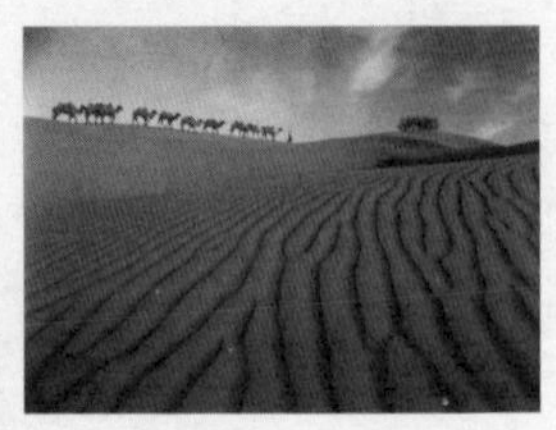

衣食住行

古尔班通古特沙漠旅游需要携带较为厚实的御寒衣物，探险旅游最好带上睡袋。

因为是沙漠，必须带上装备食物。不过可以自己开火做饭还是不错的，因为那地方遍地是芒硝。

古尔班通古特沙漠并非热点旅游地区，因此住宿地方很少，但搭帐篷是个好的住宿方法，尤其是双人帐篷。

除非参加团体旅游，一般需要自己开车前往，最好是越野车。

罗纪时代，这里就沉积着很厚的煤层，历经风蚀雨剥，煤层表面的沙石被冲蚀殆尽，又经曝晒或雷击起火，煤层燃尽后，烧结岩堆积；加之各地质时期矿物质含量不同，这一带连绵的山丘便呈现赭红为主，夹杂着黄白黑绿等多种色彩；后再经风吹日晒雨剥，又呈“雅丹地貌”景观。这里远望近观均状如城郭，五彩城由此得名。火烧山是由烧结岩构成的一片赭红色，每逢黄昏，在朝阳或晚霞映照下，山体仿佛在熊熊燃烧，壮丽罕见；化石沟是五彩湾的又一盛景，在该景点的化石沟中，分布壮观的砖化木林、各种树木种籽化石，果实化石及各种动物化石。五彩湾是新疆最美的雅丹地貌之一，颜色五彩缤纷，主要的基调为褐红色，红黄绿、白蓝黑参杂其中。日落时分是五彩湾最辉煌的一刻，火红的太阳在西方缓缓下沉，所有的土丘全部被刷上一层金黄的调子，置身其中，好像行走在一座庞大的黄金帝国，每走一步，每换一个角度，展现在取景器中的景象都是完全不同的感觉。

>> 人文景观

经过新疆生产建设兵团 50 多年的艰苦奋斗，古尔班通古特沙漠的南部边沿已经发生了巨大的变化，创造了人类研究沙漠、改造沙漠的伟大奇

迹，使沙漠的边沿出现了一片片绿洲，耸立了一座座新城，石河子、克拉玛依、奎屯等就是这些新城的杰出代表。克拉玛依和奎屯是两座现代化的石油城。

沙漠驼队

克拉玛依市是在古尔班通古特沙漠的西部边沿，有我国著名的石油城。百里油田油塔林立，输油管道纵横交错，为我国国民经济源源不断地输送着石油。我们2005年在新疆旅游就是从这里经过的，在沙漠的边沿观看着古尔班通古特沙漠，稍稍地体会着沙漠的荒凉，因为我们毕竟来自温暖湿润、四季绿色盎然、鲜花盛开的深圳。这也是我们第一次接触沙漠的美丽。

新疆生产建设兵团垦区的农牧场呈带状分布在沙漠南缘。其中北塔山牧场、红旗、一〇七等团场的耕地已延伸到沙漠内部。一〇二团场、一〇三团场是从自治区首府乌鲁木齐进入古尔班通古特沙漠腹地最近的通道。绿色沙漠通道以五家渠为起点，东线从一〇二团场17连出绿洲，西线经一〇三团场14连进入沙漠，长约60公里，终点到准噶尔盆地的“罗布泊”东道海子、白家海子。在这条通道上，绿洲与沙漠犬牙交错，形成独特的自然人文景观，一边是胡杨、梭梭、黄羊，古老的自然生态；一边是机耕、电井、喷灌，现代的绿洲文明。一边是沙丘绵延、万籁俱寂，生命罕至；一边是绿波万顷，欢歌笑语，生机盎然。

注意事项

1.沙漠地广人稀，腹地几乎了无人烟，因此要携带足够的食物和水。

2.如果是自驾车游去沙漠，应结队前往，并需要具有沙漠旅游经验的参与者或在当地聘请导游。

3.深入大漠探险，要切记注意安全，千万要记住2006年的五一黄金周沙漠探险发生生命丧失的血的教训。

鸣沙山、月牙泉

——黄沙清泉共存

永远填埋不住的清泉

游览时机

鸣沙山因具有沙漠气候特征，平均最高气温为24.9℃，平均最低气温为−9.3℃。所以最佳旅游时间为5~10月。

>> 概要介绍

所谓鸣沙，并非自鸣，而是因人沿沙面滑落而产生鸣响，是自然现象中的一种奇观。有人将其誉为“天地间的奇响，自然界中美妙的乐章”。当人从山巅顺陡立的沙坡下滑，流沙如同一幅幅锦缎张挂沙坡，若金色群龙飞腾，鸣声随之而起。初如丝竹管弦，继若钟磬和鸣，进而金鼓齐鸣，轰鸣之声不绝于耳。鸣沙山山体高达数十米，东西绵亘40多公里，南北纵横20公里，海拔1650米，宛如两条沙臂伸展围护着鸣沙山麓的月牙泉。自古以来，由于不明鸣沙的原因，产生过不少动人的传说。相传，这里原本水草丰茂，有位汉代将军率军西征，一夜遭敌军偷袭，正当两军厮杀得难解难分之际，大风骤起，刮起漫天黄沙，把两军人马全都埋入沙中，从此就有了“鸣沙山”。至今犹在流传沙鸣声是两军将士的厮杀声之说法。鸣沙山形状多变，其原因是流沙造成的。到了现代，对此进行了科学的探究和推测，观点较多，主要有三说：

第一种为静电发声说。认为鸣沙山沙粒在人力或风力的推动下向下流泻，含有石英晶体的沙粒互相摩擦产生静电，静电放电即发出声响，响声汇集，声大如雷。

第二种为摩擦发声说。认为天气炎热时，沙粒特别干燥而且温度增高，稍有摩擦即可发出爆烈声，众声汇合一起便轰轰隆隆而鸣。

第三种为共鸣放大说。由于沙山群峰之间形成了壑谷，是天然的共鸣箱。流沙下泻时发出的摩擦声或放电声引起共振，经过共鸣箱的共鸣作用放大了音量，形成巨大的回响声。

>> 地理位置

鸣沙山位于甘肃敦煌市南郊 7 公里处，面积约 200 平方公里，处于腾格里沙漠边缘。

>> 自然风光

月牙泉古有“沙井”之称，在城南 7 公里鸣沙山北麓。东西长 218 米，南北宽 54 米，平均水

月牙泉

游览线路

1.鸣沙山滑沙—月牙泉观景。

2.鸣沙山滑沙—骑着骆驼在沙漠与绿洲中穿行—乘黄河上最古老的交通工具羊皮筏子漂流黄河—通湖草原观日落、喝奶茶、吃手抓肉，参加篝火晚会。

在景区游览有徒步、骑马和乘羊皮筏子等各种方式。

衣食住行

5~10 月游览鸣沙山不需要特别携带御寒衣物。

在月牙泉的南岸有一组清代建筑群，菩萨庙、药王庙里面有一些小吃，比如杏皮水、杏皮茶、敦煌瓜和梨，但是景区内的东西很贵，最好是在敦煌市内用餐。

鸣沙山有一种当地特产的酥梨很好吃，青皮、个大、水分足，很甜、很脆。

离鸣沙山约 500 米之遥的敦煌山庄，是一家港商独资的四星级酒店，价格合理，标准间门市价为 830 元人民币，非旺季时可以砍价。酒店建筑的文化氛围非常深厚，对外还有专门接待学生的床价，50 元/床。在酒店可以远眺鸣沙山，赏伎乐舞，非常享受。

从敦煌市区有中巴直达（但也许不是最方便），

也可打车到鸣沙山（约需15元左右），体力好的人不妨自己租自行车前往。门票80元。

注意事项

1.鸣沙山的日落景观非常漂亮，不可不看，所以游览时间最好选在夏季黄昏。

2.在景区乘骆驼时，要先讲好价钱，以免麻烦。

3.沙山上风沙很大，最好做一点防范措施。

4.整个山区通常无人住宿，因为夜间非常冷，且旅游单位不希望游客在沙山上留下生活垃圾，通常在下午7点左右就都纷纷由导游带回酒店了，如执意在山上住宿也不是不可，但装备一定要齐全。

5.晚上10点后就不售票，但不关山门，可以较晚离去。

深5米左右。月牙泉位于沙漠中的绿色盆地中，因其形如弯月，故名“月牙泉”。

月牙泉虽被鸣沙山四面环抱，但并不为流沙所掩，始终碧波荡漾，清澈见底，久雨不溢，久旱不涸，风景十分优美。月牙泉因其“泉映月而无尘”、“亘古沙不填泉，泉不涸竭”而成为奇观。

据说，月牙泉早在汉代就是游览胜地。唐代这里就有船舸，泉边有庙宇。泉南岸原有一组古朴肃雅、错落有致的建筑群，从东向西计有娘娘殿、龙王宫、菩萨殿、药王洞、雷神台等百余间。各主要殿宇有彩塑百尊以上，所绘壁画数百幅。重要殿堂均悬置匾额、碑刻，如“第一泉”、“别有天地”、“半规泉”、“势接昆仑”、“掌握乾坤”等，书法雅俊，堪称上品。当时这里亭台楼阁，庙貌辉煌，宫厅柱廊临水而设，林木蓊郁，泉光与山色相映，古刹神庙绕以常年香火。历代文人骚客游玩这里，吟诗咏赋，挥毫者不乏其人。史载，西汉元鼎四年（公元前113年），汉武帝得天马于渥洼池中。后人疑月牙泉即汉渥洼池，遂立一石碑曰“汉渥洼池”。“四面风沙飞野马，一潭之影幻游龙”的诗句更为奇特的月牙泉增添了传奇色彩。

月牙泉的奇迹是怎样发生的呢？据考证，月牙泉四面沙山高耸，山坳随着泉的形状也成月牙形，吹进这种环山洼地里的风由于空气力学原理会向上旋，于是月牙泉周围山上流下来的沙子又被送回四面的鸣沙山脊的另外一侧，这就是泉水不为黄沙掩盖的道理。2000多年来，正是因为这种独特的地形运动，使沙山和泉水保持着矛盾而又和谐的天然共生共存状态，尽管风沙肆虐，月牙泉依然碧水粼粼。

沙坡头

——沙漠里的绿洲

黄与绿合奏的交响曲

>> 概要介绍

沙坡头曾以治沙成果而闻名。包兰铁路在中卫县境内六次穿越沙漠，其中以沙坡头风沙最猛烈，为了保证铁路畅通，从20世纪50年代起，在铁路两侧营造防风固沙工程，包兰铁路沙漠段几十年来安然无恙。铁路两侧巨网般的草方格里长满了沙生植物，金色沙海翻起了绿色的波浪。这一治沙成果引起了全世界治沙界的普遍关注，不少外国专家慕名前来考察。沙坡头现已建成一个有着独特的景观、颇具特色的游览区。

>> 地理位置

沙坡头位于银川市以南的宁夏中卫县城西20

游览时机

到沙坡头旅游宜在夏秋两季，冬春两季多沙暴，不宜旅游。

游览方式

沙坡头景区游览可以徒步、骑骆驼或乘羊皮筏子。为了保护沙漠绿色植被，不要驱车游览。

公里处的腾格里沙漠南缘，黄河北岸，距银川市约 150 公里。

>> 自然风光

沙坡头有属于茫茫沙海之中的人造绿洲。这里蓝天白云，沙黄水秀，春季鲜花盛开，夏秋瓜果飘香，一年四季游人络绎不绝。骑上骆驼翻越一道道沙梁，可让游客领略沙漠各项奇异的景致；搭乘羊皮筏子，在湍急的黄河中顺流而下，可体会那种惊心动魄的感受。在风和日丽的日子里，当游客爬上高高的沙丘，然后随着流沙顺势下滑的时候，巨大的轰鸣声震撼耳鼓——这就是享誉天下的沙坡鸣钟奇观。

沙坡头古时称“沙陀”，元代称“沙山”，清乾隆年间因在黄河北岸形成了一个宽约 2000 多米、高约200 多米的大沙堤而得名“沙陀头”，讹音为“沙坡头”。沙坡倾斜 60°，高大的沙山悬若飞瀑，游人滑沙如从天降。由于特殊的地理环境和地质结构，人在沙坡顶上顺坡下滑，沙坡内便发出“嗡嗡”的轰鸣声，犹如金钟长鸣，悠扬宏亮，故称“沙坡鸣钟”，是中国四大响沙之一。沙坡底下有三眼清泉，经年累月源源不断，汇入东南沙坡下的果园内，被当地人称为“泪泉”。园林面积不大，但避风向阳，林木茂盛，溪流潺潺，鸟语花香，被游人誉为“沙海绿洲”。绿洲南临黄河，奔腾的黄河自黑山峡至沙坡头，

沙坡头

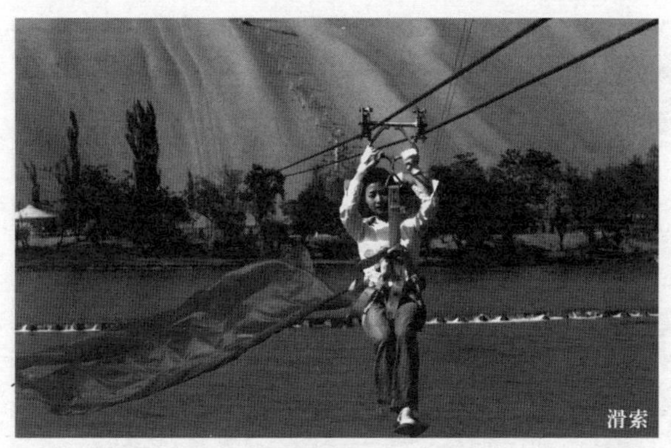
滑索

一路穿峡越谷，九弯八折，在沙坡头形成“几”字形大弯，南岸形成“U”形半岛，似天工巧陈，缔造出了沙坡头胜景。

沙坡头旅游区黄河南岸的“U”形半岛上，由北至南分布着湿地、梯田、荒漠、低山，远远望去阡陌纵横，景观层次分明；黄河人家淳朴、宁静、鸡犬相闻，是现代都市人放飞身心的绝好去处；半岛西南有“双狮山”雄踞河畔；再往南，绵延不断的香山山脉（贺兰山余脉）似一道屏障呵护着母亲河，呵护着沙坡头。

在“沙坡鸣钟”北部，世界第一条沙漠铁路——包兰铁路穿越沙海，畅通无阻，形成人间奇观，这里有为防风固沙保护铁路而建立的“五带一体”防风固沙体系，堪称世界一流的治沙工程——麦草方格沙障，在铁路两侧形成绵延几十千米的绿色屏障，被称为“沙岭笼翠”，是中卫八景之一。

沙坡头集大漠、黄河、绿洲、高山于一处，悠久的黄河文化和自然地域的过渡性、多样性，使北国的雄浑与江南的秀美和谐地交织于这里。据考证，沙坡头是唐代大诗人王维写下千古绝唱“大漠孤烟直，长河落日圆”的地方。

衣食住行

沙坡头气候属于干旱气候区，平均气温9.6℃，最高气温38.1℃，最低气温-25.1℃，年均降水量186.2毫米。夏秋两季到沙坡头旅游不需要特别携带御寒衣物。

在沙坡头有回、汉餐厅、音乐茶座餐饮设置，可解决一般的温饱问题。到沙坡头是一定要吃黄河大鲤鱼的，最好是清汤炖的。

沙坡头兴建了闸涛斋、河津览胜（接待室）、沙坡山庄等处均可入住。沙坡山庄宾馆设置标准床位50余张，可随时接待国内外游客。

先从银川乘火车至中卫，从中卫汽车站乘发往沙坡头的专线车，每30分钟一趟，车费3元，行程约1小时；也可以从中卫打的前往，单程车费约20元。

注意事项

1.搭乘羊皮筏子时，不要在筏子上嬉闹，以免掉入黄河。

2.骑骆驼游览沙漠时，不要驱赶骆驼。

乌尔禾雅丹地貌——著名的魔鬼城

游览时机

每年7月中旬~10月是旅游旺季，这时的“魔鬼城”游客日接待量可达1000人次。

注意事项

1.魔鬼城温度高，异常干燥，要多喝水。

2.要注意防晒。

3.不要随便触碰魔鬼城内土丘，否则会损坏魔鬼城的原貌。

>> 概要介绍

乌尔禾魔鬼城呈西北—东西走向，长宽约在5公里以上，方圆约10平方公里，地面海拔350米左右。据考察，大约1亿多年前的白垩纪时，这里是一个巨大的淡水湖泊，湖岸生长着茂盛的植物，水中栖息繁衍着乌尔禾剑龙、蛇颈龙、恐龙、准噶尔翼龙和其他远古动物，是一片水族欢聚的“天堂”，后来经过两次大的地壳变动，湖泊变成了间夹着砂岩和泥板岩的陆地瀚海，地质学上称它为“戈壁台地”。

>> 地理位置

乌尔禾魔鬼城位于准噶尔盆地西北边缘的佳木河下游乌尔禾矿区，乌尔禾镇北部，西南距克拉玛依市约100公里。

>> 自然风光

远眺风城，在一望无际的戈壁荒漠上突然出现了数不清的土丘、垄岗，这些土丘、垄岗高低不等，纵横交错，就像中世纪欧洲的一座大城堡。千百万年来，由于风雨剥蚀，地面形成深浅不一的沟壑，裸露的石层被狂风雕琢得奇形怪状：有的呲牙咧嘴，状如怪兽；有的危台高耸，垛蝶分明，形似古堡；这里似亭台楼阁，檐顶宛然；那里像宏伟宫殿，傲然挺立。真是千姿百态，令人浮想联翩。在起伏的山坡地上，布满着血红、湛蓝、洁白、橙黄的各色石子，宛如魔女遗珠，更增添了几许神秘色彩。风城地处风口，四季多风。每当风起，飞沙走石，天昏地暗，怪影迷离。如箭的气流在怪石山间穿梭回旋，发出尖厉的声音，如狼嗥虎啸，鬼哭神号，若在月光惨淡的夜晚，四周萧索，情形更为恐怖，故名“魔鬼城”。其实，这里是典型的雅丹地貌区域，“雅丹”是维吾尔语“陡壁的小丘”之意，是在干旱、大风环境下形成的一种风蚀地貌类型。

因其独特的景致，这里曾被许多电影作为外景地，比较知名的有《七剑》、《卧虎藏龙》、《天地英雄》等。现在，人们已经把这里开发出来，圈出了一片景观最集中的区域，叫做“世界魔鬼城”，辟出了一条较宽的单行环线土路，设置了路标，也在拍过电影的地方作出了标志。

衣食住行

7~10 月到魔鬼城游览白天穿单衣即可，但晚上可能需要较厚一些的衣物（比如羊毛衫或茄克）。

可在魔鬼城入口解决饮食问题。最好是自带些方便食品。

游客可住乌尔禾魔雅风情山庄（是由兵站建的，干净卫生，热水方便，标准间 80 元）；也可住乌尔禾车站右侧的宾馆，4 人间 15 元/人，条件甚好，公用卫生间非常干净，浴室位于 3 楼。

到克拉玛依驻乌鲁木齐办事处乘班车去，大概 10 小时左右可以到克市，当地有旅游车到魔鬼城。从克拉玛依去那里，每人费用在 130 元左右。

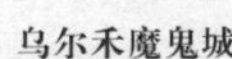

乌尔禾魔鬼城

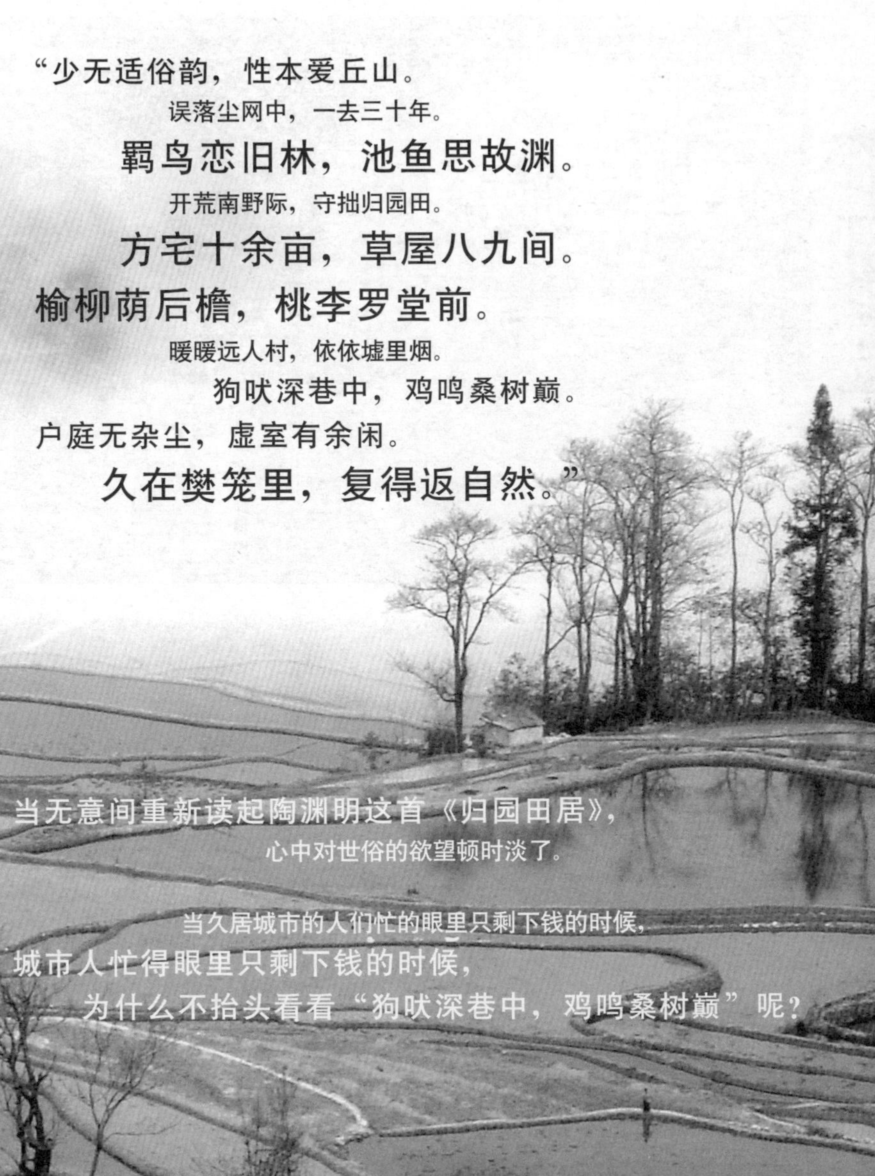

“少无适俗韵，性本爱丘山。
误落尘网中，一去三十年。
羁鸟恋旧林，池鱼思故渊。
开荒南野际，守拙归园田。
方宅十余亩，草屋八九间。
榆柳荫后檐，桃李罗堂前。
暧暧远人村，依依墟里烟。
狗吠深巷中，鸡鸣桑树巅。
户庭无杂尘，虚室有余闲。
久在樊笼里，复得返自然。”

当无意间重新读起陶渊明这首《归园田居》，
心中对世俗的欲望顿时淡了。

当久居城市的人们忙的眼里只剩下钱的时候，
城市人忙得眼里只剩下钱的时候，
为什么不抬头看看“狗吠深巷中，鸡鸣桑树巅”呢？

{乡村篇}

丹巴藏寨

——藏寨和美女一样美丽

给我一个离开的理由

>> 概要介绍

丹巴是大自然和历史的双重宠儿，不仅自然风光秀美，寺庙古迹众多，除了碉楼和藏寨民居的田园风光，还有比三星堆更早的古人类文化遗址和新石器时代的石棺葬群；更有以温泉、草地、高山湖泊著称的党岭，那是极品的秋色，堪与九寨沟媲美；而墨尔多神山是苯教最重要的神山之一，神灵与自然在这里完美交融。1986年胡耀邦同志在丹巴考察时，把东谷沟绿色走廊称为“天然盆景”。高耸入云、造型各异、绝无仅有的梭坡石群，被誉为“东方金字塔”。墨尔多山集山、水、林、崖、洞于一体，巧妙结合，构成大、小景点108处。

丹巴所处的地理位置本应属于北半球亚热带气候区，但是由于深切的高山峡谷的下垫面形态

游览时机

丹巴四季分明，日照充足，冬无严寒，夏无酷暑，年平均气温14℃。丹巴最佳旅游时机为秋季。

影响了纬度气候的演变次序，于是明显的垂直气候带取代了水平（纬度）气候带。除在海拔较低的河谷地带仍保留着北半球亚热带的气候特征形成干热河谷气候外，绝大多数地区仍受制于青藏高原这一大环境，并受东南与西南季风气候的左右，形成既有别于青藏高原、又不同于盆地的高原型季风气候区。

县境内气候类型多，气候迹象呈垂直分布。最高山顶与干热河谷的气温相差达24℃以上。当河谷地带的桃花已含苞欲放，而山上仍旧是雪花纷飞的北国风光，具有“一山看四季，十里不同天”的特点。丹巴位于大渡河峡谷流域点，气候温和，冬无严寒，夏无酷暑。

丰富多变的气候带分布，使丹巴几乎大半年内春天常驻。沿河刚入夏，半山春正旺，丹巴永远有看不尽的春色，永远有嗅不完的花香。丹巴有许多富有民族特色的传统节日，如嘉绒藏历年、观花节、墨尔多庙会、五月赛马节、燃灯节、嘉绒藏族风情节等，也有许多传统的娱乐活动，如观锅庄舞、看丹巴藏戏、听嘉绒藏族歌曲等。

>> 地理位置

丹巴藏寨位于四川省甘孜自治州的丹巴县境内。丹巴县是西北峡谷地带的一个藏族自治县，是嘉绒藏族的聚居地，是甘孜州的东大门，位于卧龙—四姑娘山—贡嘎山等省级重点旅游开发区之间，处在川西两大旅游环线的交会点上。

>> 自然风光

美人谷是丹巴境内一条美丽的峡谷，这条峡谷位于墨尔多山内。丹巴境内的墨尔多山是嘉绒

游览线路

前往丹巴目前有3条路：

一条是从成都出发，经都江堰—卧龙—四姑娘山—小金，到丹巴。该线路全程345公里，均为柏油路，途中可顺便游览卧龙大熊猫自然保护区、巴朗山、四姑娘山等风景区。

第二条是从成都出发，经雅安—二郎山隧道—泸定—康定—丹巴。该线路全程435公里，均为柏油路，途中可顺便游览雨城雅安、二郎山、泸定铁索桥、大渡河峡谷等景点。

第三条是成都—汶川—米亚罗—鹧鸪山隧道—马尔康—金川—丹巴。该线路全程528公里，均为柏油路，途中可顺便游览古尔沟温泉、米亚罗、卓克基官寨、大金川峡谷等景点。

如果是旅游的话，最好是将前两条路连在一起，从而完成一个环线旅游圈，才是最佳线路。

衣食住行

如果是在秋季前往丹巴旅游，还是要携带羊毛衫或茄克一类的御寒衣物，因为这里的晚上气温比较低。

丹巴在饮食上兼有四川风味和藏族风味，有少量川味饭馆的冷锅鱼很出名。藏族家庭旅馆也做川菜，如果住在藏家，一定要品尝正宗的酥油茶。丹巴的水果资源十分丰富，春天有樱桃，秋天有梨子、苹果，收获季节可钻进村寨的果林，任意品尝摘下的新鲜水果。另外，还可以尝一尝当地的香猪腿、老腊肉、土鸡、酸菜、咂酒、蜂蜜、野生菌等美食。

丹巴各景区现在暂时均无住宿条件，除非愿意住在藏民家中，不过当地的藏寨均设有客房，有自来水及照明电，比较干净卫生，也不失为一种选择。目前丹巴住宿条件最好的是丹巴大酒店、鑫茂宾馆，标准间价格在150~300元之间，可供游客选择。最适合背包客的有丹巴青年旅馆，床位价格在20~50元之间。除此之外，县城内还有少量的招待所，如邮政招待所、车站宾馆等，不过条件均较差。

各地至丹巴需先到成都后再乘汽车前往，丹巴县城至各旅游点均有小巴

藏区最著名的神山。神山周围被65座山峰环绕，绚丽多姿的景色美不胜收，围绕着这些美景，流传着无数动人的故事和传说。相传，许多年前，一只凤凰飞到了墨尔多山，随后化成千千万万美丽迷人的美女，于是墨尔多神山下便成了美女如云的地方。

丹巴出美女始于汉代的东女国时期。每年农作物收获的时节，丹巴各村各寨都要举行盛大的选美和祭祀活动。据史书记载，西夏王朝灭亡之时，大批皇亲国戚、后宫嫔妃从遥远的宁夏逃到气候温和、山美水秀、地处横断山脉深山峡谷里的丹巴。

不过，如果游客现在想在村中寻得美人，沿途的居民都会告诉你，美人都不在家，只能看到美太婆或美小孩了。美人去了哪里？一是因为大部分美人长大后都被外地来的宾馆、餐厅、歌舞团等邀请出山了；二是由于当地的习俗，姑娘结婚都比较早，一般17、18岁就要谈婚论嫁了，结婚之后美人由于劳作等关系，往往红颜早逝。现在只有在春节、选美节等重大节日期间，美人回家过节时才可以大饱眼福。

美人谷位于丹巴县城约26公里的巴底乡，再往一条山谷上行十多公里的邛山村中，邛山村分一村、二村、三村等，由无数漂亮的藏寨相连而成，整个山谷非常漂亮，但路途非常艰辛，几乎不能行车，完全靠步行，要行走约2小时才能到达。村中有一小学，一村约有100户人家、上千人口。

>> 人文景观

丹巴藏寨即是嘉绒藏区的民居。这里的民居绝大多数是石屋，也有用土夯筑成墙体框架，上架横木、树枝、杂草，再上加盖土作平屋的。个别地方也有串木为架的木板房，这种房屋的房顶横梁有半边风或“人”字形两边风开式，类似内地小青瓦房建筑。这种串木结构的房屋宽敞明亮，舒适、通风、不潮湿，也是防震的理想建筑。多数房前有小院，以土墙为栏。这种屋多建于近邻地震常发区的一小部分地区。

近邻墨尔多山下的居室多是第一种，即称“碉楼寨房”。其实碉楼和寨房原本是有区别的。嘉绒民居建筑皆为石块砌墙木质梁架的石木结构建筑，俗称“碉房”。碉房的建筑历史是很悠久的，从考古发掘追溯至战国西汉时期，石棺葬民族已居住石砌的碉房。较早的碉楼房建筑一般是依山就势，墙基北高南低，平面呈长方形或方形不等。墙以石块加木枋和泥浆填缝，采用内直外收的方法修砌，墙底厚，顶部相应收缩三分之一左右。各层建筑自第二层以上层层内收成台，使整个建筑成阶梯拾级而上。到顶层时，其面积仅是底层面积的三分之二左右。底层为

往返。成都茶店子客运车站每天6:30有3趟车发往丹巴，普通客车71元/人，车程6小时；成都西门车站每天早晨有两班直达丹巴的班车，分空调车和吉普车，都是早上六七点出发，下午五六点到达，车票价格70元/人，外加1元的保险。

丹巴县城很小，只有一条主要街道，这条街在一个商店密集的地方分成两条岔道，一条通往市中心，一条通往城头的客运中心。通常县城内去哪里都可以步行，出县城的话，可以包小面包车，县城附近的地方车资十多块钱，远的地方价钱可和司机商量后定。

藏寨内景

注意事项

1. 藏区的虫子很厉害，记得带好防蚊虫的药水。

2. 要注意尊重当地少数民族地区的风俗习惯。

3. 从成都前往丹巴需要翻越高山。当体会到有高山反应时，不宜剧烈运动，宜少饮酒，多吃蔬菜、水果等，以防发生高山反应。最好能备常用药品及抗高山反应药物。

4. 长时间在户外活动，要注意戴上太阳帽，涂抹防晒霜，以保护皮肤。

畜圈，二层为客厅和厨房，三层住人；更高的地方为经堂、库房。经堂前为晒台，以上皆为各类库房，房顶为平顶。每层顶以粗树杆纵铺作梁，梁两端砌于石墙体内，梁上密铺树棍(当地称“椾子”)，再上铺树枝（当地称“扎子”)，然后填泥夯紧；最上面铺木板作为上层的地面，房顶则以夯土石作为屋面。这种传统制造法一直保持至今。二层以上每层皆开有大、小窗若干，其中小窗孔类似城堡上的枪、炮孔，内大外小，在作战时又可作射击之用。库房外附建木质晒架从墙内挑出。人自第二层以独木梯上下各层，遇有警报时将木梯收入房中，这时碉房便成为一座防御性堡垒。这类集民居与防御性一体的“碉房”，现已保留为数不多。

以上多为明代建造的居室代表。嘉绒地区保留较多而且至今也为主要民居的石屋都是清代以来的建筑，也是俗称的“碉房”或“寨房”。这种民居皆为石木拌泥浆砌就的。房屋按形状可分为碉形、碉与房连建式、平顶房、人字形顶房、悬山式顶形等多种类型。

碉与房连建形成碉房，是以普通平顶式碉房后部再建一四角碉，碉顶略高于房顶，形成碉与房相连通；平时居于房中，贵重物品和食用物资存入碉中。遇警时，人进入碉中，可据碉防守。这种类型的房屋多系头人、寨首和富有人家建造，至解放时保留甚多。

哈尼村落
——以梯田而闻名世界

层层叠叠的浪漫

>> 概要介绍

红河哈尼梯田规模宏大，气势磅礴，绵延整个红河南岸的红河、元阳、绿春及金平等县，仅元阳县境内就有17万亩梯田，是红河哈尼梯田的核心区，哈尼村落就位于这个核心区内。元阳县境内全是崇山峻岭，所有的梯田都修筑在山坡上，梯田坡度在15~75°之间。以一座山坡而论，梯田最高级数达3000级，这在中外梯田景观中是罕见的。元阳哈尼梯田主要有三大景区：坝达景区，包括箐口、全福庄、麻栗寨、主鲁等连片1.4万多亩的梯田；老虎嘴景区，包括勐品、硐浦、阿勐控、保山寨等近6000亩梯田；多依树景区，包

游览时机

到元阳游览的最好时机是每年11月~翌年4月之间，因为这时候田中无稻谷，水平梯田层层透亮，易于拍出光影效果。

括多依树、爱春、大瓦遮等连片上万亩梯田。

自20世纪80年代以来，元阳哈尼梯田的知名度日渐提高，从封闭的哀牢山走向全国、走向世界。国内外专家学者和游客纷至沓来，都为其景观的壮丽与文化的丰富所折服。1995年，法国人类学家欧也纳博士也来元阳观览老虎嘴梯田，面对脚下万亩梯田，欧也纳博士激动不已，久久不肯离去，他称赞："哈尼族的梯田是真正的大地艺术，是真正的大地雕塑，而哈尼族就是真正的大地艺术家！"只要登上元阳随便哪一座山顶，就会看到满山遍野都是梯田。

>> 地理位置

哈尼村落位于云南省元阳县境内。

>> 自然风光

元阳哈尼梯田之所以如此壮丽和独特，首先是大自然特殊地理结构所造成的。从滇西北到滇南，随着海拔下降，立体气候越来越显著，降雨量也越来越大。全省降雨量最大的就是红河南岸哈尼族聚居地区，降雨量竟达到年均1397.6毫米，

俯视哈尼梯田

游览线路

到元阳游览主要有：昆明—元阳（新街镇）、建水—元阳（新街镇）、元阳县城（南沙镇）—元阳（新街镇）。

衣食住行

元阳气候温和，一般单衣即可，最多带茄克一类的衣物即可。

镇上很多小饭馆，好吃又便宜，一个人一顿饭只要七八元，就有一碟炒青菜、一碗菌子肉片粉丝汤（不可不试）、一碗白饭，饱得吃不完。米线2元一碗，还有酸豆1元一把（真的很酸）。鲤鱼、田螺、田棚鸡、闷锅酒、食蛹类是这里的美食。

元阳有二星及二星以下级别各类宾馆和招待所（南沙大酒店、政府招待所）供游客住宿。

元阳交通便利，元阳老城新街镇距昆明301公里，每天有4趟班车往返。建水到元阳（新街镇）每天7:30~18:30有十几班车，建水到绿春的车（6:20~11:50，20:00）也经过新街。在南沙镇有到新街镇的公共汽车，3元/人，车程1小时。

梯田劳作

相应的稻作农耕越来越密集，旱地耕作越来越减少。这就使从滇西北的怒江、澜沧江、长江水系汇集到滇南江河水系流域，梯田稻作文化越来越发达，并最终在红河南岸哀牢山南段哈尼族地区形成全国最集中、最发达的梯田稻作区。其次，哀牢山特定的地形、气候等自然条件也决定了元阳哈尼梯田必然形成最壮丽、独特的奇观。元阳的地貌特征是山高谷深，沟壑纵横，多为切割中山地类型。这里的众山在亿万年中被红河、藤条江水系深度切割，中部突起，两侧低下，鸟瞰全境，山地连绵，层峦叠嶂，地形呈“V”形发育。境内最低海拔为144 米，最高海拔为 2939.6 米，海拔高差 2795.6 米。这里的气候多属亚热带季风类型，降雨极其丰富。

哈尼族居住的上半山，气候温和，雨量充沛，年均气温在 15℃左右，全年日照 1670 小时，非常

注意事项

1.要是中午也在外面看梯田的话最好自备干粮，记住要为司机也准备水和吃的东西。

2.非数码相机要多多准备胶卷，数码相机要多多准备存储器。

3.县招待所前台小卖部有一本《彩云南现——云南风光摄影景点指南》(上册)，里面有详细介绍元阳各梯田的最佳摄影时间和地点，除了元阳还有罗平油菜花、东川红土地、丘北普者黑的摄影指南，是很好的一本书，25元1本。

适宜水稻生长，故哈尼族先民自隋唐之际进入此地区就已开垦梯田种植水稻。在此后的1200多年间，哈尼族倾注了数十代人的心力，发挥了惊人的智慧和毅力垦殖梯田。哈尼族等民族还发挥了巨大的天才创造力，在大山上挖筑了成百上千条水沟干渠，其中灌溉面积达50亩以上的就有662条。条条沟渠如银色的腰带，将座座大山紧紧缠绕，大大小小沟渠中流下的山水被悉数截入沟内，这样就解决了梯田稻作的命脉——水利问题。因山水四季长流，梯田中可长年饱水，保证了稻谷的发育生长和丰收。哈尼族垦殖梯田的想象力令人惊绝，其随山势地形变化，因地制宜，坡缓地大则开垦大田，坡陡地小则开垦小田，甚至沟边坎下石隙之中也无不奋力开田，因而梯田大者有数亩、小者仅有簸箕大，往往一坡就有成千上万亩。这一景观构成了千奇百态变幻莫测的天地艺术大交响乐，成为举世瞩目的梯田奇观。

哈尼族梯田生态系统呈现着以下特点：每一个村寨的上方，必然矗立着茂密的森林，提供着水、用材、薪炭之源，其中以神圣不可侵犯的寨神林为特征；村寨下方是层层相叠的千百级梯田，为哈尼人提供生存发展的基本物质条件——粮食；中间的村寨由座座古意盎然的蘑菇房组合而成，形成人们安居乐业之所。

哈尼梯田

中国最美丽的乡村

>> 概要介绍

婺源山清水秀，松竹连绵，飞檐翘角的古民居蜿蜒于青山绿水，或依山，隐现于古树青林之间；或傍水，倒映于溪池清泉之上；与层层梯田、缭绕云雾相映成趣，如诗如画。四季景色各呈千秋，尤其是春秋两季，漫山遍野的映山红和满山的红枫叶犹如一簇簇火苗争奇斗艳。这里民风淳朴，文风鼎盛，名胜古迹遍布全县，有保持完美的明清古建筑，有田园牧歌式的氛围和景色。

婺源不仅景色优美，更富有深厚的文化内涵，历来享有书乡之誉。这里人杰地灵，名人辈出，“一门九进士，六部四尚书”，足见其文风鼎盛。

婺源物产丰富，有闻名中外的茶叶“婺绿”，可谓中国绿茶中之上品；味道鲜美的荷包红鱼，

游览时机

婺源温和湿润，四季分明，雾日较多，一年四季都可以游览。春天是婺源旅游最好的季节。漫山的红杜鹃，满坡的绿茶，金黄的油菜花，加上白墙黛瓦，五种颜色和谐搭配，胜过世上一切的图画。

每年的3~4月是观赏油菜花开的最好时机，这时，金黄色的油菜花漫山遍野。每年的10月~翌年4月是观赏鸳鸯的最好时节，这时有2000多对鸳鸯来此地越冬，湖面上鸳鸯成片的时候，一片红嘴翠羽，场面十分壮观。每年的11月中旬~11月底是观赏秋景的最佳时间，这时山上红绿相映成趣。

游览线路

婺源游览区域主要分3条线。

东线：县城博物馆—李坑—汪口—江湾—晓起；

北线：县城民俗风情街—丛溪漂流—四溪延村—彩虹桥—大鄣山卧龙谷—灵岩风景区—严田古樟风景区；

西线：县城朱子艺苑——茶博府——文公山风景区——金山观光园——鸳鸯湖。这3条线恰好能够把婺源的主要旅游景点串起来。

被誉为“人间天物”；石冠群山的“龙尾砚”（歙砚），为中国四大名砚之一。

>> 地理位置

婺源位于江西省的东北部，属于上饶市。

>> 自然风光

婺源县境内纵横密布、碧而清澈的河溪山涧与怪石奇峰、古树茶亭、廊桥驿道相得益彰，融雄伟豁达与纤巧秀美于一体。著名景点有西北部的大鄣山与灵岩洞群，东北部的浙岭与石耳山，中部的福山和西部的大游山，唐宋以来就是游览胜地。苏东坡、黄庭坚、宗泽、岳飞、朱熹等在此留下了不少赞美的诗文。

“半亩方塘一鉴开，天光云影共徘徊。问渠哪得清如许，为有源头活水来。”这是南宋著名理学家朱熹赞美家乡婺源的诗句。“两水夹明镜，双桥落彩虹”，因袭唐诗而得名的宋代古桥彩虹桥，是婺源廊桥的代表作。这里四周青山如黛，桥下绿水长流，桥的两旁有廊亭，廊亭的两旁有石桌石凳，在这里或品茶弈棋，或浏览风光，可以感受到世外的悠闲和宁静。

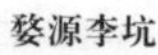
婺源李坑

离县城西南30公里左右的文公山有朱熹回乡扫墓时亲手栽植的古杉24棵（寓

24孝之意)，至今逾800余年，长势依然旺盛，古杉之巨为国内所罕见。生态环境优美的鸳鸯湖，成群成对的鸳鸯，如鲜花绽开于湖泊之中，形影不离。

鸳鸯湖位于婺源县城西向40公里的赋春镇内，在景（德镇）白(沙关）公路西侧。这里有一水面面积达2300余亩的大塘坞水库，水质清冽，湖草丛生，覆盖着密密天然阔叶林的连绵青山拱卫四周，幽美恬静的环境每年引来大批鸳鸯在此越冬栖息，人们亲切地称之为"鸳鸯湖"，被海内外媒体誉为"生态奇观"。1997年列为省级自然保护区。据初步统计湖区共有动物89种，其中哺乳类17种，爬行两栖类22种，鸟类50种。鸟类又分为水鸟类14种，山林鸟类36种，尤以鸳鸯居多，最多时达2000多对，占全世界已知野生鸳鸯数量的三分之二，是亚洲乃至全世界最大的野生鸳鸯越冬栖息地。

碧水中央兀立有湖心岛，岛上建有湖心亭、廊桥、观鸳阁等景观，辟有桃、李、柑橘果园。1986年始，每年有2000多对鸳鸯翩然汇聚于此越冬，白天，千余对鸳鸯成群成片栖息在库湾之中，红嘴翠羽，如鲜花盛开，双双对对形影不离，或嬉水觅食，或翱翔长空；傍晚，一对对鸳鸯偎依在湖畔林间，卿卿我我，悠然自乐，还不时传出"咕咕咕"的私语声呢。

>> 人文景观

彩虹桥位于清华镇，被誉为中国最美的廊桥，是省级重点保护文物，已经成为鹜源最重要的地标。它有着悠久的历史，建于南宋，至今已有800多年。该桥全长140米，由六亭、五廊构成

衣食住行

到婺源旅游，冬、春季节要携带厚实一些的御寒衣物，夏、秋两季单衣即可。

婺源的特色菜以糊(豆腐糊、蕨菜糊等等)、粉（粉蒸鱼、粉蒸肉等等）为主。此外，荷包红鲤鱼、冷水鱼、野兔、石鸡之类的野味不可不尝。秘诀：吃饭不必进餐馆。

到婺源找住的地方非常方便，县政府所在地紫阳镇上的军人招待所可以住，该招待所就在大桥边，价格比较便宜。另外，当地有很多私人开的旅馆，一般住一晚再带包饭，四五十元钱就够了。

县内交通主要是客运班车。班车线路以县城(紫阳镇）为中心，连接着婺源境内各个乡镇。

乘班车是当地最经济、最自助的一种交通方式。在婺源乘坐班车，既可以在车站上车，也可以在路上拦车。价格一般为2元/10公里左右，车型几乎全是中巴。

如果游客选择了乘班车从紫阳到各个乡镇，要到具体的某个景点，摩的(摩托车）就是最经常使用的交通工具了。

婺源的摩的主要分为两类，一种是带篷的三轮摩的，可以坐2~6人，一种是普通的摩托车。前一种多人乘坐，县城内1~2

元；后一种现在数量非常多，也不贵，2元左右。

在婺源县城有旅游公司提供包车服务，也有很多私人提供包车服务（县城里有，许多景点如各镇的干道上也有）。

包车可以减轻您换车的麻烦，没有赶车的紧张，行车线路较为自在，如果同伴较多，尤其合适。

目前只有县城有汽车租赁，有小轿车，依维柯（中巴）、昌河等，须交押金。

徒步是在婺源的一种主要交通工具，因为婺源各个景点之间距离也不是很远，而且道旁住宿休息的选择余地较大，如果您有充足的体力和时间（最好还有并不沉重的行囊），是可以使用这种最酷最环保的交通工具的。

长廊式人行桥。每墩上建一个亭，墩之间的跨度部分称为“廊”，因此也叫“廊亭桥”。从远处看，亭略高于廊，形成错落有致。彩虹桥的设计非常科学，桥墩前面锋锐，后面平整，成流线形，起到分解洪水对桥墩的冲击力的作用。条石之间砌法讲究，桥墩是用长短大小不一的条石镶嵌在一起，缝隙小，结合得非常牢固。

晓起村始建于公元787年，村中保持600余年的房屋有几十幢，风格鲜明，气势非凡。晓起是清代两淮盐务使江人镜故里，位于县城东北45公里的段莘水和晓起水交汇处。村屋多为清代建筑，风格各具特色，村中小巷均铺青石，曲折回环如棋局。主要景观有双亭耸峙、枫樟流荫、进士第、大夫第、荣禄第、江氏祠堂、砖雕门罩、养生河与古濯台等。

群山环绕、一水横亘的上晓起，进士第、大夫第、荣禄第等官宅气派堂皇，前后天井，厅堂宽敞深进，大门口三级高阶和门楼精美的砖雕图案炫耀着主人高贵的身份。而村头青石护栏的古道、古亭以及梁柱间族人“高中（进士）捷报”依稀可辨的“江氏宗祠”，也很容易让人想象古村

当年的显赫与繁华。

两溪汇合处的下晓起，村边水口十几棵数百年老树和村小学后成片的古樟树林，即使在古树遍布的婺源也不多见。

晓起村有古驿道通往山里。有些靠河地段的驿道甚至还有青石板护拦，酷暑时节，浓阴蔽天，十分凉爽，有如世外桃源。连接上、下晓起的青石古道蜿蜒曲折，石板上一条古代徽商留下的深深车辙至今未能磨灭。

李坑村为南宋乾道三年（1667年）武状元李知诚故里。村内的260多户人家大多居住在溪的两岸，村内有明清古民居、古桥、古亭、古树等景观。村中那清澈的小溪映照着浣衣女美丽的身影，倒映着粉墙黛瓦的古民居，处处都将挽留你的脚步。

该村四面环山，古建筑保存完好，布局极有特色。村外两条山溪在村中汇合为一条小河，溪河两岸均傍水建有徽派民居，河上建有各具特色的石拱桥和木桥。河水清澈见底，河边用石板铺就洗菜、洗衣的溪埠。山光水色与古民居溶为一体，相得益彰，活生生一幅“小桥流水人家”的宁静景象。

值得注意的是，由于李坑离县城较近，交通便利，加之开发较早，游客很多，因此想要真正体会到小村那种安宁的气氛最好是抢在大批游客到来之前，即一大早就赶到这里。当然了，如果在这里住上一天，时间上更会从容得多。

注意事项

1.当地人以辣为主，若是不吃辣须事先与厨房讲清楚。

2.婺源当地人经常把婺源简写为“务源”，在看站名的时候要注意了。另外，当地人把理坑叫“大理坑”，李坑叫“小李坑”，古坦的发音是“古蛋”。

3.西站，即长途汽车站，位置其实是在县城的南方（环城南路，县林业局斜对面）

4.婺源雨水较多，道路会经常出现泥泞，雨具对于徒步者来说绝对必要，能够防水、且穿着舒适的旅游鞋也不能少。

丽江古城

——古镇雪山相映

游览时机

丽江古城一年四季均可游览，但秋天是丽江最美的季节，天高气爽，色彩缤纷，因而是最佳旅游时节。

>> 概要介绍

丽江古城始建于南宋，距今约有800年的历史。历代均为滇西北的政治、军事重镇和纳西、汉、藏等各民族经济文化交往的枢纽。元初，忽必烈南征大理，用革囊渡金沙江进入丽江，曾在古城一带驻军整训，至今仍留下许多相关的纳西语地名。元初，古城居民至少已有千余户；明初，古城街道建设和集市贸易已初具规模，至明末已呈繁荣景象。大旅行家徐霞客记述丽江古城“居庐骈居，萦坡带谷”，“民房群落，瓦屋皆比”。由此可见，当时丽江古城已是一座规模较大的高原集镇。由于古城处于滇川康藏交通要冲，是历史上茶马古道的重镇，自清初以来就商旅云集，各路马帮往来不断，大研古镇更成为重要的贸易中转站，木里、源盐、永宁、下关、大理、维西及中甸、拉萨等地客商会集于此，交换各种土特产品及日用品，曾一度成为内地通达印度的重要集镇。大研镇在木府时代不筑围墙，四周的高山可以作为天然屏障。据传，丽江世袭土司为木姓，木字若加上框，即成为“困”字，木府便因忌讳而不设城墙。

>> 地理位置

丽江古城大研镇坐落在玉龙雪山下丽江坝中部，北依象山、金虹山，西枕狮子山，东南面临数十里的良田沃野。海拔2400米，是丽江行政公署和丽江纳西族自治县所在地。

>> 自然风光

有别于中国任何一座王城，丽江古城未受“方九里，旁三门国中九经九纬，经途九轨”的中原建城体制影响。城中无规矩的道路网，无森严的城墙，古城布局中的三山为屏、一川相连；水系利用中的三河穿城、家家流水；街道布局中的“经络”设置和“曲、幽、窄、达”的风格；建筑物的依山就水、错落有致的设计艺术在中国现存古城中是极为罕见的，是纳西族先民根据民族传统和环境再创造的结果。

古城中心由整齐繁华的铺面围成一块方形街面，称“四方街”，这是由于丽江地处滇川康藏交通要道的结合点，自清初就有四方商旅来这里贸易，使丽江古城成为滇西北主要的商品集散地和手工艺品产地，故得名。纳西语称这里为“工本”，意思即是“仓库聚集的地方”。藏族地区的

衣食住行

秋季到丽江古城旅游，男士穿单衣、女士穿裙子即可。

古城中心的四方街是有名的小吃一条街，短短窄窄的街道两侧排列了数十家小餐馆，基本上每家餐馆都有云南特有的米线，种类有砂锅米线、煮米线，因此这条街又有“丽江米线街”之称。

丽江古城属于那种可以一住就半个月的地方，多数游客前往丽江均选择住在客栈。在丽江有许多纳西族、白族的传统客栈，普通床位20~40元/人；在客栈里悠闲地烤烤太阳，或者和店主人攀谈一天，或者还可以呆在店主人的房间里，昏天黑地看一天碟片。如果想住得好些的话，可以去阿丹阁大酒店、航空丽江观光酒店。要求更高的可以去住丽江新城的丽江官房大酒店（就在古城的边上）。

丽江是知名旅游地，从各地进入丽江的交通还算方便，多数游客选择先飞昆明，再从昆明乘坐飞机或乘汽车前往丽江。

丽江机场有民航专线车往返于机场和县城之间，终点站在新城云南航空公司售票处门口，途中会经过丽江古城的一个入口，车程30分钟，票价10元；从入口打车6元可进入古城腹地。也可以

在新大街搭乘1路公交车直达机场。

丽江地处滇、川、藏三省交会处，公路四通八达，进出丽江当然以公路最为普遍，丽江有多个汽车客运站，公路交通极为方便。

毛纺织品、山货药材从丽江转销内地，而西双版纳、凤庆、下关等地的茶叶、日用百货就从丽江运往藏区。丽江古城处处闪耀着民族团结进步的光辉。四方街是大研镇的中心，象征着“权镇四方”，而“田方街”却是游人不应错过的所在，那里是丽江有名的贸易市场，身着五颜六色民族服装的各族人民在此交易商品，是大研镇最热闹喧哗的地方。四方街街面宽广，主街有四条，向四周辐射，每条巷道均由五彩花石铺就，雨季不泥泞，夏季无尘土，显得光滑平整。四方街上仍保留着古代利用河水清洗街道的装置，可以定期清洗街道，保持古城洁净，又可省力。

古城民居的特色是“三坊一照壁”、“四合五天井、走马转角楼”。它们多以院子为中心，内向的庭院组合，厦子(外廊)是纳西民居的重要组成部分，融北京的四合院和当地土木结构特色于一体：正房堂屋，两旁侧室，走廊宽敞，天井敞亮，门窗多精雕细刻花鸟图案，门楼修得富丽堂皇。纳西人生在花的王国，又酷爱栽花种草，几乎每家庭院都摆着盆景花卉，浓绿中难掩五颜六色的芬芳。

发源于城北的玉泉河南流至城头双石桥下，分为西河、中河、东河三条岔河穿城而过。每条小河又分成若干支流，穿街绕巷，入院过墙，流遍全城。条条街道见流水，户户门前有清溪。清澈的溪流为居民用水提供了极大的方便，也增加了空气的湿度，调节了古城的气候，还有利于防止古城的火灾。建于明清时代的300多座大小石拱桥、石板桥跨于清溪之上，显得古朴而恬静。泉水环绕连接每家门庭，开门即河，迎面即柳，形成高原水乡“户户泉水，家家垂柳”的特有风采。

注意事项

1.雨季最好不要到丽江。

2.丽江古城内非常热闹，要注意财物安全。

处处是诗意

>> 概要介绍

整个阳朔恰似一座瑰丽多彩的大公园，全县有各种奇特的山峰2万多座，蜿蜒于万山丛中的大小河流16条。在阳朔县有传说中壮族歌仙刘三姐抛绣球定情的千年古榕，有国内外游客叹为观止的月洞奇观，以及被誉为“小漓江”之称的遇龙河。

阳朔名胜古迹、人文景观遍布，诸如县城碧莲峰下古道摩崖石刻及县城古朴的街道、建筑等，构成了阳朔独特的风光、风貌、风俗和风物，使这里成为驰名中外的风景旅游胜地。特别是阳朔西街，可以说声名远播，是人所周知的“洋人街”，是充分享受生活的好地方。

县内旅游资源可分为一环、二带、五景区。阳朔百里山川，处处奇山秀水，自然景观与人文景观交相辉映，被誉为“中国旅游名县”。

游览时机

阳朔离桂林只有65公里，所以两地的气候极为相似。最冷是1月，平均气温7.9℃，最热是7月，平均气温28.3℃。

4月份和10月份(八月十五桂花开放前后)是到阳朔旅游的最佳季节。4月和10月分别是阳朔的春、秋季，是阳朔最美的时候。春天到阳朔旅游，除了春意盎然之外，再加上明山秀水，宛如面对一幅幅淡雅的山水画卷。

衣食住行

阳朔在入夏之后天气比较热，早晚的温差也不会太大，所以大家来阳朔的时候不需要准备太夸张的长袖外套，最多带上一件风衣或者一件薄薄的长袖衫就已足够了。

阳朔的饮食很有特色，既能吃到当地的特色名菜，也能品尝道地的西餐，西餐厅也是西街的一大景观。被誉为阳朔名菜的是阳朔啤酒鱼，另外就是随处可以吃得上的啤酒鸭、酿菜，还有黄焖干锅、阳朔粑粑。

民居旅店是阳朔特色之一，因旅游业兴旺，每到黄金周就游人骤多，宾馆都挤不下，于是很多阳朔居民就利用自己的房子改成标间，提供住宿，或是出租。这类旅店价格便宜，地段分布广，价格一般是双人标间40~60元。特点是人情味浓，且价格灵活，想体验纯朴的阳朔人的生活，住到民居中是最好的选择。

一般情况下，到阳朔旅游，桂林为经停站，而桂林到阳朔有许多的汽车，还可以乘坐轮船。从桂林机场到阳朔包车前往约500元/车。桂林火车站可以搭乘去阳朔的班车。

桂林至阳朔的游船每天都有，游览百里画廊漓江，全程83公里，上午

>> 地理位置

阳朔位于广西东北部，隶属广西桂林市。

>> 自然风光

杨堤是阳朔的水上门户，又是漓江流入阳朔之后的第一个景区。这是一个风光秀丽的村庄，这里群峰环抱，一水穿流，田园似锦，江山如画。到处都是咏不尽的诗，作不完的画。杨堤是欣赏漓江烟雨的最好地方。漓江烟雨是漓江风景的一绝。雨中的杨堤，云绕千峰，瀑悬飞练，船影若幻，雨浪如烟。周围的一切全都变得朦朦胧胧、似梦非梦。浪石村旁的河中有一片礁石，似起伏的波浪，因而得名。乘船过浪石，两岸奇峰一座连着一座，组成一个幽长的峡谷。每当烟雨季节，这一带风光云雾缭绕，景色变幻莫测，显得十分神奇。

九马画山是漓江边上的一座小山。其面向漓江有一石壁，因其上有九幅形似马匹的图像而闻名。旅行家徐霞客这样描述："其山横列江南岸，江自北来，至是西折，山受啮，半剖归削崖，有纹层络。绿树沿映，石俱黄、红、青、白，杂彩交错成章，上有远望如画屏，故名画山。"细看山壁石纹可依稀辨出九马形象，这九匹骏马神态各异，或立或卧，或奔或跃，或饮或嘶。相传它们本是天宫神马，趁齐天大圣孙悟空任"弼马温"时看管不严便偷下凡间。当它们在漓江边饮水时，被一画师看见。画师本想将这些马描绘下来，不料使马群受惊，这些马匹慌乱之中误入石壁而永留人间。由于它们均为神灵所变，因而形态模糊，难以辨认。历代流传这样的歌谣："看马郎，看马郎，问你神马几多双？看出七匹中榜眼，能看

九匹中状元。”这说明辨认画山上的“马”并非易事。此外，画山山麓还有饮马泉，泉旁石壁上刻有清代阮元的“清漓石壁图”几个字。到这神话般的美景，饱餐大自然的秀色，定会留下一生中最难忘最美好的回忆。

兴坪美景蜚声海内外，令人“相看两不厌”的九马画山在兴坪。中国驻联合国总部大使馆悬挂着的唯一代表中国自然景观的“黄布倒影”就在兴坪；中国人民银行于1999年发行的20元人民币图案，其实景在兴坪；中外两位总统巡视过的渔村在兴坪；堪称世界顶级溶洞奇观的莲花岩和罗田大洞也在兴坪；徐霞客1637年农历五月由桂林买舟下阳朔，泊舟食宿的水落村同样在兴坪。兴坪景区是漓江风景线的高潮部分，景点数不胜数。叶剑英元帅诗云：“果然佳胜在兴坪。”兴坪自然景观无处不有，无时不在，其历史亦渊源流长。早在三国时期，兴坪镇的狮子崴就是熙平县县衙所在地，距今已有1700多年。当阳朔建县1400周年的时候，狮子崴里的一兜柚子树居然结了1400个沙田柚，不多不少，人们无不称奇。兴坪镇是个名副其实的古镇，光洁的青石板路、唐宋戏台、明清建筑、熙平县遗址、神庙废墟等至今犹存，向人们展现兴坪古镇深厚的历史文化底蕴。

水上公园是阳朔县城附近最美丽的一段漓江风景，是到阳朔的游人必游之处。阳朔县城经福利镇至普益乡长约20公里的漓江下流水道，被一些旅游专家誉为“钻石水道”，谓其比上游段“黄金水道”更具特色。这一河段曲折、江面宽阔，水流平缓，有别于上游江段的高峻。

从阳朔县城码头乘船出发，可以饱览漓江两

9:00、10:00、10:30由磨盘山码头（竹江码头）准时开航，顺流而下至阳朔，船程4~5小时，其他时间无船（阳朔至桂林无返航船），船票价：旅游淡季1月1日~3月31日190元/人，旅游旺季4月1日~12月31日210元/人，桂林至磨盘山码头（竹江码头）约40公里，没有直达班车，坐出租车前往约150元/车（可议价）。

从桂林到阳朔约70公里：7:00~22:00每15分钟一班车，桂林到阳朔的普通班车10元/人，车程1小时10分，火车南站站前广场为班车始发站。桂林长途汽车站，桂林至阳朔的直达快吧13元/人，车程50分钟，8:00~21:00每30分钟一班车。

岸的诸多名胜景点，由白鹤饮江、碧莲出水到龙脊耸翠、桥影双虹；过大桥后可观卓笺挺立、书童独秀、雪岭双狮、秀才看榜；过狮龙后有飞凤腾霄、麒麟送子；到福利则可领略古镇遗风和渡头流韵；由此而下可欣赏白面明碑和留公三潭。从奇山秀水到文采风流都可体会到与上游江段不同的情致。游客在这一江段漫游，情趣奇妙、悠然自得。这里可以水一程、陆一程交相游览，令人倍感新奇。由于蜚声中外的电影《刘三姐》中诸多外景在这一段拍摄，被称为“刘三姐水上公园”。

游“钻石水道”，江面宽阔，青峰倒影，村庄田园，翠竹掩映，宁静空旷，宛如世外桃园、梦幻仙境。

碧莲峰在阳朔县城旁，又称“芙蓉峰”。因山壁光滑如镜，又名“鉴山”。它是阳朔县城的主峰，位于城东南的漓江边。山上树木四时苍翠，从远处看云就像一朵含苞欲放的莲花，当微风吹来，江中的莲花倒影仿佛徐徐绽开，于是“莲峰倒映”便成了阳朔的一大名胜。游人乘船到漓江的南薰门码头上岸，往左就可以走上碧莲峰的南端景道。这是一条由大理石镶嵌而成的花岩路，道宽 2 米，蜿蜒曲折通往山上。山中有一座依山面江的迎江阁，韩愈的名诗“江作青罗带，山如碧玉簪”成了此阁的楹联。阁的上层八面开窗，一窗一景，每景一画，所以人称“画窗”。

入阁凭窗远望，北面的阳朔山两峰并峙，形似羊角。此山原名就叫“羊角山”，隋朝时县治迁于此，取“羊角”谐音而改县名为“阳朔”，因而叫做“阳朔山”。阳朔山侧那座形似天鹅的山是天鹅山，山顶有一巨石，好像雄鹰独立，所以这一景叫做“高山雄鹰”。隔着漓江，还可以看尼龙头山和寿仙峰，它们构成了“双峰锁江”。往东看去，远处那横亘数里的山岭就是东岭了。早晨眺望东岭，只见朝阳从岭背吐出，霞光万道，五彩铺岭，景色壮观，这就是著名的“东岭朝霞”。它不知触发了多少文人的灵感，创作出美

妙的诗句。在东岭的后面群峰排列，有壁赤如染的赤壁峰、形如古榕的古榕峰、像凤凰展翅的东华峰、似雄狮静坐的棱角峰。最有趣的是在古榕峰下还有一座山形如小猫的猫仔山，惟妙惟肖，人们戏称此景为“古榕藏猫”。夜幕降临后，在迎江阁上俯瞰东南面的漓江白沙湾，可以欣赏到渔帆点点、灯光似萤、繁星如烁、上下交映的“白沙渔火”之绝妙夜景。

碧莲峰是千年名山，历代题刻颇多，最有名的是刻在石壁上清代王元仁的草书“带”字。这是一个高约6米，宽约3米的大字，字体结构尤为奇特。虽然只有一个字，但却内含“一带山河，少年努力”八个字，以及“一带山河，举世无双，少年努力，万古流芳”的笔意，观后令人回味无穷，惊叹不已。

古榕是一棵大榕树，在阳朔县城南部，距县城4公里的3212国道旁。该树生长于隋朝，距今有1400多年的树龄，胸径7米有余，高约17米，覆盖面积达600余平方米。这棵树盘根错节，如蟒绕龙蟠，叶碧如翠，遮天蔽日。其中，一树杆贴地南横，长达30余米，犹如飞臂推出，令人叹为观止。该古榕树被誉为天下榕树之冠，古榕公园因此而得名。

以古榕为中心，四周有百鸟朝凤、骆驼过江、浮水青蛙、半山跑熊等景点。这里稻田生香，林木茂密，溪清流净，千峰环绕，秀丽迷人的田园风光宛如一幅天然画卷。站在榕树下朝西看，十几座小山朝着一座大山，小山像各种欲飞似栖的鸟，大山则像一只美丽高傲的凤凰，这个景点称之为“百鸟朝凤”。向南、西、北各个角度看皆有景点，用文字难以赘述，但只要站在古榕树下，却可一览无余。有诗形容为：“金钩挂山头，青蛙水上浮。小熊满山跑，古榕伴清流。”

漓江的支流金宝河从不远处的山涧穿出，悠悠地从古榕下流过。翠竹、柳树、桃花、青山林立岸上，陪衬着倒影水中的古榕树。相传美丽善良、勤劳聪慧的壮族歌仙刘三姐曾在这美丽的地方唱歌，著名电影《刘三姐》抛绣球定情的一系列精彩镜头亦在此拍成。如今每当月白风清的夜晚，当地的壮族青年还到这棵古榕树下对歌、订终身。曾在此定情并结为终身伴侣的中老年人则相挽相搀，也常来此缅怀流逝的时光。因此，该古榕树既是“长寿树”又是“爱情树”。动人的传说、美不胜收的自然景观，人若置身于此，即使千种烦恼万种忧愁也都被化解了。

漓江风景

>> 人文景观

西街是阳朔县城一条古老的步行街，位于阳朔老城区之中，大理石路面，房屋建筑古色古香，地方特色浓厚。街道既充满乡土气息，又洋溢着浓郁的异国情调。约1公里的青石板铺就的街道两旁，林立着各式各样的中式店铺，招牌均用外文书写，店老板都是阳朔本地人，却能操一口流利的外语，与外国游客自由交流。

如今阳朔碧莲峰下的西街，更以其错落别致、风格独特的古建筑以及原始自然的石板路、富含幽幽五千年华夏文化积淀的古玩画店、颇具异国情调的酒吧茶楼、淳朴清新的民俗风情吸引着中外游客纷至沓来。

路边的餐馆也是中西合璧，许多外国游客都喜欢来这里喝酒品茗，兴致来了还亲自下厨掌勺。古朴的街道和中式的南方小城传统建筑构成的西街，每天都吸引着无数外国游客，成为阳朔县一道亮丽的风景线。

每当夜幕降临，游山玩水而来的境外旅游者，总会三三两两坐在咖啡馆、饮食店前的餐桌边，在忽明忽暗、星星点点的烛光下，品尝各式饮料和风味点心，边吃边聊，直至深夜。这条街道是阳朔县城最繁华的地段。

作为西街的延长，“西街民俗走廊”也开街了。这里更有情调，全是古老的阳朔民居建筑，路面全是青石板铺成的路。一层是临水的酒吧，二层是民俗小吃、民间工艺品、土特产，三层是旅馆。走进这条比西街更有民族特色的建筑群，仿佛回到了几百年前的江南小镇。

西街既有洋味，也有古朴的风情，街两旁众多的工艺品商店卖着古老的玩意儿，还有中式服装和民族蜡染，非常漂亮，也不算很贵。西街最有特色的是特色酒吧和咖啡厅，西餐地道也很便宜，两人吃饱也不过四五十元。

西街具有真实的洋味。这里是洋人聚集最多的地方，其中外国人在此开店就有20多家，故又被称为“洋人街”。由于西街男女老少都能说外语，因而又把西街喻为“地球村”，而且是中外新闻媒体关注的热点，每年接待的中外游客达150万人次之多！

徐悲鸿旧居位于阳朔县城县前街17号。艺术大师徐悲鸿先生于1935~1937年间曾两次到阳朔，寓居近1年，住潘庄和原县前街一号。1935年，徐悲鸿反对蒋介石的黑暗统治，遭迫害愤离南京，到桂林阳朔进行创作活动，先租住于此，后李宗仁购买此房赠送给他。1936~1937年与夫人廖静文居住。在此，徐悲鸿进行了大量创作，“晨曲”、“逆风”、“风雨思君子”、“古柏”、“漓江春雨”等是该时期的代表作。徐悲鸿大师不但在此居住、作画，并且自号“阳朔天民”。

该旧居为旧居砖木结构平房，面阔3间，进深3间。中为正厅，东房为客室，西房为画室，厅后为卧室。1984年旧居进行重修，廖静文亲书“阳朔徐悲鸿故居”横匾。1985年对外开放。阳朔高田乡穿岩的潘庄是徐悲鸿常去写生作画的地方，名作“漓江春雨”就是在该处创作的。现这座西式两层楼房尚存。

注意事项

1.骑自行车旅游要注意交通安全，因为马路上并不仅仅只有自行车。

2.要注意财物的安全，不要只顾观赏美景而忘记所携带的物品。

阳朔

也许你从未留意过这块生于斯长于斯的地方，
也许你也未曾驻足、停留，
没有在熙熙攘攘的人群中抬头仰望，
从另一个角度看一看这座城市。
当城市化潮流以不可阻挡之势在中国蔓延的时候，

回首，让我们再看一次这座城市，
从中发现另一种风景。

{城区篇}

鼓浪屿

——钢琴之岛

让阳光洒满这一座避世之岛

游览时机

鼓浪屿一年四季均可游览。这里平均气温18℃，最高温度32℃；夏季炎热，冬季温暖。5~8月为雨季。

>> 概要介绍

鼓浪屿原名“圆沙洲”、“圆洲仔”，因海西南有海蚀洞受浪潮冲击，声如擂鼓，明朝时开始使用今名。由于历史原因，中外风格各异的建筑物在此地被完好地汇集、保留，有“万国建筑博览”之称。小岛还是音乐的沃土，人才辈出，钢琴拥有密度居全国之冠，又得美名“钢琴之岛”、“音乐之乡”。岛上气候宜人，四季如春，鸟语花香，无车马喧嚣，素有“海上花园”之誉。主要观光景点有日光岩、菽庄花园、皓月园、毓园、环岛路、鼓浪石、博物馆、郑成功纪念馆、海底世界和天然海滨浴场等，融历史、人文和自然景观于一体，为国家级风景名胜区，福建“十佳”风景区之首，全国35个王牌景点之一。随着厦门经济特区的腾飞，鼓浪屿各种旅游配套服务设施日臻完善，成为观光、度假、旅游、购物、休闲、娱乐于一体的综合性的海岛风景文化旅游区。

鼓浪屿街道短小，纵横交错，清洁幽静，空气新鲜，岛上树木苍翠，繁花似锦，特别是小楼红瓦与绿树相映，显得格外漂亮。岛上岩石峥嵘，挺拔雄秀，因长年受海浪扑打，形成许多幽谷和峭崖，沙滩、礁石、峭壁、岩峰相映成趣。

>> 地理位置

鼓浪屿位于厦门岛西南隅，与厦门市隔海相望，面积 1.78 平方公里，2 万多人，为厦门市辖区，是厦门最大的一个卫星岛。

>> 自然风光

日光岩俗称“晃岩”，位于鼓浪屿中部偏南。海拔 92.68 米，为鼓浪屿的最高峰。是一块直径 40 多米的巨石，凌空独立，山势奇峻。龙头山隔鹭江与厦门虎头山遥相对峙，构成龙虎镇海之势。明末清初，郑成功曾扎寨于龙头山，故而龙头山亦称“寨仔山”。峭壁上，刻有许世英于 1915 年题写的“天风海涛”四字横书；其下还有两行大字题刻：“鼓浪洞天、鹭江第一”。

岩顶筑有圆台，站立峰巅，凭栏远眺，厦鼓风光尽收眼底。山腰上有一莲花庵，每当朝阳喷薄，霞光直射寺内，庵中四壁生辉，莲花庵又得名“日光寺”。在日光寺后半山腰上有一道后门，是当年郑成功在山上屯兵时遗留下来的寨门，已辟为市级文物保护单位，门旁大石上凿有圆孔，乃当年郑成功士兵用以架梁搭屋的梁洞。巨石之顶，是郑成功水操台遗址。遗址岩壁上刻着“闽

游览线路

鼓浪屿最传统的路线是下船后从左向右游览小岛，岛上以皓月园、菽庄花园、日光岩为三大景点，一般游客参观完其中两处就可返回了。如果游客还想品味鼓浪屿幽静的一面，下船后就向右边跟着熙熙攘攘的人群走进小巷中。鼓浪屿小巷很多，且依山而建，曲曲折折的没有什么规矩。进入小巷后极易迷路，好在小岛不大，才 1.7 平方公里，且在关键路口都有明确路标，因此做一次很“安全”的迷路之行不失为一种享受，只是如果当天还有旅行计划，就应掌握好“迷路时间”了。

鼓浪屿已修好一条环岛路，全长 6 公里，由道路、隧道、曲桥组成，可以步行，亦可以电瓶车代步。环岛路游览以轮渡码头为起点，向东往皓月园—大德记浴场—观海园—菽庄花园—港仔后浴场—英雄山隧道—鼓浪石—鼓浪别墅—华侨亚热带植物引种园—工艺美术学校—内厝澳—燕尾山—三丘田旅游码头—海底世界—轮渡码头；向西反之亦然。

衣食住行

在鼓浪屿旅游，除冬末春初时节需要携带御寒衣物外，其他时间均不需要额外增加衣物。

在鼓浪屿享受美食，可以吃叶家麻糍（龙头路三优街十字路口）和鱼丸汤（龙头路410号）。这些都是鼓浪屿有名的小吃，口感极佳，千万不要错过。

鼓浪屿最有名的特产就是鼓龙馅饼，这是一种用精白面粉制成的绿豆馅饼，口感香甜酥细、湿润冰凉，它是由鼓龙饼家自产自销的，买的时候一定要认准牌子。

游客可在厦门住宿，一般不在鼓浪屿住宿，但如果想听涛声，就要住在鼓浪屿的西南边，这里涛声最大，体验心的静，可枕着涛声入睡。

鼓浪屿离厦门岛只有500多米，有渡轮往返穿梭，去程不收钱，回程收钱，船票3元。在厦门市区乘2、3、4、10、11、12、25等公交车到鹭江道下车，之后从轮渡站摆渡上岛。厦门摆渡站从早上5:45到次日凌晨0:30，每隔10~20分钟有一班船发往鼓浪屿；鼓浪屿摆渡站从早上5:30到次日凌晨00:20，每隔10~20分钟有一班船发往厦门。

海雄风”四个大字。右前侧另一块石上刻着郑成功手书的一首五绝：“礼乐衣冠第，文章孔孟家；南山开寿域，东海酿流霞。”

离这里不远有一处巨石叠成的洞壑“古避暑洞”。这个花岗岩石洞明亮、通风、清凉，洞左边的岩顶有一个“仙人洗脚”的石盆，长年累月盛着水，近旁还有“仙人”的“脚印”。其实，它们都是由于海浪冲蚀形成的海蚀地貌，在遥远的地质年代，这里还淹没在海水之中，后来地壳上升，才形成了这些海蚀地貌。

>> 人文景观

郑成功纪念馆坐落在日光岩北麓，建于1962年2月1日，郑成功收复台湾300周年纪念日。该馆及周围绿地占地1.3万平方米，其中主楼展厅2200平方米，陪楼展厅及资料研究室500平方米，馆匾是郭沫若先生亲笔题写的。

郑成功是我国明末清初著名的民族英雄，原名森，字明俨，号大木，福建南安石井人，公元1624年生于日本平户海滨，7岁回国，年少好学，胸怀大志。公元1645年，南明隆武皇帝在福州接位，见郑森年轻有为，少年英俊，气宇轩昂，忠心不二，封忠孝伯，授招讨大将军，赐他姓朱，改名成功，因此民间尊称他为“国姓爷”。1653年南明永历皇帝又封他为“延平王”。

郑成功纪念馆除序厅外，有《郑成功青少年时代》、《报国救民、举义抗清》、《中国宝岛·台湾》、《跨海东征·驱荷复台》、《筚路蓝缕·开发台湾》、《大义彪炳·流芳百世》、《民族精神·激励后人》7个陈列室，展出各种文物、文献、资料、照片、图表、绘画、雕塑、模型等800余种，系统地介绍了郑成功光辉的一生。在陈列橱里，有郑成功佩戴的玉带、龙袍残片、鞋子、图章等遗物。在诗画资料中，有郑成功的诗作及其手书、《郑成功与王忠孝对弈图》、《海上见闻录定本》、延平王户官杨英的《先王实录》以及《稗海纪游》等，其中《海上见闻录定本》（共两册）是1960年在同安发现的一部抄本，属于非常珍贵的历史资料。此外，还有双龙铜炮，是以炮身饰有两条游龙而命名的。

钢琴之岛是因其钢琴众多、音乐艺术之风盛行而得名。小小鼓浪屿有钢琴600台，其密度居全国之冠。只要你漫步在各个角落小道上，就会不时听到悦耳的钢琴声、悠扬的小提琴声、轻快的吉他声、动人优美的歌声，加上海浪的节拍，环境特别迷人。音乐，已成为鼓浪屿的特别绚丽的风景线。

鼓浪屿有许多钢琴世家，那里有音乐学校、音乐厅、交响乐团、钢琴博物馆。每逢节假日，这里常举行家庭音乐会，有的一家祖孙三代一起演出，使家庭、团体、社会充满音乐气氛。

注意事项

1.鼓浪屿一出渡口就有很多当地导游，说带你去6个景点，收10元钱，通常他们都是带游客去消费，赚取回扣。离渡口不远有一个鼓浪屿旅游咨询中心，那里可以免费拿岛上各个景点的资料，还有电子查询鼓浪屿的旅游资讯。

2.鼓浪屿街区有严格规定，除了环岛旅游电瓶车外，不许任何其他机动车辆上岛，所以在岛上漫步不会受到干扰，非常幽静。

3.如果散客游览所有的景点，估计要160元左右。不过买联票比较实惠些。

4.如果喜欢游泳，一定要带泳衣，那里的沙滩和海水不错。

鼓浪屿

上有天堂，下有苏杭

游览时机

苏州四季皆宜旅游，尤以4~10月最佳。在此期间，游客既可欣赏到桃红柳绿的自然风光，又可品尝鲜桃、碧螺春、糖藕等时令特产。

>> 概要介绍

苏州古时称“吴”，又称“姑苏”，自有文字记载以来的历史已有4000多年，历经2500多年沧桑，但古城池仍坐落在春秋时代的位置上。

苏州建城于公元前514年，吴王夫差的父亲阖闾命伍子胥建阖闾城。春秋时期，这里是吴国的都城，至今还保留着许多有关伍子胥等的古迹。隋开皇九年（589年）始称“苏州”，沿用至今。苏州城建城早、规模大，水陆并行，河街相邻，古城区至今仍坐落在原址上，为国内外所罕见。

当年，吴大夫伍子胥“相土尝水”，“象天法地”为吴王建造阖闾大城。四周城墙开有八座陆门，以象天之八风，八座水门，以法地之八卦。古城遗址至今依稀可寻。城内府衙、兵营、库房、作坊、市场、民居、娱乐地布置井然。古城面积约为14平方公里，粉墙黛瓦，小桥流水，整体呈长方形双棋盘式。街道两旁绿树成荫，景色宜人。

姑苏文化体现在宛转清丽、悠扬舒缓的昆曲、苏剧、评弹旋律中，体现在古拙清新、淡雅秀丽的吴门画派作品里。姑苏文化讲究自然随和的形态，曲折柔和的线条；追求淡泊深远的意蕴，含蓄隽永的美感。

>> 地理位置

苏州城位于江苏省东南部的长江三角洲平原，东靠上海，南界浙江，西濒太湖，北临长江。

>> 自然风光

虎丘是苏州著名的风景区，位于苏州城外一座仅30余米高的小山丘上，素以“吴中第一名胜”而著称。已有2500年悠久历史，宋代大文豪苏东坡“到苏州不游虎丘乃憾事也!”的千古名言，使虎丘成为旅游者到苏州必游之地。

虎丘，原名“海涌山”，据《史记》载吴王阖闾葬于此，传说葬后3日有“白虎蹲其上”，故而得名。虎丘占地虽仅300余亩，山高仅30多米，但却有“江左丘壑之表”的风范，绝岩耸壑，气象万千，并有三绝九宜十八景之胜。最为著名的是云岩寺塔和剑池：高耸入云的云岩寺塔已有1000多年历史，是世界第二斜塔，古朴雄奇，早已成为古老苏州的象征；剑池幽奇神秘，埋有吴王阖闾墓葬的千古之谜以及神鹅易字的美丽传说，风鹤云泉令人留连忘返。

位于虎丘西麓的万景山庄汇集苏派盆景之精华，借山光塔影，恬美如画；虎丘后山植被茂密，

游览线路

苏州游览主要分为三大部分：一是城区内的古典园林，二是城外的寒山寺，三是虎丘山。

拙政园：票价旺季70元，淡季50元。

地址：在苏州东北街178号；8:15~16:15开放。乘坐游1、游2、游5、2路、3路拙政园站下，往东步行100米即到。

网师园：票价淡季20元、旺季30元、夜花园80元。

地址：阔家头巷11号；8:15~16:15开放。乘坐公交游2、202、204、529、931、47、501、55路可达。

留园：票价淡季30元、旺季40元。

地址：留园路338号；8:15~16:15开放。乘坐游1、游2、3线，54、85、406、7、949路可达。

寒山寺：票价20元。乘坐公交9、931、406、313、301、游3、45、324、17路可达。

衣食住行

苏州游，除5~10月外，均需要视天气情况携带合适的御寒衣物。

著名的苏式招牌菜有：松鼠桂鱼、清汤鱼翅、响油鳝糊、西瓜鸡、母油整鸡、太湖莼菜汤、翡翠虾斗、荷花集锦炖等。苏州小吃亦闻名天下，蜜汁豆腐干、松子糖、玫瑰瓜子、虾子酱油、枣泥麻饼、猪油咸糕等都是脍炙人口的小吃，不可不尝。

苏州的主要美食街有：太监弄、十全街、学士街、凤凰街、干将路和石路金门商市美食街。

苏州的宾馆条件相当不错，推荐游客入住人民南路99号三星级的苏苑宾馆。太湖国家级旅游度假区内太湖明珠度假村和太湖西山岛上的银湖山庄，是游客旅游度假的首选之地。如果是自驾车旅游，天平山附近以及太湖沿岸有不少豪华别墅，价格也便宜，一般一幢双层别墅每日租金大约在400~600元之间。

当然了，对那些希望省钱的旅游者来说，要找一家干净、便宜的招待所也相当容易，在市区的大街上随处都能找到100元左右的"标间"。

沪宁线上几乎所有的列车均停靠苏州，此外，苏州还有始发北京、上

林木丰富，形成了宜人的绿岛小气候，成为鸟类争相栖息的乐园，每至秋日，有万千苍鹭绕塔盘旋，蔚为壮观，成为一绝。

>> 人文景观

苏州是"园林之城"，有大小园林100余座，其中网师园、拙政园、留园和环秀山庄最著名。别具一格的古典园林，集中了宋、元、明、清以来江南园林建筑艺术的精华，融建筑、园艺、雕刻、绘画、诗文、工艺美术于一体。苏州园林多为私家园林、园林造景多抒发了主人的情感，以小巧、自由、精致、淡雅、写意见长。苏州园林藏而不露，为退避尘嚣的场所。它们糅合了道、释、孔三教的思想，以山石、水流、花木等基本要素再造了大自然的缩影，具有丰富的文化内涵。苏州园林艺术充分代表了中国人的聪明才智，其造诣之高可说是无与伦比。

苏州古典园林宅园合一，可赏、可游、可居，这种建筑形态是在人口密集和缺乏自然风光的城市中形成的，是人类依恋自然、追求与自然和谐相处、美化和完善自身居住环境的一种创造。拙政园、留园、网师园、环秀山庄这四座古典园林产生于苏州私家园林发展的鼎盛时期，以其意境深远、构筑精致、艺术高雅、文化内涵丰富而成为苏州众多古典园林的典范和代表。

拙政园是苏州园林中最著名的一座。占地5公顷，内有远香堂、香洲、十八曼陀罗花馆和卅六鸳鸯馆 、留听阁等。拙政园始建于明代正德年间，造景山水并重，水面占全园的五分之三，总体布局也以水池为中心，各类建筑皆临水而立，亭树楼阁倒映水中，相互映衬。拙政园分东、

园林之城

西、中三部分，中部是主要部分，一直沿用拙政园名。园中，首先映入眼帘的是一湾池水，岸线曲折，一株株梧桐、古柏扶岸而立。池水上一座木桥横跨，可直通远香堂。站在桥上四面望去，园中景致历历在目。东南面即为腰门内的假山屏障，假山以东有一道起伏的云墙，墙内闪出亭轩檐角，错落掩映；西南面则是一条回廊，沿廊望去，曲桥修阁，高亭远树，景物幽远，层次重叠，纵深感很强。回廊几经曲折而伸向北面，与远香堂西北侧的倚玉轩相连。倚玉轩与远香堂比肩而立，背靠葱郁的小丘，更衬出它们的辉煌，真如身在画中！

网师园又称为“小园极则”，取“以少胜多”之意，位于苏州城南十全街，占地仅0.54公顷，始建于南宋，旧为宋代藏书家、官至侍郎的扬州文人史正志的“万卷堂”故址，花园名为“渔隐”。至乾隆年间，退休的光禄寺少卿宋宗元造园，因面临王四巷（即今阔街头巷），便取谐音而定园名为“网师园”。网师乃渔夫、渔翁之意，又与“渔隐”同意，含有隐居江湖的意思。民国年间，军阀张作霖以此园作为礼物送给他的老师张钧銮，后来主人居于北国，网师园就租给了书法家叶恭绰和张大千兄弟俩。网师园是苏州最小的园林，但园内山池厅堂布局紧凑，从南到北有轿

海、南京、赣州等地的旅客列车。

苏州是江苏省通往上海、浙江的“东南门户”，公路四通八达，市内有4个长途客运站。

市区内出租车起步价10元（3公里）。3公里后，桑塔纳每公里单价1.8元。公交车普通车单一票价1元，空调车单一票价2元，多为无人售票车。人力三轮车是苏州既省钱又方便的交通工具。苏州部分景点分布在小巷中，汽车不能直接到达门前，此时三轮车就是最好的交通工具了。三轮车起步价2元，每公里加收2元，包车时，每人每小时5元。由于大多数车夫是土生土长的苏州人，对当地的历史文化、风土人情比较了解，你无异于在租车的同时请了一位很好的导游。自行车便于走街串巷、访古探幽。苏州的景点比较集中，游客骑着一辆自行车游走于苏州街头，可以沉醉于“小桥、流水、人家”的意境之中，在火车站东侧的平门桥一带有许多租车店，大致价格为：4小时内2元，5~6小时3元，1天5元，需要身份证及押金。

纪念礼品

苏州的旅游纪念品首推苏绣，苏州的刺绣工艺与湖南的湘绣、四川的蜀绣、广东的粤绣并称“中国的四大名绣”。苏州的碧螺春茶是中国的十大名茶之一，是馈赠亲朋好友的佳品。还有苏州的宋锦、桃花坞木刻年画、苏扇等，都是当地的特产。此外苏州豆腐干也是小有名气的地方特色小吃，不妨买些回去与家人分享。

苏州的观前街是一条闻名中外的集娱乐、餐饮、观光于一体的商业街，现已辟为步行街，并有观光游览车（每位1元）行驶街头。阊门外的石路和新区内的淮海街也是有名的商业街区，此外，十全街是旅游纪念品一条街，虎丘路和火车站前是婚纱和摄影器材一条街。

厅、大厅和内厅等三进高敞的屋宇，装修得精工雅洁。园中有景点小山丛桂轩、樵风径、月到来亭、殿春移等。

留园地处阊门外留园路。在苏州园林中其艺术成就颇为突出，以严谨布局、高雅风格、丰富景观曾被评为“吴中第一名园”。留园面积约2公顷，是苏州大型古典园林之一。

留园原是明嘉靖年间太仆寺卿徐泰时的东园。园中假山为叠石名家周秉忠（时臣）所作。清嘉庆年间，刘恕以故园改筑，名“寒碧山庄”，又称“刘园”。园中聚太湖石十二峰，蔚为奇观。西晋咸宁年间，苏州诸园颇多毁损，而此园独存。光绪初年为盛康所得，修葺拓建，易名“留园”。现全园占地约50亩，大致可分中、东、西、北四个景区，其间以曲廊相连，迂回连绵达700余米，通幽度壑，秀色迭出。

留园中部是原来寒碧山庄的基址，中辟广池，西、北为山，东、南为建筑。假山以土为主，叠以黄石，气势浑厚。山上古木参天，显出一派山林森郁的气氛。山曲之间水涧蜿蜒，仿佛池水之源。池南涵碧山房、明瑟楼是故园的上体建筑，楼阁如前舱，敞厅如中舱，形如画舫。楼阁东侧有绿荫轩，小巧雅致，临水挂落与栏杆之间，涌出一幅山水画卷。涵碧山房西侧有爬山廊，随山势高下起伏，连接山顶闻木樨香轩。山上遍植桂花，每至秋日，香气浮动，沁人心脾。

环秀山庄位于苏州城中景德路262号，面积仅为3亩，1988年被列为全国重点文物保护单位，1997年底被联合国教科文组织遗产委员会列为世界文化遗产。

环秀山庄占地不大，但其内湖石假山为中国

之最。据载，假山为清代叠山大师戈裕良所创，虽由人作，有如天开，尽得造化之妙，堪称假山之珍。环秀山庄亦因此而驰名。

此园本是五代吴越钱氏“金谷园”旧址，其后屡有兴废。清代乾隆（1736~1795 年）以来，蒋（楫）、华（沅）、孙（士毅）三家先后居于此处，掘地为池，叠石为山，造屋筑亭于其间。清道光二十九年（1849 年）成为汪氏宗祠“耕耘山庄”的一部分，更名“环秀山庄”，又称“颐园”。

园内地盘虽不大，但园外无景色可借，造景颇难。因布局设计巧妙得宜，湖山、池水、树木、建筑得以融为一体；而假山一座、池水一湾，更是独出心裁，另辟蹊径，两者配合，佳景层出不穷。望全园，山重水复；入其境，移步换景，变化万端。

寒山寺位于姑苏城外枫桥边，始建于六朝，距今已有 1400 多年的历史。唐贞观年间改名为“寒山寺”。自从张继写下了《枫桥夜泊》诗之后，吟咏枫桥的诗篇不计其数，于是“诗里枫桥独有名”，千百年来，凡来苏州游览的人，都要到枫桥来实地领略一下枫桥的诗情画意。

寒山寺始建于公元 502 年的梁天监元年间。到了 100 多年后的唐代，相传唐时僧人寒山曾在该寺居住，故改名为“寒山寺”。这座寺庙历经数代，屡建屡毁于战火，现在的建筑是清末重建的。寒山寺中的主要景点有大雄宝殿、藏经楼、钟楼、碑文《枫桥夜泊》、枫江第一楼。

《枫桥夜泊》诗石刻碑文为：“月落乌啼霜满天，江枫渔火对愁眠。姑苏城外寒山寺，夜半钟声到客船。”这是唐代诗人张继写的。传说诗人张继去唐时首都长安（今西安）赴考后，落第返回时，途经寒山寺，夜泊于枫桥附近的客船中，夜里难以成眠，听到寒山寺传来的钟声，有感而作。

注意事项

1.苏州的景点大都很早关门，特别值得一游是姑苏城外的寒山寺，17:30 就关门了，节假日也不例外，这一点如果是自助游就要特别注意时间的安排。

2.市区观光时一定要留些时间，到吴衙桥、百步街一带去观赏一下小桥流水。

3.小巷大多为青石铺路，不宜穿高跟鞋行走。

4.小巷大多很窄，容不得汽车进出，最好的办法是借一辆自行车，或者坐三轮车。苏州地方不大，从一个园子到另一个园子，三轮车正好。

5.如果遇上雨天，应该感到庆幸，因为烟雨朦胧下的粉墙黛瓦更有韵味，而且可能在雨巷中碰到一个撑着油布伞像丁香一样的姑娘。

6.到苏州游玩适宜三五同行，“大部队”前往会煞风景。

青岛

——城市山海交融

理想的居住之地

游览时机

青岛地处北温带季风区域，属温带季风气候。最佳旅游时间是在每年的6~10月。

游览线路

青岛市区游览，游客可以自由选择，主要景点为八大关和栈桥。

崂山是青岛旅游的一个重要的山海景点。目前崂山游览线路共有4条。其中陆路3条（南线，东线，中线）、水路1条。

>> 概要介绍

青岛为海滨丘陵城市，地势东高西低，南北两侧隆起，中间低陷。青岛是一座历史文化名城，是中国道教的发祥地。6000年前，这里已有了人类的生存和繁衍。东周时期建立了当时山东地区第二大市镇——即墨。秦始皇统一中国后，曾三次登临现位于胶南市的琅邪台。汉代汉武帝曾在现位于青岛市城阳区的不其山“祀神人于交门宫”，并在胶州湾畔女姑山祭天拜祖，设立明堂9所。唐、宋、元、明、清各时期，青岛崂山遍布道院、道庵，太清宫成为当时全真派道教第二丛林。到青岛来游览，既可享受宜人的气候和优美的风光，又可在观赏中外文化碰撞交融的结晶中产生深层次的思索和启迪，具有很高的旅游美学价值。

>> 地理位置

青岛市地处山东半岛东南部，东、南濒临黄海，东北与烟台市毗邻，西与潍坊市相连，西南与日照市接壤。

>> 城市风光

红瓦绿树，海天山城。青岛有着十分出色的市政建筑，西部是保存良好的欧洲建筑，是一种古典美；东部新城呈现给游客的则是现代甚至是超前的美。中山路一带有许多古老建筑，除了中山路是商业街之外，其他街道大树参天，宁静而悠闲。大海会使人心胸开阔，崂山则让人体会清虚与幽静，如此动静结合的度假胜地全国也不多见。每年 7~8 月份时值青岛啤酒节和海洋节，活动丰富多彩。高挑的青岛小妹，豪爽的青岛小伙会让游客体味北方人的性格魅力。

崂山自古被称为“神仙窟宅”、“海上仙山第一”，主峰海拔 1133 米。崂山风景区是 1982 年国务院公布的首批全国 44 个风景名胜区之一，位于山东半岛的南部，青岛市区东北端，面积 446

崂山

衣食住行

在 6~10 月的最佳旅游时间，游客不需要特别携带御寒衣物。

青岛盛产名贵的海参、扇贝、鲍鱼、海螺、大对虾、加吉鱼等，这就决定了青岛烹饪以海味原料为主的特点。在小吃街可领略青岛地方风味小吃，这里有大饭店里难得的乐趣。“劈柴院”位于中山路、河北路之间的江宁路，是青岛最有名的小吃街。

青岛每天有发北京、上海、广州、郑州、成都等地的列车。除往淄博、烟台、威海方向外，其余各次都经停济南。

青岛火车站广场就有发往威海、烟台、蓬莱的依维柯中巴，流水发车，往烟台只要 3 个多小时；到威海、蓬莱也只要 4 小时。

青岛有两条国际客运航线，常年开船，每周一、四的 16:00 发往韩国仁川，每周四 16:00 发往日本下关。青岛港客运站位于新疆路 6 号。

因为地势起伏的原因，青岛市面上几乎见不到自行车和摩托车，公交车就成了市内代步的主要工具。青岛的公交非常方便，四通八达。公交 26、201、202 路车是沿海行车，途经栈桥、八大关等很多景点。

莱阳路海上旅游码头位于海军博物馆北侧，这里有往返于小青岛、鲁迅公园、太平角等处的游船，是内地游客非常感兴趣的一项旅游节目。

注意事项

1.青岛海鲜多，但要注意，有很多外地人到青岛由于经受不住海鲜的诱惑，吃得太多，结果坏了肚子。

2.游崂山要穿一个轻便的鞋子，最好是穿登山鞋。

平方公里，东临崂山湾，南濒黄海，海山相连，变幻无穷，雄奇壮阔，灵秀幽清。

在全国的名山中，唯有崂山是在海边拔地崛起的。绕崂山的海岸线长达87公里，沿海大小岛屿18个，构成了崂山的海上奇观。漫步在崂山的青石板小路上，一边是碧海连天，惊涛拍岸；另一边是青松怪石，郁郁葱葱，令人心胸开阔，气舒神爽，古时就有人称崂山是“神仙之宅，灵异之府”。传说秦始皇、汉武帝都曾来此求仙，这些传说给崂山涂上一层神秘的色彩。

崂山是我国著名的道教名山，过去最盛时有“九宫八观七十二庵”，全山有上千名道士。著名的道教人物丘长春、张三丰等都曾在此修道。原有道观大多毁坏，保存下来的以太清宫的规模为最大，历史也最悠久。

八大关是青岛最好的地方，街道纵横，左右交叉，状若棋盘，更难得是清净。另外这里的林木之间有许多20世纪初别墅式的欧式建筑，有如欧洲小镇，静雅宜人。若起一个大早，漫步松树丛中，走向海风响处，更有无限惬意。

崂山景色

一座城市，一段历史

>> 概要介绍

澳门原属于广东省香山县（今珠海市）。1535年葡萄牙人贿赂澳门官吏，取得停靠码头、进行贸易的权利。1553年，葡萄牙人借口曝晒水渍货物，强行上岸租占，并通过贿赂当地中国官员，于1557年正式在澳门定居，同年开始使用“澳门”名称。1849年后，葡萄牙殖民者相继占领了澳门半岛、氹仔岛和路环岛。1887年，葡萄牙殖民者在《中葡会议草约》中塞进了“葡国永驻管理澳门”的字样。同年12月，清政府与葡萄牙签订的《和好通商条约》中再次确认《草约》中有关澳门的提法。1928年4月，中国政府通知葡萄牙终止《和好通商条约》。1986年6月，中葡在北京就澳门问题举行首轮会谈。1987年7月，中葡两

游览时机

澳门属热带季风气候，温暖多雨。主要分冬夏两季，春秋短暂而不明显。夏热多雨，冬有微冷，春温多雾，秋日晴朗。全年1月最冷，平均气温14.6℃，最低气温仍在5℃以上；7月最热，平均气温28.5℃，最热可达32℃。年降雨量达2013毫米。澳门一年四季皆可游览，但每年的7、8月是旅游旺季。

衣食住行

冬末春初有一段时间较为寒凉，需要穿戴羊毛衫和茄克一类的防寒衣物。

到了澳门当然不能不尝尝葡国菜了，澳门的葡国菜分为葡式、澳门式两种。澳门式葡国菜是兼收并蓄了葡国、印度、马来西亚及中国粤菜的烹饪技术，对原来的葡国菜经过改良，取长补短，可以说是世界上独一无二的菜式，如非洲鸡、果亚鸡及辣大虾等都是葡国从非洲、印度学会使用香料后烹调制成的。位于岗顶平地，建于1873年的歌剧院内Macau Club餐厅，以及建于1870年的陆军俱乐部餐厅都是很有情调的澳式葡国菜的餐厅。

到澳门游览，从设备一流的五星级酒店（饭店）到经济的旅馆，从别墅到公寓，甚至精致的度假酒店，选择的余地相当大。

澳门市区有大型公共汽车和小型公共汽车，特别在氹仔和路环之间，班次很密，各车站都有用中、葡文说明、介绍各公共汽车的行走路线牌。所有公共汽车都是无人售票，而且都有空调。

澳门的出租车车身是黑色，车顶是奶黄色。1.5公里起步澳门币10元，以后每200米加收1

国政府签订了《关于澳门问题的联合声明》，宣布：澳门地区（包括澳门半岛、氹仔岛和路环岛）是中国的领土，中华人民共和国将于1999年12月20日对澳门恢复行使主权。

澳门的主要传统节日有春节、农历正月初四的“财神日”、农历七月十四日的“盂兰节”、中秋节以及其他一些中外节日。

>> 地理位置

澳门位于中国南部的珠江口西侧，与东侧的香港隔海相望，相距仅61公里；东经113°，北纬22°。澳门地区包括澳门半岛、氹仔岛和路环岛。陆地总面积（包括填海面积）约为23.5平方公里。

>> 人文景观

赌博是澳门最重要的人文景观。澳门号称“东方拉斯维加斯”，即“东方赌城”。澳门的夜生活多姿多彩，除了夜总会、迪斯科舞厅之外，很多餐厅和酒店都附设卡拉OK。大多数的夜生活场所，最低消费都会在60~150元澳门币之间。

澳门的赌场一年365天全天营业，入赌场不需检查护照、登记或付入场费，可以自由出入。一般设20种以上的赌具，从西式的轮盘赌、掷骰、纸牌到东方古老的押宝、番摊、大小和麻将。知名娱乐场有文化东方、凯悦、葡京酒店、海上皇宫等。每家娱乐场规则均一致，只接受港币或澳门币投注。澳门半岛的娱乐场所昼夜24小时营业。一般娱乐场所可穿短裤、T恤等休闲服进入，唯独酒店则要求客人穿着整齐的服装。

澳门博彩业分为三类：一是幸运博彩，澳门

幸运博彩的花样很多，有骰宝、百家乐、轮盘、廿一点、牌九、角子机（俗称“老虎机”）等20多种；二是相互博彩，包括跑狗、赛马车、赛马、回力球等；三是碰运气博彩（即彩票），包括山票、铺票、白鸽票等。其中以幸运博彩最为普及，也最有吸引力。

大三巴牌坊是西方天主教东来传教的遗迹，一直成为澳门风光的标志，凡到澳门游览的人，通常都要到此一游。每逢周日和公众假日，在牌坊前还有学校表演团体演出中国传统舞蹈，供游客观赏。

大三巴牌坊原来并不是一座牌坊，而是大三巴教堂的前壁。大三巴教堂的正式名称是“圣保禄教堂”，三巴则是“圣保禄”SAOPAVIO的音译。因附近建有另一座较小规模的圣保禄教堂，所以称其为“大三巴”。后来，因大教堂失火，几乎全部烧毁，只残存教堂前面石壁，仿佛是一座中国传统的牌坊，因此人们便称它为“大三巴牌坊”。

这座古巴洛克式的建筑，矗立在大三巴街附近的小山岗上，前临68级宽敞的石阶，侧邻著名的大炮台，气势雄伟，造型优美，大三巴牌坊经过300多年的风雨侵蚀，仍奇迹般屹立如故。

由花岗岩构成的牌坊，乃仿照古希腊巴洛克的建筑风格，其上满布浮雕，艺术构思精密，由上下五层、左右十纵叠柱图案组成。由下而上，底层是教堂的三面大门。正门顶上用拉丁文刻有“天主圣母”字样，左右对称两旁门楣刻有“耶稣基督”。第二层壁龛中均雕有耶稣会圣人像和十字架的人物浮雕。第三层正中拱门内有童贞圣母立雕像和象征中国的牡丹花、象征日本的樱花以及

元，停车候客收费每分钟1元，如有大件行李，每件加收3元。往来氹仔及澳门半岛不需要附加费用；从氹仔往路环，除了车费外，另收附加费2元；由澳门半岛往路环离岛则收5元的附加费用。

注意事项

1.到澳门旅游需要办理港澳通行证，各地公安机关均可办理。内地一些地方仅能办理到澳门的团体旅游证件。

2.旅游人士如能避开上下班乘车高峰时间，就能较容易地乘坐任何交通工具前往各旅游景点。

3.游客最好能自备一张澳门地图，以备查阅之用。

4.游览大三巴牌坊，除欣赏巍峨壮观的前壁之外，还要细心浏览壁上精致的浮雕及其意义。十字架下是一具鸽形铜像，据说云是代表圣神，像的旁边围有太阳、月亮及星辰的石刻，象征圣母童贞怀着耶稣那段时光。铜鸽之下是一个耶稣圣婴雕像，像的旁边刻有用以钉死耶稣的工具。从大三巴牌坊邻近的大炮台城堡下望，可以看见整座教堂原迹及其后面广场的一些石刻。

5.在平时，酒店的房间大多不需要提前预订，而每逢周末、假期，尤其是一些重大节日和活动如农历新年、复活节、圣诞节、格兰披治大赛车期间，还有在7、8月的旅游旺季，酒店经常客满，因此最好能先预订房间。一些酒店在旅游淡季时，房价折扣比较大。

葡式帆船等浮雕。第四层有一耶稣圣婴雕像，其旁刻有用以钉死耶稣的工具。第三和第四层两边均有一对具有中国艺术特色的石狮子。第五层有西方流行的百合花和东方色彩的菊花浮雕。在牌坊的最顶端有一铜鹰雕像。整座牌坊，人们需要仰面而观，牌坊更显出居高临下的磅礴气势。

葡京大酒店地处交通要道，1970年落成，是一间东南亚闻名的综合性大酒店，屡经扩建，以赌场引人注目。许多游客不惜涉海过洋远道来此，一赌为快。葡京即葡萄牙的京城之意，是澳门娱乐公司下属六大娱乐场中最大的赌场，又号称“东亚的最大赌场”。其主楼和左右两翼楼气势雄伟，造型多样，线条富于变化，结构不凡，颜色一律以黄为底、以白为间，给人一种雍容华贵又不乏轻松跳跃的感觉。主楼外形像一座雀笼，而主楼加上它的左翼楼，又像一艘航行的海船。

妈祖像

北京
——皇家气派

中华文化之集大成

>> 概要介绍

北京雄踞华北大平原北端，面积 16808 平方公里。北京从战国时的燕赵悲歌到秦时的天下一统，从唐代的安史之乱到蒙古铁骑南下，经历过明朝的繁华兴盛，也目睹过清末的盛极而衰。作为我们泱泱大国几百年的都城，北京形成了自己的文化氛围：大气、严肃、正统而又不失闲适、清雅。这就是老北京的风情。

13 世纪意大利旅行家马可·波罗在其游记中，对这里人民文明富足的生活以及城市何等美丽的赞美，千百年来不知诱发了多少人对于东方——这座文明古都的神思遐想。

游览时机

北京的气候为典型的暖温带半湿润大陆性季风气候，四季分明。这里夏天炎热，冬天寒冷，春秋舒适。北京的最佳旅游时间为每年的 5 月、9 月和 10 月。

游览线路

北京很大，游览景点非常多，而且每个景点的可游览范围也很大。一般来说，北京的每一个景点都需要花费相当多的时间。事实上，参观游览时间再加上交通时间，北京的每一个景点均需要一天的时间。这样，游客就可以根据自己的喜好来安排自己的游览线路。当然，参加团体旅游的除外。

游览方式

北京最适合、也最需要的游览方式就是自助游。如果兴趣高昂，在北京游个把月是不会清闲的。乘火车、旅游车、专线巴士是游览郊外景点的最佳选择，当然也可以自驾车游览；乘地铁、公交是游览市区内景点的便利工具；三轮车、自行车、步行是游览北京胡同的明智选择。

>> 地理位置

北京地处华北平原北端，四周被河北省围着，东南和天津市相接，位于北纬39°，东经116°。

>> 历史北京

北京最早见于文献的名称叫做“蓟”。春秋（公元前770~前476年）中期，位于蓟国西南面的另一个封国燕吞没了蓟，并迁都于蓟城。从这时起，直到公元前226年燕国被强大的秦国所灭，蓟城一直是燕的都城。据考古学家考证，当年的蓟城就在现北京城区的西南部。

公元938年，蓟城成为辽的陪都。因为蓟位于它所辖的疆域的南部，所以改称“南京”，又叫“燕京”。1个多世纪以后，另一个少数民族女真人建立的金朝将辽灭亡，并于1153年迁都燕京，改名“中都”。1214年，金朝因受到新兴的蒙古族军队的进攻，被迫迁都汴京（今河南开封），第二年蒙古铁骑入占中都。1267年，蒙古族首领忽必烈下令在中都城的东北郊筑建新城。4年后这位首领即在兴建中的都城内登上皇帝的宝座，建立了中国历史上的元朝。1285年新城全部建成，这便是意大利旅行家马可·波罗在游记中称之为“世

故宫

界莫能与比”的元大都。从此，北京取代了长安、洛阳、汴梁等古都的地位，成为中国的政治中心，并延续到明、清两代。1911 年 10 月 10 日，中国爆发了资产阶级民主主义革命，第二年 2 月清帝被迫宣告退位。至此，中国最后一个封建王朝溃灭，北京作为帝都的历史到此结束。

老北京历史悠久，人文积淀深厚，形成了别具特色的京城风格。尽管现代气息已给北京城增添了无限的时尚，老北京地道的京味依然不减，京剧、相声、茶馆、胡同、四合院、天桥、庙会等等随处可见。

>> 自然风光

香山是一处风景幽雅的地方，是全国各地游客每年观赏红叶的著名景点，其最高点香炉峰海拔557 米。峰顶有一巨大的岩石，叫“乳峰石”，形状很像香炉，远远看去和庐山的香炉峰极为相似，人们遂称此山为“香山”。

香山，位于北京西北郊西山东麓。距城约 20 公里，占地面积约 1500 万平方米。起初，金、元、明几代帝王都在此兴建各种亭台楼阁、离宫别苑。其后，清乾隆皇帝更是大兴土木，营建水榭楼台。清咸丰十年（1860 年）和清光绪二十六年（1900 年），香山的建筑景点先后被英法联军和八国联军破坏，解放后几经修葺，才呈现如今面目。山上著名的风景点有昭庙、双清别墅、鬼见愁、静翠湖、望蜂亭、西山晴雪、森玉笛、朝阳洞等。

每年秋霜时节，在香山的东南山坡上，10 万余株黄栌红叶如火似锦，无比壮美，绮丽的景象令人神往。深秋的红叶，似团团殷红的火焰，漫

衣食住行

北京的最佳旅游时间为 5 月、9 月和 10 月，这三个月均可穿单衣，最多带一件茄克即可。其他时间要视天气情况而定。

京菜擅长烤、爆、烧、焖、涮，听起来豪爽，吃起来痛快。北京烤鸭是来京游玩必食的美味；西四缸瓦市一家名叫砂锅居的老店所烧的砂锅白肉名满京城，相传他们用的原汤已有两三百年历史；涮羊肉是最受北京人欢迎的冬令美食，其中阳坊涮肉连锁店以价格便宜、味道正宗而倍受青睐。可以半份起卖，在全市有许多分店。除此之外，还有东来顺、又一顺、能仁居的涮羊肉名气也很大。

北京风味小吃有 600 多年历史，包括汉民风味小吃、回民风味小吃和宫廷风味小吃等 300 多种。

北京的各大饭店历来是名厨荟萃，如北京饭店的谭家菜、建国饭店的法式西餐都是别处不易享用到的佳肴；北京还有正宗的法式、美式、意式、俄式餐厅和日本料理、韩国烧烤以及越南、印尼、泰国风味的菜馆。若为省时实惠，还可以光顾街头小店，这里不乏北京特有的包子、饺子、面条及家常炒菜，当然，环境就不如大餐馆讲究了。

北京每天都有350余万客人来访，所以北京的饭店、旅游业发展迅猛，全市已有高、中、低档饭店5000多家。北京的机场、火车站都设有旅店介绍站，专为来京旅客介绍旅店，所以在北京住宿十分便利。需要注意的是，节假日等旅游高峰时段一定要提早订房。

从外地到北京非常方便。北京首都国际机场位于市区东北的顺义区，距市区大约30公里。机场班车可分别到达西单民航大厦、美术馆、北京站口、公主坟等地。

山遍野。这红叶经霜一打，越发红得妖娆。游人穿行其间，周围弥漫着红叶的芳菲，加上林间清幽典雅的气氛，欣喜之情油然而生。观香山红叶的最好时机是10月中旬~11月初。

到香山最好乘坐公交车，733、833、714、360、318、904、331路等都可到达。

>> 人文景观

北京历史悠久，文化深厚，特别是几百年的皇家驻地，形成了别具特色的人文景观。

长城是北京的一个重要的游览景点，也是游览北京不可或缺的活动。毛泽东的著名诗句“不到长城非好汉”激励着无数好汉勇登长城。中国的长城共有近1万公里，东起河北秦皇岛的山海关，西到嘉峪关，这是明代修筑长城的两个最大关口，北京境内的长城有600余公里，比较著名的有八达岭长城、金山岭长城、司马台长城、慕田峪长城、居庸关长城等。

在北京选择游长城的地点，要考虑季节等因素，对于来京机会很少、身体较好的人最好登金山岭与司马台之间的长城；如果时间比较紧，可以选择八达岭等处；在金秋时节，慕田峪长城的景色是非常美的。

天坛

八达岭万里长城是万里长城最杰出的代表，是明代长城的精华，早在1961年就被国务院发布为全国重点文物保护单位。1988年，八达岭万里长城被联合国教科文组织世界遗产委员会

列为“世界人类文化遗产”。1991年，在全国名胜四十佳评选中，八达岭名列榜首。

登上万里长城，可以看到脚下的长城依山就势，蜿蜒起伏，如一条不见首尾的巨龙在绵延的山岭上翻滚爬动，气势磅礴，雄伟壮观，令人叹为观止。这里的自然景观也很有特色，春夏秋冬四时都有佳境：春化铺锦，夏绿叠云，秋气澄清，冬覆白雪。望关山内外，解无限古今情。

从市区到八达岭有高速公路。乘旅游专线车1小时可以到达。旅游专线车每天早晨在市区的前门楼东侧、天安门广场历史博物馆门前、崇文门路口东南角等地发车。登八达岭长城的最便宜的乘车方式：乘地铁等车辆到德胜门下车，乘911路公交汽车直达八达岭长城脚下。911路5分钟发一辆车，比旅游车要便宜许多，又方便。

颐和园原是帝王的行宫和花园，位于北京西北部海淀区境内，是我国保存最完整、最大的皇家园林，也是世界上著名的游览胜地之一，属于第一批全国重点文物保护单位。

公元1750年，乾隆把这里改建为“清漪园”。1860年，清漪园被英法联军焚毁。1888年，慈禧太后挪用海军经费3000万两白银重建，改称今名，作消夏游乐地。到1900年，颐和园又遭“八国联军”的破坏，烧毁了许多建筑物。1903年修复。后来在军阀、国民党统治时期，又遭破坏，解放后不断修缮，才使这座古老的园林焕发了青春。

颐和园主要由昆明湖和万寿山两部分组成，总面积290多公顷，昆明湖约占全园面积的3/4。但它的水面并不单调，除了湖的四周点缀着各种建筑物外，湖中还有一座南湖岛，由一座美丽的

北京是全国铁路的枢纽，北京站在市区东南建国门内大街南侧，乘地铁或多路公交车均可到，经过北京的铁路线主要有京沪线、京哈线、京秦线等；北京西站在莲花池东路，主要有京广线、陇海线等；南站多是些慢车；北站即西直门火车站，有郊游车和到内蒙、河北等地的短途车等。

北京的内部交通非常发达，但也经常发生汽车堵塞现象，乘坐汽车要把堵车时间计算在内。

从北京几个火车站每天定时有发往京郊各景点的旅游专列。假日郊游列车车票可在北京站、北京北站、北京南站、北京铁路国际旅行社等处购买。北京站、北京南站、北京北站及各停靠站均设有绿色通道，可直接进站上车后购票，也可以提前在车站上购票。

可以在铁路指定售票地点购买旅游景点门票，到景区后无需再买门票。凭票可免费坐北京站、北京北站、北京南站始发的郊游列车。

北京现有地铁一号线和地铁二号线。一号线西起苹果园，东到四惠东站；二号线经过西直门、复兴门、和平门、前门、北京站等地。首班车时间一般是早上5点，末班车约在晚上11点左右。

北京市交通很方便，地铁、公交车、旅游车四通八达，给人们出行提供了极大的方便。

初到北京的话，北京站站前就有出租车站。如果去的地方离北京站很近（只是起步价10元），司机不太愿意拉，可以走出北京站站前广场，向前过一条街，走到中粮广场就可以遇到很多出租车了。

北京的客运三轮车一般都聚集在市中心的交通要冲和旅游热点等地，每逢节假日，由于出租车塞车情况严重，所以人们都愿意选择可以穿小胡同的三轮车。再加上乘三轮车看街景很是方便，所以三轮车的费用比出租车略高。

十七孔桥和岸上相连。在湖的西部有一西堤，堤上修有六座造形优美的桥。万寿山上依山而建的佛香阁、铜亭，临湖畔修建的千米长画廊、昆明湖中的十七孔桥和石舫等也是游人必到的景点。

颐和园在北京市区，公共交通极为便利。330、332、333路等公交车在颐和园下车即到。

故宫意为过去的皇宫，就是过去人们常说的"紫禁城"，是明清两代的皇宫，为我国现存最大、最完整的古建筑群，位于北京市中心。

故宫建成于明永乐十八年（1420年），占地72万平方米，建筑面积16万平方米，有宫殿建筑9000多间，是中国乃至世界现存最大、最完整的古代宫殿建筑群。这些宫廷建筑都是木结构、黄琉璃瓦顶、青白石底座，饰以金碧辉煌的彩画。这些宫殿沿着一条南北向中轴线排列，并向两旁展开，南北取直，左右对称。这条中轴线不仅贯穿在紫禁城内，而且南达永定门，北到鼓楼、钟楼，贯穿了整个城市，气魄宏伟，规划严整，极为壮观。建筑学家们认为故宫的设计与建筑实在是一个无与伦比的杰作，它的平面布局、立体效果以及形式上的雄伟、堂皇、庄严、和谐，都可以说是世上罕见的。它标志着我们祖国悠久的文化传统，显示着500多年前匠师们在建筑上的卓越成就。

故宫里最吸引人的建筑是三座大殿：太和殿、中和殿、保和殿。它们都建在汉白玉砌成的8米高的台基上，远望犹如神话中的琼宫仙阙。第一座大殿太和殿是最富丽堂皇的建筑，俗称"金銮殿"，是皇帝举行大典的地方，殿高28米，东西63米，南北35米，有直径达1米的大柱72根，其中6根围绕御座的是沥粉金漆的蟠龙柱。中和殿是皇帝去太和殿举行大典前稍事休息和演习礼仪的地方。保和殿是每年除夕皇帝赐宴外藩王公的场所。

故宫博物院建筑堪称世界第一，所藏也是世界所罕见。现存文物100多万件，金器、银器、铜器、漆器、玉器、书画等都是历朝历代的艺术精粹。1987年故宫博物馆被联合国教科文组织世界遗产委员会列入“世界遗产名录”。

游客游览故宫，可乘1、2、4路等众多公交车在中山公园或天安门站下车。

天安门广场位于市区中心，北起天安门，南至正阳门，东起历史博物馆，西至人民大会堂，总面积有近50万平方米，可容百万人举行集会，是当今世界上最大的广场。坐落在广场北端的天安门城楼虽饱经历史烟云，但依旧大气磅礴、威严壮观。天安门是北京城的眼睛，是中华人民共和国的象征。每天清晨，这里都举行国旗升起仪式。

站在天安门城楼上，放眼望去，人民大会堂、人民英雄纪念碑、毛主席纪念堂、中国历史博物馆和中国革命博物馆这些气宇轩昂的现代化建筑竖立在宽阔的广场上，使广场呈现出前所未有的新气象，庄严的布局、磅礴的气势，会使每一个中国人油然而生自豪感。在晴朗的天宇下，城楼上有黄色琉璃瓦闪耀着灿烂的光辉，朱红的柱子

注意事项

1.为了让游客更好地欣赏红叶，香山公园特别推荐了十处最佳红叶观赏点（玉华岫、看云起、森玉笏、双清别墅、蟾蜍峰、静翠湖、香炉峰、香雾窟、和顺门、驯鹿坡）和四条精品红叶观赏路线（静翠秋波至公园南路；玉华秋色至公园中路；秋系飞练至索道沿线；御道秋林至全新的御道景观“生态路”）。

2.八达岭长城地势较高，处于风口，应多穿一些衣服。长城上部分地段坡度很大，最好穿旅游鞋，尤其是女士不要穿高跟鞋，否则你就寸步难行了。

3.第一次参观故宫应从天安门方向进去，要注意多带方便食品和水，以便在里面多参观一些。

4.第一次参观天安门地区最好从南面的前门地区步行进入广场。从南面进入不仅可以顺路看到久负盛名的老北京大栅栏地区和前门箭楼的景致，而

故宫

且可以更好地感受广场面南而建的整体布局。节假日晚上12点之前天安门广场华灯齐放，游览广场夜景也是很好的选择。

5.游览天坛比较好的选择是从南门进入，从东门或西门出。从南向北可以按照建筑规制依次参观圜丘坛、回音壁、祈年殿，少走回头路。

6.游览什刹海地区一般从鼓楼经银锭桥进入，先在桥上体会旧时燕京八景之一“银锭观山”，再沿后海南岸漫步，顺道参观恭王府花园、郭沫若故居，再到出售北京小吃和工艺品的“什刹海古玩市场”转一圈，时间充裕还可到后海北岸参观宋庆龄故居（原醇亲王府），再去登鼓楼和钟楼。

和城台，白色的华表、石栏杆、石狮子，金水桥一一展现。碧水青天，丹墙绿树，石栏黄瓦，画梁朱柱，色彩丰富，轮廓美丽，宏伟端庄。

天安门位于市中心，共有十几条公共汽车通过，从北京市各个地方到天安门都很方便。如果您住在地铁沿线，也可以乘地铁到天安门东站或西站下车。

天坛规模宏伟，富丽堂皇，是中国现存最大的古代祭祀性建筑群。它以严谨的规划布局、奇特的建筑结构、瑰丽的建筑装饰著称于世，不仅在中国建筑史上占有重要地位，也是世界建筑艺术的珍贵遗产。

天坛的建筑设计十分考究，“圜丘”、“祈谷”两坛同建在一个园子内。圜丘坛在南部，是天神的地方。祈谷坛在北部，是祈求丰收的地方。依照古人的思想观念，认为天地的结构是“天圆地方”，因此天坛围墙平面南部为方形，象征地象，北部为圆形，象征天象，此墙俗称“天地墙”。天坛的主体建筑均集中在南北向的中轴线上，“圜丘”、“祈谷”两坛也在这条中轴线上，各个单体建筑之间用墙相隔，并由一座长360米、宽30米的石桥相连。

天坛自明代永乐四年（1406年）设计兴工，到永乐十八年（1420年）建成，清乾隆八年（1743年）起历时十余年的修缮，使这座宏伟的郊庙日臻完美。1918年作为公园对大众开放，解放后，对天坛进行了有计划、有步骤的大规模修缮，使天坛恢复了原来的神韵和风貌。

天坛以五大奇特建筑而闻名中外：一为祈年殿，俗称“无梁殿”；二为回音壁；三为三音石；四为对话石；五为圜丘坛，即“祭天台”。

天坛公园的月季园有月季品种600多个，是我国最大的月季花园之一。公园内还有3800余棵古柏，是北京市古柏最集中的地方。

到天坛交通非常方便，在天坛的东、南、西、北四门附近共有十几条公共汽车路线通过。

什刹海又称“十刹海”、“石版海”，由西海(又称“积水潭”)、后海、前海组成，为一自西北斜向东南的狭长水面。什刹海34公顷的水面十分自然地融入城市街区之中，依托水体，还有湖岸的垂柳、水中的荷花等也成为什刹海颇具特色的自然景观。东部银锭桥横跨湖上，站立桥头可饱览西山秀色，故有燕京小八景“银锭观山”之美称。这里的夏日湖面波平如镜，垂柳依依，荷花盛开，冬季则是天然溜冰场。两岸是保存完好的王府花园、纵横交错的市井民居，与钟楼、鼓楼遥相呼应。当游客踏上长堤，波光粼粼的碧水、婉约披拂的垂柳、环回宛曲的栏杆、花木葱茏的中央小岛尽收眼底。海中有小艇可划，岸旁有露天椅凳可坐，游泳池中红绿相间，别有情趣。

什刹海景区具有大量典型的胡同和四合院，如金丝套地区的大、小金丝胡同，南、北官房胡同和后海北沿的鸦儿胡同以及白米斜街、烟袋斜街等。依托胡同和四合院，什刹海地区自古以来就有许多富有特色的民俗活动，如放荷灯、泛舟游湖、宴饮赏荷、冰床围酌、大阅冰鞋等。至今，一些有生命力的民俗活动仍然在什刹海地区盛行，如钓鱼、游泳、划船、赛艇、下棋、弹唱、消夏舞会等。“胡同游”即活跃在这片得天独厚的自然人文环境中。

到什刹海游览，乘5、60、111、107、108到鼓楼或是北海北门下车即到。

桂林——中国山水画

游览时机

气候宜人雨量充沛的桂林素有“三冬少雪，四季常花”之说。由于地处亚热带湿润季风区，气候温和、光照充足，全年无霜期 309 天。最冷 1 月份，平均气温 7.9℃，最热 7 月份，平均气温 28.3℃，年均降雨量 1900 毫米。每年 4~10 月为最佳旅游季节。

桂林山水甲天下

>> 概要介绍

整个桂林市就是一幅风景秀丽的山水画。山在城中，水在城中，城在画中；人在画中住、在画中行、在画中游，美妙之极，只有亲身体验才可知晓。

桂林山水的宜于入画，古人早已注意到了。宋代诗人黄庭坚就写道：“桂岭环城如雁荡，平地苍玉忽嵯峨。李成不生郭熙死，奈此千峰百嶂何。”清初时的石涛生于桂林、长于桂林，把儿时的印象带入山水画中，形成了独特的风格。到了近代，山水画大师黄宾虹，便以能“遍写桂林山水”为生平得意事。齐白石更是说“自有心胸甲天下，老夫看惯桂林山”。

桂林山水是活的，尤其是在春雨迷蒙的早晨，江面上浮动着一层轻纱般的白蒙蒙的雨丝，远近的山峰完全被云和雨遮住了，这时只有细细的雨声打着船篷，打着江面，打着岸边的草和树。于是，一种令人感觉不到的轻微的声响，把整个漓江衬托得静极了。这时，忽然一只小小的渔舟从岸边溪流里驶入江来，顺着溪流望去，在细雨之中，一片烟霞般的桃花，沿小溪两岸一直伸向峡谷深处。

>> 地理位置

桂林风景区位于广西壮族自治区东部，而位于漓江西岸桂林市则是这一风景区的中心景点。

>> 自然风光

漓江是中国锦绣河山的一颗明珠，是桂林风光的精华。漓江位于华南广西壮族自治区东部，属珠江水系。

漓江两岸的山峰挺拔，形态万千，石峰上多长有茸茸的灌木和小花，远远看去，若美女身上的衣衫。江岸的堤坝上，终年碧绿的凤尾竹似少女的裙裾随风摇曳，婀娜多姿。最可爱是山峰倒影，几分朦胧，几分清晰。江面渔帆点点，从山峰倒影的画面上流过，具有“分明看见青山顶，船在青山顶上行”的意境。漓江及其两岸的每一处景致，都是一幅典型的中国水墨画。

桂林至阳朔，漓江酷似一条青罗带，蜿蜒于万山奇峰之间。沿江风光旖旎，碧水萦回，奇峰倒影、深潭、喷泉、飞瀑参差，构成一幅绚丽多彩的画卷。这里，人称“百里漓江、百里画廊”，是广西东北部喀斯特地形发育最典型的地段。

芦笛岩位于桂林西北郊，在光明山的南侧山腰，远在1000多年的唐代就有人来芦笛岩游览，

游览线路

桂林的游览线路众多，除了桂林市内及其市郊附近的游览线路外，还有许多与阳朔连接起来的旅游线路。

下面是漓江阳朔风光一日游的线路：

漓江阳朔风光一日游(A线)。早晨乘车前往磨盘山码头，乘空调船游览百里画廊——漓江风光：舟行云流，九龙戏水、浪石烟雨、八仙过江，佳景纷至沓来；欣赏九马画山的天工神笔丹青，黄布滩上“船在青山顶上行”的绝佳妙景，约14:00左右船抵达阳朔，下船后乘车赴阳朔西街自由活动（或自行乘快巴返桂林)。

漓江阳朔风光一日游(B线)。早晨乘车前往磨盘山码头，乘空调船游览百里画廊、九马画山、黄布滩上，阳朔下船后游览当年阿牛哥与刘三姐定情处大榕树，观赏月亮山“由圆变缺，由缺变圆”。如此惟妙惟肖的圆缺变化，宛若明月高悬的天然景观，是世界上唯一有此景观之处。然后游览由黑岩、水岩组成的聚龙潭。

桂林美食

到桂林旅游，吃桂林风味小吃，是每一个游客的重要项目。桂林风味小吃众多，这里只能举几个例子。

桂林米粉以其独特的风味远近闻名，其特点是洁白、细嫩、软滑、爽口。其吃法多样，最讲究卤水的制作，大致以猪骨、牛骨、罗汉果和各式佐料熬煮而成，香味浓郁。

“尼姑素面”相传是桂林月牙山尼姑庵所创。桂林尼姑面的精华是汤，汤是用黄豆芽、新鲜草菇、香菇、冬笋等久熬而成，汤色金黄，味鲜而甜，清香四溢。面条用清水煮熟装碗，将汤放入，再加上桂林腐竹、黄菜、素火腿、面筋等素菜和佐料，鲜香爽口。

注意事项

1.桂林市内旅游要注意交通安全，因为桂林人多、车多而路窄。

2.要注意财物的安全，不要只顾观赏美景而忘记所携带的物品。

现已成为中外游客游览桂林时必至的旅游热点。芦笛岩洞内道路曲折，是桂林山水的一颗璀璨明珠。桂林山水甲天下，芦笛美景可谓最佳。芦笛岩山上长有一种芦苇草，用它可以做成笛子，吹出悦耳动听的声音，芦笛岩因此得名。芦笛岩的形成经历了漫长的年代，据地质学家考证，这里原是一个古地下湖，由于地壳运动，山体抬升，地下水位下降，地下湖就变成了山洞。后来，地下水沿着山体中许许多多的碳碎带流动，溶解了岩石中的碳酸钙。当地下水从岩石的缝隙流到洞口时，碳酸钙就沉淀结晶，经过几百万年的积累，形成了各式各样的景观。芦笛岩洞长240 米，最宽处 93 米，最大高度 18 米，游览路程约 500 米，游览时间大约 40 分钟。洞内有大量绮丽多姿、玲珑剔透的石笋、石乳、石柱、石幔、石花等，琳琅满目，组成了狮岭朝霞、红罗宝帐、盘龙宝塔、原始森林、水晶宫、花果山等景观，令游客目不暇接，如同仙境，被誉为“大自然的艺术之宫”。

普陀山是七星公园的主山，以岩洞、亭阁著称。岩洞由天枢、天璇、天矶、天权四峰组成。山门两侧书有一副对联：“蝉噪林愈静，鸟鸣山更幽”；门内护碑亭里伫立着一块石碑，上书“逍遥楼”，是唐代颜真卿的手笔。普陀山岩洞主要有元风、普陀、玄武、四仙、朝云、弹子、留春、省春、曾公等。其中七星岩最著名，它原是距今100 万年的一段古老地下河道。洞分 3 层，上层已毁，下层仍有地下河水流淌。现供游览的是中层，分 6 个“洞天”，游程 814 米，最高处 27 米，最宽处 47 米，最窄仅容单人通过。

象鼻山位于桂林城南的漓江西滨，桃花江与漓江在这里交汇。它是桂林城的象征，桂林的城徽即以象鼻山为标志，也简称“象山”。象山海拔220米，高出水面约55米，由3.6亿年前海底沉积的纯石灰岩组成。山形孤拔陡峭，岩石古苍。在象鼻与象腿之间有一水月洞，有如一轮明月静浮水上，形成著名的“象山水月”。此景集清山、秀水、奇洞、美石、倒影于一体，成为历代诗人吟咏不绝的千古题材，是游人的必游之地。

伏波山位于桂林城中心东北部，孤峰突起，海拔213米，半枕陆地，半插漓江。山体高出平地约63米，陡然直立，如刀劈斧削一般，尤其是临江一面，给人以壁立千仞之感。漓江流经此地，被山体阻挡，形成巨大的汇流。古人取其“麓遏澜洄”、制服波涛之意，称其为“伏波山”。而民间传说伏波山的得名则是因为汉代伏波将军马援曾于此山射箭退敌、削石试剑的缘故。

叠彩山位于桂林市中心偏北部，由3.67亿年前沉积的石灰岩和白云质灰岩组成，石质坚硬，岩层呈薄层、中厚层及厚层状，一层层堆叠起来，如同堆缎叠锦。唐代文学家元晦以“按《图经》，山以石文横布，彩翠相间，若叠彩然”为据，因而将其命名为“叠彩山”。

桂林山水

衣食住行

在桂林旅游，除冬、春季节需要携带少许御寒衣物外，其他时间单衣即可。

在桂林市内可品尝广西各色小吃，味道不错，价钱也公道。

桂林市内住宿非常方便，条件也很好，但就是价格有些高。也可以住当地的旅馆和招待所，价格便宜。当然了，当地民风淳朴，住在村民家里也是可以的。

桂林全市公路交通路况非常的好，所有的乡镇和90%的村通公路，稍微有名的景点都会有班车前往。通往各地的直达快班一般在桂林市汽车总站发车，而景区车在客运中心很多。水路运输主要是通过漓江到达阳朔和资江的旅游航线，所以乘船到这两个地方及沿途会很方便。市区内的公交都很漂亮，也算是市内一景。

外地游客可以乘飞机、火车、汽车、甚至轮船到达桂林，均非常方便。

湿地介于湖泊和草原之间，有水也有草。

水是湿地的灵魂，草是湿地的神韵。

水与草和谐地营造着生命的气氛，

因为湿地的富庶，她成为众多野生动物的摇篮，

比如天鹅湖巴音布鲁克湿地，

动静结合的美将湿地装扮得灿烂多姿。

{湿地篇}

落霞与孤鹜齐飞，秋水共长天一色

游览时机

到若尔盖的最佳旅游时间为5~9月。

游览线路

若尔盖各景区的旅游路线和里程大致如下：

1.若尔盖—唐克乡64公里—黄河九曲第一湾8公里。

2.若尔盖—热尔大草原/花湖45公里—红星乡33公里—郎木神居峡(郎木寺) 12公里。

3.若尔盖—巴西会议会址33公里。

4.若尔盖—降扎温泉95.5公里。

>> 概要介绍

若尔盖既是草甸草原，也是沼泽湖泊，面积近3万平方公里，平均海拔4000米。夏季是草原的黄金季节，这里天高气爽，天地之间，绿草茵茵，繁花似锦，芳香幽幽，一望无涯。草地中星罗棋布地点缀着无数小湖泊，湖水碧蓝，小河如藤蔓把大大小小的湖泊串连起来，河水清澈见底，游鱼可数。

若尔盖聚居着藏、汉、回族，以藏族牧民为主。大大小小的寺院遍布各个地方，城镇随寺院分布，若尔盖县主街用达扎寺命名，县城就在达扎寺的云盖下。

若尔盖草地游览内容丰富，可赏草地风光，

听牧歌悠扬，可垂钓黄河鱼野炊，可骑马驰骋草原，可观梅花鹿牧场，可去黄河九曲第一弯览胜，可去森林采撷野菇，也可去寺庙参观朝拜。

>> 地理位置

若尔盖位于四川省西北部，在成都的西北方向，距离成都约487公里。

>> 自然风光

若尔盖湿地有许多独特的自然景观，其中主要有黄河九曲第一湾、热尔大草草原（花湖）、郎木寺、降扎温泉、铁布梅花鹿自然保护区等。

黄河九曲第一湾位于四川省阿坝州若尔盖县唐克乡。在这里，黄河与白河汇合，形成九曲第一大转弯，隔河与甘肃省相望。九曲地带岛屿众多，红柳成林，婆娑多姿。登高望远，但见黄白二河争流，蜿蜒而去。夕阳西下，晚霞映红了九曲第一弯。归巢的黄鸭、溪鸥破空而过，形成“落霞与孤鹜齐飞，秋水共长天一色”的美妙景致。簇簇帐篷，缕缕炊烟，骏马奔驰，民歌声声，如诗如画，美不胜收。

花湖是一个清澈透明的海子。花湖其实是若尔盖湿地的一部分，进花湖的路很长，是水草丰茂的沼泽。沼泽湿地延长了我的期待。沼泽中，那些草甸下面是丰厚肥腻的水源，滋养着这片中国最美丽的湿地。

花湖是沼泽湿地形成的海子，水质清晰如镜，夏天黑颈鹤对镜理妆，各种艳丽柔弱的花盛开在湖中，随风招展，因而得名。

秋天的时候，花儿都凋谢了，剩下的只有黛山、烟云、镜水、骄日、衰草，有一种凄凉之美。

衣食住行

若尔盖草原早晚温差大，有时会遇上雨夹雪，游客最好能带上相关雨具和外套、薄毛衣。

若尔盖的美食有手抓肉、烧馍、酸菜面块、山野菜、藏族腊肉、香肠、香猪腿、咂酒等。

黄河九曲第一湾景区有帐篷宾馆，30~40元/人，有电热毯，游客也可以选择离景区8公里的唐克乡住宿。若尔盖的住宿从五星到一般的宾馆都有，现在条件较好的宾馆有：若尔盖大酒店（0837-2291998）、大藏阳光宾馆（三星，0837-2292999），大藏圣地酒店（五星，0837-2292999）。

游客从成都至若尔盖，可走九寨沟环形旅游公路，西线经成都、都江堰、汶川、茂县、松潘至若尔盖或经成都、都江堰、汶川、理县、红原至若尔盖；走东线经成都、绵阳、江油、平武、九寨沟至若尔盖。

若尔盖湿地自然保护区位于四川省阿坝藏族自治州若尔盖县境内，总面积16670.6公顷。保护区于1994年经若尔盖县政府批准建立，1997年晋升为省级自然保护区，1998年晋升为国家级高湿地生物多样性保护区，主要保护对象为高寒沼泽湿地生态系统和黑颈鹤等珍稀动物。

湿地自然保护区地处青藏高原东缘，位于若尔盖沼泽的腹部地带，是青藏高原高寒湿地生态系统的典型代表。区内为平坦的高原，最高海拔3697米，最低海拔3422米。该地气候寒冷湿润，泥炭沼泽得以广泛发育，沼泽植被生长良好，生态系统结构完整，生物多样性丰富，特有品种较多，是我国生物多样性关键地区之一，也是世界高山带物种最丰富的地区之一。据初步调查，区内植物（包括菌类）有207种，其中星叶草、冬虫夏草为国家重点保护植物；脊椎动物有218种，其中国家重点保护野生动物有黑颈鹤、胡兀鹫、秃鹫、大天鹅等30多种，并为黑颈鹤的集中繁殖区之一，种群数量达1500只左右。该区还是重要的水源涵养区，黑河和白河两条黄河上游的支流纵贯全区。

注意事项

1.高原上日照很强，容易灼伤皮肤，要注意携带墨镜、防晒霜，注意防晒；女士最好带上遮阳帽和遮阳伞。

2.在草原上拍摄会遇到很多不定因素，有时在空旷的草原会突然过来大群的牛羊，一定要注意安全。

3.草原上随时都可能遇见牧民的帐篷，而藏族牧民也非常地好客，对拍照也很配合，只是走近帐篷时要先叫牧民将凶猛的牧羊犬拴住，以免发生危险。

4.由于气候差别大，最容易感冒和不适，而藏式食物以生冷居多，因此应带上感冒药、消食药和红景天含片之类药品，此外咀嚼口香糖也有助于缓解高山反应。

5.途中所过各地，青稞酒非常可口，但后劲很大，切勿贪杯。

若尔盖景色

>> 概要介绍

巴音布鲁克草原东西长 270 公里，南北宽 136 公里，总面积约 2.3 万平方公里，海拔 2000~2500 米。草原四周为雪山环抱，山体海拔均在 3000 米以上。

巴音布鲁克为蒙古语，意为“富饶的泉水”、“泉源丰富”。因此，巴音布鲁克草原就是“泉源丰富的草原”。她是典型的禾草草甸草原，也是天山南麓最肥美的夏牧场。远在 2600 年前，这里即有姑师人活动。清乾隆三十六年 (1771 年)，土尔扈特、和硕特等蒙部在渥巴锡的率领下从俄国伏尔加河流域举义东归，并于 1773 年被安置在巴音布鲁克草原和开都河定居。草原上绿草茵茵，牛羊成群，群山拱抱，河流如带，地势起伏辽阔，植物种类繁多。这里幅员辽阔，地势平坦，水草丰美，遍地是优质的“酥油草”，哺育着 60 多万头 (只) 牛羊，已成为新疆最重要的畜牧业基地之一。这里盛产焉耆天山马、巴音布鲁克大尾羊、

游览时机

巴音布鲁克的旅游时间是 6~9 月，其中 6 月和 9 月为最佳旅游时间。6 月时大批天鹅从印度和非洲南部成群结队来到天鹅湖栖息繁衍。9 月大批天鹅又携雏南飞，返回其冬季栖息地。

游览线路

通常到巴音布鲁克都走伊宁—那拉提一线，从那拉提拦车去巴音布鲁克，凌晨4点以后到深夜10点都可能有过路车。但沿线路况很差，车辆破旧超载，要有心理准备。最好拦伊宁发往喀什、库车的车，因为新源发出的车只有硬座。

巴音布鲁克去库车是下午5点有过路车，不一定有位，200多公里起码要走8个小时。可以从伊宁乘坐去新源的长途汽车在巴音布鲁克下，或者在伊宁市区包小货车去，价格比旅游车便宜很多，而且装备也方便携带。

中国的美利奴羊和有“高原坦克”之称的牦牛，被誉为“草原四宝”。每到仲夏季节，草原上鲜花盛开，争奇斗艳，羊群像白云游荡，雪莲花般的座座蒙古包坐落其间，成千上万的天鹅及70多种珍禽飞翔于蓝天碧草之间、嬉戏于湖沼碧水之中，宛如一幅优美的花鸟画卷。

>> 地理位置

巴音布鲁克草原处于天山山脉中部的山间盆地中，位于和静县西北，伊犁谷底东南，中部天山南麓，由大小珠勒图斯两个高位山间盆地和山区丘陵草场组成，距库尔勒市636公里。

>> 自然风景

泉源丰富的巴音布鲁克草原不但花草生长茂盛，牛羊膘肥体壮，而且是鸟类（特别是天鹅）生养繁衍的天堂。巴音布鲁克草原中心的天鹅湖是游客最为向往的地方。天鹅湖位于巴音布鲁克草原珠勒图斯山间盆地，海拔2000~2500米，是一个东西长30公里、南北宽10公里的高原湖泊，面积300多平方公里，湖区面积1000多平方公里，由几百个互相通连的浅水湖沼组成，1986年被批准为国家级天鹅自然保护区。这是全国第一个天鹅自然保护区。保护区水草丰茂，气候湿爽，风光旖旎。清晨，当远处的蒙古包升起袅袅炊烟时，大大小小的天鹅们呈现出不同的姿态，有的

开始休憩，有的开始觅食，有的展翅掠过湖面，飞过马背、羊群和蒙古包，在远方的山谷里盘旋。太阳升起的时候，雪山的倒影渐渐清晰起来，野鸭、百灵、云雀等水鸟在湖面上掀起了热闹的“鸟语大合唱”，这时休息的天鹅数量倒越来越多了。天鹅睡觉的姿势也卓尔不群，它们将颈插于翅下，或卧于地面，或单腿立于草丛，或飘浮于水面。傍晚是天鹅觅食的高峰期，这时的天鹅们都在湖里跳起了精美绝伦的“水中芭蕾”。它们时而倒立，身体几乎垂直地伸入水面；时而捕捉漂浮的草茎，脖颈来回转动；时而钻入草丛，搜寻细嫩的小草叶。天鹅硕长的脖颈使它拥有优雅的体态，觅食时，它的脖颈可任意弯曲扭动，划出一道道柔滑的弧线。

天鹅湖

连绵的雪岭，耸入云霄的冰峰，构成了天鹅湖的天然屏障。回环曲折，水量充沛的开都河贯穿其中，广阔的草原上遍布湖沼、浅水滩和孤岛，是水禽栖息的理想之地。泉水、溪流和天山雪水汇入到湖中，水丰草茂，食料丰足，气候凉爽而湿润，适合天鹅生长。每当春天来到，冰雪消融，万物复苏，大批天鹅从印度和非洲南部成群结队地飞越崇山峻岭，来到天鹅湖栖息繁衍，在和煦的阳光下，湖水、天光、云影、天鹅，构成一幅“片水浸碧天，山容自成图”的画卷。9月以后大批天鹅又携雏南飞。6月是天鹅孵育时节，是观赏天鹅的最佳时节。在随后的两个多月时间里，成千上万的大天鹅、疣鼻天鹅、小天鹅以及70多

注意事项

1.草原上气温较低，要注意防寒，即使在夏季的7、8、9月，夜间休息时都需盖厚棉被。

2.天鹅湖区沼泽较多，游人切不可随意步入，稍不留意就可能深陷沼泽。作者在电视节目中得知，曾有一位天鹅湖区的保护员8次骑马陷入沼泽，虽然保护员安然无恙，但8匹爱马均葬身于湖区沼泽，深为痛心。

衣食住行

巴音布鲁克草原位于天山中部，海拔较高，气温较低，在夜间温度更底。一般需要携带羊毛衫或毛衣。

巴音布鲁克草原的美食主要有新疆特色的烤全羊、奶茶、烤羊肉等等。由于新疆的土地广大，从一个地方到另一个地方的行程很远，因此要多备些方便食品，还要多备一些饮用水。

巴音布鲁克有招待所和宾馆，草原上建有帐篷旅舍供人住宿。巴音布鲁克区政府所在地距和静县338公里，隔日有班车来往，因此也可以住在县城。

去巴音布鲁克草原可从乌鲁木齐乘汽车，沿乌伊公路转独库公路，驱车460多公里，可抵和静县，或从吐鲁番乘火车先到达新疆和静县，再从和静县城沿着崎岖的山路西行300多公里，便可进入巴音布鲁克草原。

种珍禽飞翔于蓝天碧草之间，嬉戏于湖沼的碧水之中，恰如一幅绝妙的画卷，故而有“天鹅湖”的美称。当地蒙古族牧民把天鹅视为“贞洁之鸟”、“美丽的天使”、“吉祥的象征”等。

游人最好选择保护区设立的观赏台赏景观鸟。保护区东侧的巴西勒肯德勒观鸟台是首选的观景台。它视野开阔，且汽车可以直达；站在台上，可见夕阳之下蜿蜒的河水如金龙静卧，翩翩的天鹅洁白婀娜，美态迷人。

>> 人文景观

巴音布鲁克草原居住着蒙、汉、藏、哈等9个民族，民族风情灿烂多彩，一年一度的草原那达慕盛会，赛马、射箭等比赛活动更让游人流连忘返。

“那达慕”是新建当地的一项重要的娱乐活动。每年的农历六月初四至初六，巴音布鲁克都会举行一年一度的草原盛会“那达慕”，游客不但可以观赏赛马、摔跤、歌舞等表演，也可以在物资交流会上购买颇具民族色彩的纪念品。“塔格楞节”是蒙古族的节日，每年的农历六月初四举行。在塔格楞山上，一早便有身穿袈裟、手执法器的喇嘛端坐在蒙古包外诵经祭佛。蒙古族及藏族的信众则身着盛装，在香烟缭绕中围着草原上最大的敖包走动诵经，悬挂经幡，礼佛祭神，互相祝福。

巴音布鲁克

>> 概要介绍

扎龙自然保护区占地 4 万平方公里，河道纵横，湖泊沼泽星罗棋布，湿地生态保持良好。

扎龙自然保护区以鹤著称于世，全世界共有 15 种鹤，此区即占有 6 种，它们是丹顶鹤、白头鹤、白枕鹤、蓑羽鹤、白鹤和灰鹤。丹顶鹤又称“仙鹤”，是十分珍贵的禽鸟，此区现有 500 多只，约占全世界丹顶鹤总数的 1/4，称此区是丹顶鹤的故乡也不为过。此区的野生珍禽，除鹤类以外，还有大天鹅、小天鹅、大白鹭、草鹭、白鹳等，真可谓野生珍禽的王国。

扎龙自然保护区是北国江南，风光优美。每当暮春仲夏，芦苇青青，在清澈的水面上飘浮着水浮莲、菱角等水生植物，四周草地翠绿，野花

游览时机

扎龙自然保护区最佳旅游时间是每年 4~5 月或 8~9 月份，约有二三百种野生珍禽云集于此，遮天蔽地，蔚为壮观。

游览线路

虽然保护区面积很大，但向游客开放的面积很小，有 1 个小时已足够看完了。

无论是团体旅游还是自助，均主要是在保护区管理局四周游览。从景区门口入到观赏点很近，步行就可以了。

衣食住行

游客如果是4~5月份前往扎龙保护区，则需要多带一些御寒衣物，比如较厚一点的毛衣，因为此时该地还有些寒冷。但若是在8~9月份，就基本上不需要携带御寒衣物了。

游客可在保护区内的餐厅就餐，并可在保护区附近村子住宿，每天吃住费用20~30元左右。

游览保护区的游客可在齐齐哈尔第一百货商场乘公共汽车前往，每天早、中、晚各一班，车程1小时，往返车票10元。在旅游旺季，火车站也有专列直达景区，如果租车的话，150元/半天，车程1小时不到。

飘香，游人徜徉在这北国的水乡泽国中，欣赏着野生珍禽自由遨游，一种真正回归大自然的感觉会油然而生。

>> 地理位置

扎龙自然保护区位于乌裕尔河下游，西北距齐齐哈尔市30公里，平均海拔142.5米，温带半湿润大陆性季风气候。

扎龙自然保护区

童话世界

游览时机

九寨沟的最佳游览时机为每年的3~10月。

>> 概要介绍

九寨沟游览区海拔2000~3100米，气候宜人，冬无寒风，夏季凉爽，四季美丽，是世界上旅游环境最佳的景区之一。

九寨沟因沟内有盘信、彭布、故洼、盘亚则查洼、黑角寨、树正、荷叶、扎如等9个藏族村寨而得名。

九寨沟以美绝天下的原始、神秘气氛而闻名。传说很久很久以前，神勇的山神达戈热恋着美丽的女神沃莫色莫，达戈用风云磨成一面宝镜送予色莫，而色莫不慎将此宝镜跌为108个碎片，化作108个海子（高原湖泊），从而成为九寨沟最美丽的108个景观。这里雪峰玉立，青山流水交相

游览线路

一般乘车到长海，向下游览则查洼沟：长海—五彩池—上季节海—下季节海—则查洼寨；乘车到日则沟：向下游览原始森林—草海—天鹅海—箭竹海—熊猫海—五花海—孔雀河道—珍珠滩瀑布—静海—诺日朗群海—诺日朗瀑布。继续向下游览树正沟：犀牛海—老虎海—树正瀑布—树正群海—卧龙海—火花海—芦苇海—盆景滩—扎如寺。

辉映，这里的瀑布、溪流更是迷人，如飞珠撒玉，异常雄伟秀丽。

根据专家的考察，九寨沟的高山湖泊是在地球新构造运动中，地壳发生急剧变化，山体不平衡隆起和河流侵蚀作用形成的。分冰川剥蚀、岩溶洼地阻塞湖、泥石流堰塞湖、滑坡与崩塌堰塞湖四大类。他们的共同特点是：水色清澈透明，幽静深邃，彼此以台瀑相连，逶迤不绝，小的有半亩，大的有千亩以上。四岸有千年古木，奇花异草，四时变化，色彩纷呈，倒影斑斓，气象万千。其中最大的长海，长 7 公里，海拔 3000 米，澄如碧潭，冬可滑冰，夏可行船。邻近的五花海由于湖底有各种色素的矿物质和枯枝败叶、海藻等沉积物，经过阳光的折射，变幻出丰富多姿的色彩，成为名副其实的彩色湖。

>> 地理位置

九寨沟位于岷江上游阿坝州南坪县境内，南距四川省省会成都 450 公里。

>> 自然风景

长海坐落在则查洼沟的尽头，宽约 600 多米，湖最深处达百余米，是九寨沟湖面最宽阔、湖水最深的海子。长海顺山弯去，头深藏在层峦叠嶂的山谷之中。海子对面，雪峰皑皑，冰斗、“U”字谷等典型冰川景观历历在目，岸旁林密叶茂，一眼望去，水似明镜，巍巍雪峰沐浴在蓝天白云之中，壮观奇丽。此湖水面宽阔，虽地表无出水口，但夏秋暴雨，水不漫堤，冬春久旱，亦不干涸。长海尽头连绵的山峰终年积雪，银妆素裹，海拔都在4000~5000 米以上。春秋时节，长海景色愈加迷人：水中琉璃世界，在春日倒映出百花簇拥的雪山，斑斓金秋则映衬着层峦叠嶂的黄栌红枫；隆冬一到，四山琼花正树迷漫一色，令人叹为观止。此时的长海已成冰湖，湖面冰层厚达60厘米，载重汽车亦可在其上开行。

长海四周没有出水口，水源来自于高山融雪。奇怪的是，长海从不会干涸，也不会溢堤，因此藏民称之为“装不满，漏不干”的宝葫芦。

长海呈墨蓝色，四周山峦叠翠，对面的群峰一到初秋便披上白色的盔甲，中间一座冰峰寒光逼人。北侧入口和湖岸有一棵独臂老人松，造型奇特，一侧枝叶横生，另一侧则秃如刀削。

五彩池以秀美多彩、纯洁透明闻名于天下。它面积5645平方米，虽然在高寒地带，但池水依然清波荡漾。四季雨旱交替，池水也似无增减。

五彩池是九寨沟湖泊中的精粹，湖里生长着水绵、轮藻、小蕨等水生植物群落，同时还生长芦苇、节节草、水灯芯等草本植物。这些水生群落所含叶绿素深浅不同，在富含碳酸钙质的湖水里能呈现不同的颜色，在同一湖泊里，有的水域蔚蓝，有的湾汊浅绿，有的水色绛黄，有的流泉粉蓝……变化无穷，煞是好看！在日头当顶，山风吹拂或以石击水时，还能溅开一圈圈金红、金黄和雪青的涟漪，分外妖艳。

五花海是九寨沟诸景点中最精彩的一个。四周的山坡入秋后便笼罩在一片绚丽的秋色中，色彩丰富，姿态万千。五花海的彩叶大半集中在出水口附近的湖畔，一株株彩叶交织成锦，如火焰流金。含碳酸钙质的池水，与含不同叶绿素的水生群落在阳光的作用下幻化出缤纷色彩，一团团、一块块，有湛蓝、有墨绿、有翠黄。岸上林丛，

衣食住行

九寨沟属于川西北高原地区，海拔较高，应带好雨具和常用药品，昼夜温差大，需备御寒衣物。

九寨沟的风味食品主要有洋芋糌粑、素炒蕨菜、酸菜面、柿饼、手扒牛排、烤全羊及青稞酒等。去九寨沟途中，可在茂县、松潘等地用餐，餐饮条件尚可。

九寨沟旅游均住在沟外，可以住五星级的九寨沟国际大酒店、四星级的中旅大酒店等。另有20多家普通宾馆也可以选择。

九寨沟已建有九黄机场，成都和重庆均有飞机直到这里。机场有直接到九寨沟的交通车。公路到九寨沟的主要路线有两条：成汶线—成都、都江堰、汶川、茂县、松潘、黄龙、九寨沟和九环线—成都、广汉、江油、平武、九寨沟。成都各汽车站均有很多发往九寨沟的旅游车辆。

九寨沟内主要以徒步为主。九寨沟内有交通车在各景点之间穿梭，游客可以随意上下。

赤橙黄绿倒映池中，一片色彩斑斓，与水下沉木、植物相互点染，其美尤妙，故得名“五花海”。九寨人说：“五花海是神池，它的水洒向哪儿，哪儿就花繁林茂，美丽富饶。”

诺日朗瀑布是九寨沟众多瀑布中最宽阔的一个，落差20米，宽达300米。

藏语中“诺日朗”意指“男神”，也有“伟岸高大”的意思，因此诺日朗瀑布意思就是“雄伟壮观的瀑布”。滔滔水流自诺日朗群海而来，经瀑布的顶部流下，腾起蒙蒙水雾。早晨阳光照耀下，常可见到一道道彩虹横挂山谷，使得这一片飞瀑更加丰姿迷人。

诺日朗瀑布景色随四季变换，昼夜迥异。春天的诺日朗瀑布宛若一个刚刚苏醒的孩子，欢呼雀跃地奔流在苍翠欲滴的山谷崖壁上，给人一派空灵翠绿、生机勃勃的景象；而当夏日来临，瀑布水量增多，声势渐壮，水流跌落在瀑下岩石上，激起水花万朵，如银珠万斛，四处抛洒。而其细微之处，水流像帘幕一般垂落下来，有如断续的珠子滴落入潭，令人玩味无穷；金秋季节，山谷坡地万紫千红，若一幅浓重的油画，诺日朗瀑布在一片片红叶、黄叶之中分成无数股细流飘然而下，景色最为迷人；若至隆冬时节，瀑布则从流动状态转变成固体状态，诺日朗瀑布成了一幅千姿百态的冰瀑画卷。白天阳光下的诺日朗瀑布多姿多彩，景色迷人；而当夜幕降临，皓月当空，清辉如练，诺日朗瀑布更有一番令人沉醉的诗情画意。聆听着瀑布的哗哗水流声，和夜里莫名的一些小虫的叫声，再仰望悬挂在天空上的一轮如钩新月，山风徐徐拂面而来，浑身凉爽舒适，身置如此佳境，已使人完全忘却了人世间的一切烦

透明的海子

扰，飘飘然欲羽化登仙了。

珍珠滩瀑布是九寨沟瀑布群中的又一大瀑布。电视连续剧《西游记》中片头的瀑布风景就是珍珠滩瀑布。

珍珠滩瀑布四周长满松、杉等树木，从公路上下去，须穿越过一道密密的绿色走廊，方可来到瀑布旁边。珍珠滩瀑布，从某种意义上讲，类似于黄果树瀑布群中的螺蛳滩瀑布。它不完全是一个翻崖落下的跌水，而是上有一个约20几度倾角的滩面，瀑布先在滩面上缓缓流淌，由于滩面由钙化组成，钙化表面又有鳞片般的微小起伏，当薄薄的水层从滩面上淌过，在阳光照射下，若万颗明珠闪着银光，故得名“珍珠滩”。珍珠滩上由于水流较缓，滩面较平坦，故游人可脱靴赤足在滩上行走。但由于瀑水由雪山上融雪之水汇流而成，故水温较低，即使盛夏时节，漫步在珍珠滩上亦觉得寒气逼人，令人发抖。

珍珠滩下，水流开始从高40余米的悬崖上跌落下去，形成著名的珍珠滩瀑布。珍珠滩瀑布在平面上呈一个弧形，向上游凹进。

注意事项

1.九寨沟门票价格对持有效证件的学生、现役军人、老年人、残疾人实行优惠，淡季优惠20元/人，旺季优惠30元/人。

2.最好参加旅行社组织的团队，才有住房和安全的保证。

3.九寨沟区属高海拔地区，不宜剧烈运动，宜少饮酒，多食蔬菜、水果，以防发生高山反应。

4.年老体弱者应备好常用药品，最好能配备小型氧气瓶（可以在成都购买）。有高血压、冠心病、心脏病者前往九寨沟时要额外注意。

5.景区严禁烟火。

6.景区日照强、紫外线强，长时间在户外活动应戴上太阳帽，涂抹防晒霜，以保护皮肤。

7.景区昼夜温差大，要带足保暖防寒衣物，并备常用药品。

8.九寨沟内门票除了第一天买全票外，以后的天数都买40元门票（车票价格不变），但是需要在第一天进沟时在售票处说明。住宿不能在沟内。

9.请尊重当地少数民族的生活和信仰，避免与当地居民发生冲突。

黄龙

——彩池遍布，五彩斑斓

圣地仙境，人间瑶池

游览时机

黄龙气候属高原温带亚寒带季风气候类型。气候特点是湿润寒冷，一年中冬季漫长，夏无几日，春秋相连，年平均气温7℃，日照充足，早晚雾多，雨量多集中在每年5~8月。10月份是最佳旅游时间。

>> 概要介绍

黄龙主要因佛门名刹黄龙寺而得名。它是一条长约7公里、宽约300米的钙化山峡，因山势如龙，又称“藏龙山”。

“玉嶂参天，一径苍松迎白雪；金沙铺地，千层碧水走黄龙”，正是对黄龙之美最真切的写照。在7.5公里的沟谷中，遍布着3400多个秀丽晶莹、五色斑斓的彩池，面积最大的不足1亩，最小的仅1平方米左右；深者1丈有余，浅者3寸而已；乳黄色池岸迂回蜿蜒，互相连环。最富魅力的是池水的颜色：有的荡红漾绿，泼墨濡黄；有的似蓝若白，绿中带紫，紫中泛青；也有全池一色，如碧玉、玛瑙、翡翠、象牙各陈艳丽。池与池间，虽活水同源而水色各异，若上池色淡黄，注入下池则为柠檬色；左池是紫红，注入右池又变为橄榄绿了。流壑飞泉到处可见，像水晶帘挂在钟乳岩上，垂下千条银丝，万串明珠；也有一脉数流，似轻纱般随风飘拂。

>> 地理位置

黄龙风景区位于四川省阿坝藏族羌族自治州松潘县境内，主景区黄龙沟位于岷山主峰雪宝顶下。黄龙沟主要在施家堡以上的涪江流域，雪栏山峰丛区及雪山梁至川主寺山口段，面积600平方公里。

>> 自然风光

黄龙的彩池无边无际，疑是瑶池天上来，池在山中，山在水中。云杉、冷杉、箭竹、杜鹃各展风姿，争奇斗妍，置身黄龙，如置身于画中，更似在梦幻般的瑶池仙山中，让人叹为观止，尘世的烦恼在此一扫而空，连心灵也变得更加纯洁无瑕。池中的碳酸钙在沉积过程中与各种有机物和无机物结成不同质的钙化体，再加上光线照射的种种变化，便形成了池水的不同颜色。因此人们便称黄龙的彩池为“五彩池”。

五彩池的水层层漫溢，在没有钙化埂拦阻的地方顺坡而下，形成了黄龙另一个重要的景观——钙化滩流。黄龙钙化滩流的主体部分全长2500米，宽约30~170米。钙质的片状水流在倾斜起伏的沟谷间，在阳光的映射下如同金黄色的流沙般漫泻而下，这一景叫“金沙铺地”。

金沙铺地距涪源桥约1338米。由于碳酸盐在这里失去了凝埂成池的地理条件，因此漫坡的水浪在一条长约1.3米的脊状斜坡地上翻飞，并在

衣食住行

沟内早晚气温低，所以即使夏天也要带一套较厚的衣物。

黄龙的物资多从外面运入，所以吃的价格很贵，建议游客不要对九寨沟的餐饮抱太大希望。在当地的酒店内可以品尝到洋芋糌粑、九寨柿饼、荞面饼、九寨酸菜面等风味小吃。

藏族特色食品还有烤全羊、酥油茶、青稞酒、奶制品（奶酪、奶渣、奶皮和酸奶）、牦牛肉、虫草鸭等。

当地现有两家宾馆，一是华龙山庄，三星级，条件很好，散客价旺季约600元左右；另一家是瑟尔错宾馆，实际是一家招待所，条件较差，价格也较便宜。

黄龙交通四通八达，由成都至黄龙全程二级公路，路况良好，而且有多条线路供游客选择：

a.成汶线：成都—都江堰—汶川—茂县—松潘—黄龙，全程319公里。

b.九环线：成都—绵阳—江油—平武—九寨沟—黄龙，全程640公里。

c.成绵线：成都—绵阳—江油—平武—黄龙，全程522公里。

d.成广线：成都—广元—昭化—文县—九寨

沟—黄龙，全程 740 公里。

e.成北线：成都—绵阳—北川—茂县—黄龙，全程 430 公里。

f.草原线：成都—汶川—理县—马尔康—红原—黄龙，全程 650 公里。

g.黄龙－平武—九寨环线。

九寨—黄龙机场已于 2003 年 10 月正式通航。由成都往返黄龙景区非常便捷，机场距黄龙 40 公里。

水底凝结起层层金黄色钙化滩,好似片片“鳞甲”，在阳光照耀下发出闪闪金光。这里最宽的地方约 122 米，最窄处约 40 米。据科学家认定，金沙铺地是目前世界上发现的同类地质构造中状态最好、面积最大、色彩最丰富的地表钙化滩流。

迎宾池这组彩池精巧别致、水质明丽。池子大小不一，形状奇特，色彩艳丽，错落有致，四周山岳环峙，林木葱茏，山间野花竞放，彩蝶飞舞。山间石径曲折盘旋，点缀着观景亭阁，倍添情趣。

飞瀑流辉位于曲折的栈道旁。这里千层碧水冲破密林顺坡而下，在高约 10 米、宽约 60 米的岩坎上飞流而来，形成数十道梯形瀑布，如珍珠滚落，银光闪烁；如水帘高挂，云雾蒸腾；如丝般缓流，舒展飘逸。瀑布后有一座陡崖，多为马肺状和片状钙化沉积，色泽金黄，使整个瀑布显得富丽壮观。经太阳余晖点染，飞瀑反射出不同的色彩，远望如彩霞从天而降，分外辉煌夺目，称为“飞瀑流辉”。

洗身洞位于黄龙第二台阶。洗身洞是古代冰川的一个出水口。溶洞位于一堵 40 米宽的钙化挂壁下部，洞高约 1 米、宽 1.5 米，进洞 1 米处布满了浅黄色、乳白色钟乳石，洞口水雾弥漫，飞瀑似幕，传说是仙人净身的地方。

盆景池在金沙铺地左侧，由近百个水池组成。池中有池，池外套池。池堤随树木的根茎与地势而变，顺势层叠；池底呈黄、白、褐、灰多种颜色；池面澄净无尘，望若明镜；池中到处是木石花草、翠柏盘根、山花含笑、野果缤纷。这一片绚丽的景观俨然天设地造的奇特盆景，使园艺师们也叹为观止。

争艳池距涪源桥2447米，面积2万平方米，由658个彩池组成。池水深浅各异，堤岸植被各不相同，有的金黄、有的翠绿、有的酒红、有的鲜橙，相互争艳媲美，各领风骚，令人目不暇接。争艳池是目前世界上景象最壮观、色彩最丰富的露天钙化彩池群。

五彩池距涪源桥4166米，池群面积2.1万平方米，有彩池693个，是黄龙沟内最大的一个彩池群。由于池堤低矮，池水漫溢，远远看去，块块彩池宛如片片碧色玉盘，蔚为奇观。"玉盘"在阳光的照射下或红或紫，浓淡各异，色彩缤纷，极尽美丽娇艳。隆冬季节，整个黄龙玉树琼花，一片冰瀑雪海，唯有这群海拔最高的彩池依然碧蓝如玉，仿佛仙人散落在群山之中的翡翠，诡谲奇幻，被誉为"人间瑶池"。它是黄龙景观中最美、最有特色的景点。

转花池距五彩池约10米，面积约4平方米，藏匿在高山灌木群的绿荫之中，池水清澈见底。数股泉水从地下涌出，在池面形成无数的波纹，若有人向池水中投入鲜花、树叶，它们便会随着不同节奏的涟漪朝不同的方向旋转起来，十分奇

黄龙

注意事项

1.黄龙景区海拔3800多米，为了预防高原反应，提前吃红景天是很重要的。

2.即使夏天也要带一套较厚的衣物。

3.夏天降雨较多，要记得带伞。

异；偶然又会有两朵鲜花合上了同样的节奏，朝着相同的方向旋转在一起，其原因至今未明。“黄龙庙会”期间，时有青年男女来此投花、投币占卜爱情的成败，把转花池围得水泄不通，十分热闹。

睡美人是争艳池后一座巨大的山梁，像一位美丽的藏族姑娘守望着争艳池。蓝天白云之下，她静静地躺在群山怀抱里，身着藏族长裙、头佩饰物，头、胸、腹及腰身都惟妙惟肖，甚至挺拔的鼻梁、微笑的嘴唇也清晰可见，气质非凡，就像一位在云中驰骋的仙女，累了之后安详地静卧在林海雪原之中。

黄龙洞位于黄龙后寺左侧约10米处，传说此洞是黄龙化身黄龙真人修炼成道之所。洞口有一株雪松，被一丛娑罗花掩映着。洞内挂着许多银白色乳帘，微风吹过，叮当作响。洞顶有一条白龙，张牙舞爪，势欲腾空飞去。进洞10米有一游览大厅，高30米，宽20米，长50米，面积千余平方米，洞深至今没有探明。厅内遍布钟乳石，千姿百态。佛像身上披满钙化结晶，为自然与人工完美结合的产物。洞壁上显现出各式纹样，有的如行云流水，有的像骏马奔驰，真是巧夺天工的天然图画。暗河在洞里发出的哗哗水声更增添了神秘的气氛。每年冬季，洞内冰林、冰笋、冰幔、冰瀑构成一幅冰晶画面，景象绚丽。在此处，“真人”、“佛爷”合二为一，道教、佛教融为一体，是探求宗教奥秘的罕见“珍品”。

>> 人文景观

黄龙古寺距沟口约3.5公里，可让游客休息。相传黄龙真人养道于此，故名。有前、中、后寺，殿阁相望，各距5里。

黄龙沟内原有前、中、后三寺庙，前寺现仅存遗址；中寺共五殿。黄龙中寺建筑占地约700平方米，属佛教寺庙，为单檐歇山式造型，古朴雄伟。黄龙寺近年已修复一新，殿内有茶水、仪器以及旅游纪念品等供应。距中寺约2.5公里为黄龙后寺，亦为马朝觐所建。寺庙随山就势，宏伟壮观，雕梁画栋，独具风格。寺门绘有彩色巨龙，上有古匾，正中为“黄龙古寺”，左书“飞阁流丹”，右书“山空水碧”，书法雄浑，气势端庄。

寺前有近万平方米的开阔地，每年举办庙会。距后寺背面不到100米有一龙王庙，每年农历六月十五日为黄龙寺庙会，盛况空前。届时藏、羌、回、汉各民族群众登山饱尝大自然美景并祈祷吉祥和丰收。

泸沽湖↑

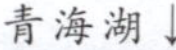

青海湖↓

青海湖↑

宁静的纳木错↑

喀纳斯白哈巴村↑

喀纳斯白哈巴村↑

天山天池↓

杭州西湖↑

曲院风荷↓

鄱阳湖候鸟↓

呼伦贝尔草原祭敖包↑

那曲草原的孩子↓

呼伦贝尔草原畜群↑

那曲草原↑

锡林郭勒草原的肥尾羊↓

荔波喀斯特森林↓　　白马雪山↑

轮台胡杨林↑

轮台胡杨林↓

蜀南七彩飞瀑↑

西双版纳孔雀↑

西双版纳野象↑

傣族风情↑

天山云杉↓

蜀南仙女湖↑

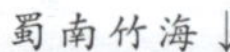

蜀南竹海↓

蜀南仙寓硐↑

我国领土辽阔，地形复杂、气候多变，因而位于其中的湖泊亦是惬意的、迷人的旅游胜地。

许多湖泊已成为中外旅客必到之地。杭州西湖之美名扬天下，令古往今来的许多文人墨客为之倾倒。

我国最大的淡水湖——鄱阳湖、我国最大的内陆湖——青海湖、西藏人民的圣湖——纳木错、边陲明珠——喀纳斯湖等都是些风光旖旎、景色宜人和引人入胜的名湖。

{湖泊篇}

青海湖
——世界屋脊上的宝镜

中国最大的内陆湖

游览时机

每年4~8月是青海湖最佳旅游季节。每年5~6月是游览飞鸟王国、观赏飞鸟的最佳时节。每年的7~8月份青海湖畔的油菜花盛开，湖海、花海相映成趣，成为青海湖一道亮丽的风景。

>> 概要介绍

青海湖湖面海拔为3266米，东西长约90公里，南北宽约40公里，面积4635平方公里，平均水深近20米，蓄水量754亿立方米，湖水含盐量6‰，矿化度15克/升。流域面积比湖面大10倍，有50条短河从三山的四面八方汇入，没有出海的通路，由此形成我国最大的内陆湖。青海湖湖水含氧量少，含盐量最大，浮游生物稀少，透明度达8~9米以上，所以显得格外湛蓝。

青海湖的四周被巍巍高山所环抱。北面是壮丽的大通山，东面是巍峨雄伟的日月山，南面是逶迤绵延的青海南山，西面是峥嵘嵯峨的橡皮山。在青海湖畔眺望，苍翠的远山合围环抱，周围草原伸展。一望无际的湖面上，碧波连天、雪山倒映、鱼群欢跃、万鸟翱翔。青海湖夏秋季的大草原绿茵如毯，金黄色的油菜迎风飘香，牧民的帐篷星罗棋布，牛羊成群飘动如云，湖面的日出日落景色迷人，诗情画意，使人心旷神怡。

青海湖区有大小河流近 30 条，它们为青海湖提供了源源不断的水源。湖中盛产裸鲤，是我国西北地区最大的天然鱼库。裸鲤俗称“青海湟鱼”，属高原冷水性鱼类，该鱼肉细味鲜，由于生存环境严酷，生长缓慢。每年 4、5 月间，鱼群游向附近河流产卵，布哈河口密密麻麻的鱼群铺盖水面，使湖水呈现黄色，且鱼儿游动有声，翻腾跳跃，场面异常壮观。

青海湖的东岸还有两个子湖，一名尕海，面积 10 余平方公里，系咸水；一名耳海，面积 4 平方公里，为淡水；由此形成咸、淡兼顾的奇特景观。

>> 地理位置

青海湖是中国最大的内陆咸水湖，位于被誉为“世界屋脊”的青藏高原的东北部，地处青海省东北部的大通山、日月山、青海南山和橡皮山之间，距西宁 150 公里。

>> 自然风光

青海湖是青藏高原著名的旅游风景地之一，湖中有海心山、三块石、鸟岛、海西山、沙岛 5 个形态各异的岛屿，山峦叠翠，景观独特，以鸟岛闻名遐迩。

鸟岛位于青海湖的西北部，长近 500 米，宽约 150 米，面积仅 0.8 平方公里。这里巨石突兀嶙峋，矗立在浩瀚的湖中，形成了两个大小不一、形状各异的岛屿。这里是一个喧闹的世界——繁

衣食住行

青海湖位于青藏高原，气温较低，要注意多带些衣物。如果是在 4~5 月去旅游的话，应带些如羽绒服一类的御寒衣服。

青海湖附近除了鸟岛宾馆外，没有更多好的餐厅可以提供给旅游者选择。游客可以尝一尝这里的特产“青海湟鱼”，但因为青海湖一直在禁渔，所以估计是冰冻的。当地的水是咸的，喝不惯的话可买矿泉水，3 元一瓶。

游客可以住鸟岛宾馆或周边其他旅社。另外，还可到私营旅社，平房大院，外设餐厅。旅游者也可以自己携带帐篷在湖边过夜。

鸟岛宾馆的标准间 168 元/天，按床位租的话则每张床位价只用 25 元。周边其他旅社三人间 15 元一床。

在旅游季节，从西宁汽车站有班车直接到鸟岛(27 元/人)，车程将近 8 小时。

美丽传说

美丽的青海湖自然会有美丽的传说故事。相传1000多年前，因唐蕃联姻，文成公主奉皇帝之命远嫁西藏吐蕃王松赞干布。临行时，唐王赐她一块日月宝镜，并对文成公主说，如日后想念家乡，就可以拿出宝镜看看，家乡长安就会出现在你的面前。文成公主千里跋涉，来到唐蕃分界的日月山。眼看就要进入吐蕃境内，文成公主思念起家乡来，便拿出日月宝镜，果然宝镜里显现出了家乡长安。公主想到此一去就再也难以回到长安了，竟一时泪如泉涌，不想前行。但公主猛然想起了自己的神圣使命，便将日月宝镜随手抛了出去。没想到那宝镜落地之时闪出一道金光，即变成了美丽的青海湖。随后，文成公主翻过日月山继续西行，她的眼泪也变成河流，随她西流。此河便是现今有名的“倒淌河”。

忙的鸟类王国。每年春天，大批的海鸟从印度、尼泊尔等地千里迢迢来到青海湖繁衍生息，秋天又携儿带女飞回南方。鸟岛上有斑头雁、棕头鸥、鱼鸥、赤麻鸭、黑颈鹤、鸬鹚等十多种候鸟，鸟类聚集的数量达10万余只，喧闹而壮观。各种鸟类在岛上衔草运枝，搬土叼泥，搭窝建巢，产蛋育雏，忙忙碌碌。岛上各式各样的鸟巢密密麻麻，五光十色的鸟蛋满地皆是。一有动静群鸟便翩然飞翔，遮天蔽日，蔚为大观，可谓天下一奇。候鸟或翱翔于蓝天之间，或嬉戏于碧波之中，或栖息于沙滩之上，熙熙攘攘，热闹非凡。青海湖的鱼类资源和湖畔的植物资源为候鸟提供了丰富的食物饵料，成了鸟儿们的“伊甸园”。每遇天敌，众鸟群起而攻之，使之落荒而逃。

海心山位于青海湖中心偏南。海心山上环境优雅，轻风如拂，清泉可口。山上建有庙宇、佛堂，内有佛像和壁画，生动飘逸，颇有韵味。登上海心山，放眼四周，海阔天空，天水相连，鱼儿跳跃，鸟儿欢唱，一幅美丽的自然画卷，令人心旷神怡、流连忘返。传说这里曾是古代游牧民族配育良种马的好地方，盛产“龙驹”，此马曾经名震中原。从前人们在海心山上兴建了不少庙宇和房屋，一些喇嘛上岛修行，不少牧人到岛上来放牧，“山佛寺”已成为此地独特的景观。

沙岛位于青海湖东部，为湖中小岛。因湖沙垄突出水面接受风沙堆积而成，恰似一个新月形沙丘漂浮在水面上。它与湖东岸连绵起伏的沙山构成青海湖区独特的沙漠景观，与蓝天、碧水、黄沙混为一体，是优良的游泳场所。

>> 人文景观

藏族的过年习俗是居住在草原上的藏族人民的重要风俗。在欢度一年一度的藏历除夕时，家家户户的庭堂里都有一个别具一格的庭柱，柱头上绑着抛儿，插满沉甸甸的青稞穗，到除夕晚上，掸净灰土，修饰穗枝，有些人家箍上一道红纸，有些人家装潢彩色纸，穗子闪闪发光，再在佛龛或供桌上摆净水盅，摆得很长很长，酥油灯照得满屋明亮。

藏历除夕的黄昏，度过漫长而又坎坷世路的老人们别有一番心思，他们按照传统的仪式把炒面粥蘸在指头上，在洁白的墙壁上写出“扎西德勒”几个大字。他们那样地虔诚，每点一点，总要念几遍六安明经咒。在构成每一字的点中，凝聚着他们的希望之光，祈祷在新的一年里“吉祥如意”。

藏历除夕之夜，姑娘们接踵来到河边，打破长夜的寂静。她们的歌唱声、欢笑声、佩环声及嚓、嚓、嚓的脚步声，组成了一曲迎春大合唱。姑娘们把晨星水背到家中，在洁净的盆内先倒入一些，再注入牛奶少许，按先男后女的顺序全家洗涤。旧的一切随着晨星水的洁身一去不复返了，迎来的将是新岁、新事、新的吉祥。

藏历一月即农历三月，故藏年节日应在农历三月。但其他的节日仍沿用农历，如塔尔寺的佛事活动：元月的跳神节和灯节、四月初八的浴佛节、六月的观经会，以及九月的观经节等均用农历计算。藏族牧民在青海湖草原举办的“六月会”也是以农历计算的。六月会是藏民逐水草放牧高山草原的送别会，一般欢迎游客参加。

注意事项

1.鸟岛在傍晚很凉，至少得带外套。

2.青海湖光线很强，照相的时候可以调低一级光圈。

3.游客要注意爱护青海湖的自然资源，特别要注意保护其鸟类资源。在鸟岛游览时，要严格遵守青海湖的管理规定。

4.青海湖管理部门要注意保护这里的特产鱼类资源，特别要保护好它们的繁殖地。据《中国国家地理》2005年第2期报道，由于流入青海湖的刚察县沙柳河上水库用水，致使该河断流，数千吨洄游产卵的湟鱼搁浅在河中的水洼里，对该鱼类的繁殖造成了严重的影响。

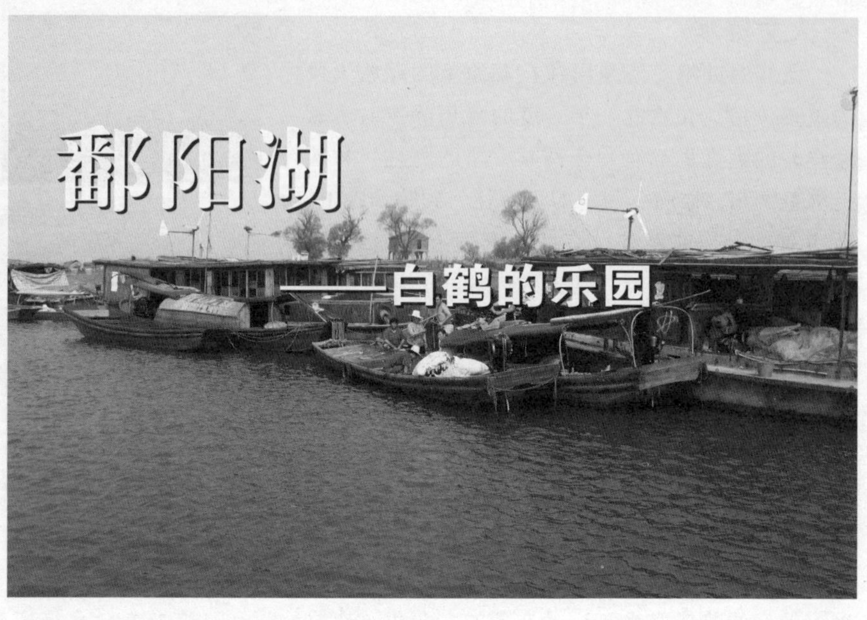

泽国芳草碧，梅黄烟雨中

游览时机

鄱阳湖气候温和湿润，一年四季皆适合旅游。但最佳的游览时机为每年的 11 月~翌年 3 月。其中，11 月中下旬是最佳观鸟期。

冬季，每年都有许多游客和外国人到保护区来观鸟。

>> 概要介绍

鄱阳湖在古代有过彭泽、彭湖、官亭湖等多种称谓，在漫长的历史年代有一个从无到有、从小到大的演变过程。

传说，在黄帝时期，“彭蠡泽”向南扩展，湖水进抵今鄱阳湖。在彭蠡泽大举南侵之前，低洼的鄱阳盆地上原本是人烟稠密的城镇，随着湖水的不断南侵，鄱阳湖盆地内的鄱阳县城和海昏县治先后被淹入湖中，而位于海昏县邻近较高处的吴城却日趋繁荣成江西“四大古镇”之一，因此，历史上曾有“淹了海昏县，出了吴城镇”之说。

烟波浩渺、水域辽阔的鄱阳湖经过漫长的地质演变，形成南宽北狭的形状，犹如一只巨大的宝葫芦系在万里长江的腰带上。由于受到带有大量水蒸气的东南季风的影响，鄱阳湖年降雨量在1000毫米以上，从而形成“泽国芳草碧，梅黄烟雨中”的湿润季风型气候，并成为著名的“鱼米之乡”。

鄱阳湖湖光山色，浩瀚秀丽，是著名的风景游览区，又是候鸟保护区，冬季水枯时洲滩裸露，天然饵料丰富，是候鸟的理想越冬地。在特产方面，鄱阳湖还是富饶的天然鱼库，湖内有90多种鱼，其中经济价值较高、产量较大的有鲤、鳜、鲢、青、草、鲫、鳊、银鱼等。其中肉质肥嫩、鳞下脂肪多的鲥鱼和体纤透明的银鱼尤为名产。此外，鄱阳湖还出产莲、藕、菱、芡等经济水生植物产品，所养殖的湖贝珍珠也很出名。广阔的湖滨平原，则是著名的粮、棉、油料生产基地，在全国占有重要地位。

鄱阳湖流域自古以来是我国经济较为发达的富裕地区，我国历史上很多杰出人物如徐稚、陶渊明、林士弘、刘恕、洪适、江万里、朱耷等都在湖区出生和成长。这里又发生过许多威武雄壮的英雄事迹，如周瑜操练水师、朱元璋与陈友谅鄱阳湖水战、太平军“湖日大捷”、李烈钧在湖口发起“二次革命”等。鄱阳湖是古代从北方进入江西的唯一水道，发生在鄱阳湖上的文人轶事和民间传说则更是难以胜数。唐代诗人王勃在《滕王阁序》中的名句：“渔舟唱晚，响彭蠡之滨”，描述的正是鄱阳湖上的渔民捕鱼归来的欢乐情景。

游览线路

就目前来说，去鄱阳湖旅游一般都是去观鸟的。游览线路主要有4条：

游览线路1：南昌—永修—吴城镇（自驾游）。

游览线路2：南昌—吴城镇（乘船）。

游览线路3：永修—吴城镇。

游览线路4：九江—永修—吴城镇。

去鄱阳湖旅游可以参加旅行社的团体旅游，这样一切问题均可由旅行社解决。自助游的游客可以在南昌乘快艇去永修的吴城镇，亦可以在永修乘快艇去吴城镇，还可以参加九江市旅游局的鄱阳湖水上旅游线。自驾车的游客可以从南昌上昌九高速，在永修下高速，再乘快艇去吴城镇。

衣食住行

到鄱阳湖旅游，除冬季和春季需要携带御寒衣物外，其他时间穿单衣即可。

到鄱阳湖旅游，可以吃全鱼宴，特别是鄱阳三鲜（银鱼、鳜鱼、凤尾鱼），不可不试。南昌著名菜品有三杯鸡、藜蒿炒腊肉等。三杯鸡以酱油、猪油、酒酿各一杯烹制而成，红亮浓香。藜蒿是鄱阳湖区特有的一种水草，其嫩茎可食，用以炒腊肉，风味独特。另外，鄱阳湖狮子头也要尝尝。鄱阳湖自然保护区周边的几个县，鱼是顶级美食，吴城镇的最佳。不起眼的小店中，村妇用极其普通的工艺都能用鱼做出上等佳肴。寒风中看鸟回来，直奔市场，挑选几尾从未见过的鱼（价钱很便宜），拿到附近的小店去加工，什么鱼怎么做你都不用多说，就可以品尝这美味佳肴了，其中的感觉只有试过才知道！

吴城镇住宿的选择比较多，有保护区招待所，也有旅社，还有家庭旅馆，70~150 元不等。如果想住得较好些，可以返回南昌，南昌星级以上的饭店有江西宾馆、青山湖宾馆、赣江宾馆、八一宾馆、南昌宾馆等，价格从 100~400 多元不等。普通旅馆比较适合普通旅游者

鄱阳湖候鸟保护区

>> 地理位置

鄱阳湖位于江西省北部，处南昌、九江两市境内，东经 115°~116°，北纬 28°~29°之间。它北通长江，南接赣江，地处要冲，又与庐山遥遥相对。

>> 自然风光

鄱阳湖候鸟保护区：由于这里的地理和气候条件均适合候鸟越冬，因此，在每年秋末冬初(11 月)，从俄国西伯利亚、蒙古、日本、朝鲜以及中国东北、西北等地飞来成千上万只候鸟，和原来定居在这里的野鸭、鹭、鸳鸯等一起度过冬天，直到翌年暮春（3 月）逐渐离去。如今，保护区内鸟类已达200 多种、上百万只，其中珍禽 20 多种，已是世界上最大的鸟类保护区。尤其可喜的是在这里发现了当代世界上最大的白鹤群以及白枕鹤、白头鹤、灰鹤等，总数达 4000 只以上，1989 年发现白鹤竟达 2600 余只，占全世界白鹤总数的 95%。因此，鄱阳湖被称为“白鹤世界”、“珍禽王国”。

据初步统计，保护区有珍禽异鸟 150 余种，

其中属国家一类保护的有白鹳、黑鹳和白鹤3种，为国家二类保护的有天鹅、灰鹅、白枕鹤、白头鹤、鸳鸯、鹈鹏等6种，属国家三类保护的有中华丘沙鸭、斑头雁、大鸨等3种，既有越冬候鸟，也有长住珍禽，这里还是野鸭群的乐园。由于近几年采取了保护措施，候鸟数量逐年增多，已大大超过了世界有关候鸟组织公市的世界候鸟存活数。世界鹤类基金会1982年公布世界白鹤总数为820只，而1983年仅吴城镇候鸟保护区就发现白鹤409只，最多一年竟有1600多只，全国及世界动物学界为之震动、欣喜！国外的鸟类学家纷纷专程来到鄱阳湖滨，对其进行迁飞动态、食性、哺育和湿地生态学的研究。

在寥南和吴城观鸟站用高倍望远境扫视湖中的群鸟，候鸟王国呈现眼前。无数色彩鲜艳的候鸟上下飞腾，时而掠过水面，直向高空奋飞，时而盘旋俯冲，钻入水底觅食。高贵的白天鹅，有的鼓动双翅，嬉戏追逐；有的昂然挺胸，游弋徘徊；有的闭目养神，安然入睡。好客的野鸭，列队整齐，犹如两条黑色的长龙，夹道欢迎远方的客人。洁白的鹤群喜欢一个家族聚居在一起生活，享受天伦之乐。湖区候鸟又似是一个庞大的乐团，大鸨鸣声响亮，大雁歌喉激越，野鸭音色清脆，夫唱妇随的鸳鸯有甜润的情歌啁啾动人。因此这里也吸引了一批批国外旅游者专门来此，亲身感受着如此大量的仙鹤所散发出来的“仙气”。英国女王的丈夫、世界野生动物保护协会主席菲利浦亲王，在陪同女王访问北京后，曾撇下女王，独自来到鄱阳湖畔，观赏这迷人的鹤景。

大孤山六朝时称“独石”，又因其形如鞋，俗名“鞋山”。位于九江市湖口县以南的鄱阳湖中。

投宿，参考价格一般在40~100元/人。

由南昌去鄱阳湖观鸟，可以乘快艇去永修的吴城镇一带的鄱阳湖候鸟保护区观鸟，2小时就可以到，车票30元。在沙湖附近可以看到小天鹅、大雁、鹳、野鸭等。看完鸟后，可坐下午2:30的快艇回南昌。由永修到吴城镇，可以乘快艇，亦可以坐班船去，建议坐班船去吴城镇，在舱内看风景和站在船头看的感觉截然不同。九江市旅游局已将鄱阳湖上的各景点通过游船连成一线，即鄱阳湖水上旅游线，游客亦可选用。

注意事项

1.看鸟要起得早点，去晚了的话鸟儿就飞光了，因为人一多，鸟儿肯定会害怕得逃走。

2.最好带上一个高倍望远镜去观鸟，这样就可以不请导游了。

相传古时有一年轻渔郎，姓胡名春，在鄱阳湖中网到一盒，内贮明珠一颗，便欣然带回家。途中见一绿衣少女啼哭悲切，问其故，说是丢失明珠，渔郎胡春当即奉还，少女拜谢而去。他日，渔郎打渔时忽逢狂风暴雨，刹时天昏地暗，正在危险之时，有绿衣少女手执明珠为渔郎导航，转危为安。此少女便是瑶池玉女，名叫大姑，因触犯天规，贬于鄱阳湖，独居碧波之间。两人于是因爱慕结成佳偶。渔霸盛泰见大姑美貌似花，顿起歹念，但无法得手。另一方面玉帝知大姑与胡春结为夫妇，乃派遣天兵天将捉拿大姑，渔霸盛泰也趁机加害胡春。当大姑被劫持于空中时，见胡春被盛泰击伤，大姑无奈，即将所穿之鞋踢下，化作峭壁，将盛泰镇压于湖底。此鞋即成为山，所以，大孤山实为大姑山。大孤山三面绝壁，屹立中流，周长500米，仅西北角有一石穴，可泊舟船。登山远眺，四周碧水，白帆片片，无限蓝天，充满诗情画意。

落星石位于九江市星子县内，与周瑜点将台相近。落星石俗称“落星墩”，纵横数丈，状如星斗，鄱阳湖水有涨有落，而此石不没于水，相传此石为坠落的天星，星子县名由此而来。

>> 人文景观

望湖亭坐落于吴城镇北江湖汇流的鄱阳湖岸边，其左、右分别有修水、赣江汇入湖内，是登临观景的最佳之地。始建于晋代，历史上屡有兴废。现亭立于高大的台基上，四层三檐四角攒尖顶。亭上琉璃叠翠，翘角入云，气势颇为壮观。登亭远眺，只见江流环带，鄱湖浩渺，渔舟点点，恬然自适，景色清丽。随着气候的变化，景致又各不相同。晴时岚翠如空，波光粼粼；雨时烟水迷蒙，跳珠飞溅；风时白浪滔天，洪涛裂岸。

待到枯水季节，这里又是观赏越冬候鸟的理想之所。距其左侧300米，即是吴城候鸟观赏站，通过高倍望远镜可以观赏到大批的鹤、鹳、天鹅、鸳鸯等20种珍稀鸟类。

由于鄱阳湖水质未受污染，加上鱼类丰富，成为各种越冬鸟类的天堂。保护区内严禁捕猎，违者重罚。保护区内的各种候鸟能“和平共处”。最名贵的属国家一级保护的丹顶鹤，尤为重要。在保护区之东设有大湖池候鸟观赏区，专为旅游爱好者开辟。

周瑜点将台位于九江市星子县境内的鄱阳湖畔。相传三国时，东吴都督周瑜守柴桑（今九江市)，此处是操练水军的点将指挥之处。台高约7米，为花岗石砌成，台下有扶门通道，台上有双层房檐木结构城楼。

鄱阳湖落日

美丽的公鸡尾湖

游览时机

喀纳斯最佳旅游时节为每年的7~9月。每年的“十一”黄金周会开放一周，但马上就会关闭。因为之后大雪封山，道路难行。2005年10月1日~8日，我们在新疆旅游，其中10月1日~2日在喀纳斯游览。当我们离开新疆时，喀纳斯即开始降雪。

>> 概要介绍

喀纳斯自然保护区自然风光秀美，地貌奇特，在海拔4000多米的友谊峰下，有现代冰川和永久冻土带。雪线下有古冰川遗迹和明显的羊背石。

喀纳斯为寒温带高寒山区，长冬无夏，春秋相连，7月的平均气温15.9℃，无霜期80~108天，年均降水量1065.4毫米，空气温凉，非常适宜于寒温带林木的生长。这里是我国寒温带植物种类最多的地区，以挺拔的落叶松、塔形的云杉、苍劲的五针松、秀丽的冷杉以及婀娜多姿的欧洲山杨、疣枝桦等构成了植被的主体，全区森林覆盖率为19.4%，在林业用地中，森林更高达82%。盛夏，在一天之内可以领略到春夏秋冬四季风光。高处的阿勒泰峰银装素裹，俨然北国寒冬；山中带则是松林苍苍，秋高气爽；低山带盛开的千里光、百里香等山花似雨后彩霞，万紫千红，彩蝶纷飞；山下喀纳斯湖边碧波荡漾、海鸥鸣叫。

喀纳斯河为保护区内的主要河流，自东北向西南纵贯全区，最后注入布尔津河。由于冰川强烈剥蚀，由高山河流拓宽、加深形成的阿克库勒湖和喀纳斯湖就像两面巨大的明镜，成串珠状镶嵌在喀纳斯自然保护区的中心地带，它们属高山淡水湖泊。

>> 地理位置

喀纳斯自然景观保护区位于布尔津县境内(距县城150公里)，布尔津河源头地带，距阿勒泰市西北260多公里处，面积5588平方公里。该自然保护区以喀纳斯湖为中心，主要保护野生动物及其生态环境。

>> 自然风光

喀纳斯湖位于喀纳斯自然保护区的中心地带，是一个坐落在阿尔泰深山密林中的高山湖泊。环湖四周原始森林密布，阳坡被茂密的草丛覆盖。

喀纳斯湖海拔1374米，湖面状如弯月，南北长24公里，东西宽1.6~2.9公里，面积44.78平方公里，比著名的博格达天池整整大10倍，湖水最深处达188.5米，是我国最深的高山淡水湖。湖面碧波万顷，群峰倒影，湖面还会随着季候和天气的变化而时时变换颜色，是有名的“变色湖”，每至秋季，层林尽染，景色如画。

喀纳斯湖四周群山环抱、峰峦叠嶂，峰顶银装素裹、森林密布、草场繁茂，山坡一片葱绿，湖面碧波荡漾，群山倒映湖中，使蓝天、白云、

游览线路

喀纳斯的游览线路主要是沿喀纳斯湖行进，一般需要乘车，徒步太远。从喀纳斯湖可以去中国和哈萨克斯坦边境的白哈巴村，距离遥远，但可以包中巴车前往。途中可以观赏万亩桦树林。来回仅要100多元人民币。

如果是跟随旅行团去喀纳斯旅游，则一切问题皆可由旅行社解决，游客只要出钞票即可。自助游者去喀纳斯，可以先乘乌鲁木齐到阿勒泰或布尔津县城的班车（中巴车单程80元/人），再租当地的吉普车前往。或者在乌鲁木齐直接租车前往，3天700~1500元不等，要看车型、车况。其中喀纳斯湖距布尔津县城约140公里，距哈巴河县约150公里，距离阿勒泰市约200公里，都有简易公路可通。

自驾车有两条路线：

A.东线——自布尔津县城出发，经连接布尔津—喀纳斯的柏油公路，前一段路毁坏严重，路面净是坑；后一段路新修，平整，便于行车。在出县城5公里左右，遇到一个岔路口向右转，行进100公里左右，在盘山路上转入一个岔路口（有路牌“距喀纳斯46公里”），再走14公里就到了贾登峪，这儿有许多小饭店、旅

店。再走4公里就到了喀纳斯检查站。在喀纳斯检查站查验边防证（国内游客2元、外宾50元），买门票时请注意：若司机没有月票，游客还必须承担司机的门票；10人以上按团队7折优惠，凑齐10人可节省30%。接着是卧龙湾、月亮湾、鸭泽湖、哈那斯乡了。

B.西线——自布尔津县城出发，经连接布尔津—喀纳斯的柏油、土石公路，在出县城5公里左右，遇到一个岔路口直行向西走，去哈巴河县。行进70公里左右，不到县城有一个岔路口向右转(好像有个路牌，不是交通路标)，向北进山。行车1个多小时，到达铁热克边防检查站，再走1~2个小时，到达白哈巴村。从白哈巴去喀纳斯，9:00之前过西边的检查站，可省去门票，直接从后山上观鱼亭，可省去租马钱，吉普车可上到距观鱼亭一两百米的位置。过西边的检查站向东走3~5公里，就到哈那斯乡了；自打东线公路修好了，走西线的人就少了。

雪岭、青山与绿水浑然一体，湖光山色美不胜收。这里垂直带谱明显，山巅银光闪烁，现代冰川雄伟壮观，本区冰川面积和冰储量分别占整个阿尔泰山的74.46%和70.08%。山腰、山麓地带原始西伯利亚泰加林一片葱绿，绿草如茵，百花争艳。

受强劲谷风的吹送，倒入喀纳斯湖的浮木会逆水上漂，在湖的上游湖湾处堆聚成千米枯木长堤，成为喀纳斯湖的一大奇观。

观鱼亭是人工建造的一个小亭子。它是喀纳斯湖的极品景点，距离喀纳斯山庄8公里，乘越野车需40分钟。位于喀纳斯湖西岸骆驼峰顶，海拔2030米。站在亭内可俯瞰喀纳斯湖景，欣赏烟云缭绕的层层青山和银装素裹的冰峰雪岭，观察大红鱼时而跃出水面，幸运者还可看到神奇的“佛光”仙境和湖中神秘的“湖怪”。骆驼峰西侧缓坡，则是百花怒放的草甸，置身花草中，沁人心脾的花香使您与大自然融为一体。

卧龙湾是喀纳斯保护区内一个美丽的河湾景点。它位于禾木喀纳斯蒙古族乡，南距布尔津县城140公里，北距喀纳斯村10公里。平均海拔1350米。

卧龙湾是由喀纳斯河在此长期侧蚀冲刷而形成一连串岸线曲折的河湾组成。河流在此流速减缓，水面柔波浮动。在河湾两侧发育两个半岛状平台，河曲上为月牙形平台。河湾内发育两个小心滩，像两个巨大的脚印。传说是神仙也难以抗拒美景的诱惑，下凡赏景时所留。下游为卧龙湾平台，长800米，宽450米，面积3.6平方米。河曲两侧生长着郁郁葱葱的森林，古木参天。山坡上针叶阔叶原始森林密布，森林之上是层峦叠嶂的山峰；河曲东西两岸的半岛状平台是开阔平坦的绿茸茸的大草坪，野花遍布，绿草如茵，牛羊踏花觅草，一派生机勃勃的景象。湖中小岛景色秀丽，湖进水处巨石抵中流，激浪拍巨石，玉珠飞溅。湖的泄水口有座木桥飞架东西，站在桥上向北是波平如镜的卧龙湾，向南是奔腾咆哮的喀纳斯河。登上东侧公路旁海拔1500米处的侧碛平台，俯视河曲全景，恰似一条蛟龙盘卧嬉水，卧龙湾由此得名。

月亮湾是喀纳斯保护区内又一个美丽的河湾景点。从卧龙湾沿喀纳斯河北上约1公里，你会在峡谷中看到一个蓝色月牙形湖湾，那就是月亮湾。月亮湾会随喀纳斯湖水变化而变化，它是镶在喀纳斯河的一颗明珠。湖内有嫦娥奔月时留下的一对脚印。美丽静谧的月亮湾是喀纳斯的标志景点。

月亮湾，碧绿宁静，上下约4公里，水面平静如镜，湖形似一轮弯月，湖中漂浮着大小岛屿。公元1219年元太祖成吉思汗携军师耶律楚材率数十万铁甲征战至此，耶律楚材观山游水兴致之余，留下“谁知西域逢佳景，始信东君不世情；园沼方池三百所，澄澄春水一池平”的千古佳句。

>> 人文景观

图瓦村位于喀纳斯湖南岸2~3公里处的喀纳斯河谷地带，周围山清水秀，环境优美，是从布尔津县前往喀纳斯湖旅游的必经之路，海拔1390米。

图瓦人是我国一支古老的民族，以游牧、狩猎为生，近400年来定居于喀纳斯湖畔，他们勇敢强悍，善骑术、善滑雪、能歌善舞，现基本保持着比较原始的生活方式。

衣食住行

喀纳斯的夏天最热月是7月，平均温度15.9℃，最热的日子是7月20~25日，平均气温18℃，相对湿度63%。天下皆言热，此处恰如春，并伴有霜冻；晴天日数少，云天次数多，降雨多在下午或晚间；温度适中，空气清新，极适宜夏季旅游避暑。一天内昼夜温差较大，游人需要多备衣服，当地也有衣服出租。

喀纳斯村吃食很贵，拌面20~25元/碗，炒菜80~150元/个，方便面10元等等。当地村民以肉、奶制品为主食，很少吃蔬菜，自己种植的作物只有土豆。村民们爱吃一种名叫“别克”的野菜，实际上是一种参，又叫“鸡腿参”，常用奶煮着吃。油饼、奶茶每顿饭都可以吃到。这里吃烤全羊不但需要预订，而且又小又贵。

可住在喀纳斯村内的小旅店或帐篷内，也可以选择当地村民家入住，每晚大约10~20元。如果想住得好一点的话，可以到喀纳斯山庄，240~280元/晚。

2005年10月去过这里，住在木屋里，但是要到野外去方便，房间之间隔音也不好，条件十分糟糕，所以还不如住到牧民家或者10几个人租一个帐篷，便宜又浪漫。

喀纳斯主景区（喀纳斯湖景区）内有公共交通车，可以随意上下。在喀纳斯旅游，徒步不可取，因为喀纳斯景区范围太大。有俗语说：不到新疆，不知道中国巨大。

图瓦人拥有自己独特的语言，图瓦语属于阿尔泰语系突厥语系，与哈萨克语系相近，因此图瓦人均会讲哈萨克语，与现在的蒙古语不同。现在图瓦人学校基本上是普及蒙古语。在生活习惯上，图瓦人除欢度蒙古传统的敖包节外，还有当地的邹鲁节（入冬节）、汉族人的春节与正月十五元宵节。图瓦人信仰佛教，但萨满教对他们影响也较深。图瓦人的房屋皆用原木筑砌而成，下为方体，上为尖顶结构，游牧时仍住在蒙古包。

喀纳斯图瓦村与喀纳斯湖相互辉映，融为一体，构成喀纳斯旅游区独具魅力的人文景观和民族风情。

白哈巴村被称为我国“西北第一村”，地处中国版图最西北角哈巴河县铁热克提乡境内，距县城 117 公里，东距喀纳斯湖 31 公里，北距那仁草原 33 公里，南距铁热克提乡 38 公里。

白哈巴村分蒙古族的支系图瓦人居住区、哈萨克族居住区和边防站三部分，是新疆阿勒泰地区图瓦人最集中的一个村子。这里也是保存最完整的图瓦人居住的村落，具有浓郁的图瓦人风情。村子坐落在一条沟谷之中，村民住着“朴素”的尖顶木头房子，这些木头房子星罗棋布地分布在沟谷底，金黄色的桦树、杨树点缀其间，两条清

白哈巴村

澈的小河蜿蜒环村流过。山村的西北遥对中国与哈萨克斯坦国界河，南面是高山密林。秋季一到，层林尽染，山村是五彩的红、黄、绿、褐色，犹如一块调色板，加之映衬阿勒泰山的皑皑雪峰，一年四季都是一幅完美的油画。

白哈巴村内居住的图瓦人属蒙古族支系，图瓦人多少世纪以来繁衍生息在阿勒泰的白哈巴、禾木河、喀纳斯湖的肥沃草原上，世世代代以放牧为生。

目前，白哈巴村已作为旅游风景名胜区——“喀纳斯的后花园”而越来越引起世人的关注。前来喀纳斯旅游的游客若不到白哈巴村一游，会感到生遗憾。

注意事项

1.喀纳斯的气温较低，要携带足够的御寒衣物。我们2005年10月到此旅游时穿了羽绒服，晚上用棉被垫两床盖一床，喀纳斯的晚上出奇的冷。

2.要注意尊重少数民族的风俗习惯。

3.数码相机、数码摄像要注意保温，否则会不可使用。

4.要多带饮用水。

5.住在木屋时要到野外的一个小亭子似的厕所去方便，气味十分呛人，令人作呕，而且游人吃住就在附近。建议当地政府尽快解决这一问题。

喀纳斯景色

身处圣水化为仙

>> 概要介绍

纳木错湖面海拔 4718 米，从湖东岸到西岸全长 70 多公里，由南岸到北岸宽 30 多公里，总面积为 1920 多平方公里，是我国的第二大咸水湖，也是世界上海拔最高的咸水湖，最深处约 33 米以上。纳木错湖水靠念青唐古拉山的冰雪融化后补给，沿湖有不少大小溪流注入，湖水清澈透明，湖面呈天蓝色，水天相融，浑然一体，闲游湖畔，似有身临仙境之感。

它的明净与辽阔，无愧于“天湖”的美称。它时而碧蓝，时而苍翠，时而蓝绿相间，时而暗灰如晦。作为有生命的神湖，它的属相是羊。每逢羊年，神湖开放的盛大节日，西藏内外成千上万的香客蜂拥而来，转山绕湖，烧香礼拜；甚至印度、尼泊尔的佛教徒也会长途跋涉赶来朝圣。

>> 地理位置

纳木错位于藏北高原东南部，念青唐古拉山峰北麓，西藏自治区拉萨市当雄和班戈县境内，介于北纬 30°30′~30°35′，东经 90°16′~91°03′。

游览时机

每年的 6~9 月为雨季，10~11 月天气晴朗，适合旅行，12 月~翌年 5 月天气寒冷干燥，不适合进入青藏高原。

>> 自然风光

纳木错是第三纪末和第四纪初，喜马拉雅山运动凹陷而形成的巨大盆地湖泊。后来因西藏高原气候逐渐干燥，纳木错面积大为缩减，现存的古湖岩线有三道，最高一道古湖岩线距现在的湖面约 80 余米。

清晨，纳木错湖面迷迷茫茫，周围群山若隐若现。太阳升起，云消雾散，清风拂面，浩瀚无际的湖面荡起涟漪。这时的念青唐古拉山的主峰格外清晰，牧场一片浅绿，山体红黑间杂，峰顶白雪皑皑。念青唐古拉山主峰如一个威武战士守护着圣湖纳木错。白天，高原气候瞬息万变，时而狂风大作，时而乌云盖天，风雪过后，湖面依然波光粼粼。傍晚，湖水被夕阳的余晖照得霞光闪烁，煞是迷人。

纳木错湖中有 5 个岛屿耸立于万顷碧波之中，佛教徒们传说他们是五方佛的化身，凡去神湖朝佛敬香者，莫不虔诚顶礼膜拜，其中最大的是良多岛，面积为 1.2 平方公里。此外还有 5 个半岛从不同的方位凸入水域，其中扎西半岛居 5 个半岛之冠。扎西半岛位于湖的东侧，像是湖岸伸入湖中的一只拳头，远远望去，它

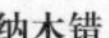
纳木错

衣食住行

纳木错地处青藏高原，气候寒冷，即使在夏天，晚上也需要穿上厚厚的羽绒服。

到纳木错旅游最好多带些方便食品。藏家酥油奶茶是一道美味的饮料。

扎西半岛南山崖有一个依山洞而建的喇嘛庙，庙前有间能住几个人的砖房，可供旅行者歇息。

前往纳木错一般先经当雄县，当雄距拉萨约170公里，且位于青藏公路上，交通十分便利。从当雄县城旁的一条土路拐进去行约60公里即可到纳木错，途中需翻越海拔5200米的纳根山口。在纳根山口，已经可以看到纳木错湖面发出的湛蓝的光亮。下山后即可达到。

由于没有交通车去纳木错，所以游客最好是参加旅行社组织的团体旅游。自助旅游者可以结伴租车去，包两天来回1500元，也可以在旅馆搭小型巴士。

是个小山包。由于山包中间明显裂开，人们说它是个“睡佛”，短的一段是脑袋，长的一段是身子，腿则伸入湖中隐而不见。其实，这是个由石灰岩构成的约10平方公里的半岛。由于湖水侵蚀，分布着许多幽静的岩洞，形成了独特的喀斯特地貌。有的溶洞口呈圆形且浅短，有的溶洞狭长似地道，有的溶洞上面塌陷形成自然的天窗，有的溶洞里布满了钟乳石。岛上到处怪石嶙峋，峰林遍布，峰林之间还有自然连接的石桥，岛上地貌奇异多彩，巧夺天工，实属奇观。

纳木错湖滨平原牧草良好，是天然的牧场。每当夏初，成群的野鸭飞来栖息，繁殖后代。湖泊周围常有狗熊、野牦牛、野驴、岩羊、狐狸、獐子、旱獭等野生动物栖居，湖中盛产高原的细鳞鱼和无鳞鱼类，湖区还产虫草、贝母、雪莲等名贵药材。

纳木错的东南部是直插云霄、终年积雪的念青唐古拉山的主峰，北侧倚靠着和缓连绵的高原丘陵。广阔的草原绕湖四周，天湖则像一面巨大宝镜镶嵌在藏北的草原上。湛蓝的天、碧蓝色的湖、白雪、绿草、牧民的牛毛帐篷及五颜六色的山花交相辉映，组成一幅大自然美丽动人的画面，身临其境，无不感到心旷神怡。

纳木错景色

转湖

>> 人文景观

数百年来，无数虔诚信徒来到纳木错，不为游览，只为转经。藏传佛教认为羊年转湖、马年转山、猴年转森林是佛的旨意。如果能绕湖而行，便能得到渊博的知识和无量功德，并舍去恶习及痛苦，最后获得正果。纳木错是身、语、意之圣地。为此，吉祥法轮将转身之圣地冈底斯定为马年，转语之圣地纳木错列为羊年，转意之圣地杂日山定为猴年。每逢羊年的萨葛达瓦节期间（藏历四~五月），纳木错附近的恰傕寺、扎西多切寺、谷穹寺和多加寺均会香火缭绕、热闹异常，转经人群像一条河流滔滔不息。由于湖面太大，湖边地形复杂，转一圈常要20~30天，最壮的小伙子也得跑10天，所以大家都用转扎西半岛来代替。据说，围着扎西半岛转7圈就等于转湖一周。

注意事项

1.纳木错海拔较高，多数人会有不同程度的高原反应，不宜剧烈运动，宜少饮酒，多吃蔬菜、水果等，以减轻高原反应强度。最好能准备常用药品及抗高山反应药物。

2.景区日照强，紫外线强。长时间在户外活动，请戴上太阳帽，涂抹防晒霜，以保护皮肤。

3.徒步前往纳木错的旅行者，得带上足够补给及帐篷、睡袋等。

4.任何时候，纳木错的晚上气温均很低，晚上睡觉时要注意保暖。

一片冰心在玉壶

游览时机

天山春天山花遍野，入夏芳草如茵，秋至满山嫣红，隆冬冰封雪盖。盛夏时，池畔气温只有20℃左右；入冬后，池水冰封，天池又成为中国海拔最高的天然滑冰场。对一般旅游者来说，游天池的最佳时段应是每年5月中旬~10月中旬。

>> 概要介绍

天山天池水面海拔1980米，长约3.4公里，最宽处约1.5公里，面积约4.9平方公里。天池湖面呈半月形，平均水深40米，最深处105米；为常年稳定湖，水储量达1.6亿立方米；水源充足，常年不溢，形成高山瀑布。湖水清澈碧透，晶莹如玉，站在湖边，浅水底的卵石清晰可数，有“天山明珠”盛誉。

天池背靠天山第二高峰——博格达峰，天池四周的山腰上有许多云杉林，云杉形如宝塔，是著名的风景树。深绿的云杉林挺拔、整齐，很有气势，显示出一种高山风景区特有的景色。清澈湖水、皑皑雪峰和葱茏挺拔的云杉林，湖光山色浑然一体，构成了高山平湖绰约多姿的自然景观。盛夏天气，天池温度低，是避暑胜地；冬季是则良好的高山滑冰场。

>> 地理位置

天山天池位于天山东段最高峰博格达峰的山腰，距乌鲁木齐约110公里。

>> 自然风光

天山天池风景区以高山湖泊为中心，古称“瑶池”，神话传说中的西王母宴群仙的蟠桃盛会便设在此处。“天池”一名来自清代，取“天镜神池”之意，极言此地风光之美。

湖水系高山溶雪汇集而成，水深近百米，清纯宜人。每到盛夏，天池周围绿草如茵，繁花似锦，最为明艳。即使是盛夏天气，湖水的温度也相当低，乘游艇在湖面上行驶，一阵阵凉风吹来，暑气全消，是避暑的好地方。

上面所说的天山天池也称为“大天池”，还有东小天池和西小天池两个较小的高山湖泊。

西小天池位于从山下到大天池的途中。西小天池明亮如镜，远处峰峦层叠，天空蔚蓝明亮，池水一碧如洗，传闻这就是王母娘娘沐浴的“瑶池仙境”。西小天池是山上一条瀑布流下的小溪汇成的，远处有窄窄的小峡谷，池水碧绿如镜，凉风一吹，波光粼粼，颇有点桂林山水的味道。

东小天池掩映在茂密的原始森林中，池边灌木丛生，巨石罗列。池水墨绿幽暗，常起波澜。东小天池人迹罕至，显得特别阴森和神秘。它虽然不及西小天池大，但景观特殊，又未经任何修饰，意境不俗。在原始森林中前行不久，便见一瀑布。这条瀑布如白练悬空，飞流而下，瀑声如雷。瀑布溅落时激起的水花烟雾迷离，在阳光照

游览线路

从乌鲁木齐乘车或驾车到达天池停车场后，步行游览即可。事实上，天池管理部门禁止外来车辆开到天池旁，尽管公路已经修到了池边。

在天池停车场下车后，沿上山的马路步行不远即可到达天池。一路上可以欣赏天山的名贵树种——天山雪岭云杉。天池的景色就在天池四周，游览非常方便。

游天池的方式很多，游人可以根据自身的兴趣、体力作选择。可以沿湖边漫步，可以乘游艇环湖，可以乘船到对岸登山览景，也可以骑骏马、请向导深入山林。又或者雇请有经验的向导进行一次攀山之旅，向博格达峰雪峰下的“登山队”大本营进发。沿途可以观赏原始森林风貌、第四纪冰川冲积地貌、风蚀地貌、现代冰川风貌，以及野山羊、雪豹、雪鸡、狗鹿等珍奇动物。

射下会闪现出小小的彩虹。由这条瀑布冲蚀而成的跌水潭，便是东小天池。

天山雪岭云杉是天山林海中特有的一个树种。在巍巍天山深处，它苍劲挺拔、四季青翠、攀坡漫生、绵延不绝，犹如一道沿山而筑的绿色长城。

雪岭云杉为常绿乔木，叶呈针形，略弯曲；果球为长椭圆形，褐色。天山的雪岭云杉据说是在4000多万年前由青藏高原迁徙而来，演变成大西北独有而又最为壮观的林木。

天山雪岭云杉林广泛分布于天山及相邻的山地，成为荒漠带山地森林带最主要的树种群，说明雪岭云杉有很强的适应性。雪岭云杉树形高大，树冠窄长，呈细圆柱形或尖塔形。在最适宜的立地条件下树高达60~70米，一般20~30米。1957年林业部森林综合调查队（国家林业局调查规划设计院前身）在伊宁市西南巩留县调查过雪岭云杉林。这片林分为复层异龄林，可划分为3层9个不同年龄世代，每公顷蓄积量有1000多立方米。

天山林区中90%以上的林地都有雪岭云杉生长。在海拔1400~2700米的中山带阴坡，雪岭云杉连峰续岭，蜿蜒东西。其下缘常与高大的阔叶林混交，郁郁葱葱，五彩纷呈，形成绮丽的美景。

雪岭云杉是上好的木材，木质轻、纹理通直，是新疆用于建筑、家具、造纸等方面的主要原料。

>> 人文景观

天池古庙坐落在天池的西边山坡上。据说，自从元朝初年应成吉思汗之邀，长春真人丘处机前来西域传道并登临天池，此后天池湖畔便有道观落成。但在文献中有大略记载的天池古迹，只有清代乾隆年间以后相继修建的福寿寺、无极观

衣食住行

去天池要带防寒衣物，山上气温比山下低得多。

在天池风景区，最好的美味莫过于烤全羊，维吾尔语称之为“吐努尔喀瓦甫”，这是新疆最著名的大菜。还可以吃羊肉包子或另一道传统名小吃——拉条子。在这里出售的大馕饼既可以解饥，味道也好。

游客可在乌鲁木齐住宿，也可在民俗村过夜。民俗村拥有哈萨克毡房、豪华木屋、标准餐厅，让您在旅途劳顿中感受到家的温馨。各色风味小吃和各种特色大餐可以大饱口福。民俗村一次可接待游客300多人。在宽阔的露天场地，繁星点点，皓月当空，清风中夹着淡淡的青草气息。

游天池可从乌鲁木齐乘汽车前往。上山的公路已修通。山路蜿蜒曲折，伴随一条奔腾的溪流，这是来自天池的水。清澈的溪水在冲击岩石时激起雪白的浪花，使人感到一股清新气息。

从乌鲁木齐市内的人民公园、红山宾馆门口有班车直达，2小时可到。或从乌鲁木齐走高速公路去天池，约1.5小时到达。

和真人祠等8座庙宇。

博格达岩画绘于天池附近的岩壁上。岩雕刻画，一般来说是早期人类的生活写照，在艺术欣赏和考古等方面都有较高的价值。临近博格达山雪线的孜沿毡垭口，就留存着这种古老的文明。画面分别雕刻在两块硕大的扁圆型褐色砾石上，展现了羊只、马鹿、狐狸和牧人狩猎等40多幅图像，还有一些记事符号，内容丰富。

“定海神针”是天池旁边的一棵百年古榆的誉称。据传，当年王母娘娘在瑶池之滨举行蟠桃盛会，各路神仙应邀赴宴，唯独瑶池水怪未被邀请。水怪怒而兴风作浪，顿时乌云翻滚，狂风大作，巨浪滔天。王母盛怒，拔下头上碧簪投入池中镇住了水怪，于是瑶池天朗气清，风平浪静。后来，王母的碧簪变成了这棵榆树，千百年枝繁叶茂，挺立在天池北岸。这里海拔1915米，不宜生长榆树，周围独此一棵，而且从来未被天池湖水淹没过，人们引以为奇，便称这棵古榆为“定海神针”。

注意事项

1.到了新疆旅游一定要记住这边的气温白天和晚上温差是很大的。北疆的气温要比南疆低一些。所以要在5月份出行的话还要多带几件厚外套保暖。

2.秋天气候干燥，要备足饮水，备上小零食，耽误用餐时可充饥。

3.购买民族手工制品时，可以选择邹氏微雕。邹氏微雕以鸡血石、巴林石、伊犁石等为原料，刻以山水、人物、花鸟，配以诗词歌赋、名言名句，图文并茂，驰名美国、加拿大、日本、新加坡。还可以选哈萨克刺绣，它们色彩浓艳，图案繁多，有平绣、结绣、钩绣、镂绣，技艺精彩绝伦，既有鉴赏价值，又有实用价值。

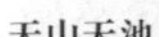
天山天池

周温柔将你埋没

游览时机

美丽的西湖一年四季都可旅游。最佳旅游时间为每年的3~4月，这时春暖花开，万紫千红。

>> 概要介绍

西湖风景区三面环山，中含碧水，面积60平方公里，其中湖面为5.68平方公里。沿湖地带绿阴环抱，山色葱茏，画桥烟柳，云树笼纱，逶迤群山之间，林泉秀美，溪涧幽深。西湖景区由一山（孤山）、两堤（苏提、白堤）、三岛（阮公墩、湖心亭、小瀛洲）、五湖（外西湖、北里湖、西里湖、岳湖和南湖）、十景（曲院风荷、平湖秋月、断桥残雪、柳浪闻莺、雷峰夕照、南屏晚钟、花港观鱼、苏堤春晓、双峰插云、三潭印月）构成。这些景点将西湖连缀成了色彩斑斓的大花环，使其春夏秋冬各有景色，晴雨风雪各具情致。

西湖不但独擅山水秀丽之美、林壑幽深之胜，而且还有丰富的文物古迹和优美动人的神话传说。西湖古迹遍布，拥有国家重点文物保护单位5处、省级文物保护单位35处、市级文物保护单位25处，还有39处文物保护点和各类专题博物馆点缀其中，为之增色，是我国著名的历史文化游览胜地。

>> 地理位置

杭州西湖风景区位于浙江省杭州市，以西湖为中心，分别为湖滨区、湖心区、北山区、南山区和钱塘区。

>> 自然风光

西湖的自然景观众多，但新西湖十景则是其核心部分：

云栖竹径，竹林遮掩。云栖位于五云山西面山麓，据说北宋乾德五年（967年）吴越王在此建寺时，有五彩云霞飞集于此，遂命名“云栖”。云栖远离繁华喧嚣，一道幽径，西起三聚亭，蜿蜒伸入山林深处，古木荫翳蔽日，万竿萧萧秀竹，编织起一片巨大的绿色浓云，淹没掉世态红尘的炎凉，摇曳出山野蓬勃的生机。从山坞深处傍依竹径顺流而下的溪涧，不断鸣奏出叮叮咚咚的泉声。“万竿绿竹影参天，几曲山溪咽细泉”，这两句诗正好道出了云栖竹径的天然景色。蝉鸣声声的炎夏是云栖一年中最佳的游赏季节，行走在幽幽古道上，绿阴连着绿阴，山风追着山风，清凉裹着清凉，犹如潜泳在竹海碧涛。

满陇桂雨，桂花飘香。满陇是“满觉陇”的简称。满觉陇亦称满家弄，是位于西湖之西南、南高峰与白鹤峰夹峙下的自然村落。在水乐洞与石屋洞之谷地，春日盛开黄花，秋后满树红果，景色喜人。满觉陇沿途山道边还植有7000多株桂花，每当金秋季节，珠英琼树，百花争艳。桂花

衣食住行

到西湖旅游，春天需要携带毛衣一类的衣物，冬天需要羽绒服之类的厚实御寒衣，其他时间悉听尊便。

杭州的小吃也不可小视。千年的杭州城凝聚了风味众多的特色小吃。下面是杭州几种较为知名的风味小吃，仅供参考。

虾爆鳝面。烹调时，选用粗壮的鲜活黄鳝，斩头截尾剔骨后切成鳝片，用素油爆，荤油炒，麻油浇，直至鳝片黄脆；取鲜活大河虾洗净加蛋清上浆清炒至白嫩；精制面条下锅烧后，不粘不糊；用原汁煮面，使面条吸入鳝鱼的香味，汁浓面鲜。虾爆鳝面为奎元馆的名面。

知味小笼。杭州知味观的风味小吃。烹调时，选用发酵精白面粉作皮，用鲜肉或鲜肉拌虾仁，或鸡肉拌火腿末作馅，在馅料中加入肉皮冻，包好后放入特制小蒸笼用急火蒸制而成，分别称为鲜肉小笼、虾肉小笼、鸡肉小笼。这些包子汁多香鲜，皮薄滑韧，但口味各异。

杭州西湖边有许多不同档次的宾馆、旅馆供游客选择。

到西湖旅游可以乘坐

1~5路旅游专线车，为自动投币，车票票价2元，还可以乘坐公交车到自己想到的目的地，公交车多为自动投币，车票票价为1元，另外，还能在西湖租一辆自行车做环西湖的自助旅行。

是杭州的市花，满觉陇赏桂，更是杭州人的赏花乐事之一。中秋前后，从满觉陇东头的青龙山麓到西头的水乐洞口溪畔路旁，山上山下，连云的桂花树尽数开放，只见那漫溢着芬芳的桂花黄如金、白如银、红如丹，一串串，一簇簇，缀满枝头。当秋风拂过林梢，浓密的桂花粒纷落如雨，满陇响起一片淅淅之声，故名为“满陇桂雨”。

虎跑梦泉，山泉名胜，位于西湖之南，大慈山定慧禅寺内，距市区约5公里。相传公元9世纪初，唐代有个叫寰中的高僧住在这里。后因水源缺乏，准备迁出。一夜，高僧梦见一神仙告诉他“南岳童子泉，当遣二虎移来”。第二天，果真有二虎“跑地作穴”，涌出泉水，故名“虎跑”。虎跑泉水从石英沙岩中渗过流出，清澈见底，甘洌醇厚，纯净无菌，饮后对人体有保健作用，被誉为“天下第三泉”。杭州有句俗话：“龙井茶叶虎跑水”，龙井茶和虎跑水素称 “西湖双绝”。用这里的泉水泡出的龙井茶，其茶味更觉清香。在此观泉、听泉、品泉、试泉，其乐无穷。

龙井问茶，香飘四海。龙井位于西湖西面竹

远眺西湖

茂林密的风篁岭上，本名龙泓，又名龙湫、龙井，是以泉名井。它与玉泉、虎跑泉，被誉为杭州三大名泉，三国东吴赤乌年间（238~251 年）已发现。关于龙井的传说很多，据传此井与江海相通，必有神龙居住，因名“龙井”。龙井是一个半圆形泉池，清冽的泉水就从泉后壁的山岩间涓涓流出，虽大旱亦不枯竭。井中泉水漫溢后，通过石罅下泻，形成了这一带疏涧流淙、泉声叮咚的清丽特色。龙井之西是龙井村，环山产茶，名“西湖龙井茶”，因具有色翠、香郁、味醇、形美“四绝”而著称于世。元代虞集咏茶诗有“烹煎黄金芽，不取谷雨后。同来二三子，三咽不忍漱”。西湖茶叶以龙、云、狮、虎之别，以狮峰、龙井地之茶为最，其中奥妙，唯去龙井品茗问茶方可悟出，因此有“龙井问茶”之称。

九溪烟树，树溪相衬。该景位于西湖之西，烟霞岭南鸡冠垅。九溪有二源，西源于狮子峰，东源在杨梅岭，向南流淌，至徐村入钱塘江。其间江青湾、宏法以及众多曲折的细流，俗称“九溪十八涧”。九溪与十八涧在八觉山下的溪中溪餐馆前汇合，由此往东沿溪而上到杨梅岭村一段，称为“九溪”，一路重峦叠嶂，树木茂密，流水潺潺，山鸟嘤嘤。1986 年这里始被开发，造有人工瀑布，呈现秀树带雾、满谷迷蒙、状如“烟树”之感，故名为“九溪烟树”。

吴山天风，登山观石。吴山，俗称“城隍山”，地处西湖东南面，蜿蜒起伏于繁华的市区之内，是游人最便捷的登山游乐处所。吴山高约100 米，由紫阳、云居、七宝、峨眉等十多个小山头连成，山势起伏，绵延数里。吴山石景遍布，俊态纷呈，最饶有趣味的一组为“吴山十二峰”的石景。这组石景形状酷似鼠、牛、虎、龙等十二生肖，因而又称“十二生肖石”。凡游吴山的人，都以寻找与自己生肖相同的“生肖石”为乐趣。

阮墩环碧，绿色小岛。该岛位于西湖中。小岛为清嘉庆五年（1800 年），浙江巡抚阮元疏浚西湖时，民工挖 14 万多吨淤泥堆积而成。阮元，字伯元，号芸台，江苏仪征人，清代著名学者。为纪念他对浙江文化发展、保留古代文籍及治理西湖的功绩，命名该岛为“阮公墩”。由于泥土松软，不宜建造亭台别墅，一直保持着绿树生烟、野花烂漫的自然本色，成了各类禽鸟的乐园。

黄龙吐翠，道观美景。该景点位于西湖北山栖霞岭北麓，这里既有幽奇洞壑、精巧亭台、又有茂林修竹、怪石清泉，整座园林覆盖于森木的浓阴之中，显示出“藏龙卧虎”的神幽。该景点以曲槛画廊环绕之中，隐藏着一泓

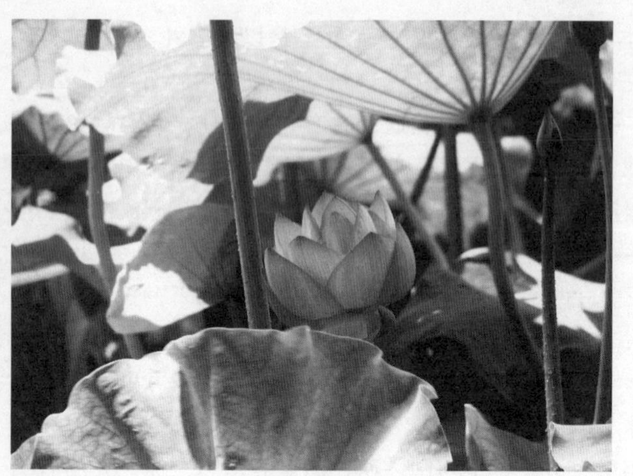
西湖荷叶

碧玉似的清池。池畔假山重叠，山石蔓挂，在斑驳的苔藓里露出一个头角峥嵘、威武苍劲的黄龙头，龙嘴中一股清泉如珠帘倒挂倾泻而下，铿铿锵锵，声如鸣琴。此处翠竹茂密，有刚劲挺秀的毛竹、竿细色深的紫竹、矮茸可爱的菲白竹，以及罕见的形方带刺的方竹等等，株株吐翠，因名“黄龙吐翠”。

玉皇飞云，八卦景致。玉皇山介于西湖与钱塘江之间，海拔239米，凌空突兀，衬以蓝天白云，更显得山姿雄峻巍峨。每当风起云涌之时，伫立山巅登云阁上，耳畔但闻习习之声，时有云雾扑面而来，飞渡而去，湖山空阔，江天浩渺，此情此景被命名为“玉皇飞云”。

宝石流霞，美丽迷人。宝石山，地处西湖北岸，高约200米，山体属火成岩中的凝灰岩和流纹岩，阳光映照，其色泽似翡翠玛瑙，故称“宝石山”。尤在朝霞初露，或落日余晖时，亭亭玉立的宝塔和紫褐色山岩呈现出霞彩流溢的迷人景色，得名“宝石流霞”。上宝石山，东眺钱塘江浩瀚一片，下俯西子湖锦绣如画。每当晴天破晓，看一轮红日喷薄而出，旋即霞光万道，半天俱赤，湖天璀璨，史称“葛岭朝暾”，为元代钱塘十景之一。

注意事项

1.西湖地处闹市，要注意财物安全。

2.夏天要注意防晒。

环保建议

1.时刻牢记要收拾好生活垃圾，爱护城市卫生。

2.爱护景区资源。

3.在古建筑内参观不要吸烟，以免对古建筑造成影响，更可以避免发生火灾。

>> 人文景观

古老的西湖自然会有许多的人文景观，主要由西湖十景组成。西湖十景形成于南宋时期，基本围绕西湖分布，有的就位于湖上。西湖十景各擅其胜，组合在一起又能代表古代西湖胜景精华，所以无论杭州本地人还是外地山水客都津津乐道。

苏堤春晓，杨柳护岸。苏堤是北宋元祐五年(1090 年)，诗人苏轼（东坡）任杭州知州时，疏浚西湖，利用浚挖的淤泥构筑并历经后世演变而形成的，杭州人民为纪念苏东坡治理西湖的功绩，把它命名为“苏堤”。南宋以来，苏堤春晓一直居“西湖十景”之首。苏堤南起南屏山麓，北到栖霞岭下，全长近 3 公里，堤宽平均 36 米。沿堤栽植杨柳、碧桃等观赏树木以及大批花草，还建有 6 座单孔石拱桥，桥名自南而北依次为映波、锁澜、望山、压堤、东（束）浦、跨虹。每当春风吹拂，苏堤上杨柳吐翠，桃花芬芳，长堤延伸，六桥起伏。晨曦初露时，湖波如镜，桥影照水，鸟语啁啾，柳丝舒卷飘忽，桃花笑脸相迎。置身堤上，湖山胜景如画图般展开，各方神采，万种风情，任人领略。

曲院风荷，荷花飘香。曲院位于金沙涧（西湖最大天然水源）流入西湖处，南宋时这里辟有宫廷酒坊，湖面种养荷花。夏日清风徐来，荷香与酒香四下飘逸，游人身心俱爽，不饮亦醉。近年经过扩建，现在的曲院风荷起自跨虹桥畔的碑亭，沿岳湖、金沙港直达卧龙桥外的郭庄，迤逦数里，建成岳湖、竹素园、风荷、曲院、湖滨密林区 5 个景区，面积达 426 亩，成为西湖环湖地区最大的公园。宁静的湖面上，分布着红莲、白莲、重台莲、洒金莲、并蒂莲等各种荷花。从水面造型各异的小桥上且行且看，人倚花姿，花映人面，水天相融。

平湖秋月，月落湖中。该景观位于白堤西端，孤山南麓，濒临外西湖。其实，作为西湖十景之一，南宋时平湖秋月并无固定景址。现在的平湖秋月景址，是清康熙三十八年（1699 年）以后才确定下来的。康熙品题西湖十景，在白堤西端与孤山结合部竖“平湖秋月”景名碑，始以这一依山傍湖地带为景域所在。西湖秋月之夜，自古公认为良辰美景，充满了诗情画意。高阁凌波，绮窗俯水，平台宽广，视野开阔，秋夜在此高眺远望，但见皓月当空，湖天一碧，金风送爽，水月相溶，不知今夕何夕。尽管平湖秋月景区范围不是很大，但在人们的眼里是一处不可多得的景致。早在唐朝，这里就建成望湖亭。南宋时，随着孤山皇家道观四圣延祥观的建造，这里又建“望月亭”。“望湖”、“望月”，这两“望”为日后平湖秋月定址于此埋下伏笔。明万历年间，司礼太监孙隆斥巨资复建西湖旧景时，曾对望湖亭大加修缮。

断桥残雪，情人断肠。断桥位于里西湖和外西湖的分水点上，一端跨着北山路，另一端接通白堤。断桥之名得于唐朝，其正名反而鲜为人知，当时是一座石桥，宋代称“保佑桥”，元代称“段家桥”。在西湖古今诸多大小桥梁中，它的名气最大。据说，早在唐朝断桥就已经建成，时人张祜《题杭州孤山寺》诗中就有“断桥”一词。在《白蛇传》中，白蛇娘子与许仙在此雨中相逢，借伞定情，又在此邂逅重逢，言归于好。因这段人与神之间的奇情奇事，令断桥名望冠于西湖且蜚声天下，享湖上第一情人桥之誉。断桥观瞻，四季美不胜收，尤以冬日雪残时分最为销魂。每当雪后初晴，伫立桥头西眺北望，孤山、葛岭一带，楼台铺琼砌玉，湖山晶莹朗澈，些许冷艳，些许凄清，胜却喧哗热闹、绿浓红盛多多，位列“西湖十景”当之无愧。

柳浪闻莺，风水宝地。该景点位于西湖东南岸，涌金门至清波门之间的滨湖地带。此景是欣赏三面云山和一湖秀水之地，别具特色。其前身为南宋时的皇家花园——聚景园，元朝以后园芜景败。元代回族巨商阿老丁，在杭州兴建清真寺，死后葬此，这里又俗称“回回坟”。到清代时恢复柳浪闻莺旧景，20 世纪 50 年代逐渐兴复。每到阳春三月，绿柳笼烟时节，万树柳丝迎风飘舞，宛若翠浪翻空，碧波汹涌。这里的柳型各具特色：柳丝飘动似贵妃醉酒，称“醉柳”；枝叶繁茂如狮头，称“狮柳”；远眺像少女浣纱，称“浣纱柳”，等等造型令此地有“柳洲”之名。其间黄莺飞舞，竞相啼鸣，故有“柳浪闻莺”之称。

花港观鱼，鱼跃人欢。该景地处苏堤南段西侧，前接柳丝葱茏的苏堤，北靠层峦叠翠的西山，碧波粼粼的小南湖和西里湖像两面镶着翡翠框架的镜子分嵌左右。园内叠石为山，凿地为池，畜养异色鱼，于是游人会集，雅士题咏，称为“花港观鱼”，成为“西湖十景”之一。乾隆帝曾题诗赞道：“花家山下流花港，花著鱼身鱼嘬花。”

雷峰夕照，湖映双塔。雷峰塔原建在雷峰山上，位于西湖南岸南屏山日慧峰下净慈寺前。雷峰为南屏山向北伸展的余脉，濒湖勃然隆起，林木葱郁。山巅原有吴越时建造的雷峰塔，曾是西湖的标志性景点，与北山的保俶塔南北遥相呼应。在雷峰塔未倒塌前，西湖上曾呈现出“一湖映双塔，南北相对峙”的美景。1924年雷峰塔倒塌之后，作为“西湖十景”之一的“雷峰夕照”成了空名。现杭州市新建雷峰塔已恢复旧时的景观。雷峰新塔建在遗址之上，保留了旧塔被烧毁之前的楼阁式结构，完全采用了南宋初年重修时的风格、设计和大小建造。

双峰插云，登高望湖。南高峰、北高峰，是古时候西湖群山中鼎盛一时的佛教名山，山顶都建有佛寺、佛塔。春秋佳日，岚翠雾白，塔尖时隐时现，自西湖舟中远观，景观独树一帜。南宋时，两峰插云成名并跻身“西湖十景”之列。清代以来，两峰佛塔或圮毁、或雷击，仅余塔基，终致堙废，“插云”景观名存实亡。但清康熙帝品题名胜时，改两峰插云为双峰插云以足“西湖十景”全数，并在今灵隐路洪春桥堍竖碑建亭，故景目尚存，景观内涵则迁演成登高眺望湖山大观，以赏秋山红叶、揽霜天清肃为佳。南高峰邻近西湖，登临其巅可俯瞰西湖全湖胜迹，遥看杭城新貌大观，天地悠悠，浮想联翩。两峰的自然风光异常优美，峰势高峻磅礴，晴雨晨昏不同，尤在雨后或阴翳多云天气，彩云、白云或浓或淡，忽缠忽遮，疑云疑山，一片朦胧，如一幅壮观的水墨淋漓而浓淡有致的山水画卷展现在面前。

南屏晚钟，动人心魂。此景因南屏山下净慈寺的钟声而得名。南屏山横亘于西湖南岸，

山上林木苍翠，秀石玲珑，且多空穴。每当山下净慈寺等寺庙里梵钟鸣响，就会钟声回荡，随风远播，余音缭绕，经久不息，尤其在暮色苍茫时，那阵阵晚钟特别动人心魂，是“西湖十景”中最早成名、最具魅力的胜境。北宋画家张择端曾经画过《南屏晚钟图》，尽管此图远不如他的《清明上河图》那么蜚声画坛，但却被记载于明人《天水冰山录》中。近年来，每到除夕之夜，杭州市各界人士和外宾侨胞都会聚集在净慈寺钟楼内外，举行新年撞钟除旧迎新活动。南屏晚钟的情韵悠然成型，钟声飞向西湖上空，直达西湖彼岸，回音迭起，尤其是在天气晴好时，交响混合，经久不息。当第108声钟声响起，正好是新年伊始之时。这一象征着祥和、欢乐、安定、团结的活动，为古老的南屏晚钟注入了新的含义和魅力。

三潭印月，三座石塔。又称“小瀛洲”，园林精雅，文脉蕴藉，丰姿绰约，名列“西湖十景”，尤以仲秋时节空中月、水中月、塔中月与赏月人心中各有寄托的“明月”上下辉映、神思遄飞而为秋游者所必到。三潭印月岛前身是吴越水心保宁寺寺基，明代绕基筑堤围成湖中湖，清末重构大格局留存至今。全岛面积7公顷，居西湖人工三岛之首。

坐船人登上小瀛洲穿过九曲桥来到“我心相印”亭，鼎立于盈盈碧水之上的三座葫芦形石塔便映入眼帘。传说中，这三个石塔是巧匠鲁班兄妹为除掉在西湖为害的黑鱼精而雕的石香炉的三只脚，因为是香炉将黑鱼精倒扣在湖心里，所以只露出香炉的脚。其实这三座石塔最初是北宋诗人苏东坡疏浚西湖时所立的，这三座瓶形石塔为观察标志，他规定三塔之内不准种植菱藕，以防西湖淤塞。至元代，三塔被毁，现在所见的三塔是明代重建的。而有趣的是塔腹中空，球面体上排列着五个等距离圆洞，若在月明之夜，洞口糊上薄纸，塔中点燃灯光，洞形印入湖面，呈现许多月亮，真月和假月其影确实难分，此夜景十分迷人，故得名“三潭印月”。明人张宁诗云：“片月生沧海，三潭处处明。夜船歌舞处，人在镜中行。”

除去这著明的西湖十景，在美丽的西湖湖畔，还有一座名扬中外的灵隐寺。

灵隐寺又名“云林寺”，创建于东晋咸和元年(326年)。当时印度僧人慧理来到杭州，看到这里山峰奇秀，认为是“仙灵所隐”，所以就在这里建寺，取名“灵隐”。清康熙南巡时，曾登寺后的北高峰顶览胜，他看到山下云林漠漠，整座寺宇笼罩在一片淡淡的晨雾之中，显得十分幽静，于是就赐名灵隐寺为“云林禅寺”。现在天王殿前的那块“云林禅寺”的巨匾就是当年康熙皇帝的“御笔”。据说苏东坡守杭时，常携诗友僚属来此游赏，并曾在冷泉亭上“画扇判案”。

今日灵隐寺是在清末重建基础上陆续修复再建的，全寺建筑中轴线上依次为天王殿、大雄宝殿、药师殿。天王殿正中面朝山门的佛龛供奉弥勒佛像，袒胸露腹，趺坐蒲团，笑容可掬；背对山门的佛龛供奉的是佛教护法神韦驮雕像，像高2.5米，头戴金盔，身裹甲胄，神采奕奕。这尊雕像以香樟木雕造，是南宋留存至今的珍贵遗物。

曲院风荷

游览时机

泸沽湖位于群山环抱之间，又有广阔的湖面调剂气温，因此气候冬暖夏凉、四季如春，月平均温度不到20℃，且降水较少。到泸沽湖旅游的最好时机是春夏季节，那时青山翠绿、春意盎然、百鸟欢歌。

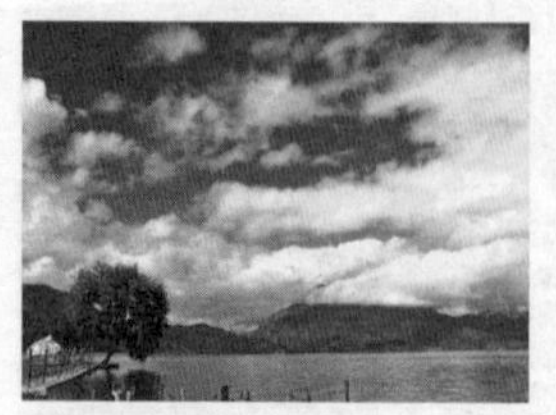

>> 概要介绍

泸沽湖海拔约2700米，是由断层陷落而形成的高原湖泊。面积约50余平方公里。湖水平均深度约40米，最深处达73米，状若“马蹄”，南北长而东西窄。这里地处偏僻，交通不便，自然环境破坏较小，水质纯净。晨曦初露，湖水如染，一片金红；朝阳徐徐上升，则为翠绿；待夕阳西下，又成一片墨绿。风静时，湖面平滑若镜，积万顷碧玉；微风起处，波光粼粼。湖泊周围山峦起伏，东北峭拔壁立的肖家火山，海拔高3787米；西北状若雄师蹲踞的格姆山海拔高3755米。湖东有山梁蜿蜒而下直插湖心，似苍龙俯卧湖中汲饮甘泉，形成泸沽湖上一个美丽的半岛，它几乎将广阔的湖面一分为二。沿湖村庄错落，田地丰饶，稻谷、玉米、燕麦、荞麦相间，给泸沽湖镶上了一条五彩花边。

关于泸沽湖有一个非常有趣的现象。该湖跨云南省和四川省两省境内，且四川方面的水面比云南的水面要大，但人们往往只知道云南有泸沽湖，并且大多也从云南省前往这里旅游。

>> 地理位置

泸沽湖位于云南省宁蒗县与四川省盐源县交界处，距宁蒗县城 72 公里。

>> 自然风光

湖岛为泸沽湖美景锦上添花。湖内共有 5 个湖岛，属云南宁蒗境内的有 3 个，属四川盐源县境的有 2 个。它们一般高出水面 15~30 米，且大小各不相同，像一只只绿色的船只漂浮在湖面。

尼喜岛位于狮子山下，靠湖的北岸，是湖中最小一个岛，甚至只是一块长方形的岩石。它上面布满灌木、青苔，似乎是湖岸岩石的伸延。

它里乌比岛在半岛西南顶点之外，由一个不宽的水峡把它和湖岸分开。岛上曾建过喇嘛寺，过去常有人在此居住，现已荒废。

奈络普岛（也称“永宁海堡”）是游人最感兴趣的一个小岛。它位于西北半湖的中央，高出水面约 20 余米，周长约 500 米；西岸几近直线，东岸则略呈半圆形，东西窄而南北宽，为狭长形。岛上树木葱茏，百鸟群集，野鸭常以这里为家。北坡上还有房屋的断垣残壁。据说原永宁土司于 20 世纪二三十年代曾在这个岛上建造过精美的别墅，宽敞的住房周围有阳台，可以凭眺全湖风景，屋后不远建有供奉戛木女神的神龛，在石狮为座的大香炉里常有香烟缭绕。因岛四面环水，湖中往来仅靠独木小船，易守难攻，十分险要，因而

游览线路

在泸沽湖及湖周边的摩梭村落旅游，一是看湖，二是看木楞子房和四合院，三是可乘猪槽船游湖岛，四是领略摩梭风情，五是了解神秘的阿夏婚。湖西岸美丽的落水村，因交通便捷和湖畔理想的位置，成为这个景区的代表性景点。

在泸沽湖地区旅游主要是步行游览、乘船游览和骑马游览。在泸沽湖畔的交通工具主要有搬运汽车、拖拉机和马匹等。

衣食住行

泸沽湖的海拔较高，气温较低，一般不超过 20℃。因此，到泸沽湖旅游要携带毛衣、滑雪衫一类的御寒衣物。

泸沽湖旅游区用餐集中在泸沽湖畔的落水村，一般旅店都供应饮食。早餐特别丰富，有酥油茶、稀饭、馒头、咸菜、饵丝等，自选任吃，每人只需花 4 元钱，中、晚餐可根据自己的经济情况定餐；另还设有西餐厅、中餐酒店、风味小吃等。也可以进行一次摩梭家访，尝一尝猪膘肉、牛干巴、酥油茶、苏理玛酒的美味。泸沽湖边落水村有一家相思茶馆，为一对年轻人所开，不但提供食宿，还有很多最新旅游信息，很有

特点。

无论游客从哪个方位进入泸沽湖，您都必须首先到达宁蒗县城。县城离湖区72公里，湖区位于落水村，大部分景点、民居、交通点都集中在那里。到了宁蒗，再到泸沽湖只需要3个小时，且不论大客或小巴统一为20元/人。

从昆明到宁蒗，昆明西站有一班卧铺车，16:00出发，次日早上10:00到达宁蒗县，票价130元。从丽江到宁蒗，丽江客运站每天7:55~12:30有直达宁蒗的中巴车，票价43.5元，4~5个小时可到达宁蒗。

从泸沽湖回丽江，包车6人坐的小面包车600元，11人坐的要800元。建议不要包车，一是贵，二来行车时间差不多。现在还有旅游专线车往返，车型依维柯和金杯，100元来回/每人。

从四川到宁蒗，可乘117次车（由北京开出），165次车（由西安开出），511次车（由成都开出）到攀枝花站下，每天早上8:00有长途车从这里出发到宁蒗，车程8小时，票价45.5元。也可先到西昌，西昌汽车站早上8:40有长途车到盐源县，票价63元。在盐源县城吃过午饭后转乘前往泸沽湖的车，傍晚可以到达泸沽

土司将他搜刮来的财产藏在这个岛上，为了保卫这些财产，土司还在岛上建筑围墙，设枪眼，立瞭望台。

狮子山（也称“格姆山”）静卧泸沽湖畔，为美丽的泸沽湖增加威武雄风。这座山雄伟高大，状如雄狮在湖边蹲伏静息，狮头面湖，倾斜的横岭似脚，故而称呼它为“狮子山”。人们认为山顶上茂密的森林是它的黑发，山腰上的白云是它头上的轻纱，泸沽湖是它的银面盆，五彩的永宁坝子是它的罗裙。

>> 人文景观

井干式木楞子房是具有泸沽湖特色的民房建筑。这些民房多系方木垛成，并以木板当瓦。每块木板瓦长约1米，宽0.17~0.26米不等。房屋内部结构具有为适应其母系原则而组成家庭的特点，有火塘所在的正室，为全家的中心；旁有老人及未成年孩子居住的地方；另外一幢二层楼房为“客房”，上层为青壮年妇女与她们的“阿注”的居室。

母系氏族是泸沽湖畔摩梭人独具特色的家庭组织形式。泸沽湖畔的居民以摩梭人为主，由于种种原因，20世纪50年代中期，部分摩梭人中还保留着具有早期对偶婚姻特点的“阿注”、“阿夏”（注：女方称男方为“阿注”，而男方称女方为“阿夏”）的婚姻形态。这种婚姻形态保留了母系氏族公社时期的一些特点，他们男的不娶，女的不嫁，并且以女的为核心而组建家庭。在时间上，这种“阿注”婚姻可长达数十年，也可短到一两天；在数量上，可与一两人结为“阿注”，也可以与更多的人偶居。“阿注”婚姻结合自愿，

解除简单，双方互不来往就算解除了“阿注”关系。与此相适应，其家庭是以血缘为纽带的母系亲属组成。家庭的世系财产也均由母系血统的成员继承。子女均留母家，用母姓。男子在家庭中的身分是舅父或舅祖父。妇女在家庭生活中和生产管理上是主持人，享有崇高的地位。

>> 神话传说

泸沽湖畔雄伟的狮子山还给我们流下了一个美丽的传说。相传，狮子山山上有一位“戛木”女神，她保护着山下各族人民的平安幸福，让百姓多子多孙、让姑娘健壮美丽、让庄稼茂盛、牛羊兴旺。这位“戛木”女神十分漂亮，和摩梭妇女一样，有一个男山神做长期“阿波”（密侣），另有几个男山神作为临时的“阿注”。因此，狮子山在环湖摩梭人心中是座美丽的山，也是一座神圣的山。他们在山脚为它建立神龛，将“戛木”女神视为众神之首，每年农历七月二十五日都要举行一次盛大的祭祀活动。届时，附近村寨的男男女女，特别是青年男女们均穿上节日的盛装，带着食品，有的还骑着骏马，来到狮子山朝拜。他们就地举行野餐、赛马、对歌，有的还就地露宿。男女青年还借此机会结交朋友，物色意中人。从祭女神的活动和狮子山的神话传说中，可以窥见妇女在摩梭人社会生活中的重要地位以及她们的“阿注”婚姻形态。

泸沽湖

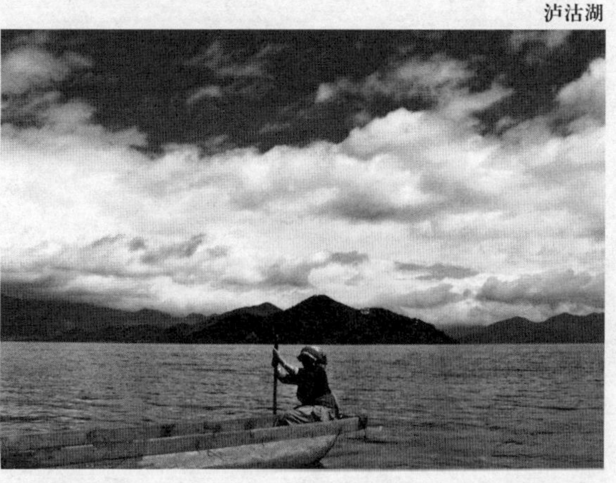

湖。到泸沽湖的路途比较远，中间相当长一段碎石路，颠簸不说，噪音还很大。但是和泸沽湖迷人的景致相比，受些苦还是值得的。

注意事项

1.要注意尊重当地的风俗习惯。

2.不要进行激烈运动，以防高山反应。

3.许多接待用房靠湖太近，严重影响湖水的质量。

草原一般指的是天然的草地植被，
是在不受地下水或地表水影响下而形成的地带性草地植被。

我国是高寒草原分布最广的国家。

草原之美在于她的广阔无边，
需要游览者用心灵去感受草原的博大胸怀和奉献精神；
在于她的蓝天白云，绿草如茵，成群的牛羊像白云一样飘荡在草原上；
在于她的独特的民族风情。

{草原篇}

呼伦贝尔大草原
——蒙古族的发祥地

游览时机

每年的5~9月气候温和，是呼伦贝尔大草原的最佳旅游季节。

大美不需要语言

>> 概要介绍

呼伦贝尔草原是世界最著名的三大草原之一，地域辽阔，风光秀丽，水草丰美，3000多条纵横交错的河流，500多个星罗棋布的湖泊，组成了一幅绚丽的画卷，一直延伸至松涛激荡的大兴安岭。30多个少数民族，各具特色的风土人情，珍贵的历史文物古迹，回味无穷的地方风味，又为美丽富饶的呼伦贝尔增添了色彩。这里夏季气候宜人，空气净透，是避暑度假的胜地；冬季银装素裹，白雪皑皑，一派北国风光，是滑雪、打猎和冰上运动的好去处。

在草原深处，有最原始、最淳朴的自然风光和风土人情，鄂温克、巴尔虎、布里亚特蒙古族兄弟姐妹将以特有的豪爽、奔放与深情厚意迎接你的到来。穿越吉布胡朗图，你将能品味飞鸟成群、水天一色、气势磅礴的呼伦湖和新开湖；住进自己搭建的蒙古包，品尝亲手宰杀的牛羊，喝一杯醇香的奶茶和美酒，吃一顿鲜嫩的手抓肉，或外出体会草原牧民赛马、套马、驯马表演、蒙古博克、角力擂台赛、祭敖包等活动。

这里是心灵的牧场，碧绿的草原一望无际，好似一块绿色的地毯，躺在上面，可以闻到青草淡淡的香味，悠悠白云低得举手可及，成群的牛羊散游草地，弯弯的伊敏河在碧绿无垠的草原上像一条银色的玉带。

>> 地理位置

呼伦贝尔大草原位于内蒙古自治区的东部，东起大兴安岭西麓，西邻中蒙、中俄边境，北起额市根河南界，南至中蒙边界，东西 300 公里，南北 200 公里，总面积约 10 万平方公里，天然草场面积占 80%。

>> 自然风光

呼伦贝尔大草原上是天然的草原风景拍摄地。“十五的月亮升上了天空哟，为什么旁边没有云彩……”这是电影《草原上的人们》的插曲《敖包相会》，这部电影的外景就是在呼伦贝尔大草原拍摄的，而《敖包相会》也是从这里传向了全国。在呼伦贝尔大草原上蓝天白云、弯弯河水、茵茵绿草、群群牛羊、点点毡房、袅

游览线路

去呼伦贝尔大草原，海拉尔市是聚集基地。从海拉尔市有发往草原的旅游车，1 小时的车程。

呼伦贝尔大草原上，游客可以徒步，也可以骑马。由于呼伦贝尔大草原宽广宏大，最好是骑马游览。这样，不但可以节省体力，还可以感受骑马的乐趣。

呼伦贝尔大草原

衣食住行

呼伦贝尔大草原的冬天虽然寒冷异常，但在5~9月气候温和，一般携带茄克一类的衣物即可。

在呼伦贝尔大草原可以吃整羊席、烤羊腿、手抓肉等。

从草原到海拉尔只有1小时的车程，可以在海拉尔市住宿（比如呼伦贝尔宾馆），也可以在草原上牧民提供的帐篷中住宿，感受地道的草原风情。

巴彦呼硕旅游区坐落在辽阔的呼伦贝尔草原中心，距海拉尔车站39公里，距民航海拉尔区东山机场45公里，交通便利，均有直通车直达。前往莫尔格勒河可乘汽车从海拉尔出发，50分钟左右即可到达。从北京、哈尔滨、呼和浩特、包头都有到达海拉尔的火车；呼和浩特也有直飞北京的飞机。

袅炊烟，茫茫无际的天然牧场清新宁静，呼伦贝尔是世界少有的绿色净土和生灵的乐园。

被誉为“中国第一曲水”的莫尔格勒河蜿蜒穿行于大草原。额尔古纳河流域是蒙古族的发祥地，也是成吉思汗叱咤风云过的古战场。此地是以游牧部落为景观的旅游景点也是呼伦贝尔有名的天然牧场，每到水草丰美的季节，这里就会聚集很多游牧的牧民，形成一个自然的游牧部落。茫茫的大草原上生长着如茵牧草，流淌着弯弯曲曲的河水，散落着成群的牛羊和点点的蒙古包。

>> 人文景观

金帐汗蒙古部落位于被誉为“中国第一曲水”的莫尔格勒河畔，是呼盟唯一以游牧部落为景观的著名旅游景点。该金帐汗蒙古部落是仿照当年成吉思汗的行帐而建成的，再现了当年蒙古部落的风貌。这里是中外驰名的天然牧场，历史上许多北方游牧民族都曾在此，成长壮大、繁衍生息。公元13世纪，一代天骄成吉思汗曾在这里秣马厉兵，经过与各部落的争雄，无数骁勇的骑士浴血奋战，最终占据了呼伦贝尔大草原，完成了统一大业。由此，他和他的子孙继续征战，让中国人的名字响彻世界。

在呼伦贝尔大草原，除了可以感受蒙古族文化之外，还可以通过一些濒临失传的蒙古族民间活动的表演，让人们了解蒙古族人的有趣的日常生活。

米阔鲁节是呼伦贝尔草原莫尔格勒河流域鄂温克牧民的丰收节。每年的5月中下旬，忙完接羔保畜的鄂温克人喜气洋洋地聚集到一起，庆祝一年一度的丰收节日。米阔鲁节要进行一系列生产活动，主要是给马烙印、除坏牙、剪耳记、剪鬃毛及给羔羊割势等。人们从马群里套出二岁子马并将其放倒，有的用剪子剪鬃、剪尾梢，有人用刀子割耳为记号。这时马的主人把自家的畜印烧红，在马的左跨上烙印。剪下的鬃毛由畜主收起，割下的耳块由畜主点数保存。母羊都放出去吃草了，羊圈里只剩下满圈的小羊羔，牧人们把公羊羔割势（阉割睾丸），把母羊羔耳朵剪成自家样式的豁口（每家的羊豁口都不相同，以示区别）。

>> 神话传说

呼伦贝尔有个优美的传说：相传很久很久以前，草原上一个勇敢的蒙古族部落里有一对情侣，女的能歌善舞，才貌双全，叫“呼伦”；男的力大无比，能骑善射，叫“贝尔”。他们为了拯救草原，追求爱情，与草原上的妖魔奋勇搏杀，最后，女的化作湖水淹死了众妖，男的为寻找女的勇敢投湖，于是，他们双双化作了世世代代滋润草原的呼伦、贝尔两湖。

草原牛羊

注意事项

1.呼伦贝尔夏季白天很长，早晨一般在凌晨4点左右到来，晚上9点左右黑天，中午时间紫外线强烈，比较干热，所以出门旅游可以选避开中午的时间，早晨早点出门，下午4点以后出门，一定会有意想不到的好效果！

2.每年7、8月份是呼伦贝尔大草原的旅游旺季，宾馆酒店相对紧张，需要打折房间必须由旅行社出面，或找当地负责自助游的部门。

3.草原气候特点：从东端呼伦贝尔草原至阴山河套平原一带，冬季冰天雪地，历达半年之久，平均气温为−28°C左右。冬季不宜前往旅游。

4.要注意骑马安全。

伊犁草原

——天山的绿毯

游览时机

伊犁草原广阔巨大，而那拉提草原是伊犁草原的一个缩影，更因为这里距离新源县城仅 12 公里，所以这里已经开发了草原旅游项目，具备了基本的草原旅游设施。所谓到伊犁草原旅游也就多指是到那拉提草原旅游。

每年 6 月以后，大群的牧畜转入，进入草原的黄金季节，草原人的各种集会也多在此举行，所以有人说那拉提是草原集会的胜地。那拉提草原的最佳旅游季节一般在 7~10 月，这个时候的草已经很茂密了。

>> 概要介绍

伊犁草原北、东、南三面环山，西部开口迎接西来湿润的气流，成为荒漠区中风景这边独好的“湿岛”，促成伊犁草原完整的垂直带谱发育。它从高至低依次分布着高寒草甸、山地草甸、山地草甸草原、山地草原、山地荒漠草原、平原荒漠、河谷草甸，多样性十分丰富。

伊犁草原除了具有世界上一切草原都有的绿色共性外，伊犁的草原更具有大自然鬼斧神工所雕琢而成的草原的多层性和草原的多样性。伊犁就是一个大草原，同时伊犁草原又具有各种不同的表现神态，有高山草场、河谷草场、山坡草场、草甸草场、高原草场和高寒草场。

>> 地理位置

伊犁草原位于新疆维吾尔自治区境内的天山西部。

>> 自然风光

那拉提草原是世界四大高山河谷草原之一，风景区总面积达800平方公里，是国家3A级旅游风景区。即使到了隆冬时节，那拉提也别有一番意趣和情致。到那里滑雪或乘坐马拉爬犁，可尽享北国草原风情的乐趣。那拉提意为“最先见到太阳的地方”。

那拉提草原是一个草原的缩影，它海拔在1190米以上，属高山河谷草场，它的周边是西天山中部的自然形态，既有比较宽敞的河谷，表现它的平坦，又有周边的丘陵，表现它的屏障，所以它是一种摇篮似的草原。伊犁河谷从西到东越来越绿，气候也是从西到东越来越凉。那拉提草原是天然避暑胜地，即使在最热的三伏天，晚上还得盖上厚厚的棉被，所谓“早穿棉袄午穿纱，围着火炉吃西瓜”，在那拉提草原表现最为明显。

那拉提草原地处楚鲁特山北坡，发育于第三纪古洪积层上的中山地草场，东接那拉提高岭，势如屏障。西北沿巩乃斯河上游谷地断落，地势大面积倾斜，山泉密布，溪流纵横。巩乃斯河冲沟深切，河道交错，森林茂密。那拉提年降水量可达800毫米，有利于牧草的生长，载畜量很高。在历史上，那拉提草原就有“鹿苑”之称。这里也是巩乃斯草原的重要夏牧场。那拉提草原系亚高山草甸植物，中生杂草与禾草构成植株高达50~60厘米，覆盖度可达75%~90%。仲春时节，草高花旺，碧茵似锦，极为美丽。这里还生长着茂盛的细茎鸢尾群系山地草甸。

唐布拉草原是尼勒克县境内的喀什河峡谷草原景观的统称，得名于以“唐布拉”命名的大峡谷，是由森林、草原、急流、山石组合的自然景

游览线路

参加旅行社团体游的游客可在乌鲁木齐或伊宁参团。

自助游的游客去那拉提草原游览一般从伊宁出发。第一天从伊宁汽车站乘车到那拉提，中午到，去度假村或大草原玩。第二天下午坐过路车去巴音布鲁克。

自驾游的游客去那拉提草原游览，驾车从伊宁出发，行车4小时左右即可到达，或者从新源县城出发，约110公里，2小时也可到达。

衣食住行

那拉提草原的夜晚较凉，因此即使是在7~10月，也要携带一些御寒衣物。

那拉提草原美食主要有哈萨克族的奶茶、酥油、奶酪、马奶酒、纳仁、熏肉、马肠子、手抓肉、烤全羊、羊肉串等，丰富的草原饮食令人赞不绝口。

那拉提度假村有价格从100~300元的多类住宿条件。

那拉提大草原处于218国道与独库公路交会处，交通非常便利。向北沿独库公路经独山子至乌鲁木齐460公里，行驶约8小时即到；若乌奎高速公路通车后，时间将缩短到7小时；向西走216国

道300公里，4小时至伊宁市与312国道连通可达霍尔果斯口岸以及塞里木湖；向东沿216国道300公里直达南疆重镇库尔勒市；向南沿独库公路240公里到达龟兹古国库县。另外，那拉提还建有机场，就在那拉提草原上。

注意事项

1.要注意尊重少数民族的风俗习惯。

2.伊宁发往那拉提的班车数量很少，票很难买，你可以先买到新源的票，然后再转车去那拉提。

3.从那拉提开始到库车，车况和路都很差，因为是过路车，所以不一定有位，车又开得很慢，要有心理准备。

观区。因为其山谷东侧山梁上有块硕大无比的岩石，恰似玉玺印章，故而得名“唐布拉”（哈萨克语意为“印章”）。唐布拉风景秀美，有森林、草原、飞流、山石等，是伊犁颇负盛名的五大草原之一。著名影片《天山红花》曾在此拍摄外景，从此而闻名。

唐布拉草原中间有一条河流，两边有草场一直连到天山，有140多公里长。这里有河流、草原、青松、雪山和冰峰。据说唐布拉有113条沟、113个景。喀什河东西贯通，南北山岭高悬，斜流频出，状如羽翅，水转景移，颇多秘谷。不少沟谷有天然温泉，分布密度是其他山系少见的，具有矿泉浴开发的美好前景。唐布拉因此有着“百里旅游区”的称号。这里有蕴含出19条溪流的孟克特草原；有小巧玲珑、晶莹剔透，素有“小天池”之称的高山湖泊；有林茂古幽神秘莫测的狗熊沟；有奇峻挺拔、怪石林立的“小华山”；有水温高、水质好、含多种微量元素、可治疗多种疾病的四大温泉。岩画、乌孙古墓群、石门、石桥、怪石点缀其中，让人惊叹陶醉，而温凉宜人的气候更使唐布拉成为全疆闻名的避暑胜地。

巩乃斯草原在伊犁河谷的东端，距新源县城3公里，属“世界四大河谷草原”之一。巩乃斯，蒙语意为“太阳坡”。

巩乃斯草原分布在新源境内，是新疆细毛羊的故乡，也是天马伊犁马的著名产地。这里不仅有地域广阔、水草丰美、飞流湍急的河流和遮天蔽日的森林，还有中世纪遗留下来的亚欧面积最大、最密集的野生苹果林以及野杏、沙棘等次生树种和雪豹、银狐、雪鸡、马鹿等多种珍贵野生动物。

巩乃斯草原地势跌宕起伏，气象万千。山地、草原、河谷并存，四季景色俱佳，尤以春色为最。

由恰合普河飞泻而成的恰合普瀑布，为巩乃斯重要的景点之一。

昭苏草原位于昭苏县内，汗腾格里峰下，为群山环抱。相对伊犁河谷来说，昭苏草原的气候更冷，是高寒草场，属于一年只有三季的地方，春天连着秋天，紧接着冬天，没有夏天。但昭苏地区山坡地势降水非常丰富，每年6~7月，从路边到田边，从田边到山边，从山边到天边，一色的油菜花，非常美丽。

昭苏草原属温带山区半干旱半湿润冷凉气候，冬长无夏，春秋相连。受东部冷空气的影响，盆地终年多雨雪，年均降水量达到512.2毫米，为新疆之冠。伊犁河最大的支流特克斯河横贯全境，23条河流分布南北，年径流量34.88亿立方米。

昭苏草原是新疆伊犁天马的故乡，伊犁天马素有“腾昆仑，历西极”之美誉。伊犁马远在2000年前就已驰名，被汉武帝誉为“天马”，早在清朝乾隆年间就已在这里建立了伊犁马场。现在，昭苏县境内仍有两家伊犁种马场，是全国最大的种马场之一，正在为培养“天马”而努力。

>> 人文景观

昭苏草原最为吸引游客的一个奇特的人文景观便是草原石人。草原石人虽然在新疆其他地区也有分布，但在昭苏境内分布较多。

小洪纳海石人在昭苏县城东南5公里草原上，系隋唐时突厥游牧民族的墓前石人，高230厘米，头宽35厘米，身宽50厘米，面东而立，双手抱置胸前，右手似执有硫、盏之类东西，头发多辫，分布在身后，腰间刻有古代民族文字，刻工古拙。

最有名的是小洪纳海的女石人，立于昭苏县城东南5公里的草原中。该石人婷婷玉立，造型优美，并有多条长发辫披垂在身后，下部还刻有文字。

草原石人在巴里坤、温泉县和伊犁河谷各草原均有发现，总数在100尊以上。石人是古突厥人墓前的标志。

游览时机

锡林郭勒草原属于典型的温带半干旱大陆性气候。近年来，春秋两季的沙尘暴天气较多，建议游客最好不要选择在扬沙天气到草原游玩。锡林郭勒草原游览的最佳时节为每年的7~8月。

>> 概要介绍

锡林郭勒草原属内蒙古高原的一部分，地形比较平坦开阔，可利用的优质天然草场面积有18万平方公里。其地势由东南向西北方向倾斜，东南部多低山丘陵，盆地错落；西北部地形平坦，一些低山丘陵和熔岩台地零星分布其间；东北部为乌珠穆沁盆地，河网密布，水源丰富；西南部为浑善达克沙地。锡林郭勒盟四季分明，春季气温回升迅速，风多风大雨量少；夏季凉爽多雨，雨量较大；秋季凉爽，天气晴朗，风力不大，气候稳定；冬季漫长严寒，总降雪量一般在10~20毫米。

锡林郭勒草原是我国境内最有代表性的丛生禾草——根茎禾草（针茅、羊草）温性真草原，也是欧亚大陆草原区亚洲东部草原亚区保存比较完整的原生草原部分。保护区内生态环境类型独特，具有草原生物群落的基本特征，并能全面反映内蒙古高原的典型草原生态系统的结构和生态过程。

这里有横贯草原中部的秦燕金古长城与世界著名的元上都遗址，还有典雅庄重的洪格尔岩画和明成祖五次北征留下的玄石坡、立马峰。内蒙古四大庙宇之一的贝子庙与祭祀圣地白音查干敖包把宗教与蒙古族文化融为一体。

>> 地理位置

锡林郭勒草原位于内蒙古自治区锡林浩特市境内，面积 107.86 万公顷。

>> 自然风光

美丽辽阔的锡林郭勒大草原旅游资源非常丰富，尤其以草原旅游资源丰富、草原类型完整而著称于世，即草甸草原、典型草原、半荒漠草原、沙地草原均具备，地上植物达 1200 多种。草原内有被联合国教科文组织列为国际生物圈网络的国家级草原自然保护区——锡林郭勒草原自然保护区。

夏牧场乃林河位于内蒙古锡林郭勒盟东乌珠穆沁旗境内的美丽的乃林高勒（那林高勒），弯弯曲曲的乃林河流淌过美丽的锡盟草原，牛羊撒满如绿毯般的草原，这里是内蒙古最美丽的夏牧场，成为内蒙形象的又一代表。乃林高勒中央有两个相邻的美丽的湖，较大的一个是飞禽的家园，是天鹅、大雁等众多鸟类的家。牧民们为了保护最后的游牧地——乃林高勒夏牧场，集资自建旅游点和游牧文化博物馆。2004 年 7 月 3 日曾在这里举办那达慕开幕式。

乌珠穆沁草甸草原每当盛夏来临，风光迷人的乌珠穆沁草甸草原是一片绿色的海洋；高贵的芍药花与美的山丹花争奇斗妍；片片白云在无尽的蓝天中飘游；牧人策马，牛羊游动；蒙古包炊

游览线路

在锡林郭勒草原观光有多种游览线路，这里是游锡林郭勒草原观光三晚四日游的线路。

第 1 天：锡林郭勒市机场接团，入住宾馆。

第 2 天：早餐后，赴西乌旗蒙古汗城，了解蒙古族马文化，午餐后，赴游牧部落体验牧民生活，乘坐勒勒车，登成吉思汗瞭望山，晚餐后，观草原星空及篝火表演。住传统蒙古包。

第 3 天：早餐后，赴达里湖，观砧子山、千年古岩画、金代古长城遗址、达里诺尔湖美景，下午游“联合国人与自然保护区”白音锡勒，观有“活化石”之称的红皮云杉林，高原内陆湖，返市内晚餐。住市内宾馆。

第 4 天：早餐后，市内游古刹贝子庙，民族用品购物。午餐后结束美丽的草原之旅。

锡林郭勒草原宽广巨大，只有在具体的景点内可以徒步游览，景点之间要有汽车或摩托车提供帮助。

烟缕缕升腾；勒勒车缓缓行驶。繁花似锦的大草原重现了风吹草低见牛羊的美景，锡林河九曲十八湾像洁白哈达一样飘动在草原上。

当游客步入这块神奇的土地，还可领略到北方游牧民族的历史文化。历史上的锡林郭勒大草原由五个部落组成，由东向西为乌珠穆沁、浩济特、阿巴哈纳尔、阿巴嘎和苏尼特五大部落组成。1958 年锡林郭勒盟和察哈尔盟合并成锡林郭勒盟，察哈尔部落也融入到锡林郭勒草原上。其中，察哈尔部落是从成吉思汗开始的黄金家族蒙古大汗的住帐部落，阿巴嘎部落是成吉思汗的弟弟别里古台的后裔和臣民。他们至今仍然完整地保留着草原游牧文化与风俗习惯，从服饰、饮食、民居到歌舞、婚嫁、礼仪、节庆等，在整个蒙古民族的历史文化中具有重要的地位和代表性。

>> 人文景观

洪格尔岩画群位于苏尼特左旗境内，距今已有四五千年的历史，是研究我国北方游牧民族历史的珍贵史料。据专家分析，这 600 多幅古岩画都是远古时期的北方游牧民族所绘，他们在日常

锡林郭勒草原的肥尾羊

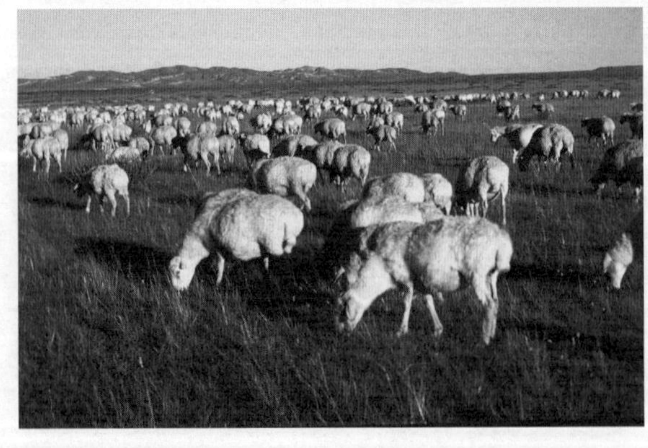

衣食住行

锡林郭勒草原位于蒙古高原，即使是夏天到这里旅游，也要携带羊毛衫或茄克一类的衣物，以便夜晚外出时御寒。

锡林浩特的餐饮特色仍以蒙古风味为主，烤全羊、手抓肉、涮羊肉、奶茶是每一个到草原旅游的人必尝之美味。

锡林浩特市拥有宾馆 20 多家，有 2000 多张床位可以供游客住宿。另外，住蒙古包也是一种另类的体验。还可以在草原露营。

锡林郭勒草原交通便捷，已经形成了四通八达的铁路、公路交通网络，通往各景点的路也基本上实现了黑色路面。锡林浩特铁路已与集通铁路线接轨正式通车，每日往返呼和浩特的旅游列车朝发夕至。锡林浩特飞机场能够起降波音 737 客机，可直飞北京、大连和呼和浩特，旅游旺季每日都有航班。207 国道张家口至锡林浩特段加宽改造与京张高速公路的竣工，大大缩短了京津冀及以南地区的游客到锡林郭勒大草原旅程的时间，从北京出发陆路方面 4 小时左右可进入锡林郭勒草原，7 小时左右可到达锡林浩特市，北京至锡林浩特航班仅用 40 分钟即可到达，交通十分便利。

锡林郭勒草原

的放牧、狩猎等单调的过程中，在石块上记录下一个个生活的场面，虽然线条简单，构图粗陋，但其形象生动，别具特色，在世界岩画史上也占有重要的一席之地。

贝子庙位于锡林浩特市北部的额尔敦陶力盖敖包山南坡下，始建于清乾隆年间，是内蒙古四大庙宇之一。因当年主持修建此庙的是当地贝子巴拉吉道尔吉，而且是建在贝子旗，寺庙因此而得名。整个建筑群共分为七大殿，分别为朝克钦、明干、却日、珠都巴、甘珠尔、丁克尔、额日特图等，在这7座大殿之外，还有十几座小殿和2000多间僧舍，规模庞大，气势雄伟。在寺庙建成后的百余年间，该庙成为远近牧民朝拜的主要场所，香火极盛。寺内存有大量的反映蒙古民族历史和生活的壁画，是研究蒙古族史和民族艺术的宝贵史料。

注意事项

1.在草原推荐露营，很舒服。

2.在城镇不要住几元的那种便宜旅馆，脏，有跳蚤。20元左右可住条件很好的3人间，要问是否有公共淋浴及热水供应时间。

3.手把（抓）肉18元/斤；如果吃不惯羊肉，自己带适量肉食和榨菜等。

4.当地的水含盐量较高，可以在当地买矿泉水，除草原深处外都可在当地小店买到，去草原深处可多买些带上。

5.注意尊重少数民族的风俗习惯。

那曲草原

——赛马盛会闻名青藏高原

体现最原始的力士崇拜

游览时机

每年的7~8月相对温暖，是那曲草原的旅游黄金季节。

>> 概要介绍

那曲草原平均海拔4500米，其中心域镇就是位于青藏公路上的那曲镇。所以，这也就是这片草原成为那曲草原的由来。

那曲藏语意为“黑河”。整个地区在唐古拉山脉、念青唐古拉山脉和冈底斯山脉怀抱之中，西边的达尔果雪山和东边的布吉雪山形似两头猛狮，守护着这块宝地。这片总面积达40多万平方公里的土地，就是人们常说的羌塘。整个地形呈西高东低倾斜，西高，中平，东低，平均海拔在4500米以上。中西部地形辽阔平坦，多丘陵盆地，湖泊星罗棋布，河流纵横其间。东部属河谷地带，多高山峡谷，是藏北仅有的农作物产区，并有少量的森林资源和灌木草场，其海拔高度在3500~4500米之间，气候好于中西部。

那曲地区属亚寒带气候区，高寒缺氧，气候干燥，多大风天气，年平均气温为-0.9~-3.3℃，年相对湿度为48%~51%，年降水量380毫米，年日照时数为2852.6~2881.7小时，全年无绝对无霜期。每年11月~次年3月间是干旱的刮风期，这期间气候干燥，温度低下，缺氧，风沙大，延续时间又长，5~9月相对温暖，是草原的黄金季节，这期间气候温和，风和日丽，降雨量占全年的80%，绿色植物生长期全年约为100天左右，全部集中在这个季节，这时的草原一片青绿，万物茂盛，畜旺人欢。

在那曲地区境内，辽阔的羌塘草原和神秘的藏北无人区都会给旅游者留下深刻的印象，尤其是一望无际的无人区，栖息着野牦牛、藏羚羊、野驴等许多国家一级保护动物，给这片神奇的土地增添了更加迷人的色彩。藏北灵湖纳木错位于拉萨市的当雄与那曲地区的班戈县之间，每年都有许多前来转湖的游客和信徒。

>> 地理位置

那曲草原通常指位于西藏自治区北部的那曲行署西部至阿里行署东部的广袤地区，北与新疆维吾尔自治区和青海省交界，东邻昌都地区，南接拉萨、林芝、日喀则三地市，西与阿里地区相连，处于青藏高原心腹地带。

>> 人文景观

赛马节是藏北草原的盛会。每年8月（藏历六月），那曲地区的赛马节都要在这里举行。届时，旅游观光的游客、四面八方的牧民、各地的商贩等云集此处，旅游者可以领略藏北草原的自

游览线路

到那曲草原旅游的游客，公路线路主要有：拉萨—那曲镇、乌鲁木齐—拉萨—那曲镇、西宁—那曲镇、成都—昌都—那曲镇、昆明—昌都—那曲镇、昆明—八宿—拉萨—那曲镇等线路。飞机线路有：全国各主要城市—拉萨机场—拉萨—那曲镇。青藏铁路开通以后，可以乘火车游览那曲草原，其线路为：西宁—那曲镇。

青藏铁路在那曲镇设有车站，因此可以乘火车游览。在那曲赛马节期间，可以在那曲县城乘中巴前往。到那曲后的游览方式主要徒步或骑马。

衣食住行

那曲地区属亚寒带气候区，高寒缺氧，即使是夏天至少也要携带羊毛衫或茄克一类的御寒衣物。

到那曲地区旅游最好多带些方便食品。藏家酥油奶茶是一道美味的饮料。那曲镇是西藏重要开放的旅游区之一，游客可以享用那里的许多具有藏族风味的食品。

游客在那曲可以住饭店或宾馆，也可住帐篷。羌塘信苑酒店地处西藏北部那曲羌塘草原，是按三星级标准投资兴建的涉外旅游酒店。酒店位于那曲镇浙江中路，毗邻青藏公

路、铁路，距西藏首府拉萨328公里，交通极其便利。羌塘信苑酒店是世界上海拔最高的二星级酒店，建筑面积6800平方米，是一所集住宿、商务、会议、餐饮、娱乐、酒吧、茶园、美容美发、干洗、购物等于一体的现代豪华酒店。

那曲行署所在地那曲镇是青藏公路的必经之路，因而交通便利。在那曲赛马节期间，那曲县城有中巴前往，车费2元。那曲镇目前已开通对周围六县的客运班车。

拉萨机场有连接全国各地的航班，游客可以乘飞机到达拉萨，再转车去那曲镇。新疆方向的游客可以从乌鲁木齐出发，经新西公路到达拉萨，再从西藏拉萨出发到达那曲镇。青海方向的游客可以从西宁市出发，沿青藏公路南下到达那曲镇。四川方向的游客可以从成都出发，沿川藏公路到达那曲镇。云南方向的游客可以从昆明出发，沿滇藏公路到达那曲镇。

然风光、节日气氛和民族风情，还可以参观游览藏北名寺孝登寺。

藏北草原赛马会为每年8月1日开始，持续15天。赛马节期间，那曲镇周边各县的牧民们穿着艳丽的民族服装，骑着骏马，带着帐篷专程会集到聪沁卡多草原或巴尔塘草原。傍晚，绘有各种佛像的帐篷里升起袅袅炊烟，卸了鞍的骏马在塘边饮水，儿童们在羊群边嬉戏，姑娘小伙们则手拉着手围成一圈欢快地跳着锅庄舞，夕阳从橙红色的云朵中探出脸来，把羌塘草原染成金色。

赛马节开幕的那一天，附近的藏族群众扶老携幼，从四面八方涌向赛马场。蓝天白云之下，彩旗招展，骏马奔驰，歌声嘹亮。比赛开始时，骑手们牵马进入赛场，绕场一周后，再牵到指定地点。到达起点，骑手们便上马整装待命，发令声一响，他们扬鞭抽马，疾驰狂奔，冲向终点。赛场这边，马上健儿，火枪响处，正中靶心；赛场那边，舞蹈队员，穿金佩玉，长袖善舞；帐篷城旁，烹牛宰羊，茶酒飘香，构成一幅美丽的风俗画卷。

羌塘恰青赛马艺术节有着悠久的历史，源于

那曲人家

那曲——天地悠悠

吐蕃部落操演校兵、检阅武装的活动。每届会期持续3~7天，民间传统的比赛项目主要有赛走马、赛跑马、赛骑射、马上捡哈达、赛牦牛、抱石举重、双人拔河等。赛马艺术节同藏区各地的各类盛会一样，如今还增加了民间舞蹈汇演、文艺演出、时装表演等，当地政府同时组织了招商引资、经贸洽谈、物资交流、风情旅游等促进经济发展的活动。每年的羌塘恰青赛马艺术节都会吸引数万藏族群众参加，八方游客也一睹藏北奇特的民俗风情，参与各项民间歌舞活动并购买土特产品。羌塘恰青赛马艺术节已成为西部旅游的亮点。

注意事项

1.那曲草原海拔较高，多数人会有不同程度的高原反应，不宜剧烈运动，宜少饮酒，多吃蔬菜、水果等，以减轻高原反应强度。最好能备常用药品及抗高山反应药物。

2.景区日照强，紫外线强。长时间在户外活动，请戴上太阳帽，涂抹防晒霜，以保护皮肤。

3.徒步前往那曲草原的旅行者，得带上足够补给及帐篷、睡袋等。

4.任何时候，那曲草原的晚上气温均很低，晚上睡觉时要注意保暖。

游览时机

每年的6~9月气候温和，是科尔沁草原的旅游最佳季节。

>>概要介绍

蒙古科尔沁部是成吉思汗胞弟哈布图哈撒儿及其后裔所属部落。清时，科尔沁蒙古人与邻近的满洲人交往日趋紧密。清初，科尔沁部已经占据北抵齐齐哈尔以南，南达辽东旧边墙之间的广阔地域。清太宗天聪年间（1627~1636年），科尔沁等部移驻西拉木伦河流域，就放牧于今内蒙古赤峰市以北一带。科尔沁蒙古与满族在地缘上、政治上和军事上关系甚密，是最早归附后金（清朝）的蒙古部落之一。科尔沁蒙古首领世代与满洲统治者联姻，清孝端文皇后、孝庄文皇后、孝惠章皇后皆出身于蒙古科尔沁部。后金时期的努尔哈赤就是从这里开始与明王朝争取蒙古人的政治、军事联盟并拉开了与当时已经和明王朝结盟的蒙古领主林丹汗决战的序幕。努尔哈赤通过与科尔沁部蒙古人联姻、封爵等手段加强了满蒙的政治联盟，进而征服和控制了漠南蒙古的广大地区，打通了进入长城的辽西走廊，最终入主中原。

科尔沁草原地域辽阔，资源丰富。科尔沁草原有较大面积的天然牧场和近2000万头（只）的科尔沁红牛、兴安细毛羊和蒙古牛羊。科尔沁草原水利资源非常丰富，有绰尔河、洮尔河、归流河、霍林河等240条大小河流和莫力庙、翰嘎利、察尔森等20多座大中型水库。科尔沁淡水鱼种类多、肉质好，无污染，水里繁殖，年出鱼量达到3000吨。科尔沁草原历史悠久，文化源远流长，目前尚存的名胜古迹有辽代古城、金代界壕、科尔沁十旗会盟地旧址和庙宇、佛塔多座。在科尔沁草原上已有大青沟、罕山、科尔沁草原湿地自然保护区等国家和地区保护区。

>> 地理位置

科尔沁草原位于内蒙古自治区的东部，在松辽平原西北端，包括整个兴安盟和通辽市的一部分地方。它北与锡林郭勒草原相接，东邻呼伦贝尔草原。科尔沁草原内的珠日河草原旅游区位于通辽市境内，在304国道西侧，距交通发达的通辽市101公里。

>> 自然风光

科尔沁草原的湖泊星罗棋布，沼泽迤逦，栖息着仙鹤、白鹭、天鹅等珍稀鸟类。辽河、霍林河、洮儿河是其中的主要河流。草原上的河流如一条蜿蜒的玉带在大地上盘旋；沙地绵亘，经风剥蚀过的沙冈如刀削斧劈。树木的根部似被各自镂过，根须交错裸出地面，空空地支撑着树干在荒原上耸立。遍布在科尔沁的森林各尽神韵：白桦林如梦如歌；红柳林越是隆冬季节越是显现迷

游览线路

科尔沁草原地域辽阔，旅游景点众多。但最为突出的要数珠日河草原旅游区。这里是科尔沁草原的代表，也是大多数游客心目中的科尔沁草原旅游目的地。下面是从通辽市出发的科尔沁草原二日游线路：

第1天：通辽—科尔沁草原，住草原。在通辽市组团，前往科尔沁草原（即珠日河草原旅游区，车程约2小时），抵景区后热情的蒙古青年以高亢的歌声为游客举行科尔沁迎宾仪式，接受洁白的迎宾哈达。参与蒙古族的祭敖包仪式，以祈求一生平安；访问游牧部落，品尝炒米、奶茶、奶酪等民族食品并学习各种传统小吃的做法，听草原牧人的悠扬的马头琴《天堂》，体验草原生活。然后自由活动，客人可以去蒙古族狩猎俱乐部，参加射箭、射弩，也可以骑马漫游草原。晚自费参加篝火晚会。

第2天：草原—通辽。早餐后返回通辽市内参观蒙古族藏传佛教名寺——大乐林寺，感悟佛教精深博大的教义。下午送团，结束愉快的草原之旅。

除了游览科尔沁草原内的珠日河草原旅游区，游客还可以游览科尔沁草

原的其他地方。在通辽再换乘去嘎什店子的火车仅70公里的路程就可找到很理想的柳林。位于（吉林）白城西南100公里处的向海自然保护区是拍摄草原和仙鹤的必经要道，到向海自然保护区仅2小时的客运班车。去草原深处则要换乘白城到阿尔山的普客列车，午夜1时左右在索伦站下车，再由索伦乘小公共汽车前往满族屯。

注意事项

1.前往科尔沁草原，可以乘飞机经北京、沈阳、长春等地中转，但注意不要经内蒙古自治区的首府呼和浩特中转，因为这里离科尔沁草原远着呢。

2.冬天到科尔沁草原摄影旅行，可以带任何型相机进行创作，但在低温条件下要注意使用全机械的机型。在室外拍完后回到室内前要注意先将相机藏入摄影包拉好拉链，否则因相机过凉，突然到热屋子会立刻结霜，损坏器材便追悔莫及了。

3.要注意骑马安全。

4.租车的游客要注意交通安全。

人的红艳；十月初枫树经霜染绚烂于大地之上；通辽市以南奈曼旗一带有一片怪怪的柳树很耐观赏，当地人称“鬼柳”，还有文人叫它“沙柳”。

四月转暖，是欣赏沙柳的好季节。早春时节沙柳铁骨铮铮，遍体被刀削过的芒刺如匕首凌空，划着怒号的罡风呼啸着，似乎在述说着世间的不平。

六月以后，科尔沁大草原复苏了。浅草漫漫，乍绿犹黄，一种生机的嫩绿甚是可爱。端午节前后，野花开始在草原上绽放，薰风醉人。此时的向海自然保护区，正是小鹤破壳出生的季节，小生命在雌鸟的呵护下徜徉在芦苇丛中。草原深处的满族屯小河涓涓牛羊伴着牧歌在草原上移动，一种别样天地呈现眼前。七月下旬是大兴安岭披上最美丽的盛装的季节，白桦林中最多的是紫红色的柳兰，林间路旁疏疏密密的紫红色串串花儿依傍着白桦洁净挺拔的树干又是一种韵致。

夏季以后，兴安岭似乎没有过萧条。然而真正能使影友们发狂的还数金秋十月，在岭上白桦金黄的叶子稀疏了，留在树枝上的缤纷的残叶确也似魔幻般地出奇，脱去秋装的红果树展示着一身玲珑的果球，红艳艳的，在白桦林中妖娆无比。岭下有一块叫代钦塔拉的地方，那里是一片枫树林，进入这片草原被霜染过的七彩枫林如同大地飘浮着的七彩云朵美得令人目眩，这里是科尔沁王爷府花园的后山。山上的五角枫据说是下嫁的格格从北京香山撷来的种子。

十月过后，大兴安岭进入严酷的冬季。最冷时的气温达-42℃！人们说这儿小树枝的霜雪像小猫尾巴似的。一天24小时，空中总是飘荡着霰雪，无论阴风呼号还是晴天，整天都会被包围在冰雪之中，向北到天池这么冷的气候竟有一条不冻的河流。河水里生长着可食用的水草，不冻河岸上冰雪弥漫着，树林里没有二级以上的大风，冬天常见厚厚的树挂。

>> 琴之传说

聆听苍劲的马头琴声是科尔沁草原旅游的一个重要节目。马头琴因琴杆上头雕着一个精美的马头，所以名叫“马头琴”。它是蒙古民族乐器之一。可是，它为什么要雕一个马头呢?

传说，很久以前辽阔的蒙古草原像翻腾的绿色海洋，草木丛生，鸟兽嘶鸣，牛羊遍野，一派兴旺景象。善良的牧民苏和拥有一匹神骏的白马，邪恶贪婪的王爷明谋暗算想夺取这匹骏马，他以草原赛马比赛第一名可以娶自己的女儿为借口，诱骗苏和参赛。当苏和不负众望获得第一名后，牵着骏马去找王爷领赏，却被毒打一顿，骏马也被扣押在王爷那里。苏和拖着伤痕累累的身躯回到家中，懊恼与后悔不已，这时却听到了嘶鸣声，他赶到门口一看，骏马虽逃了回来，身上却被射了几支毒箭，倒在地上奄奄一息。苏和扑在濒死的骏马身边哭昏过去，朦胧中听到骏马对他说：“主人哟，你不要伤心落泪了，你用我的皮、骨、鬃、尾做一把琴吧。让我永远在你身旁。”苏和醒来后就按照骏马说的话做了一把琴，并在琴杆上端按照白骏马的模样雕刻了一个马头，起名叫“马头琴”，永远带在身边。

苏和每当想起白骏马就拉起马头琴来，琴声响彻云霄，好似万马奔腾。

衣食住行

科尔沁草原的冬天虽然寒冷异常，但在6~9月气候温和，一般携带茄克一类的衣物即可。

游客可品尝到具有科尔沁特色的“手扒羊肉”、烤全羊、奶茶和蒙古族的其他风味食品。在珠日河草原旅游区可以住蒙古包。在科尔沁草原的周边城市则可住宾馆。如果有兴趣，游客也可以自带帐篷，在草原露营。

游览科尔沁草原，通辽市是重要的中转之地。游客可以从辽宁沈阳市、吉林的长春市等地乘火车前往，亦可从辽宁沈阳市、吉林的长春市等地乘汽车前往。由北京乘火车抵达通辽市约为18小时的路程。

森林是美丽的，

绿色的深处隐藏着动物和植物的梦想，也隐藏着人类的梦想。

森林是地球最重要的植被，

养育着众多的生命。

森林旅游不同于其他旅游，它是旅游者在自然中感悟森林的思想，

体味生命的广大和美丽的过程。

它强调以一颗平常心尊崇自然的异质性，把自然作为有个性的独立生命来看待；

它需要人们在欣赏自然美色的同时，也要注意不要将一己的意志强加于自然和其他生命，

如见到野兽不要去打扰，更不可去捕捉，

要学会静观默察、敬天惜物，认真听取周围的天籁之声，

并通过摄影、写生、观鸟、自然探究等活动，

充分感悟森林的自然之美。

{森林篇}

白马雪山高山杜鹃林

——最大的高山杜鹃林

游览时机

保护区腹地冬季冰封雪阻，从12月~翌年4月大雪封山，一般不能通行汽车，每年夏、秋季才能通车，此时公路沿线冰雪消融，到处溪水潺潺。夏季是观赏白马雪山杜鹃的最佳时节。

>> 概要介绍

白马雪山自然保护区总面积1879931公顷。其中天然林面积76658公顷，占总面积40%。保护区山脉源自唐古拉山，在西藏境内称“宁静山脉”，进入云南称“云岭”，为澜沧江和金沙江的分水岭。整个保护区山峰线皆在海拔4000米以上，超过海拔5000米的山峰有20座，最高峰白马雪山海拔5430米，终年白雪皑皑。

>> 地理位置

白马雪山自然保护区位于横断山脉中段，云岭北段主峰白马雪山（又名“白芒雪山”）和人支雪山的金沙江坡面。行政上隶属迪庆藏族自治州德钦县，北面与西藏芒康县接壤，东面隔金沙江与四川德荣县相望。地理坐标界于北纬27~28°、东经98~99°之间。

>> 自然风光

白马雪山自然保护区是保存较为完好的寒带原始林区，也是云南省海拔最高、面积最大的自然保护区。保护区海拔最高处的扎拉雀尼峰高至5640米，与最低处的霞若乡高差达3380米，形成立体感极强的气候特征和植被类型。

依海拔的高低，垂直分布着高山流石滩稀疏植被、高山灌木丛草甸植被、亚高山暗针叶林、针阔混交林、云南松林、高栎。在云杉林和冷杉林组成的亚高山暗针叶林带，栖息着'99世博会的吉祥物、国家一类重点保护动物滇金丝猴。它们活跃于保护区内面积51080公顷的核心区，结群活动，采食云杉、冷杉和桦木树的嫩芽以及幼叶、长松萝和花楸等，其跳腾游窜、嬉戏鸣唤，给雪山林海带来特有的灵气。

高山杜鹃一般生长在海拔3000米以上的高寒地区，是雪山上特有的树种之一。高山杜鹃是白马雪山自然保护区中的重要树种。白马雪山自然保护区雪峰连绵，林海莽莽，还有金沙江及其支流珠巴洛河从雪山丫口流出，流过分布在雪原林海之中的藏族村落。

白马雪山自然保护区有令人心醉神迷的景观。冬春季节，千里冰封、万里雪飘，游览之人可尽情领略雪域风情。夏季冰雪消融，溪水潺潺，杜鹃花开，灿烂绚丽，百鸟轻鸣，群猴嬉戏，是中外游人旅游白马雪山的最佳季节。到了秋季，山色斑斓，别有情致，这时是摄影者的绝佳时机。

白马雪山群峰连绵，姿态雄伟，气势磅礴，在世代生息于雪山脚下的藏民心中，是一种神圣的象征。他们敬之为神山，只要由此经过，莫不向之顶礼膜拜。

衣食住行

即使是在夏季游览白马雪山，也要携带一些如毛衣、滑雪衫一类的御寒衣物。

由于白马雪山旅游设施较为落后，仅在贡卡丫口可为旅游者提供食宿。

注意事项

1.保护区腹地冬季冰封雪阻，从12月~翌年4月大雪封山，一般不要进入游览。

2.进入保护区，必须服从工作人员指挥。

3.自驾车前往观赏白马雪山杜鹃，最好在出发地（德钦、维西）请导游做向导。

西双版纳热带雨林

——我国热带森林的宝库

游览时机

西双版纳地属热带雨林气候区，长夏无冬，又因森林茂盛，绿阴笼罩，故夏季气温并不高，四季凉爽宜人。但5~10月间多雨，不利出行。最佳游览时间为每年的11月~翌年4月。西双版纳全年高温、多湿、多雨、少寒、静风；常年平均气温11~22℃之间；无四季之分，只有干季和湿季。当北国还是冰天雪地时，版纳却“夏日酷暑”，难怪有的北方客人在冬季到版纳旅游，女士们后悔没有带裙子。

>> 概要介绍

西双版纳州以山地为主，山地占总面积的95%，宽谷盘地占5%。西双版纳热带雨林地处热带北部边缘，横断山脉南端。受印度洋、太平洋季风气候影响，形成具有大陆性气候和海洋性气候兼优的热带雨林。2000年，国务院批准纳版河自然保护区升格为国家级自然保护区。这是我国第一个按小流域生物圈理念建设的保护区，扩大了热带雨林保护的面积。世界上与西双版纳同纬度带的陆地，基本上被稀树草原和荒漠所占据，形成了“回归沙漠带”，而西双版纳这片绿洲，犹如一颗璀璨的绿宝石，镶嵌在这条“回归沙漠带”上。

在西双版纳热带雨林中，流淌着水银般明净的莱阳河。河谷两岸茫茫苍苍的原始热带雨林里有繁衍了100多万年的天然木，有高耸入云的望天树；有十多人合围的巨大板根，有两棵树缠在一起的“绞杀树”；还有各种寄生在树干上的小花，与树的绿叶相辉映。

西双版纳有402万亩自然保护区，其中有70万亩是保护完好的原始森林。为了满足旅游业发展需要，目前已开发两片景点：一是三贫河自然保护区，一是曼点热带沟谷雨林。

在西双版纳原始森林中，树木大体上可以分作三种类型。一种是高大的乔木，有的甚至有几十层楼房那么高，像望天树，高达六七十米，白头树、冲天树、龙脑香等这些树种也有四五十米高，它们是森林中的大个子。第二种是有20米左右高的乔木，像连生树，树干笔直。由于被别的大树遮盖住，不能充分吸收阳光，树干上的枝杈就会自动脱落，光光的树干连个疤痕也没有。它们生长得很快，七八年就可成材。榕树、菩提树、芒果树等都属于这一类。它们是森林中的“中等身材”。第三种树一般不到10米，像棕榈树、杉树等，是森林中的矮个子，这类树在森林里到处都是。

西双版纳原始森林面积与东北的大小兴安岭的森林面积相比，只是很小的一片。但是，它的植物种类却丰富很多，人们曾计算过在一块50米见方的版纳原始林区内发现仅高等植物就有130多种，而东北林区却只有40多种。整个西双版纳的面积只占全国总面积的1/500，可是却生长着四五千种高等植物，占了全国3万多种高等植物的1/6。列为全国重点保护的26种树种中，西

游览线路

由于西双版纳热带雨林范围广大，一般由景区管理部门安排游览线路。当然，游客如果有兴趣也可以徒步游览，但一定要掌握好时间。

注意事项

到森林中徒步游览，要特别注意毒蛇，它们最喜欢到花儿开放得最艳最香的地方“闲逛”。

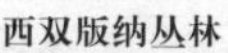
西双版纳丛林

双版纳就有 7 种，占 1/4。

雨林里还栖息着上千种动物，在密林深处，可以看到奔跑的鹿、悠闲的鹤以及在古藤上荡悠的猴，偶尔也能一睹国家一级保护动物野牛和犀鸟的身影。另外，在原始森林中还有很多长年生活在树上的珍奇动物，如懒猴、长臂猿等。

野象是西双版纳自然保护区内受到重点保护的动物，它们成群结队地在一起生活，每群少的只有几头，多的有二三十头，每一群大象都有自己固定的地盘，互不侵犯，互不干扰。

>> 地理位置

西双版纳热带雨林位于澜沧江以北、云南省的最南端，距离景洪 8 公里，是全州离景洪最近的一块原始森林。西双版纳热带雨林在北回归线以南，是亚洲大陆向中南半岛过渡的地带。

衣食住行

到西双版纳旅游，在原始森林公园可以吃到许多美食，但需要一定的胆量。

“剁生”——绝对的新鲜生猪肉剁碎了吃。当然生肉里要剁进大量的辣椒大蒜等调料以渲染或压抑。吃一口红兮兮的生肉，喝一口烈汹汹的烧酒，十分刺激。

“肉芽”——爱伲人惊世骇俗第一名菜。他们嫌新鲜肉不够营养，挂之野外任苍蝇聚集产卵肉中，不久就生长出白白嫩嫩的蝇蛆密密麻麻蠕动。烹饪时，用竹棍奋力在臭肉上敲击，白蛆纷纷坠落，拾之滚油炸熟或碳火烧熟，奇香扑鼻而来。

孔雀开屏

长白山红松阔叶混交林

——混交林典范

>> 概要介绍

红松是东北的珍贵树种，以红松为主的针阔叶混交林，是东北地区最有代表性的森林类型。长白山是红松的主要分布中心。1960年建立了长白山自然保护区，主要以红松为保护对象。该自然保护区以长白山天池为中心，总面积196465公顷，是我国建立最早、地位最重要的自然保护区之一。

从长白山山麓到山顶，可以看到从温带到寒带的不同植物的类型。植物的分层分布情况十分清楚。在山脚，主要是阔叶林；往上，直到海拔1000米左右，是针叶和阔叶混合林。在这混合林带，树木品种繁多，不同季节的风霜雨雪使大森林的景观变化多端、千姿百态。海拔1000至1800米之间，是针叶林带。这里山高林密，生长着最有经济价值的各种针叶树，树干笔直，生机

游览时机

长白山属于温带大陆性山地气候，冬季漫长寒冷，夏季短暂凉爽且天气变化无常。年平均气温在-7~3℃之间。

到长白山旅游的最佳时节是7~9月。

游览方式

一般从延吉方向来的游客需从北坡登山，可以二道白河镇作为落脚点。在二道白河镇可以搭车游览北坡各景点，价格为每人40元。如欲去天池，就必须在天池路口换乘越野车，价格为每人80元，游人若有体力和兴趣，可以从天池路口徒步上天池，单程约需90分钟。

盎然。再往上到海拔近2000米，是岳桦林带。岳桦树为适应高山寒冷潮湿的严酷气候，躯干短曲多枝，树皮节理斑纹极富图案趣味。海拔2000多米以上就没有树木了，是苔藓地带，每年六七月间，这一带盛开着各种颜色的鲜花，景色瑰丽。

长白山红松阔叶混交林带位于长白山下部，分布在海拔1100米下的玄武岩台地上。红松阔叶林带地势平缓、气候温和湿润，森林下发育着比较好的山地棕色森林土。森林生长茂密、树木种类繁多，形成“长白林海”的壮丽景观。林分结构复杂，灌木和草本植物层次分明，以红松为主的常绿针叶树和落叶阔叶树混交是主要代表类型。在水湿地上生长着成片的落叶林。在长白山北坡局部地带还生长有长白松（美人松）的小片纯林，这里还有许多古老的植物，如红松、紫松、黄菠萝、春榆等。每当初春，山花烂漫，百鸟齐鸣；时至盛夏，古木参天，郁郁葱葱；深秋来临，湖光山色，风光绮丽；秋去冬来，则银装素裹，分外妖娆。

红松以其优良材质和多种用途而著称于世。红松树高可达30~40米，材质松软，易于加工，不易开裂，树木富含松脂，种子含油率达70%以上，也是建筑的优良用材。

>> 地理位置

长白山红松阔叶混交林位于长白山自然保护区，而长白山在吉林省东南部，一部分在朝鲜境内。山的最高峰海拔2749米。长白山山高地寒，山上终年积雪，草木不生，望之皆白，故名“长白山”。

衣食住行

长白山冬季漫长寒冷，夏季天气变化无常，因此即使是7~9月，也需带一些御寒衣物。

长白山区的饮食特色以东北风味和朝鲜风味为主，东北风味主要是炖菜和凉拌菜。

长白山的山下山上都有旅舍，客房一般不会紧张，但每到旅游旺季最好提早预订。

乘飞机到长白山的话，一般是先到延吉市，再从延吉市乘汽车抵达长白山，车程约4小时。白河站是离长白山景区最近的火车站，有发往长春和通化的列车。

注意事项

1.秋季多雾，到长白山要特别注意天气预报，以免看不到天池的风采。

2.长白山的冬季千里冰封、万里雪飘，是典型的冰雪世界。冬游长白山虽然风光无限，但由于此时最低气温可达-40℃，所以要特别注意保暖，必备物品包括羽绒服、帽子、围巾、手套、太阳镜、雪地鞋等。

3.在雪地里行走时，千万不要专挑小道走，而应走大路，最好再请一个当地人作向导。

轮台胡杨林——大漠之魂

生而不死一千年，死而不倒一千年，倒而不朽一千年

>> 概要介绍

轮台胡杨林被誉为世界最古老、面积最大、保存最完整、最原始的胡杨林保护区。在塔里木胡杨保护区中，沿途沙地不时出现成簇、成片的胡杨风景林，这里的胡杨树粗壮，胸径一般在60~80厘米，粗的可达1米，并常见有两三棵胡杨连体生长在一起，其直径粗达1.6米左右，树高一般5~8米，最高者可逾10米。胡杨树一般间距在20米左右，成簇生长的树距只有3~4米。

在这片胡杨树中，有的胡杨已经完全干枯而死，但它挺立不倒的残骸仍然不屈地高举着断折的胳膊；有的似枯木逢春，从苍老干枯的半截树桩上又生发出蓬勃葳蕤的枝叶；有的伸长着半边枯死的赤裸的枝干，似乎在向铁板一样烧灼的苍

游览时机

胡杨树的秋色季节较短，一般为半个月，有心者切记其季节性。轮台的胡杨林最好的季节大多集中在每年10月中旬。

轮台胡杨林

天、向炎炎烈日求救呼喊。有两棵20多米高的胡杨，被称作“连心树”、“胡杨王”，据说已生长了1600余年。它们根连着根，枝挽着枝，就像心连着心的兄弟，携手并肩，共同抗击着酷热、干旱、严寒和时常袭击的沙漠风暴。

为了发展塔克拉玛干的旅游事业，巴州文化旅游总公司在沙漠中建有森林公园。公园接待站后院高耸着一座二三十米高的瞭望铁塔，登上塔顶，但见蔚蓝的塔里木河蜿蜒曲折，散成众多的汊流，汊流间布满胡杨林。胡杨林海，顺着塔里木河一直伸向茫茫天际，好不壮观！森林公园色彩绚丽多变，绿树、碧水、蓝天，犹如一幅浓重的水墨画——秋初黄绿相间，深秋一片金黄。

公园中建有水榭、湖心亭，备有游船、汽艇可供开展巡河观光。这里的河汊全长7公里，开始段呈长圆形如湖荡，水中建有湖心亭，各种水鸟珍禽集队飞翔鸣啼在湖面和森林中，湖中树木倒影清晰，环境静谧，空气清新，漫步湖滨，令人心旷神怡；河汊中间段水面宽阔，汪洋一片，水波荡漾，水中到处布满奇形怪状的枯树与树桩，船行其间犹如穿梭在梁山泊的水寨间，别有情趣，河汊末端水道收缩变窄，形成条条港汊，水流纹丝不动，水平如镜，河汊两边的胡杨林连同蓝天白云倒映水中，其影像比明镜中的影子还要清晰逼真，令游人叫绝；河汊末端是芦苇荡和胡杨红

游览线路

观光览胜区：它是由一条约17公里长、弯道有126处之多的景区道路进入古老胡杨林,沿路可欣赏到不同季节不同形态的最古老、最原始的胡杨的神采雄姿。

沿沙漠公路：沙漠公路的两侧有许多不同形状的胡杨树。

柳沙丘群，洁白的苇花在逆光透射下发出诱人的银白色光芒，牛、羊群悠闲地觅食在红柳沙包中。登上沙丘顶向南望，胡杨林一眼望不到边；向北远眺，沙漠油井喷射的火焰映红了蓝天。这如诗如画的美景迷倒了无数的游人，令人流连忘返，特别是那些摄影爱好者和画家，在这里一住就是一周甚至半月。

>> 地理位置

轮台胡杨林处于塔里木胡杨林公园的核心地带，位于新疆维吾尔自治区轮台县南沙漠公路70公里处，总面积100平方公里。而位于塔里木胡杨保护区的核心部位，地跨古丝绸之路中心站的轮台和尉犁两县交界处世哲的塔里木河中游河汊区域，则并称为“胡杨林公园”。

>> 关于胡杨

胡杨，是生活在沙漠中的唯一的乔木树种，它自始至终见证了中国西北干旱区走向荒漠化的过程。而今，虽然它已退缩至沙漠河岸地带，但仍然是被称为“死亡之海”的沙漠的生命之魂。维吾尔族人民给了胡杨一个最好的名字——托克拉克，即“最美丽的树”。它的美丽，源自它们面对干旱的顽强和悲壮，而保护和发展胡杨的美丽则是我们人类不可推卸的责任和义务。

全国胡杨林面积的90%以上都蜷缩于

衣食住行

塔里木盆地轮台胡杨林一带10月的气温一般在10~25℃左右，早晚天气偏凉，要准备羊毛衫和茄克一类的衣物。

胡杨林游客服务区可以解决一般餐饮问题，最好是携带一些方便食品。

胡杨林森林公园现建有木头宾馆、砖砌的四合院接待站和食堂，可解决旅客的食宿。

从乌鲁木齐前往南疆库尔勒（轮台）的交通也十分便利。从库尔勒到胡杨林有沙漠公路，也很方便。

注意事项

1.目前以原始胡杨林为主体资源又适合旅行的有轮台的胡杨林公园、草湖乡，库车县塔里木河两侧，尉犁县的东河乡，普惠乡胡杨人家等，另外还有塔中的原始胡杨树林等。几个地方的胡杨树均有不同的特征，环境也有区别，为此视觉效果也不同，如果是摄影旅行者，对此区别会很敏感，有条件切勿错过上述几处地方。

2.观赏尉犁县的东河乡、普惠乡胡杨人家、塔里木沙漠中的原始胡杨树林最好的季节大多集中在10月下旬。要安排前往时，打听一下当时的情况再起行更妥当。

3.行程安排宽松一些为好，欣赏秋色切记要细细品味。另外，早晚的观赏和摄影效果更好。

4.如果是摄影旅行，选用一些色彩较饱和的胶片，拍出来的图片更亮丽，欣赏价值更高。

5.秋天气候干燥，要备足饮水，备上小零食，耽误用餐时间可充饥。气温比乌鲁木齐高些。

新疆，而其中的90%又集中在新疆南部的塔里木盆地——一个被称为“极旱荒漠”的区域。

胡杨虽然生长在极旱荒漠区，但骨子里却充满对水的渴望。尽管为适应干旱环境而令它做了许多改变，例如树叶革质化、树枝长毛，甚至幼树之叶如柳叶，以减少水分的蒸发，因而有“异叶杨”之名。在生物形态上，胡杨介于水生和旱生的中间类型，它是一类跟着水走的植物。沙漠河流流向哪里，它就跟随到哪里。由于沙漠河流的变迁相当频繁，于是胡杨在沙漠中处处留下了曾驻足的痕迹。

塔里木盆地的胡杨，特别是塔里木河沿岸的胡杨，是地球上胡杨最多的一片分布区，曾经十分辉煌。西汉时期，楼兰的胡杨覆盖率至少在40%以上，人们的吃、住、行都得靠它。在清代，仍“胡桐（即胡杨）遍野，而成深林”。但从20世纪的50年代中期至70年代中期的短短20年间，塔里木盆地胡杨林面积急剧减少近1/3；在塔里木河下游，胡杨林更是锐减70%。胡杨及其林下植物的消亡，致使塔里木河中下游成为新疆沙尘暴两大策源区之一。所幸的是，人们已从挫折中吸取了教训，开始了挽救塔里木河、挽救胡杨林的行动，向塔里木河下游紧急输水已初见成效，两岸的胡杨林开始了复苏的进程。面积近39万公顷的塔里木胡杨林保护区已升格为国家级自然保护区；轮台胡杨公园也升格为国家森林公园；以胡杨林地主体的塔里木河中游湿地受到国际组织的关注，并被列为重点保护的对象。

>> 概要介绍

茂兰喀斯特森林是目前我国乃至世界上罕见的中亚热带喀斯特原生性较强的残存森林，总面积 130 多平方公里，森林覆盖面积率达91.59%。该保护区由森林和喀斯特地貌组合形成的生态系统包含着复杂而深奥的科学内容，它不仅是科学工作者研究喀斯特森林、植被、动物、土壤、气象、水文地质以及生态环境等自然科学的博物馆，而且它以独特的喀斯特自然景色给人以美的享受。以喀斯特景色奇丽、风光优美著称的茂兰喀斯特森林作为一处珍贵的风景资源，在相当广泛的程度上超脱了喀斯特风景的固定程式，把千姿百态的山光水景、地下溶洞与碧绿的森林景色糅合在一起，呈现出一幅完美的自然景色。

这里生长着乔木树种达 500 多种，有被称为

游览时机

到荔波喀斯特森林最好的游览时间是每年的春、夏、秋三个季节。

游览线路

到荔波喀斯特森林旅游，可以自助游（以自驾车为佳），也可以参加旅行社组织的团体游。下面是一典型的大、小七孔、茂兰喀斯特原始森林三日游线路：

第1天：游览小七孔景区（卧龙潭瀑布、鸳鸯湖划船、天钟洞、水上森林、龟背山原始森林、68级跌水瀑布、拉雅瀑布、小七孔古桥、铜鼓桥）。宿：荔波县城。

第2天：游览大七孔景区（恐怖峡、天生桥、妖风洞，中餐后参加精彩、刺激的水春河峡谷漂流），宿：荔波县城。

第3天：游览国家级茂兰喀斯特原始森林保护区（水中林、青龙潭、青龙瀑布、拉滩瀑布、五眼桥、农家中餐后游览瑶所古桥、黄杨沟），返荔波，结束愉快的旅程。

"活化石"的银杏、鹅掌楸等多种珍稀树种，还有中国独有的一种掌叶木和射毛悬竹、席竹等。并保存有林麝、猕猴、香獐、华南虎、野牛、熊、豹、白猴等许多古老的野生动物。保护区内还有乡水河瀑布、小七孔、溶洞群、鸳鸯湖、大七孔、瑶族风情等景观。

>> 地理位置

荔波喀斯特森林位于贵州省荔波县南郊的茂兰国家级喀斯特森林自然保护区。该保护区与广西壮族自治区接壤，毗邻广西木伦国家级自然保护区，地理位置为东经107~108°，北纬25~25°。该自然保护区由东南部的喀斯特森林区、甲良镇洞庭五针松保证点及小七孔喀斯特森林科学游览区三部分组成。

>> 自然风光

茂兰喀斯特森林自然保护区独特的地理环境及其上覆盖的喀斯特森林，造就了独特的风景景观。根据景观特色，分为森林地貌景观、水文景观及洞穴景观三大类型。

1.喀斯特森林地貌景观

不同的喀斯特地貌形态及地貌类型，与浓郁的森林覆盖相搭配，形成了艳丽多姿的喀斯特森林地貌景观，可分为漏斗森林、洼地森林、谷地森林及槽谷森林四大景观。

漏斗森林为森林密集覆盖的喀斯特峰丛漏斗，状若深邃的巨大绿色窝穴。漏斗底至锥峰顶一般高差150~300米，人迹罕至，万物都保持着原始自然的特色。各种各样的树木根系窜于喀斯特裂隙之中，奇形怪状的藤萝攀附着林冠和平共处峭壁之上，枝叶繁茂，浓阴蔽日，形成了神秘而恬静的漏斗森林景色。

洼地森林为森林广泛覆盖的喀斯特锥峰洼地，常有农田房舍分布其间。田园镶嵌在绿色峰丛之间，喀斯特大泉及地下河水自洼地边缓缓流出，清澈透明，构成山清水秀的田园森林风光。

盆地（谷地）森林是森林覆盖着喀斯特峰林盆地（谷地），四周森林茂密的孤峰及峰丛巍然耸立。盆地开阔平坦，锥峰挺拔俊秀，上下一片碧绿，形成了蔚为壮观的盆地森林景观。

槽谷森林为森林浓密覆盖的喀斯特槽谷。谷中巨石累累，巨石上布满藤萝树木。谷地忽宽忽窄，两岸锥峰时高时低，森林覆盖疏密不定，地下河时隐时露，流水清澈，形成神秘而肃静的景色。

2.喀斯特水文景观

茂兰喀斯特森林中种类繁多的地下水露头和地表溪流，在千姿百态的青峰掩映下展示出一派瑰丽珍奇的水景山色。区内喀斯特水文风景景观主要有地下河出入口及明流、瀑布、喀斯特潭、湖泊、地下河天窗、喀斯特泉、多湖泉及森林滞汐泉等。这些水文现象与一般喀斯特地区并无本质上差别，但因其出露及径流之处多为森林及树丛所掩盖，致使密林之中清流若隐若现，为喀斯特山水增添了清新的色彩。

区内最大的瀑布见于瑶所东侧绿色峡谷出口处，系瑶所地下河骤然出露地表而形成，总落差70余米。瀑布沿绿阴覆盖的喀斯特陡壁层层跌落，水花飞溅，恰似银白色飘带悬挂于绿茵丛中，蔚为壮观。另外还有小七孔响水河68级瀑布群、拉雅瀑布等，均各有特色。

衣食住行

荔波喀斯特森林地区既属森林地区，又属山区，无论何时去旅游，均需要携带厚实一些的衣物，以便晚上御寒。

荔波有许多具有地方特色的风味食品，其中臭酸、牛骨酸、笋果酸、酸肉、鱼包韭菜、米片、米花等最具有代表性。

荔波县城内可住望江宾馆，普通双人间25元/人。樟江可住樟江大厦，三人间费用为30元/床，带独立卫生间；档次稍微高点的宾馆，如阳光酒店，标准间168元。

目前风景区内有公路可通往广西南丹、环江、金城江和贵州的麻尾、三都、独山、都匀、贵阳，延伸可达广西柳州、桂林、南宁。黔桂铁路的咽喉站麻尾火车站距小七孔景区仅36公里，在建的荔波机场距县城9公里。从县城乘车15公里可直抵水春河起漂点，到各景区旅游交通十分便利。

茂兰喀斯特森林自然保护区位于荔波县南郊30多公里处，到茂兰喀斯特原始森林没有公车。可由荔波汽车站坐车到立化，立化离保护区有8公里，转金城江方向的车可到保护区。

纪念礼品

荔波民间传统工艺精湛，独具地方特色，传统的民族旅游产品深受游客喜爱，如藤编、竹编、银饰、凉席、风猪、青虾、柚子、青梅、橘子、茶叶、木沙发、木地板、土花布、民族服饰等，多以其轻巧、便于携带、容易馈赠的优点而深受游客青睐和远销东南亚国家。如果喜欢，游客可以购买一些作为礼品馈赠亲友。

喀斯特潭（湖）及地下河天窗多形成于谷地及洼地边缘，一般面积数十平方米，水深数米至十余米。潭水湛蓝而平静，绿色锥峰倒映于潭水之中，时而可见地下河所特有的鱼儿漫游，正是青山伴绿水，景色分外娇。区内最著名的数小七孔鸳鸯湖，为两个数亩大的湖泊，中间数条河道相连，迂回曲折，宛如水上迷宫，岸边绿树茵茵，湖光水影，构成了美丽秀静的景色。

3.洞穴景观

茂兰的地下洞穴极为发育，遍布全区，多与地下河道纵横交错，有的千姿百态，有的神秘莫测，有的奇形怪状，实为不可多得的旅游探险资源。洞穴中，以花峒一带的洞穴最为丰富和壮观，如九洞天、神仙洞、金狮洞等。九洞天中，一座石柱，像一尊大佛，惟妙惟肖，当地群众常到洞中求神拜佛，祈祷生儿育女、来年有好收成。最奇特的是地处洞山的金狮洞，洞长不过300米，但洞中石笋、石柱、石旗、钟乳等极为发育和集中，洞中集水，水深及膝，石笋生长在水中成林，似岛屿、珊瑚礁沿岸簇状分布，有的犹如茶花含苞欲放；有的似雪莲、浮萍洁净雪白，实为雪山美景；有的如水中灵芝迎水倾斜，构成了一个难得的洞穴艺术宫。

>> 民族风情

荔波是个多民族聚居县，由于多民族杂居，使荔波充满了异族他乡的情调。布依族的语言、服饰、舞蹈展现了独特的民族智慧，“满月酒”、“祭神扫寨扫家”、“龙舟赛”、“斗牛”等可使游客体味到布依族幽远、古朴的风情。水族服饰中的无领长衫、青布长裤、彩色围腰以及银项圈、银耳环、银头饰等让游客尽情领略到少数民族的内涵。居住在月亮山脚下的苗族会给旅游者返璞归真的感觉；民风淳朴、民情浓厚，其装束令游客有置身于五彩缤纷艺术世界的感觉，芦笙舞、板凳舞等让游客流连忘返。瑶族绚丽多彩的服饰和独具特色的生活习惯反映了瑶族与众不同的精神岁月和传统习俗，其舞蹈原始、粗犷、豪迈；悬棺洞葬、凿壁谈婚给考古学家和各地游客以无穷的遐想。瑶族是一个具有鲜明的民族特点和特殊文化的民族，千百年来，荔波的瑶族同胞长期一代又一代地生活在崇山峻岭和密林之中，封闭型的渔猎、采集和刀耕火种式的粗犷农耕生活培育了他们勤劳、勇敢、顽强、纯朴和吃苦耐劳的美好品德以及团结、自尊、平等、刚毅、无畏、豪放乃至粗犷的民族心理与民族性格，形成了独特、古老而神秘的民族。

注意事项

1.荔波属少数民族地区，要注意尊重民族习惯。

2.携带厚实一些的衣物。

3.到森林中徒步游览，要特别注意毒蛇，它们最喜欢到花儿开放得最艳最香的地方“闲逛”。

荔波瀑布

蜀南竹海——眼中只有竹

游览时机

竹海平均海拔高度在600~1000米左右，气温最低不低于0℃，最高不超过30℃，冬暖夏凉，十分宜人，所以这里的气候一年四季都适宜旅游。蜀南竹海年平均气温约15.5℃，湿度约85%，无霜期300天。一般每年3~10月为旅游旺季，尤以5~8月最佳。

>> 概要介绍

蜀南竹海景区面积120平方公里，海拔600~1000米，是以竹景为主要特色、兼有文物古迹的风景名胜区。中心景区7万多亩楠竹遍布大小28座山峦、500多个山丘，竹林成片，茂密苍翠，郁郁葱葱，涛声阵阵。登高眺望，烟波浩渺，犹如绿色的海洋，蔚为壮观，为国内外罕见。李鹏总理题词："蜀南竹海天下翠"，为蜀南竹海景区增辉添彩。

竹海气候宜人，年平均气温15.5℃，冬季很少在0℃以下，夏季不超过30℃，无霜期300天。林中溪流纵横，飞瀑高悬，湖泊如镜，泉水清澈甘洌，空气清新，郁香沁人，曲径通幽，把人引入一个神秘的世界。

相传，北宋诗人黄庭坚曾来竹海一游，当他登上峰顶，看到如此秀美成片的竹海时，情不自禁地赞道：“壮哉！竹波万里，峨眉姊妹耳！”乡人闻讯纷纷前来献酒，诗人激动地说：“秀色已使我醉了！”他兴奋地在石壁上书写了“万岭箐”三个大字。至今竹海内有两个乡，名为“万岭乡”和“万里乡”。

>> 地理位置

蜀南竹海位于四川省宜宾市东南，距该市约70公里，覆盖着500多座山丘，总面积达6万余亩。

>> 自然风光

仙寓洞位于长宁、江宁两县交界的擦耳岩，是竹海中一处比较重要的景点。这一带山势回环，丹崖如削，去仙寓洞要从构筑在悬崖边的小径上去，上行百余米即达洞口，洞高15米，进深约10米，内有石刻佛像和道教神像40余尊。这里是观赏竹海的好地方，站在洞口眺望，只见崇山峻岭竹波荡漾，竹海的奇特风光尽收眼底。

竹海枝繁叶茂，许许多多的竹子各呈丰姿。它们或互抱成丛，如绿竹坠地；或相依相扶，翠接云天；或纵横交错，形成翠玉般的迷宫；或密集路边，交织成翠玉似的拱廊；或挺立在湖光山色之中，别有波光倩影的佳趣。转过曲折幽径，进入竹阴深处，更见绿烟霭霭、清气漂浮。清风徐来，只见群竹忽然婆娑起舞，摇曳万里，美丽的竹海真是处处有美景，处处有诗意，处处包含着竹的清香。一望无

游览线路

到竹海旅游，有多条线路可以选择：

A.蜀南竹海一晚二日游：游忘忧谷—竹海博物馆—住竹海—观云亭—翡翠长廊—观海楼、仙寓洞—天宝寨—仙女湖—七彩飞瀑。

B.宜宾、蜀南竹海、兴文石林二晚三日游：游五粮液酒厂—西部温泉大峡谷—赴竹海—住竹海—竹海一日游—住竹海—至石林，游览景观、地表石林、大漏斗、天泉洞。

C.蜀南竹海、兴文石林二晚三日游：游忘忧谷—竹海博物馆—住竹海—竹海至石林一日游。

七彩飞瀑

竹海雪景——仙女湖

际的竹海连川连岭，其情其景都会使你陶醉。

落魂台——七彩飞瀑 地处蜀南竹海东北部，竹海山溪汇集于此，形成国内罕见的四叠瀑布群。该景区系蜀南竹海四大一级景区之一，以自然景观为主，该景区有落魂台、古战场、浩然洞、月亮湾瀑布等大小景点16个。景点主要体现为山翠崖险、清泉碧潭、飞瀑彩虹，颇具如画的田园风光。瀑布宽10米，高81米，高峻雄奇，水雾数丈，每当阳光透过水雾数丈分解成七色，绚丽多姿，“七彩飞瀑”由此而得名。飞瀑一侧惟妙惟肖的神龟伏踞旁边，曰“神龟守瀑”。

>> 人文景观

竹海石刻位于中国四川江安县境内，为蜀南竹海一级景区。始建于清道光年间、当地居民为躲避兵匪之乱而构筑的洞寨，距今已有160多年。古寨建在长1000余米的悬崖绝壁之上，栈道曲折幽深，十三道石寨门壁垒森严，是雄奇险峻的易守难攻之地。

在竹海天宝石寨万仞丹崖上雕刻的“三十六计”大型兵战石刻，一计一图，以高浮雕为主，采用现代与传统表现形式相结合，石刻面积近1000平方米，融自然与人文景观于一体，绵延1公里，气势恢宏，独特而壮观，是全国最长的石雕壁画群，更是蜀南竹海品位最高的景点。

洞中佛寺位于仙寓洞洞中。经长链锁蛟龙，穿飞瀑，过塞门，便至卧佛殿。卧佛凿雕在红色

游览方式

到竹海旅游，可以采用以下方式：

1.可以参加旅行团的团体旅游。

2.先乘车到宜宾，再乘旅游车到竹海。竹海区内有方便的出租车到达各个景点，费用面谈，收费合理；当然也可以步行。

3.自驾车者可以直接开车到竹海景区游览。

注意事项

1.骑自行车旅游要注意交通安全，因为马路上并不仅仅只有自行车。

2.要注意财物的安全，不要只顾观赏美景而忘记所携带的物品。

砂岩中，呈安详入睡状。释迦牟尼佛的身后还有二十四诸天塑像。

>> 神话传说

美丽无边的竹海，自然要引发人们无限的遐想，忘忧谷的传说也就自然而生了。

传说当年竹海居住着曾姓和杜姓两大姓，祖上因山林地界交恶而世代为仇。曾姓这一代的子女中有一小儿子名为曾男，而杜家也有一女，小名杜鹃。也许是天定缘分，他们不约而同地深深爱恋着世代不相往来的对方。而两边家族则对他们软禁严守，棍棒相逼。然而，即便是经过千百回的劫难，真心的爱也终究会天遂人愿。在一个风雨交加的夜晚，一只白额大虎咆哮着冲进曾家大院，驮起曾男飘然而去。也就是那天晚上，一阵雷鸣电闪之后，杜家的族人也发现软囚在绣花楼上的杜鹃不知所踪。据说后来瑶箐仙子给两姓的族长托梦，说是被二人的苦恋所感动，派使者把他们接去当侍童了。曾、杜两姓在自责中也终于抛弃前嫌，重归于好了。后来有人发现这条谷中有一种高大伟岸的树木，与之相依偎的是一种娇柔清艳的灌木，开着一朵朵粉红色的花，恰似少女的脸庞，人们都说那是曾男和杜鹃，于是就叫这种树为“桢楠”（曾男），称这种花为“杜鹃”。并常常有翠色的鸟儿形影不离，啼唤婉转缠绵，于芳草鲜花中一唱一和。后来这个幽谷就叫做“忘忧谷”。

衣食住行

到竹海旅游，除3~4月需要携带挡风防寒的衣物外，其他时间均不需要特别携带过多的衣物。

到竹海旅游，自然要吃与竹有关的食物。

竹全宴是一种全部菜肴用竹做成的餐席。竹海竹笋、竹荪、竹熏腊肉等特产是难得的天然绿色食品。畅游竹海，吃上一餐全竹席，实是人生一大幸事。

“天下山珍第一席，竹海美食双竹宴”，竹海美食以竹笋、竹荪为主要原料，可制作200多种不同风味的菜肴。素雅醇香脆嫩，让人垂涎欲滴。

外地游客可以乘汽车或火车抵达川南名城宜宾，然后换乘到竹海的中巴。宜宾到竹海车程约2~3小时，旅游车车资85元左右。

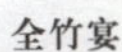
全竹宴

壶口瀑布↑

壶口瀑布↑

九龙瀑布群风景区↓

黄果树银链坠瀑布↑

马岭河峡谷↓

普陀山↑

普陀山雪景↑

普陀山↓

南鹿岛猴子拜观音↑

三亚亚龙湾↓

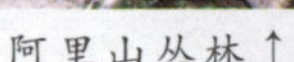

阿里山丛林↑

台湾槟榔树↑

高雄市街景↑

台湾野柳↓

海南风光↑

海上仙山↓

涠洲海蚀↓

涠洲海蚀↓

涠洲教堂↑

西沙丛林↑

西沙↑

热带风景↓

西沙哨兵↑

碧海金沙↓

西沙风情↓

北戴河日出↑

北戴河↑

北戴河鸽子窝↑

海滩晨曲↓

北戴河老虎石浴场↑

北戴河联峰山观海↓

蓬莱阁↓

蓬莱阁夜景↑

钱塘江怒潮↑

钱塘江鱼鳞石塘↓

钱塘江占鳌晨辉↑

维多利亚海湾↓

水的表现可以多种多样，
有潺潺细流，有奔腾长河，也有波澜不惊。

而瀑布，它没有撞击礁石的暴戾，
没有激荡大地的雄壮，
它只是执著坚定地向大地倾诉着它的依恋。

{瀑布篇}

亚洲第一瀑

游览时机

每年的7~11月是游览德天瀑布的最佳时期。

每年的7~11月由于进入降雨季节故水量大且水质清，是欣赏瀑布万马奔腾般咆哮的最好时节。12月~翌年5月为枯水期，这期间瀑布水量小，瀑布周边的土石裸露得较多，观赏效果将大打折扣。

>> 概要介绍

源起广西靖西县归春河，终年有水，流入越南又流回广西，经大新县德天村遇断崖跌落而成瀑布——这就是德天瀑布。那里层峦叠嶂，山青林密。流水从80米高的与越南接壤的浦汤岛上飞泻而下，一波三折，形成了三级瀑布。瀑布面宽达100米，那一条条水帘犹如一串串高挂在深山老林中的珍珠项链，也像一幅幅素绢挂在悬崖前。因为落差大，瀑布发出轰隆隆的鸣响，慑人心魄，1公里以外也能听得真切。那飞溅的水露在山前飘扬，百米之内白蒙蒙一片，长年累月飘忽不散，有阳光之日，五彩缤纷，光彩夺目，使人如入浑沌迷蒙仙境。

瀑布周围的群山有层层梯田，梯田的旁边便是中越边界的石山。石山上，大树苍翠挺拔，特别是那主干笔直、绿阴盖地的大木宪树，更显雄伟壮观。在飞流的瀑布下面是一个30多米深、200多米宽的深潭，深潭里生活着种类繁多的鱼类，这些鱼长得肥大，味道鲜美。周围的农民经常到潭里撒网打鱼，渔舟在瀑布下飘荡，把瀑布衬托得更加富有诗意和生气。渔夫们粗犷的山歌融进瀑布的轰鸣声里，奏出一支美妙动听的山野之歌。在德天瀑布下面水潭的一侧，有两块礁石在激流中峙立着，它们的样子恰似两只小天鹅在水中翻波追逐，尽情游戏。相传在很久以前，天上有两个美丽的仙女，因羡慕人间的欢乐，一起下凡到德天瀑布处涤丝，她们被瀑布之美景所深深吸引，再也不愿回到天上去了，于是就化成了两只美丽的天鹅定居在此。

瀑布顶上有一小岛称“浦汤岛”，面积约1公顷，岛上绿树成荫，河水从岛的两侧潺潺流淌而扑下断崖。岛右侧约50米有一座国界——53号界碑，上刻“中国广西界”，因岁月的侵蚀，碑已有些破损，更显其沧桑。

德天瀑布分三层。归春河是中越交界的一条河流，这条河流入大新县境内，就成为德天瀑布的源头。河水沿着山势，冲刷着沿途的河道、坚固的石头，荡起阵阵白浪花，煞是好看。沿陡坡拐了一个弯后，四散的河水就势奔腾而下，就到了德天瀑布的第一层。在这里河水开始沿笔直的山势俯冲而落在百多米下的山潭中。立于瀑布的山坡上，倾听瀑布冲击山潭而发出的“轰轰”的声音，犹如听到古战场上千军万马在出击疆场。

瀑布的第二层比较低缓，山势在此造了一个几十米的台阶，让第一层瀑布猛冲而下后有一个喘息的机会，然后蓄势而发，形成了最为壮观的第二层。瀑布在第三层已汇聚了从源头流出的四

游览线路

如果仅仅是观赏德天瀑布，那仅在瀑布周围转一转即可。一般情况下，到德天瀑布游览还要结合其他一些邻近的景点。下面是其中的一条线路。

上午游览归春界河，绿岛行云，中越53号界碑，德天跨国大瀑布，越南板约瀑布，中餐后远眺千年枧木王，乘竹排游览风光秀丽的明仕田园，参观香港无线剧集《酒是故乡醇》横水渡拍摄外景，结束行程。

衣食住行

德天瀑布近旁的中越边境有很多卖越南货的小摊，有香水、烟果、越南盏式帽和各种小食品。其中，越南的绿豆糕很有名，香甜可口。

德天瀑布景区附近就有旅店，但房间少，旺季价格较高；硕龙镇也有很多招待所，但大多条件一般，建议到大新县住，这里的宾馆条件不错，卫生安全，且交通方便，如能在经过大新的时候预先订好房间最好。

从南宁驱车前往大新县城约140公里，县城距德天瀑布60余公里，各处景点基本有车可达，交通很便利。

1.南宁汽车总站每天

8:30 有快巴直接发往德天，单程用时约 4 小时，15:00 返回，单程票价 50 元。

2.从大新去德天瀑布，可在汽车站乘巴士直接前往德天瀑布，车票 10 元，车程 1.5 小时左右；也可以在汽车站乘开往下雷的客车，在硕龙站下车，再搭乘三轮车即可。

自驾车可从南宁出发，沿 324 国道（福昆线）西行至坛洛转左往大新方向走，至硕龙镇，再前行 10 余公里即到，沿途风光明媚，路边还有醒目的旅游指示牌指路。尤其是驾车沿黑水河前行，明仕田园、那榜田园、独秀峰、五指峰、仙山瑶池、水上石林等数不胜数的美景素有“群英会德天”之美名，让人有行走于山水画廊中的真切感受。

注意事项

1.如果要去越南的话，要办理边境通行证。广西的一些旅行社可以代办。

2.游览德天瀑布，需要结合其他景点一起游览。

3.观赏瀑布时，要注意脚下，防止滑倒。

瀑布激流

散的河水，几乎是垂直流下的水幕，冲击着宽广的河面，流淌出一幅掩映在绿树环抱中的天然画卷。

>> 地理位置

德天瀑布在广西的西南部与越南接壤的地方，位于大新县硕龙乡德天村，距离县城 78 公里。

德天瀑布

黄河壶口瀑布

——滔滔黄河一壶收

奔腾的黄色巨龙

>> 概要介绍

黄河从青藏高原一路奔腾，在山西和陕西交界处曲折南流，到山西吉县与陕西宜川一带，被两岸苍山夹持，约束在狭窄的石谷中。滔滔黄河，到此由 400 多米宽骤然收束为 50 余米。这时河水奔腾怒啸，山鸣谷应，形如巨壶沸腾，最后跌落深槽，形成落差达 50 米的壶口大瀑布。站在瀑布旁边不远处，可见激浪涛天，气势非常壮观。

壶口瀑布的宽度和高度都不算大，但值得人们惊讶的是其流量变化非常之大。在冬季枯水期，秒流量最少时仅 150~300 立方米。这时河面冰封，细流涓涓，给人以俊美之感。4 月初，一旦冰河解冻，秒流量骤增至 1000 立方米以上，最高时达 8000 立方米。这时，巨流夹着大量冰块冲击而下，如狮吼虎啸，震天动地。到夏季，秒流量增

游览时机

每年的 7~8 月常常是黄河最丰水的季节，所以也是壶口瀑布最佳的观赏时机。

黄河壶口瀑布

衣食住行

在7~8月观赏黄河壶口瀑布，穿单衣即可。

景区牌楼对面同根酒家是本景区旅游餐饮服务点，有旅游快餐、南北大菜，还有当地名优小吃。

壶口旅游区一直有“住在山西，观在陕西”之说。吉县有吉州宾馆，有200张床位，县粮食局招待所有85个床位。在壶口，吉县旅游局设有旅游接待站，有餐厅供游人用餐，还有若干简易客房，供留壶口考察的人员和观赏“孟门夜月”的游客住宿。

从临汾乘汽车前往壶口参观游览可走临汾至壶口三级公路。从北京、太原、西安、成都等地可乘火车至临汾。吉县汽车运输公司每天有从县城往来太原、临汾、侯马的班车。西安、延安均有汽车前往宜川，宜川每天也有许多汽车前往壶口。

至1000~2000立方米之间，这时，由于下游水位下降，落差加大，巨瀑破空而下，激起的水柱像箭一样直射苍穹。刹那间，一支支水柱又化作细小的水珠，遂又形成迷蒙的白雾，偶又显七色彩虹。金秋雨季，千溪万壑之水汇聚，河水流量剧增到3000立方米以上，全部瀑布连成一片，这时洪波怒号，激湍翻腾，声如奔雷。

在壶口瀑布往下3000米的河道中还有一块巨大的奇石，人们称它为“孟门山”，这里又是人们观赏“孟门夜月”的地方。每当农历月半，夜临孟门，可见河底明月高悬。站北南观，水中明月分为两排飞舞而下；立南北望，水里明月合二为一迎面而来。

看彩虹是游壶口一乐，水滴排空，阳光射人，经折射、反射、衍射，瀑布上空展现出七彩巨虹，与瀑布交相辉映，是奇观中之奇观。在有阳光的日子里，上午11时左右，可在河西的陕西一侧觅见；下午则可在河东的山西一侧发现。如果走过黄河大桥数里，在孟门观其壶口景色，可见缤纷的彩虹上接长空、下临壶口水帘，更加美丽异常，令人神往。现已兴修的壶口瀑布公园，公路可直

达，并建有观瀑亭，是一个山峻水奇、林青花茂、别具一格的公园。

黄河壶口瀑布，号称“天下奇观”，是理想的旅游胜地。但以往因地处深山僻壤交通阻塞，车辆难达，所以能来观赏者屈指可数。今日之壶口已展现出新颜，黄河大桥飞架，新辟亭阁栈道，登上安乐山，大川风光、田园景色可尽收眼底，使人流连忘返。

1997年6月在香港即将回归祖国之际，香港特技演员柯受良先生驾车飞跃黄河壶口瀑布成功，成为世界第一飞人，为中华民族争了光，也极大地提高了黄河壶口瀑布在世界上的知名度，迎来了黄河壶口瀑布的旅游高潮。壶口瀑布已成为国内外游客向往的风景名胜之一。

注意事项

1.站在黄河边观赏瀑布时不要嬉闹，以免掉入河中。

2.观赏瀑布彩虹，最好在上午11时左右，并须在河西的陕西一侧。

>> 地理位置

黄河壶口瀑布的西边位于陕西省宜川县壶口乡境内，距县城48公里，由县城沿着309国道往东即可直达黄河岸边。黄河壶口瀑布的东边位于山西省吉县西南25公里处。

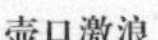

壶口激浪

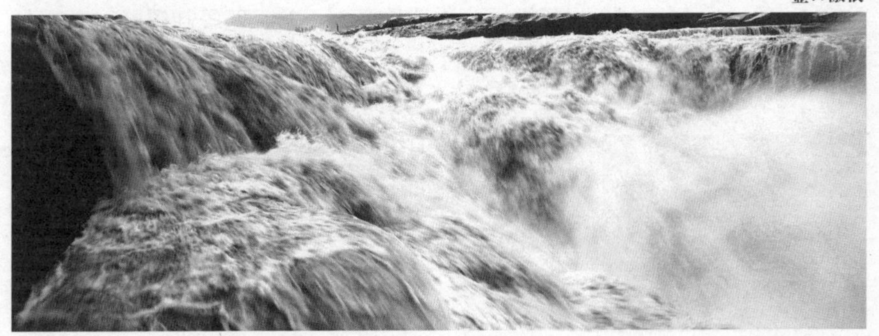

黄果树瀑布

——举世闻名

游览线路

黄果树瀑布游览可在瀑布的前方欣赏瀑布的磅礴气势，也可以进入瀑布后面岩壁的溶洞中观赏瀑布水帘景观。

注意事项

1.瀑布水汽大，建议穿雨衣。

2.鞋要防滑防水。

3.带镜头纸，相机最好拍完就清理。

>> 概要介绍

白水河自70多米高的悬崖绝壁上飞流直泻犀牛潭中，发出震天巨响，十里之外即闻其声，如千人击鼓，万马奔腾，使游人惊心动魄。正如数百年前明代著名地理学家徐霞客游至黄果树瀑布时所描述：水自“溪上石”“漫顶而下”，“万练飞空”，“揭珠崩玉，飞沫反涌，如烟雾腾空，势甚雄厉，所谓珠帘钩不卷，匹练挂遥峰，具不足拟其状也”。

黄果树大瀑布独特之处，还在于地面、地下、水上、水中的组合景致。瀑布半腰背后隐藏长达134米的水帘洞，由6个洞窗、5个洞厅、3股洞泉和6个通道组成。置身其中，水帘漫顶而下，雷霆轰响，给人魂惊神悚的体验。瀑布前面，展现出一个很深的箱形喀斯特峡谷，峡谷之中一串跌水潭相连，各具特色。居前的犀牛潭常为溅珠覆盖、雾气淹没，溅珠上常挂缤纷彩虹，与雪白瀑布相映衬，有“雪映川霞”的美称。每当日薄西山，凭窗眺望，犀牛潭里彩虹缭绕，云蒸霞蔚，苍山顶上绯红一片，迷离变幻，这便是著名的“水帘洞内观日落”。

黄果树瀑布落差 74 米，宽 81 米，河水从断崖顶端凌空飞流而下，瀑布对岸高崖上的观瀑亭上有对联曰：“白水如棉不用弓弹花自散，虹霞似锦何须梭织天生成”，此乃是黄果树瀑布的真实写照。但黄果树瀑布的形态因季节而有变化，冬天水小时妩媚秀丽，轻轻下泻；到了夏秋，水量大增，那撼天动地的磅礴气势简直令人惊心动魄。有时瀑布激起的水沫烟雾高达数百米，漫天浮游，竟使其周围经常处于纷飞的细雨之中。

黄果树下游 6 公里的天星桥，是一个新开发的景点，开发前“养在深闺人未识”，如今一旦展现在游人的面前，人们无不为之倾倒。天星桥石笋密集，植被茂盛，水到景成，有相连接的三个片区，即天星盆景点、天星洞景点、水上石林景点。“有水皆成瀑，是石总盘根”，这两句诗独到地概括了这里的景观。

黄果树是布依族、苗族聚居地，到处是别具一格的石头建筑。黄果树附近的石头寨是著名的蜡染之乡，滑石哨是全国第一个布依族保护村。黄果树附近有很

游览时机

黄果树四季皆适宜旅游，最佳旅游季节为每年夏、秋两季。

黄果树瀑布景区属中亚热带，是典型的熔岩地区，海拔 600~1500 米，风景秀丽，气候温和，雨量充沛，年降雨量 1300 毫米以上；地处贵州西部低洼地带，海拔较低，终年无霜，年平均气温 14~16℃；冬无严寒，夏无酷暑，是避寒避暑胜地。黄果树瀑布以秋夏雨季时分景色最为壮观。这时黄果树瀑布高 67 米，顶宽 84 米，达全年最高纪录。只见河水咆哮倾泻，从河的断面层滔滔而下，声如雷鸣，气势磅礴，震天动地，摄人心魄。

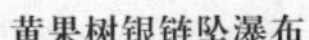
黄果树银链坠瀑布

衣食住行

在夏、秋两季到黄果树旅游只需要带一件夜晚避凉的羊毛衫或茄克即可。

黄果树的特色小吃有爽滑可口的荞凉粉、油而不腻的油炸粑稀饭、外脆里嫩的油炸鸡蛋糕、用特制砂锅兼以药草清炖的花江狗肉等。

黄果树风景名胜区的旅游服务设施已初具规模，黄果树宾馆备有套房、标准间 95 间，并有可容纳 250 人的会议厅。黄果树瀑布附近有宾馆、旅店可供住宿。游黄果树瀑布可住宿在旅游区里面，其中黄果树宾馆是三星级酒店，价格大概是 300 元。食苑饭店，只须 100 多元，但很一般。

从安顺客车西站有到黄果树的中巴专线，每 20 分钟一班，票价 6 元。出租汽车价 80 元。

多的名胜古迹，以“千古之谜”的红岩碑最为著名，此外还有相传是三国遗迹的关索岭、孔明堂、跑马泉、御书楼等。

>> 地理位置

黄果树大瀑布坐落在珠江水系北盘江支流打帮河上游的白水河上，位于贵州省西线旅游中心安顺市西南 45 公里处，镇宁布依族苗族自治县境内，东北距贵州省会贵阳市 150 公里。

黄果树螺丝滩瀑布

九龙瀑布群

——十瀑相连

>> 概要介绍

九龙瀑布群是中国最大的钙华瀑布群景观。由于得天独厚的地质构造和水流的长期侵蚀，此地形成了十级高低宽窄不等、形态各异的钙华瀑布群。其中最大一级瀑布高 56 米，宽 112 米，号称“九龙第一瀑”，也称“神龙瀑”。

九龙河是罗平的母亲河。这条河从白腊山背后的群山中呼啸着奔腾而来，养育着罗平大地上的各民族儿女。当地的布依族群众一向称她为“大叠水”，随着旅游业的开发，人们已习惯地称之为“九龙瀑布群”了。

九龙十瀑之间，以浅滩或深潭相连，形成了一串辉映太阳光芒的明珠彩带。这些瀑布随着季节的更替而变幻无穷，令人目不暇接。丰水季节，数里之外便会听到大瀑布的轰然响声。沿着瀑布边陡峭的石阶路攀上瀑布顶回首俯视，碧日潭、

游览时机

九龙瀑布群景区气候温和，冬无严寒、夏无酷暑，年平均气温 15.9℃，四季皆可游览。

游览线路

经 324 国道、南昆铁路、兴义机场可进入罗平，境内已形成罗平金鸡峰丛—九龙瀑布群—鲁布革三峡—多依河景区—腊者布依风情园—十万大山—油菜花海—罗平 142 公里旅游环线。

注意事项

1.要注意尊重少数民族的风俗习惯。

2.凭学生证和退休证可买到半价景区票。

月牙湖、戏水滩、钙华叠水尽收眼底。

进入九龙瀑布群景区，首先看到的就是直径约150余米的碧日潭。潭下有河心小岛，河心岛上芦苇丛生，时有鱼群追逐跳跃，景致十分迷人。由此拾级而上，是两台高3~5米的钙华台阶，潺潺细流从台阶上漫入潭内，这便是进入景区看到的第一瀑——迎宾瀑。迎宾瀑上是月牙湖。再往上，则呈现出数十个相连的浅滩，呈扇形均匀地散开，水花翻滚，波光闪烁，这便是“戏水滩”。

顺戏水滩上行，涉过4个高低不一的钙华叠水，便是十瀑中最为壮观的声名远播的“九龙第一瀑”。此瀑瀑面呈弧形，瀑后有一个深约10米的水帘洞，瀑下是深不可测的半圆形脚潭。左边巨石耸立，犹如一辆古代战车驶入潭中。据当地布依族群众说，神龙大战铜鼓精时，那狂暴的铜鼓精便是砸在这巨石上而粉身碎骨的。站在巨石边，只见滔滔江水从天而降，扯开宽阔的胸膛，似天河泻落，势如雷霆万钧，震撼着山河。据专家称，九龙瀑布群的规模、气势、景观与黄果树

九龙瀑布

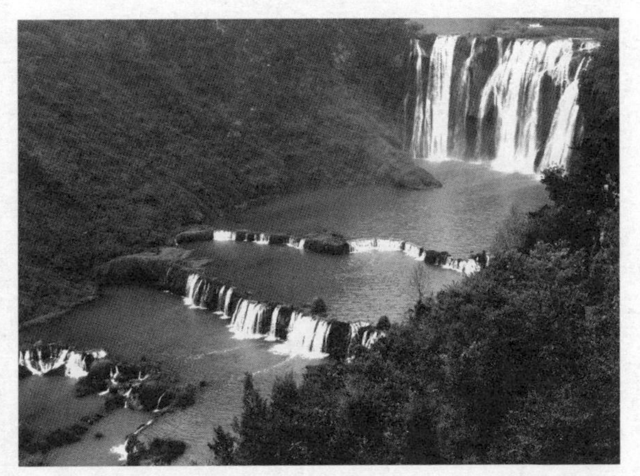

俯视九龙瀑布

不相上下，而景点的密集程度却远远胜过了黄果树。在仅2公里长的河道上，便有大小数十个钙华滩和十多级瀑布，形状奇特，植被完好，在国内也属罕见。

>> 地理位置

九龙瀑布群位于云南罗平县城北偏东22公里的九龙河上，从324国道经新发村进入景区只有7公里。

>> 人文景观

九龙瀑布群一带的布依族每年农历二月二都要在九龙瀑布群景区举行对歌节，届时毗邻的贵州、广西的布依族、壮族、水族等民族的青年男女皆身着节日的盛装聚集在这里对歌择偶，欢喜异常。同时，各族青年跳起高跷舞、野毛人舞，动听的情歌和音乐也随着飞瀑倾吐：“大河涨水慢悠悠，丢棵竹子顺水流，空心竹子不落水，实心小郎妹不丢。”

衣食住行

游客前往九龙瀑布游览，应根据不同季节携带适当的衣物。秋季一般不需要携带御寒衣物。

罗平的美食主要有白果肉丁、竹裹粑粑、饵丝等。油菜花盛开的时节还可吃到凉拌嫩油菜芽、清炒鲜油菜花。

罗平有500多家饭店(其中星级酒店6家)、旅馆及餐馆店，根据档次不同住宿费从10~800元不等。这些饭店能提供歌舞、娱乐等服务，各景区农家乐食宿方便。

罗平距昆明214公里，昆明各汽车站有客车前往。湛江、广州都有火车直达罗平，交通便捷。游客可乘罗平汽车站的旅游专线车，从罗平县城沿324国道前往景区；或乘坐罗平至兴义的班车，在新发村下车，再转乘微型车进入景区。在罗平县城打出租车无论走多远一律3元，稍大的面的5元。

罗平有特产“三黄”、“三白”即：黄姜、蜂蜜、油菜，白果、白薯、百合；还有烟筒、刺绣、蜡染、五色花饭、竹制工艺品、布依服饰等深受游客青睐，是馈赠亲友的理想纪念品。

峡谷一般是由“山”和“河”组成的。

山、河的形成是相辅相成、互相联系的。

峡谷的美丽在于：

从下往上看，山峰高耸、壁立千仞，令人发晕；

从上往下看，河谷幽深，江水荡石，惊心动魄。

{峡谷篇}

雅鲁藏布江大峡谷

——世界最大的峡谷

游览时机

游览雅鲁藏布江大峡谷最佳时间是每年的6~10月中旬，这时不但可以观赏雅鲁藏布江大峡谷，而且能够在雅鲁藏布江大峡谷内徒步旅游。

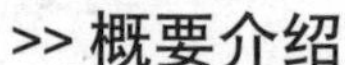

>> 概要介绍

雅鲁藏布江大峡谷的长度和深度远远超过美国科罗拉多峡谷（长349公里，深1800米）和秘鲁科尔峡谷（深3200米），整个峡谷的海拔高度由峡谷入口派乡的2910米到巴昔卡出境处的海拔155米，在直线距离只有短短40多公里的范围内，河床垂直落差近3000米，当之无愧为世界第一大峡谷。

雅鲁藏布江大峡谷是世界上山地生态系统类型、植被类型、生物群落最丰富的峡谷谷地。从海拔数百米的谷底，直到海拔7782米的南迦巴瓦峰顶，热带低山常绿半常绿季风雨林、亚热带山地常绿半常绿阔叶林、暖温带中山常绿针叶林、寒温带亚高山常绿针叶林、亚寒带高山灌丛草甸、亚寒带高山冰原和寒带极高山冰雪等生态系统沿谷坡依序分布，被誉为“世界山地植被类型的天

然博物馆”。

在峡谷中曾发现古人类遗迹。从古人类遗物如陶器、石斧、纺轮等细石器上分析，早在8000年以前，雅鲁藏布江大峡谷就有古人类活动过。

>> 地理位置

雅鲁藏布江大峡谷位于西藏自治区的林芝地区的米林县和墨脱县境内，地处北回归线以北5°，大峡谷的入口在米林县的派乡，出口处为墨脱县的巴昔卡村。峡谷全长496.3公里，平均深度5000米，其中南迦巴瓦峰和佳拉白垒峰之间为5382米，是峡谷最深处，居世界第一。大峡谷最窄处为74米。大峡谷从米林县派乡开始，朝东围绕南迦巴瓦峰作马蹄形弯曲后，又向南延伸到墨脱县的希浪附近。在雅鲁藏布江峡谷东西两端屹立着两座世界著名的高峰，一座是中国境内的南迦巴瓦峰（高7782米），一座是克什米尔境内的南迦帕尔巴特峰（高8125米）。

>> 自然风光

雅鲁藏布江大峡谷环抱南迦巴瓦峰地区的高山峻岭，冰封雪冻，它劈开青藏高原与印度洋水汽交往的山地屏障，像一条长长的湿舌，向高原内部源源不断输送水汽，使青藏高原东南部由此成为一片绿色世界。雅鲁藏布江大峡谷里最险峻、最核心的地段是在从白马狗熊往下长约近百公里的河段。这里峡谷幽深，激流咆哮，至今还无人能够通过，其艰难与危险堪称“人类最后的秘境”。由于雅鲁藏布江大峡谷环境恶劣、灾害频繁，构成许多人们难以跨越的屏障和鸿沟，其落后与闭塞使墨脱成了高原上的“孤岛”、远离现代社会的“世外桃源”。

衣食住行

由于受印度洋暖湿季风的影响，气候温和潮湿，年平均气温都在5℃以上。一般旅游只要根据旅游时间和旅行社的提示携带衣物即可。而对于进入雅鲁藏布江大峡谷考察者来说，则要多携带一些衣物，以防御高山寒冷，最好是咨询一下曾经的考察者。

在雅鲁藏布江大峡谷旅游或考察，可选择住在当地居民家中，也可以自带帐篷，要注意由于高原上的气压关系，开水的沸点在100℃以下，游客要注意食水卫生，最好自带饮用水等。

到雅鲁藏布江大峡谷旅游或考察，可先乘飞机到拉萨，再乘坐班车到林芝，班车的首发时间为上午8:00，拉萨到林芝的八一镇633公里，票价155元，从八一到排龙，之后徒步由排龙到扎曲游览雅鲁藏布江大拐弯和世界上最深的峡谷，再由扎曲到排龙，途中可以访问门巴族村落，欣赏原始森林，最后可以乘车由排龙到米林，由米林到山南地区的加查，可沿途饱览雅鲁藏布江大峡谷风光。

注意事项

1.尊重当地的传统和生活习惯。

2.进入雅鲁藏布江大峡谷考察，要做好充分的准备，确保安全，并且一定要结伴而行。

3.无论是到雅鲁藏布江大峡谷旅游，还是进行考察，游客均要恰当处理好生活垃圾，因为那里人烟稀少，几乎无人收拾垃圾。

1994年，我国科学家组成一科学考察队，对雅鲁藏布江大峡谷进行科学考察，才揭开了雅鲁藏布江大峡谷神秘面纱的一角。

雅鲁藏布江大峡谷最好观赏、也是最值得观赏的景色，无疑就是位于大峡谷最北端扎曲村的雅鲁藏布扎曲大拐弯了。雅鲁藏布江在流经林芝地区米林县派乡以后，受地质构造线的控制被迫改变方向，向东北流到东经95°左右与帕隆藏布汇合，然后又以世界第十五高峰海拔7782米的南迦巴瓦峰为轴急转作了一个近乎180°角的急转弯，像一把巨斧将阻挡的东喜马拉雅山脉劈开一道大口后直奔平坦广阔的印度平原，在林芝地区墨脱县境内形成了世界地质构造上极为罕见的奇观。

>> 神话传说

关于雅鲁藏布江大峡谷大拐弯有一个有趣的故事。传说位于西部阿里的神山冈仁波齐雪山有四个子女分别是雅鲁藏布江、狮泉河、象泉河和孔雀河。四兄妹相约分头出发在印度洋相会，雅鲁藏布江在历经艰险后来到了工布地区，受一只小鹞子的欺骗，耽误了时间。当他发现三个兄妹早已比他先到了印度洋时，匆忙中从南迦巴瓦峰脚下掉头南奔，一路的高山陡崖都不能挡住他的脚步，为早日与兄妹们相会，哪里地势陡峭险峻他就从那里跳下，最终形成了这条深嵌在千山万谷中的雅鲁藏布大峡谷和一个“U”形大拐弯。

雅鲁藏布江大峡谷

虎跳峡

——落差最大的峡谷之一

>> 概要介绍

虎跳峡全长约 20 公里，落差 213 米，分为上虎跳、中虎跳、下虎跳三段，共有险滩 18 处。江面最窄处仅 30 余米。峡口海拔 1800 米，海拔高差 3900 多米，峡谷之深位居世界前列。

虎跳峡属高原型西南季风气候，气温偏低，昼夜温差也很大。峡谷内上虎跳一带的气候与下虎跳的气候有明显的差别。上虎跳一带年降水量 853.4 毫米，比较湿润，而下虎跳则为 586.4 毫米，较为干燥。虎跳峡雨季在 5~11 月，最大降雨量集中在 7~8 月间。峡谷盛行西南风，以 2~4 月最强。

>> 地理位置

虎跳峡位于云南省丽江地区的虎跳峡镇境内，处于云南的香格里拉到丽江路途的中段。

游览时机

游览虎跳峡最好时机是每年的 5~7 月。

游览线路

游览虎跳峡的基地是虎跳峡镇。无论旅游团队还是自助游客，或者是自驾车游客均须经过虎跳峡镇才可前往虎跳峡。

从虎跳峡镇过冲江河沿哈巴雪山山麓顺江而下，即可进入峡谷。沿公路行车（步行）9 公里即可到达上虎跳；从中虎跳沿崎岖小路行走到达核桃园，然后沿着尺许宽的山路前行 3 公里就可抵达下虎跳。

游客到达上虎跳后，要想继续游览中虎跳和下虎跳就只有步行了。不过虎跳峡谷两侧风景优美，可以边行走边赏景，即使步行也不会觉得累，并且会觉得时间流逝得太快。

衣食住行

5~7 月的虎跳峡气候温和，一般不需要特别携带更多的衣物，最多带一件茄克衫即可。

游客可以吃住在虎跳峡镇或核桃园村。在核桃园村住宿可以伴着劲烈的江风和江涛之声，有一种异常新奇的感觉。这里旅馆收费 15 元/床。在桥头餐馆还可以品尝到金沙江捕捞的江鱼，每斤 55 元。

虎跳峡景区游览以步行为佳。确实不能步行的可以乘坐滑竿。

>> 自然风光

上虎跳是虎跳峡三段峡谷中最为险峻和壮观的一处景观，上虎跳距虎跳峡镇 9 公里，有公路直达。此处峡宽仅 30 余米，江心有一个 13 米高的大石——虎跳石，相传猛虎曾借此石而跃过此处的金沙江。江水与巨石相搏击发出巨大轰鸣声，在数公里外亦可听见。诗人孙髯翁写得好：“劈开蕃城斧无痕，流出犁牛向丽奔。一线中分天作堑，两山夹斗石为门。”金沙江至此真似走在石门中。

中虎跳位于过永胜村境内。这一段江岸峭壁环锁，峭壁上怪石奇异。而江水却在不到 5 公里距离中跌百米，江中林立礁石，似犬牙交错，这一段被称为“满天星”。激荡的怒涛在礁石间左冲右撞，江面上形成朦朦雾气。金沙江在这里变成了一条狂躁的猛龙，游人在此无不心惊胆战。

下虎跳位于核桃园村附近。在下虎跳，近可看峡谷，远可观山峰。驻足于此，回眺玉龙和哈巴两座雪山，只见峰峦叠嶂，白雪皑皑，雪山峡谷相映成趣。

虎跳峡

>> 概要介绍

长江流经四川盆地东缘时冲开崇山峻岭，夺路奔流形成了壮丽雄奇、举世无双的风景旅游大峡谷——长江三峡风景区。该风景区是瞿塘峡、巫峡和西陵峡三段峡谷的总称。

长江三峡是中国古文化的发源地之一，著名的大溪文化在历史的长河中闪烁着奇光异彩。大峡深谷，曾是三国古战场，是无数英雄豪杰用武之地；这儿有许多著名的名胜古迹：白帝城、黄陵、南津关等，它们同旖旎的山水风光交相辉映，名扬四海。

长江三峡风景区，是集游览观光、科考怀古、艺术鉴赏、文化研究、民俗采风、建筑考察等为一体的国家级旅游风景名胜区，散落其间的涪陵周易园、白鹤梁水下石铭、丰都名山、“江上明珠”石宝寨、“文藻胜地”张飞庙、“三国遗迹”白帝城、八阵图、屈原祠、古黄陵庙、三游洞、

游览时机

三峡地区雨水较多，旅游时最好选择雨水较少的3~5月、9~11月，应避开夏季洪水，因此时游船停航。春天三峡野花盛开，峡江遍布映山红、橘花、桃花、梨花。夏天草木最为茂盛，三峡里郁郁葱葱，青翠喜人。秋天是三峡最美丽的季节，满山的川橘、脐橙、柿子、红辣椒、红叶竞相斗艳。冬天三峡也不萧条，江边的山脚下总有碧绿的青葱或麦苗，云雾时常弥漫峡谷，十分幽静。

南津关等等的景点更是多不胜数。长江三峡不仅有已经建成的葛洲坝，而且也建成了世界上最大的水电站工程——三峡工程。这两项新兴的人文景观和原有的自然景观交相辉映，构成了长江三峡蔚为壮观的新景观。

游览线路

三峡旅游一般是沿长江而行，而且主要是从重庆出发沿江而下。常见的游览路线有：

1. 重庆—沙市航线，主要有三峡轮、长江之星轮、白帝轮和峨眉轮等轮船参与航行。

2. 重庆—武汉航线，主要有西陵轮、隆中轮、长江明珠轮、蓝鲸轮、长江公主轮、巴山轮、长江王子轮和长江天使轮等。

3. 重庆—南京航线，主要有昆仑轮。

>> 地理位置

长江三峡西起重庆奉节县的白帝城，东至湖北宜昌市的南津关，由瞿塘峡、巫峡、西陵峡组成，全长 193 公里。

>> 自然风光

长江三峡，各具特色，各显奇妙：瞿塘峡雄，巫峡秀，西陵险，共同构成了一幅壮观瑰丽的画卷。

瞿塘峡山势雄峻，两岸之山，上悬下陡，如斧削而成，有的峰高 1500 米。夹江峭壁，甚为逼仄，致使江宽不过百米，最窄处仅几十米。其中夔门山势尤为雄奇，堪称天下雄关，因而有“夔门天下雄”五字镌于崖壁。山势之外，瞿塘水势亦“雄”。它“锁全川之水，扼巴蜀咽喉”，有诗

三峡景色

称之“众水会涪万，瞿塘争一门”。江水至此，水急涛吼，蔚为大观。瞿塘峡起始于夔门，又名“瞿塘关”。两岸高山临江而峙，是长江从四川盆地进入三峡的大门。夔门两侧的高山，南名“白盐山”，北曰“赤甲山”。两山拔地而起，高耸入云，近江两岸则壁立如削，恰似天造地设的大门。

巫峡幽深奇秀，两岸峰峦挺秀，山色如黛；古树青藤，繁生于岩间；飞瀑流泉，悬泻于峭壁。峡中江回水转，九曲环流，船行其间，颇有“曲水通幽”之感。巫峡之中最享盛名者，要算巫山十二峰了。其中，又以神女峰最富魅力。云雨中的青峰绝壁，宛若一幅浓淡相宜的山水国画。巫山云雨之妙，有诗为证：“曾经沧海难为水，除却巫山不是云”。巫峡内著名的还有三台八景十二峰以及孔明碑等景点：三台为楚阳台、授书台、斩龙台；八景为南陵春晓、夕阳返照、宁河晚渡、青溪渔钓、澄潭秋月、秀峰禅刹、女观贞石、朝云暮雨；十二峰为圣泉峰、登龙峰、朝云峰、神女峰、松峦峰、飞凤峰、翠屏峰、聚鹤峰、净云峰、起云峰、上升峰、聚仙峰。

神女峰又叫“望霞峰”，位于巫山县城东约15公里处的大江北岸。它耸立江边，一根巨石突兀于青峰云霞之中，宛若一个亭亭玉立、美丽动人的少女，故名“神女峰”。每当云烟缭绕峰顶，那人形石柱像披上薄纱似的，更显脉脉含情，妩媚动人。由于神女峰所立山峰位置最高，每天第一个迎来灿烂的朝霞，又最后一个送走绚丽的晚霞，故名“望霞峰”。

西陵峡滩多水急。其中的泄滩、青滩、崆岭滩为三峡著名的三大险滩。过去船行其间会险象环生，舟毁人亡，时有所闻。建国后，航道经多

游览方式

客轮游三峡是最常用的方式。有从宜昌乘船逆流而上到奉节，和从重庆到奉节顺流而下到宜昌两条线路。时间主要在船上，行水观山舒适安全，是团队和一般旅游者的首选。但应注意从奉节或宜昌出发最好乘9:00以前的游船，这样才能在天黑前游玩三峡，不至于有些地方到了晚上看不到。

衣食住行

三峡地区属于南方气候，温暖湿润。3~5 月携带羊毛衫或茄克衫即可，9~11 月一般有衬衣和茄克衫即可。

三峡地区饮食习惯与四川相似，口味重，喜麻辣，川菜普及，小吃众多，价格便宜。正餐主要有各种川味火锅，四川腊肉别具一格，长江肥头鱼、麻花鱼更是味道鲜美，以巫山的麻花鱼最为好吃。小吃有凉虾、赤花籽、顶顶糕、懒豆腐、猪儿巴等，价格便宜，其中凉虾和赤花籽只有夏季才有。

三峡游玩，住宿多在船上，如有兴趣也可在秭归、白帝城、丰都鬼城等沿线口岸停留，这些地方都有不同档次的宾馆可供选择。

前往三峡，可乘车或飞机先至重庆、武汉、宜昌，然后乘船，长江沿线各地均有三峡游轮停靠。进入三峡地区可以从重庆顺流而下到奉节，也可以经湖北到宜昌。到奉节的船比车多。铁路、公路、航空以及航运都可以到达宜昌，开始三峡之行。

年整治大为改善，加之葛洲坝工程蓄水之后回水百里，水位上升，险滩礁石沉入江底，不复为害。

崆岭滩在崆岭峡中，两岸悬崖壁立，湍流迅急，挽舟甚难，“务空其岭，然后得过”，故亦称“空聆”。以往这里滩险流急，礁石密布，著名者即有“二十四珠”，其中“大珠”石梁，长约 220 米，宽 40 余米，高约 15 米，突露水面，如猛虎卧伏江心，与邻近之“二珠”、“三珠”，号称“三石联珠”。其下乱石暗礁，犬牙交错，锋利如剑，致使航道弯曲狭窄，恶浪汹涌，行船稍有不慎就会触礁沉没。民谚云：“青滩、泄滩不算滩，崆岭才是鬼门关。”因而人们称此为长江三峡险滩之冠。两岸峰峦叠秀，环云蔼翠，飞瀑流泉，扬雪溅珠，满山柑橘成林，绿叶金果，彩色缤纷，景色佳丽，风光无限。

>> 人文景观

长江是中华民族的重要发源地之一，因而三峡不但有许多著名的名胜古迹，如白帝城、古悬棺葬等，还有更大的人造景观——三峡大坝。

白帝城坐落在紫色的白帝山，原名“紫阳城”，是一座历史悠久的古城。它位于瞿塘峡口的北岸山巅，三方环水，一面依山。西汉末年，公孙述占蜀为王，筑城自卫，因城中一井常冒白汽，犹如白龙飞升，公孙述占蜀借此称“白帝”，改城名为“白帝城”。三国时，相传刘备不听诸葛亮的劝告，亲自率兵征伐东吴，为义弟关羽、张飞报仇，不料被东吴大将陆逊杀得大败而回，刘备退到白帝城，无颜回见群臣，于是在白帝城修建了永安宫安居，不久郁闷而死。临死前刘备把政权和儿子刘禅托付给丞相诸葛亮，史称“刘备托孤”，现白帝城内的白帝庙中塑有刘备托孤的彩色群像，再现了当时刘备托孤之情景。

唐代大诗人李白“朝辞白帝彩云间，千里江陵一日还。两岸猿声啼不住，轻舟已过万重山”的诗句是白帝城的千古绝唱。作者儿时就是从这首诗中初识长江和白帝城的。三峡水库建成后，白帝城将成为“孤岛”。不过，那时可以泛舟直往，定会别有情趣。

三峡大坝是一座集防洪、发电和航运为一体的宏大工程，该大坝地区已经成为长江三峡旅游热点。三峡大坝由拦河大坝及泄洪建筑物、水电站和通航建筑物等部分组成。拦河大坝为混凝土重力坝，河床中部布置泄洪坝段大坝。建成后，水位将上升100米，高峡出平湖。

2006年5月20日，三峡大坝全线达到了185米的设计高程，三峡大坝建成了！这是三峡工程施工中的又一个里程碑——三峡三期工程中的右岸大坝是一座没有一丝裂缝的大坝，创造了世界奇迹！

三峡船夫

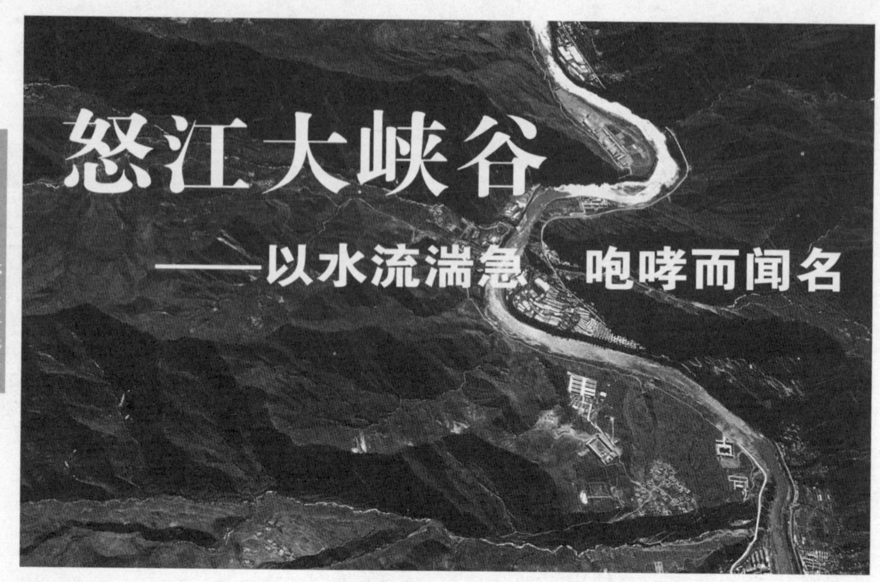

怒江大峡谷

——以水流湍急、咆哮而闻名

游览时机

由于夏季炎热多雨，到怒江大峡谷旅游最佳时间为每年4~5月和10~11月。

游览线路

怒江大峡谷长达600多公里，并且景点分散，因此游览线路变化多样。目前较为热门的线路是：昆明—六库—贡山—丙中洛—齐那桶村桥头。

怒江大峡谷地域广阔，游览区域的景点之间需要乘坐汽车，在景点游览需要较多的步行。最佳游览方式是自驾车或包车游览。

>> 概要介绍

怒江源出青藏高原的唐古拉山南麓，上游叫“黑水河”，藏名叫“拉曲卡”，经过西藏、云南，出境流入缅甸后，称为“萨尔温江”。它全长3200公里，在中国境内有1540公里。因水流湍急、咆哮而被称为“怒江”。怒江两岸的许多山峰海拔超过4000米，峰顶白雪皑皑，而怒江河床海拔仅800米左右，河谷与山巅高差3000~4000米，由此形成了著名的怒江大峡谷。

在怒江大峡谷，高黎贡山和碧罗雪山夹着水流汹涌的怒江奔流之下，遥望峡谷，群峰雄峙，横亘千里。怒江两岸尽是高山夹峙，峭壁千仞，危岩嶙峋，不少江岸都是垂直的石壁。由于江水长年累月的冲刷，有的甚至形成向江面倾斜欲倒的险崖。当地有一首顺口溜形容怒江峡谷：“上山到云端，下山入深渊；岩羊无路走，猴子也发愁。”位于怒江上游的齐那桶大谷段，长65公里，谷内几乎无一点平地。江两岸陡壁直立，两边原始森林一望无际，是怒江大峡谷最为险峻的景点。齐那桶纳卡洛段，山高谷深，是怒江大峡谷中最壮观的地段。在江东与西藏交界的牙关河还有不少瀑布，最高的瀑布高达800多米，瀑宽10多米。

历史上，怒江曾使一些勇敢善战的英雄为之驻足。相传，三国时代蜀国宰相诸葛亮曾带兵远征到这里，当他听到部下报告“一十卒未过二三死”时，这位著名的军事家只得摇着鹅毛扇叹息道：天堑为阻，人力弗能。1942年，日本侵略军占领缅甸后，妄想东渡怒江，进攻中国西南腹地。可是，由于当地人民的反抗和怒江天险的阻隔，也使他们最后望而却步了。

>> 地理位置

怒江大峡谷位于云南省滇西横断山纵谷区三江并流地带，东边是怒山（又名“碧罗雪山”），西边是高黎贡山。

>> 自然风光

怒江大峡谷比较有名的景观有月亮石、怒江第一湾、丙中洛石门关等。

月亮石是谷中的一大奇景，从公路上遥看，

衣食住行

4~5月和10~11月到怒江大峡谷旅游不需要特别携带御寒衣物。

怒江州的口味与云南其他地方大致相同，偏咸偏辣。在当地居民家住宿，可吃到货真价实的土鸡，在齐那桶村阿白等藏族民居里，还可品尝到酥油茶、糌粑等正宗藏式食品。

六库是怒江州首府，宾馆众多，住宿条件相当不错，标房一般在40~60元左右。福贡、贡山两个县城，住宿也相对较宽松，标房大多在30~50元左右。丙中洛乡，丁大妈家住宿，标房60元，单间20元，其他旅馆标房40元左右。齐那桶村没有旅馆，只能住在民居里，阿白家10元/人。

由于怒江大峡谷交通不便，丰富的旅游资源未被充分开发利用。现在，随着交通条件的迅速改善，从昆明乘车前往怒江只需10小时左右，乘飞机经保山转车前往则只

需4小时。

从昆明乘大巴至六库，需要10小时。六库到贡山，294公里，约7小时。贡山到丙中洛，汽车约1小时。丙中洛到齐那桶村桥头，汽车1个多小时；桥头到齐那桶村，爬山30分钟。

包车方便，可边走边拍照。包吉普车与小轿车相比价格相差约一倍（六库—贡山/丙中洛450元/辆），一般如果要到山小洛、石门关等地，吉普车较好。

注意事项

1.要注意尊重少数民族的风俗习惯。

2.怒江每年6~9月为雨季，不适宜旅行。

3.怒江冬季偶有暴雪，所以冬季亦不适宜前往旅游。

4.怒江一带下雨造成的塌方会耽误行程，要有充分的思想准备。要注意多带些方便食品。

清晰可见山峰拖着一轮圆月。实际上这是高黎贡山的一座岩峰开了一个约100米高、直径45米的竖椭圆形大洞，可以窥见山背面的天空。

怒江第一湾位于日丹村附近。怒江流经贡山县丙中洛乡日丹村附近，由于王箐大悬崖绝壁的阻隔，江水的流向从由北向南改为由东向西，流出300余米后，又被丹拉大山挡住去路，只好再次调头由西向东急转，在这里形成了一个半圆形大湾，为“怒江第一湾”。湾中心有一个村子叫“坎桶村”，这里江面海拔1710余米，气势磅礴，湾上怒江台地平坦开阔，高出怒江500米，构成三面环水的半岛状小平原。小平原四周景物宜人，每到农闲季节或节假日，人们便到这里泛舟过溜，对歌起舞，坎桶村堪称峡谷桃源，处处是田园风光。

石门关位于丙中洛溯江中。这里两座直立的悬崖峭壁屹立在怒江两岸，直立的石壁活似两根石柱插入云端。从古到今，石门关两边的人民往来只有在怒江水低落的时候从绝壁下的沙滩通行，一到水涨，淹没了沙滩，路断难行，就是猴子、岩羊也过不了石门关。沿着山坡往上走，来到普化寺，这时再抬头看石门关，又是一种景致。怒江两岸的山分别以石门关的峭壁当头弧形向两边伸去，就像两只老虎雄立怒江两岸，回过头再看丙中洛乡背后的石壁，更似一头狮子抬头朝石门关扑来。

怒江峡谷

大渡河金口大峡谷——险峻壮丽

>> 概要介绍

大渡河金口大峡谷全长约 30 公里，谷底宽一般 70~200 米，局部小于 50 米，谷肩最大宽度约 8 公里。

发源于川西北高原的大渡河，以险恶汹涌而著称，它奔腾咆哮，一泻千里。正是它的这种猛性，造就了这壮观的峡谷、醉人的风光。踏入这雄奇壮观、险峻幽幻的天然大峡谷，千仞绝壁、万座奇峰便迎面而来。据地质专家介绍，在新构造运动的强烈影响下，地壳不断抬升，同时河谷不断向下切割，最终形成了可与长江三峡媲美的峡谷地貌景观。从半山腰看下去，大渡河水是那样清澈、柔美，然而下到谷底，温柔的河水变成了不羁的野马，在群山间奔腾跳跃，发出阵阵的巨吼，抬头仰望，天空聚为一线，两岸绝壁如刀切斧砍一般，山体上褶皱明显、层理分明，记录着这里 10 多亿年来地质演化的历史。

游览时机

大渡河金口大峡谷每年 6~8 月为雨季。最佳旅游季节为 4~5 和 9~10 月。

游览线路

到大渡河金口大峡谷有两条道路可选择：一是从金口河出发，顺着大渡河前行，可以一边走来一边看大峡谷风光。另一条道路是从金口河出发，朝着大瓦山方向进发，经过一个叫“天池”的地方，稍微休息后登顶大瓦山。

衣食住行

在 4~5 月和 9~10 月到大渡河金口大峡谷旅游，需要携带羊毛衫和茄克一类防风防凉衣物。

金口河地处小凉山

区，毗邻峨边彝族自治县，除了拥有彝族美食砣砣肉、杆杆酒等外，最具特色的是永胜腊肉，此腊肉是采用在大山中自然生长的生猪的猪肉，经过3个月特殊腌制而成，肥而不腻，食后回味无穷。

每天从成都火车南站开往普雄的8619次在关村坝火车站停靠，游客可下车到大峡谷观光。金口河大峡谷有一处农家乐“道林子”山庄可供游客住宿。

注意事项

1.如果旅游者在峡谷步行探险，一定要注意雨季塌方、滚石等带来的安全问题，最好把安全帽戴上。

2.手机电池要充足电，以便长时间使用。

>> 地理位置

大渡河金口大峡谷西起汉源县乌斯河，东至乐山市金口河，地跨四川省的乐山市金口河区、雅安市汉源县和凉山州甘洛县。

>> 自然风光

一线天大峡谷位于乐山市与雅安市分界处的白熊沟。这里两岸的崖壁越靠越近，景色也越来越清幽。白熊沟谷深2000余米，长4000余米，以“一线天”景观而著名。由于地处横断山东缘地壳强烈上升地段，加上构成峡谷的基岩主要为坚硬的白云质灰岩，使得金口峡成为我国大型河流上最为典型的嶂谷和隘谷，谷坡直立、谷地深窄、谷底几乎全为河槽占据。而两侧的众多支沟更是呈现深不见底、窄如刀缝、绝壁深涧一线天的奇观。

大瓦山矗立在大峡谷的北岸，海拔3236米。这是一座三叠纪玄武岩构成的平顶山，地质结构与峨眉山、瓦屋山相同。但与二者截然不同的是，大瓦山四面均是绝壁的孤山，高差可达800~1000米，山顶平台面积约1万平方公里。这里古木参天，雄浑开阔，远望如突兀的空中楼台，其景象之壮观尤胜峨眉山、瓦屋山一筹。

大渡河金口峡谷

马岭河大峡谷

——地缝奇观

>> 概要介绍

马岭河大峡谷是一条7000万年前地壳运动中拉开的狭窄地缝，并在水流长期侵蚀下形成。峡谷长74.8公里，平均宽度和深度都在200~400米之间，最窄处仅50米，最深处达500米，河水落差近千米。两岸众多支流因下切速度滞后于主流，形成了上百条高逾百米的瀑布坠入深谷之中。峡谷有长达7公里的栈道可供游览者步行游览，其中主栈道为1.7公里。

马岭河大峡谷是喀斯特多层次地貌景观的集中表现，以地缝嶂谷、群瀑悬练、碳酸钙壁挂而著名。它的地貌结构与一般峡谷不同，实际上是一条地缝，有人说这是“地球上最美丽的伤疤”。正是这条罕见地缝，造就了马岭河大峡谷景区雄、奇、险、峻的景观，十分利于开展漂流探奇和观光活动，被誉为“天下第一缝，中国第一漂”，首届中国国际皮划艇漂流赛就曾在这里举行。

游览时机

马岭河大峡谷的最佳游览时间是每年的6~10月。

马岭河大峡谷彩崖多以灰褐为底色，一道道橘红、灰白、绛紫、果绿的线条或粗或细、或长或短，齐刷刷地从崖壁上竖画下来，放眼望去，宛如万道霞光直泻崖壁，又如千匹锦缎从崖顶垂挂下来。“天赐石窟”在峡谷中段一座高百米、长200米的红色巨崖上，前半部分崖壁上遍布的石雕“作品”映现出一组动物狂欢的巨大“画卷”，画中动物形态夸张，活灵活现。

>> 地理位置

马岭河大峡谷位于贵州省兴义市城东北约6公里的马岭河中。

>> 自然风光

马岭河大峡谷瀑布气势磅礴，尖峭的锥峰密集丛生；两岸峰林之中还有古庙、古桥、古战场、古驿道等人文景观，充满了古野情趣和神秘幽深的色彩。根据不同的景观特点，景区自上而下分为车榔温泉、五彩长廊、天星画廊等景观。

车榔温泉地处马岭河上游车榔布依族古寨。峡谷从寨前穿过，河谷两岸各有一个温泉，左称

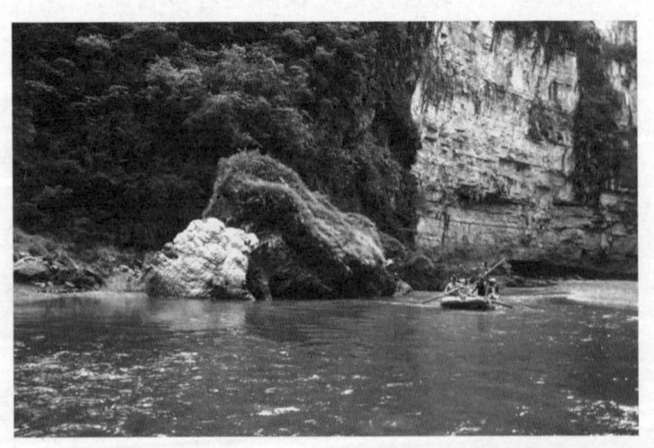

衣食住行

6~10月到马岭河大峡谷游览，白天穿单衣即可，但晚上要加点衣物，以防着凉。

马岭河大峡谷景区距离兴义市很近，可以到市区就餐；景区本身也提供美味可口的餐饮，大约每人10~15元左右。

可住贵州兴义市内旅馆。

去马岭河大峡谷可以在贵阳长途汽车总站（延安西路32号）有到兴义的长途汽车，每天有多班汽车，价格95元。然后从兴义乘中巴到马岭河，车费2元，乘出租车的话大约15~20元。也可以自驾车从贵黄路至关兴路行进即可。

游览线路

1.乘船游览，以彩崖峡为起点，沿途著名景点有彩崖、天赐石窟、回峰崖、飞虹锁天、五里幽谷、壁挂崖、瀑布群和万峰林。

2.在马岭渡口乘上橡皮舟顺流而下，经车榔温泉、五彩长廊、天星画廊和赵家渡等景点。

“儿子泉”，右称“姑娘泉”，水温38~40℃，泉水四季清澈。古往今来布依族男女对河而浴，享受着大自然的恩赐，充满情趣。

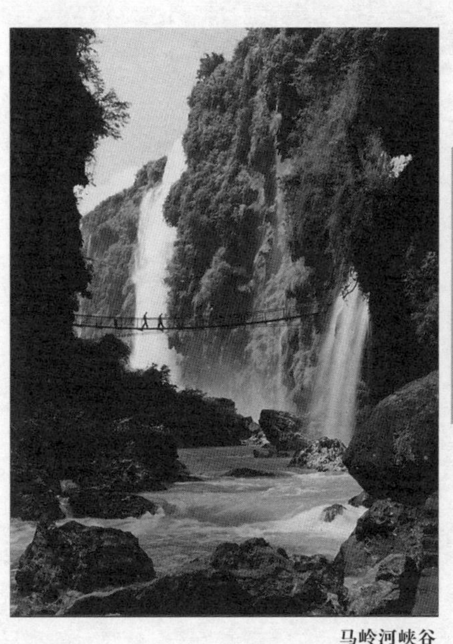
马岭河峡谷

五彩长廊位于龙荫至马岭镇20公里的峡谷段。谷内有三条清泉流淌，水随山转、山因水活，此“一彩”；马保树龙头山溶洞处高水头瀑布，水花飞溅、草木飘动，与彩虹相辉映，此“二彩”；长廊内泉水叮咚、溪水潺潺，水族动物穿梭不息、生机勃勃为“三彩”；百花异草应水而生、随风摆动、充满活力，此为“四彩”；长廊两岩的猪场河、木椰河秀水相映，称为峡谷“瑶池”，为“五彩”。

天星画廊是峡谷景区精华核心部分。它以规模宏大的瀑布群和岩壁挂形成主要景观特色，堪称一绝。从马岭古桥到天星桥9.7公里段有56条瀑布，终年长泻36条。其中长仅1.7公里的天星画廊段就有万马咆哮瀑、珍珠瀑、面纱瀑、间歇五叠瀑、捞月瀑、洗心瀑、路帘瀑、飞厅瀑等13条。瀑高120~200米，瀑宽20~110米，壮如银河缺口，柔如轻纱袅娜。悬挂堆积的钟乳石、石笋、石柱、石幔等景物构成一座座立体的“琼楼玉宇”。景区从上至下有彩岩峡、三古峡、天赐石窟、五里幽谷、彩水河、古驿道、霞光浴场、海豚拜佛、画中游、雨洒芭蕉、天星桥等奇特自然景观。河水含碳酸钙很重，将碳酸钙附在崖壁上，形成规模宏大的钙华瀑布群，仅天星画廊的绝壁上就悬挂着面积达30余万平方米的钙华瀑布。

注意事项

1.漂流时要注意安全，打水仗要注意节制。

2.注意尊重少数民族的风俗习惯。

海岛是辽阔海洋的璀璨明珠，

给蓝色的海洋增添了无限的色彩。

人们一提起海岛，便会想到沙滩、椰树，想到细细白沙、怪石嶙峋，

想到一轮赤红的太阳从靛蓝的海面升起的壮观景象，

清凉的海风，高耸入云的椰子树，细腻的沙滩，奇形怪状的珊瑚礁和色彩斑斓的鱼儿，一切都那么美。

情侣们在细腻沙滩上，在柔柔海风中，轻轻地说声：“我愿意”，从此牵着爱人的手，一起慢慢变老。

原始、永恒、独特，这里的一切都是那么的新鲜，

在静谧的气氛中，处处蕴藏着惊喜。

蓝天、碧海、绿岛、金沙、白浪是海岛生态旅游的主色调，

登海岛、住海滨、沐海风、浴海水、看日出、观日落、赏渔火、品海鲜是各方旅友上岛旅游的选择。

乘渔家乐游览岛上风光，出海捕鱼，领略海岛渔家生活，给旅游生活带来前所未有的享受。

{海岛篇}

游览时机

海南岛长夏无冬，一年四季阳光明媚，都适合旅游，最佳季节应当是在9月~翌年6月。

天涯海角最南端

>> 概要介绍

海南岛岛屿轮廓形似一个椭圆形大雪梨，长轴自东北至西南，长约290公里，西北至东南宽约180公里，总面积（不包括卫星岛）3.39万平方公里，是我国仅次于台湾岛的第二大岛。环岛海岸线长1528公里，有大小港湾68个，周围-5米至-10米的等深地区达2330.55平方公里，相当于陆地面积的6.8%。

海南岛四周低平，中间高耸，呈穹隆山地形，以五指山、鹦哥岭为隆起核心，向外围逐级下降，由山地、丘陵、台地、平原构成环形层状地貌，梯级结构明显。山地和丘陵是海南岛地貌的主要特征，占全岛面积的38.7%。山地主要分布在岛中部偏南地区，山地中散布着丘陵性盆地。丘陵主要分布在岛内陆和西北、西南部等地区。在山地丘陵周围广泛分布着宽窄不一的台地和阶地，占全岛总面积的49.5%。环岛多为滨海平原，占全岛总面积的11.2%。海岸主要为火山玄武岩台地的海蚀堆积海岸、由溺谷演变而成的小港湾或堆积地貌海岸、沙堤围绕的海积阶地海岸，海岸生态以热带红树林海岸和珊瑚礁海岸为特点。

>> 地理位置

海南岛位于中国南端，北以琼州海峡与广东划界，西临北部湾与越南民主共和国相对，东濒南海与台湾省相望，东南和南面在南海中与菲律宾、文莱和马来西亚为邻。海南岛地处北纬18°~20°，东经108°~111°。

>> 自然风光

亚龙湾在三亚市东南28公里处，是海南最南端的一个半月形海湾，是我国保存最好的处女海湾之一，全长约7.5公里。海湾依山面海，呈东西走向，纵深6公里，湾内海面面积约50平方公里。亚龙湾海岸线地形多样，小部分为悬崖石岸，大部分为沙滩，沙粒洁白细软，海水清澈澄莹，能见度7~9米。亚龙湾气候宜人，冬可避寒、夏可消暑，自然风光优美。青山连绵起伏，海湾波平浪静，湛蓝的海水清澈如镜，柔软的沙滩洁白如银。在亚龙湾全年可游泳，海水浴场绝佳，是理想的日浴、海浴、沙浴之地，又被称为“东方夏威夷”，可它的海滩长度约是美国夏威夷的3倍。

东寨港红树林位于海南省的琼山市（现属海口市管辖）的东寨港，绵延50公里，面积4000多公顷，是我国建立的第一个红树林保护区。红树林是热带、亚热带濒海泥滩上特有的常绿灌木

游览线路

海南岛一般的游览线路为：海口—万泉河—兴隆—亚龙湾。

从海口可以到东寨港红树林保护区、博鳌游览。三亚是游览海南岛的重要基点。从三亚可以到天涯海角、亚龙湾、尖峰岭热带雨林等处旅游。

海口至三亚的交通已有省直快车。到达三亚后，可以乘中巴至三亚市工人文化宫，然后乘坐到田独的专线车到田独镇终点站（2元），再坐三轮车进亚龙湾旅游度假区（5元）；也可再乘出租车（50元）到仙人掌酒店、凯莱度假酒店、天域度假酒店等酒店，这些酒店有到亚龙湾的接送车，不过很费时间，大约45分钟左右才有一班。三亚还有直接到亚龙湾的中巴车，只要4元钱。

东寨港属于非常规旅游地，坐车去比较麻烦。先在海口坐去琼山的巴士，在五公祠下车，然后在对面的红城湖路等去“演丰”或是“曲口”的中巴（4元/人），行驶90分钟左右到演丰，下车再乘海南特色的“风采车”到达景区，然后就可以在东寨港坐快艇去看红树林了。

可在三亚市区任何一地点乘当地2、4路中巴车至终点站，再转乘泰和

旅游专线巴士（5元/人）；可在市内乘座“天涯”、“南山”等字样的中巴车直达（3~4元）；由市区乘出租车（25~30元）；包车（150元）。

或乔木的植物群落，其大部分树种属于红树科，生态学上通称为“红树林”，是能生长于海水中的绿色植物。东寨港红树林保护区的红树林生长良好、丛林茂密，涨潮时分，红树林的树干被潮水淹没，只露出翠绿的树冠随波荡漾，成为壮观的“海上森林”，有水鸟展翅其间，游人可乘小舟深入林中。东寨港红树林保护区内的野菠萝岛环境幽美，岛上形态奇特的野菠萝林连片蔽日，修有观光小道，可乘游船登岛游览。

当地解决不了住宿，应当天赶回海口。

天涯海角位于三亚市西郊23公里处，天涯海角风景区总体规划陆地面积10.4平方公里，海域面积6平方公里，背负马岭山，面向茫茫大海。这里海水澄碧，烟波浩瀚，帆影点点，椰林婆娑，奇石林立，水天一色。海湾沙滩上大小百块石耸立，“天涯”、“海角”和“南天一柱”巨石突兀其间，昂首天外，峥嵘壮观。史载，“天涯”两字为清雍正年间崖州知州程哲所题，铭刻在一块

海天椰风

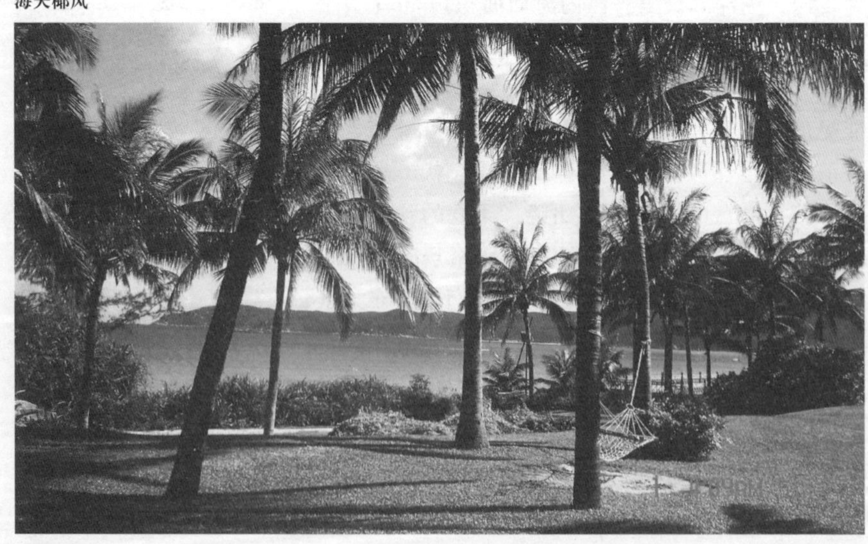

高约 10 米的巨石上。“海角”两字刻在“天涯”右侧一块尖石的顶端，据说是清末文人题写。这两块巨石通称“天涯海角”。传说一对热恋的青年男女分别来自两个世仇的家族，双双发誓不管到天涯海角也要永远在一起。在族人的追赶下，被迫逃到此地双双跳进大海，化成两块巨石，永远相视相对。后人为纪念他们的坚贞爱情，在两块石上分别刻下“天涯”和“海角”。现在恋爱中的男女也常以“天涯海角永远相随”来表达自己的心迹。离“天涯”摩刻左侧几百米，有一尊高大独立的圆锥形巨石，这就是“南天一柱”奇景。它擎天拔地，有独立南天之势。“南天一柱”据说是清代宣统年间崖州知州范云榜所书。

天涯海角景区及附近没有住宿设施，必须回到三亚湾或者市区入住。

蜈枝洲岛古称“古崎洲”，面积 1.48 平方公里，呈不规则的蝴蝶状，东西长 1400 米，南北宽 1100 米。该岛距三亚市区 30 公里，是海南岛周围为数不多的有淡水资源和丰富植被的小岛。蜈枝洲岛属热带海洋气候，全年温和气爽，四季宜人，是度假、休闲、避寒、冬泳、娱乐的理想去处。岛上乔木高大挺拔，灌木茂密葳蕤，有 2000 多种植物，种类繁多，并生长着许多珍贵树种，如有被称为“植物界中的大熊猫”的龙血树，并有许多难得一见的植物现象，如“共生”、“寄生”、“绞杀”等。该岛东、南部最高峰海拔 79.9 米，悬崖壁立，其下礁石万状，惊涛击石，浪花如雪。西及北部地势渐平，一弯沙滩，沙质细白；环岛海域水清见底，能见度极高，可达 27 米；盛产夜光螺、海参、龙虾、马鲛鱼、海胆、鲳鱼及五颜六色的热带鱼。南部水域海底珊瑚礁保护很

衣食住行

海南岛长夏无冬，阳光明媚，到海南岛旅游基本上穿单衣即可。

海南岛的各旅游景点均有餐饮服务。这里的风味美食主要有：白切文昌鸡、红扒东山羊、加积鸭、椰子奶鸡、和乐蟹、黎族竹筒饭等。

除东寨港红树林保护区外，各旅游景点均有住宿服务设施。

到海南岛旅游，海、陆、空旅线均可选择。海口有美兰机场，全国各主要城市均有飞机往返。海南航空公司是国内最大的航空公司之一。现在火车、汽车均可通过琼州海州直接开到海口。

注意事项

1.海南岛的椰子有青椰、黄椰和红椰之分，以红椰为上品，价格2元一个。上午10:00~12:00这个时段的椰汁最甜，此时喝椰汁最为适宜。

2.蜈枝洲岛上没有银行和自动取款机，上岛前一定要带够现金。

3.蜈枝洲岛没有公用电话，房间内的电话只能打内线，拨长途必须在总台交押金后才能打，另外在铁炉港2号码头上的小卖铺有公用电话可以打长途。

4.蜈枝洲岛度假村及附近的海滩、山上的观日台附近都有手机信号，可以打手机。

5.蜈枝洲岛上没有商店和小卖铺，只有潜水公司租售游泳用品、水下相机、100~400度数的胶卷。

好，五彩斑斓，形态奇异。这里是海上娱乐特别是潜水观光的首选之地。蜈枝洲岛离三亚市并不远，但这个美丽的小岛保留了醉人的风光和丰富的旅游资源，成为三亚城市周边最理想的度假天堂。蜈枝洲岛还是典型的热带潜水理想地点。在蜈枝洲岛潜水可以采用“船潜”的方法进行潜水活动。

博鳌位于海南省的琼海市。这里水中有岛，岛中有水，秀丽景色和名胜古迹集于一地，被人们誉为“奇妙的南国风光画卷”。

博鳌港域辽阔，地势险要，它是万泉、龙滚、九曲三条河流汇拢而来，继而流入大海的必经之口，万泉河出海口中有东屿、鸳鸯两个岛屿，使博鳌港水中有岛，岛中有水，波光错落，景色秀丽。这里的沙滩广阔平坦，柔软洁白；海面水色湛蓝，港门岩群屹立；海岸绿林成带，椰树挺空，炊烟袅袅。远眺这绵延十多里的海湾滩岸，无异于上苍编织的一条五彩缤纷的绸带，不少中外旅游名家认为，这里是世界上河流出海口自然景观保持最完美的一个地方。

2001年2月27日，“博鳌亚洲论坛”成立大会在博鳌隆重举行，这是亚洲历史上一次空前的国际盛会，来自亚洲和澳大利亚等26个国家的十几位政要和前政要、政府官员及专家学者共400余人出席大会。中国国家主席江泽民、国务院副总理钱其琛出席会议。江主席在“博鳌亚洲论坛”成立大会上发表了热情洋溢的致辞并吟诗颂博鳌：“万泉气象新，水阔晚风纯。四海群贤聚，博鳌更喜人。”各国媒体记者200余人对大会进行了全程采访，向世界报道了“博鳌亚洲论坛”成立的盛况，博鳌由此为世界所知。

一片美丽富饶的地方

>> 概要介绍

台湾岛像一颗美丽的宝石，镶嵌于翠玉般的碧波之中，是我国海拔最高的岛屿。台湾岛的平面形态好似一片芭蕉叶，长轴走向为北东方向，南北长 394 公里，东西最宽处 144 公里，面积 35778 平方公里。台湾岛海岸平直，很少曲折，海岸线长 1139 公里。北回归线横贯全岛中部，每年夏至前后太阳垂直照射台湾岛。台湾岛纵跨了亚热带与热带两气候带，是我国唯一拥有热带和亚热带风光的海岛，也是我国最大的大陆岛。它以美丽多姿的阿里山、日月潭等胜景闻名天下。

台湾岛四面环海，与大陆之间夹一条狭长水道——台湾海峡。台湾海峡像一条走廊一样连通着东海和南海，不仅海峡两岸过往船只要经过，

游览时机

台湾属东南海洋性气候，仅有海拔 3600 多米的玉山有白雪飘落，其余地方均无降雪。台湾一年四季均可游览，但最佳时机是在秋季。

衣食住行

在秋季游览台湾穿单衣即可。台湾汇聚了中国各地的美食，因为台湾人的绝大多数本来就是大陆过去的。

在台湾住宿相当方便，不管是都会地区或是乡村小镇，还是高山地区，都有住宿地点。台湾的旅馆可分为三个等级，分别为国际观光旅馆、观光旅馆及一般旅馆。经合法登记的旅馆，均会张贴合法旅馆专用标章，游客最好选择此类旅馆住宿，比较有保障。

台湾共有34家航空公司飞航世界56个主要城市。岛内还有7家航空公司，往返台湾主要城市之间，同时还有离岛航线。基隆、高雄、花莲为客轮主要停靠的国际港口。台湾与各离岛及金门、马祖之间的交通以飞机为主，客轮为辅。各机场有至台湾各大城市的班车。至于台湾地区城市间的往来，有通行全岛的客运与地区性客运。这些客运都有提供租车的旅游服务。台湾环岛铁路班次密集，十分方便。在主要机场之服务柜台及大都市都可以租到小型车，国际观光旅馆、观光旅馆、出租车行等也有租车服务。

就是西欧和印度洋沿岸各国的船只来东北亚港口也大都经过这里。台湾岛位于海上走廊的东侧，又正好介于世界最大的太平洋和最大的亚欧大陆之间，具有重要的战略地位。

台湾古称“夷州”，自古以来就是中国的领土，1624年曾被荷兰侵占，1661年民族英雄郑成功收复台湾。1683年清政府设台湾府，1885年改为台湾省。1895年日本侵占台湾。1945年日本投降后，台湾岛及其附属岛屿才回归中国。

>> 地理位置

台湾岛位于我国东南海域，东临太平洋，西隔台湾海峡两岸与福建相望，南靠巴士海峡与菲律宾群岛接壤，北向东海。

>> 自然风光

太鲁阁大峡谷位于台湾东部花莲县西北的太鲁阁大峡谷，是台湾著名的旅游胜地。太鲁阁大峡谷两岸悬崖万仞，奇峰插天；山岭陡峭，怪石嵯峨；谷中溪曲水急，林泉幽邃，具有长江三峡雄奇景观连绵不断的气势，被誉为“宝岛的三峡”，为宝岛八景之冠。

湍流的溪水川流不息，经过百万年的切割，形成了我们今天所见到的太鲁阁大峡谷。峡谷中的溪水从海拔3000多米的合欢山急流而下，到入海口只有海拔100米左右，许多地方每公里落差达20~30米。百万年来，丰沛的立雾溪水不断向下侵蚀，切开了厚度超过1000米的大理石层，形成了今日台湾垂直壁立的U型峡谷，造就出公园中最撼人心弦的景观。这里的立雾溪大理石峡谷又称“鲁阁幽峡”，全长20公里，两岸都是悬崖峭壁，壁立千仞的峭壁、断崖和不同造型的天然岩石无处不在，是台湾最为雄伟险峻的风景区。

太鲁阁峡谷地区原始森林覆盖面积广大，境内从海拔最低的清水海滨到最高的南湖大山，落差达 3742 米；从亚热带的樟楠林，温带的混合林、桧木林，寒带的铁杉、云杉、冷杉，到高山草原、寒原，呈现垂直分布，并有特殊的岩壁植群，及因地形陡峭所造成的“植被压缩”现象，造就了层次复杂的植物群相，植物种类达 1100 种以上。

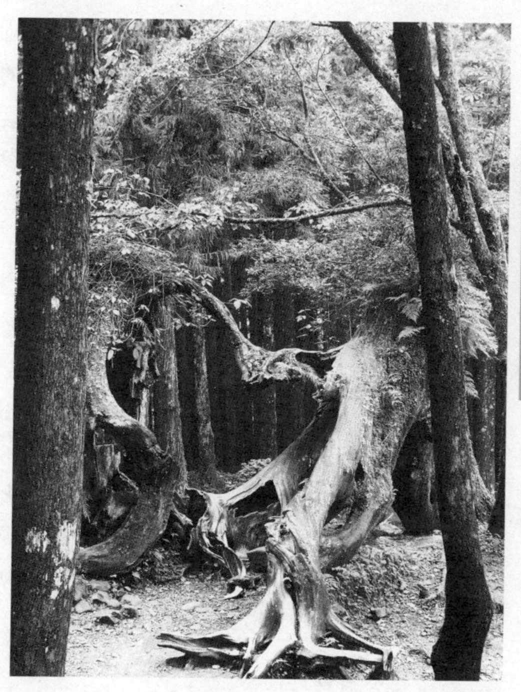

阿里山

日月潭位于南投县鱼池乡水社村，是台湾唯一的天然湖，由玉山和阿里山之间的断裂盆地积水而成，湖面海拔 760 米，面积约 9 平方公里，平均水深 30 米，湖周长约 35 公里。日月潭四周群山环抱，重峦迭嶂，潭水碧波晶莹，湖面辽阔，群峰倒映湖中，优美如画。每当夕阳西下、新月东升之际，日光月影相映成趣，更是优雅宁静，富有诗情画意。日月潭中有一小岛远望好像浮在水面上的一颗珠子，名“珠子屿”（光华岛），以此岛为界，北半湖形状如圆日，南半湖形状如弯月，日月潭因此而得名。

日月潭旧称“水沙连”、“水社大湖”、“龙湖”、“珠潭”，当地人也称它“水里社”。在祖国各大名湖中，日月潭独具亚热带的秀丽，潭水四时不竭，水极清纯，无垠的漫漫绿波恍若明镜一

注意事项

1.西横贯及苏花公路经常发生落石、山崩等道路灾害，台风、豪雨及地震后应尽量避免前往。

2.西横贯雾社支线大禹岭至翠峰间于雪季时将实施例假日交通管制，游客可利用赏雪专车进入合欢山区；若欲通过积雪路段，须在轮胎上加装雪链，并放慢车速，以防打滑。

3.鲁阁公园境内仅太鲁阁、关原两地有加油站，从中西横贯西往的游客尽可能在太鲁阁加足油再上路。

4.台币100元与人民币100元非常相似，要注意识别，否则就可能吃亏。1元人民币大约换4元台币。

面，青山倒映，幽绝、静绝，清晨，山中、潭上往往有薄如轻纱的雾，山风一起，烟雾隐住了光华岛，而湖面更显得烟波浩渺了。

阿里山群峰参差，沟壑纵横，既有悬崖峭壁之奇险，又有幽谷飞瀑之秀丽。最高处海拔2663米，山虽不算高，但以其神木、樱花、云海、日出四大胜景而驰誉全球，故有“不到阿里山，不知台湾的美丽”之说。

通阿里山的铁路可与“阿里四景”（日出、云海、晚霞、森林）合称“五奇”。铁路全长72公里，却由海拔30米上升到海拔2450米，坡度之大举世罕见。火车从山脚登峰，似沿“螺旋梯”盘旋而上，绕山跨谷钻隧洞，鸟雀在火车轮下飞翔。登山途中，从高大挺拔的桉树、椰子树、槟榔树等热带古木，到四季常绿的樟、楠、槠、榉等亚热带阔叶树，再到茂密的红桧、扁柏、亚极和姬松等温带针叶树，到了海拔3000米以上，则是以寒带林为主的树木了。这些奇木异树，在阿里山上汇成一片绿色的海洋，山风劲吹时，山林如惊涛骇浪发出轰天雷鸣，形成阿里山著名的万顷林涛。

阿里山主峰的神木车站东侧，耸立着一棵直插云霄的大树，树身略倾侧，主干已折断，但树梢的分枝却苍翠碧绿，称为“阿里山神木”。该树高52米左右，树围约23米，需十几人才能合抱。据推算它已有3000多年树龄，约生于周公摄政时代，故被称为“周公桧”，是亚洲树王，仅次于美洲的“世界爷”。

漫山遍野的樱花是阿里山又一奇观。樱花最盛处在阿里山“游客中心”一带，阳春时节，漫山遍野开满了殷红、洁白的樱花，一堆堆，一丛丛，艳丽多姿，与森林的黛绿嫩翠交织成一片锦绣，使阿里山群峰像穿上了绿底红花的盛装，令人如痴如醉。

日出或薄雾天气晴朗而有浮云时，阿里山经常出现景色壮丽的云海。登上山顶平台，放眼远眺，白云从山谷涌起，迎风飘荡，时而如汪洋一片，淹没千山万岭，露在云海上的峰类、树木好像一座座浮屿；时而如浪花翻飞，高潮迭起；时而如大地铺絮，足下一片白茫茫；时而如山谷堆雪，林海中山头若隐若现，颇似海市蜃楼。若是晴天，落日的万道金光照射在云海上，闪耀出千万种色彩，茶色、杏黄、宝蓝、艳红、碧绿、变化无穷，更显神秘迷人。

野柳位于台北县万里乡野柳村，是大屯山系延伸至海中的一个岬角，故有“野柳岬”、“野柳鼻”、“野柳半岛”之称，又因其形状像一只海龟，故又被称为“野柳龟”。海滩上奇岩怪石密布，种类繁多，各尽其妙，主要有海蚀洞沟、烛状石、溶蚀盘等各种奇特景观，人物、巨兽、器物无一不是惟妙惟肖。最为人们称道和熟悉的是突起于斜缓石坡上高达2米的“女王头”，她髻发高耸、微微仰首、美目远盼，不论从什么角度看，面目轮廓均端庄优雅，令人赞叹大自然造化神工之美妙。此外还有仙女鞋、梅花石、海龟石、卧牛石等等，这里的海蚀石乳、风化窗、豆腐岩诸景都是引人入胜的美景。

每当退潮后，岸边会留下五颜六色的贝壳、海胆，再加上美人蕉、龙舌兰、海鞭蓉、南国蓟等海岸植物，使野柳的海岸公园蔚然天成，是当今台湾著名的十二名胜之一。

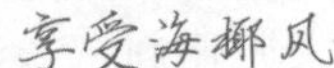

游览时机

去西沙群岛旅游的最佳时间是每年10月~翌年8月，而6~9月会刮台风和下大雨，海上波浪很大，船舶的行驶会受到很大的影响，不适宜旅游。

>> 概要介绍

西沙群岛从东北向西南伸展，在长250公里、宽约150公里的海域里，共由32个岛、礁、洲、沙滩组成，分布在50多万平方公里的海域。20世纪70年代，我南海舰队海军与陆军、民兵协同配合，对入侵我西沙永乐群岛及其海域，破坏我渔业生产、强占我岛屿的南越西贡当局进行自卫反击，收回被侵占的岛屿。西沙自卫反击战之后，西沙群岛倍受世人关注，同时也蒙上了一层神秘的面纱。

西沙群岛又由永乐群岛和宣德群岛两个群岛组成，其东面的宣德群岛由北岛、石岛和永兴岛等7个岛屿组成；而西面的永乐群岛则由金银、中建、珊瑚等8个岛屿组成。

西沙群岛正如南中国海上其他岛屿一样，邻

近海域有丰富渔产，还可能有石油及天然气等资源。现时西沙群岛无常住人口，中华人民共和国政府于1997年开放西沙群岛旅游。西沙首府永兴岛建有一条1200米混凝土跑道的机场。

西沙群岛在近代历史上曾被一些帝国主义国家侵占，现在永兴岛上至今还残留着日本、法国等修建的炮楼。1945年8月日本战败投降，1946年12月中国政府派遣舰船赴南沙、中沙和西沙群岛进行收复，并重立石碑，测绘地图，升旗鸣炮，庆贺故土光复。现在，永兴岛保留着珍贵的我国政府收复西沙纪念碑。

>> 地理位置

西沙群岛位于海南岛东南约180海里处，北纬16.3°，东经112.0°，海岸线长518公里。

>> 自然风光

西沙群岛地处北回归线以南，雨量充沛，岛屿附近海域的水温年变化小。这些优越的自然条件形成了西沙群岛奇特的景观。

永兴岛虽是西沙群岛中最大的岛屿，但面积也只有2.1平方公里。过去这里野草丛生，主要植物有抗风桐和羊角树等。如今经过岛上军民的共同努力，已种上了大量的椰子树等多种花草树木，永兴岛变成真正的“海上绿洲”。同时，岛上还修筑了水泥道路和楼房。漫步在鲜花绽放、绿

游览线路

目前游览西沙群岛主要是永兴岛、石岛、七连屿等，可以在三亚、陵水乘军用飞机或在文昌乘船前往。

每个月从文昌的清澜港有西沙群岛的补给船“琼沙2号”，还有不定期从三亚榆林军港出发的补给舰到永兴岛，15小时左右可以到达岛上，坐琼沙2号需提前10天向西沙工委申请办上岛证，没有上岛证是不能乘坐补给船的。

如果在岛上有认识的人，可以叫对方发一封信，持信就可以购买船票。如果没有关系，最好直接与海南西沙工委联系，参加他们组织的考察活动。

衣食住行

西沙群岛处于热带海域，不需要特别携带御寒衣物。

去西沙是一次较为独特的旅行，首先要做好充足的准备，买足食物装进包里，以备不时之需。

西沙群岛上的住宿是没有选择余地的，只有永兴岛上的西沙工委招待所。招待所是一个三层的小楼，一共只有18个房间。招待所内有独立卫生间、蚊帐、风扇，没有电话和空调。

西沙群岛现在对旅游者开放的永兴岛、石岛、七连屿都不大，岛内不需要任何交通工具，仅步行就可以毫不费力地游览完。永兴岛上慢慢步行，一天的时间非常充裕。石岛和永兴岛之间有一座石桥，直接相连，而去七连屿则可以租当地的渔船，价格900元左右往返。

树成荫的街道上，犹如进入了“世外桃源”。在东岛(鸟岛)，可以看到了被精心保护的数以万计的鸟类，整个东岛成为茫茫大海上的“海鸟天堂”。

西沙群岛上栖息着的鸟类有40多种，素称“鸟的天堂”。更有趣的是鲣鸟，它会在大海中给渔船导航，渔民们称鲣鸟为“导航鸟”。西沙群岛是我国主要热带渔场，那里有珊瑚鱼类和大洋性鱼类400余种。海产品主要有海龟、海参、珍珠、贝类、鲍鱼、渔藻等。比较名贵的是有“海龟之王”之称的棱皮龟、“海参之王”梅花参、世界最著名的珍珠——南珠、宝贝、麒麟等。

西沙群岛犹如一座热带植物园。那里热带植物丛生，四季繁茂。环岛沙堤以内的地区生长着乔木林，越靠近岛的中心地带植株越高，越靠近海岸植株越矮。在岛的外围沙堤上，生长的是海岸桐和草海桐等热带乔木和灌木。海岸桐主要分布在环岛50~100米宽的沙堤上，好像沿岛的防风林一样。它的材质较好，分枝多而低矮，抗风力强。草海桐是珊瑚岛上热带常绿灌木，分布广，面积大，除了潮水可以淹没的地域外，岛屿其他地方都有生长。除了天然林，岛上还有历代我国军民种植的椰子树等，有些地方已形成小片椰子林。

西沙风情

西沙群岛

>> 潜水垂钓

到西沙去，潜水和钓鱼是最重要的两大娱乐。

西沙由于水质洁净，环境保护得好，因而在西沙潜水能看到美丽的海底景观。到了西沙以后，尽可能选择水肺潜水方式，这样诸多水底美景可尽收眼底。

钓鱼可以坐在岸边垂钓，这样一般能钓到一种红色的鱼。还可以站在渔船的尾部把串着白布条的大钓钩放进水里，船一边开，布条在抖，就会有鱼上钩，常常能钓到1米多长的大鱼。

站岗

注意事项

1.西沙的紫外线格外的强，感觉上人一直暴露在阳光下，SPF40以上的防晒霜一定要准备好，蚊香、风油精以及治感冒、肠胃炎一类的药品也要随身携带。

2.岛上的淡水是雨水净化而来，供水时间是7:00~0:00，一定要节约用水。

3.房间内没有电话，招待所也没有公用电话。

4.补给船的出行时间并不固定，通常是每月的28日出发，“琼沙2号”从文昌清澜港出发的时间是第一天下午16:00，第二天上午9:00左右到达，返回时间是第三天17:00出发，第四天上午10:00左右到达清澜港。

5.补给船上没有食品供应，出发前一定要采购好预计在岛上停留以及返回的食品，应选择一些易存放的饼干、方便面、罐头等。

6.补给船的条件还是比较好的，有10人舱、12人舱、16人舱，都是软卧，船舱有空调，有公用卫生间、免费饮用水，安全问题不用担心，船上很多人对岛上的情况非常熟悉，可以向他们了解。

涠洲岛

——水火雕刻出的美景

游览时机

涠洲岛气候宜人，资源丰富，风光秀丽，景色迷人，四季如春，气候温暖湿润，富含负氧离子的空气清新宜人，因而四季皆可游览。

>> 概要介绍

涠洲岛由南至北长 65 公里，由东至西宽 6 公里，面积约为 25 平方公里，最高海拔 79 米，是我国最大最年轻的火山岛。从高空鸟瞰，涠洲岛犹如一枚翡翠漂浮于湛蓝的大海中。踏上这座火山岛，首先映入眼帘的就是奇特的海蚀、海积地貌与火山熔岩景观：猪仔岭憨态可掬，鳄鱼石栩栩如生，滴水岩泉水叮咚。

400 多年前，明代著名戏剧家汤显祖曾游览该岛，并写下了“日射涠洲廓，风斜别岛洋”的著名诗句。如今，涠洲岛被列为省级旅游度假区，每天均有游轮迎送客人，岛上绿阴掩映，陡壁幽洞，怪礁奇岩，黄沙碧浪，景物奇美。主要景点有滴水屏、龟豚拱碧、仙人洞、贼佬洞、羊咩洞、珊瑚滩，以及三婆庙、圣母庙、天主教堂等。岛上还建有各种娱乐设施，是海岛探幽、海上垂钓、海边拾贝、潜水探奇的极好去处。登临“南国蓬莱”——涠洲岛，远眺海上日出日落的壮丽景观，探索1万年前火山喷发留下的熔岩奇观和海蚀海积地貌，潜水海底观赏璀璨夺目的珊瑚丛，听听客家妇女在哥特风格教堂里颂唱《圣经》，您就会发古人之幽思，叹大自然之神奇。

>> 地理位置

涠洲岛位于北海半岛东南面36海里处，是广西最大的海岛。

>> 自然风光

涠洲岛地貌奇妙。在波浪、海流、潮汐的侵蚀下，涠洲岛海岸基岩出现海蚀洞、海蚀沟、海蚀龛、海蚀崖、海蚀柱、海蚀台、海蚀窗、海蚀蘑菇等奇妙地貌。

从整体山岩上分离出的巨型石块，在海水漩流冲刷剥蚀下形成头大腰细的海蚀蘑菇。岛上西港码头有高3米、宽6米的巨型海蚀蘑菇。当几个海蚀洞受侵蚀而连成一体时，就成为凹进陆地的槽形穴，它被称为“海蚀龛”。近岸沙滩的海蚀石，其形似海豹、海豚、海龟、海马、鱿鱼、青蟹、对虾、海星、海螺等，堪称“天然水族园”。在东北岸和西北岸的橄榄玄武岩沙滩上，可捡到大似蚕豆、小如菜籽的碧绿透明宝石。

火山遗迹位于涠洲岛西南端，是涠洲最富特色的游览区，其火山口景观、海蚀景观、热带植物景观、生物和天象景观独特，并具有很高的科研价值。主要景点有绝壁览胜、龙宫探奇、平台听涛、百兽闹海等。

滴水丹位于屏滴水村西面临海处一座悬崖，

游览线路

一般来说，游览涠洲岛一日即可，但如果要在岛上观日出，则需要在岛上住上一宿。下面是涠洲岛一日游的路线：

猪仔岭—天主教堂—鳄鱼火山公园—滴水岩—海底潜水观光—海岛植物公园—海底珊瑚。

自助游的游客可按下面的线路游览：

龟岭景区—芝麻滩—天主教堂—石螺口海滩—滴水岩—鳄鱼火山公园。

喜欢潜水的游客可以在潜水基地进行潜水活动，并观赏海底珊瑚。

在门票上印有涠洲岛地图，自助游的游客可根据自己的时间灵活安排游览线路。

景点门票50元（火山口公园、天主教堂、地质博物馆、石螺口海滩通用）。

衣食住行

涠洲岛气候温暖湿润，除冬季外，一般不需要携带御寒衣物。

涠洲岛上的餐饮仅可解决饥饿问题。如果需要吃到更多的美味，则可以在北海享受。

涠洲岛的住宿非常方便，如果游客想一览整个南湾港的全貌，可以选择悬崖边上的蓬莱酒店。坐在窗边，就能看完整个海港，一间观海景房大约180元左右。

如果游客想充分享受小岛的夜生活的话，也可以住南海石油基地的观海楼，房价仅100元。

在国际港码头（位置在银滩）每天8:30有两班船开往涠洲岛，慢船(站票30元，坐票35元，卧票40元）3小时到达，15:00返回；快船70元，70分钟到达，15:30返回。

高十余米，由火山喷浆堆积而成，经长年风化，形似人头像，威严地面对波涛汹涌的大海。崖壁泉水终年滴泻如珠，故名“滴水丹”。

龟石景区位于涠洲岛东南面，与火山遗迹景区东、西呼应。景区内湾滩相接，悬崖峭壁直临碧海，景观以岛、崖、洞穴、海滩为特色，其中“龟豚拱碧”是北海八景之一。其余景点也各具特色，包括灵岩摩崖、碧海拱月、双洞通天等。

北港海滨公园与南部海岸不同，涠洲岛北部海岸以沙滩为主，全长2300米，其沙洁、滩平、水清，是开展沙滩、海上运动的理想场所。沙滩后面是大面积的防风松林和珊瑚沉积崖，具有良好的绿化环境。

海底珊瑚环涠洲岛浅海生长，有众多的珊瑚礁体群，活珊瑚种类繁多，色彩迥异，素有“海底花园”之称，其中以岛西面珊瑚生长离海岸最近，每逢退潮便出露海面，大小鱼类穿梭其间，被誉为海洋中的“绿洲”。

猪仔岭是一个形像伏猪的小岛，位于该岛港口东拱手。从北海乘船进入港口，最先看到的就是该小岛。

仙人掌是该岛上生产最旺盛的野生植物之一。由于受到火山灰的滋养，这里的仙人掌长得特别多、特别好，仙人掌果也结得特别多、特别大。我们在山崖上摘了几个仙人掌果尝了尝，其味甜中带酸，别有风味。当然了，我们的手上也被扎了几个毒刺，还挺痒痒的。

>> 人文景观

19世纪60年代，法国传教士到涠洲传教，1870年始建涠洲岛教堂，1880年建成盛塘村的

“涠洲天主教堂”，1882 年建成城仔村的“法国天主圣母教堂”。港口北岸建“三婆庙”。

海蚀景色

涠洲天主教堂，也称“天主堂”，由法国的传教士于 1882 年所建，历时 10 年建成，其规模较大，是我国现存几座较大的天主教堂之一，目前已经被列为广西区级文物保护单位。该教堂是一种典型法国文艺复兴时期的哥特式建筑，主要取材于当地的珊瑚石块，兼以土瓦木材构筑而成，正门顶端有高耸的罗马式塔尖，镌有“天主堂”和“天颜咫尺，主宰群生”题刻。教堂里没有钢筋、水泥，取材于珊瑚石、火山岩石、石灰、糯米红糖而建成，坚固挺拔，十二级台风也奈何不了它。教堂由钟楼、修道院、学堂、医院组成，教堂里有一口大钟，每天早上的 7 点、中午 12 点及晚上 7 点都会被敲响。

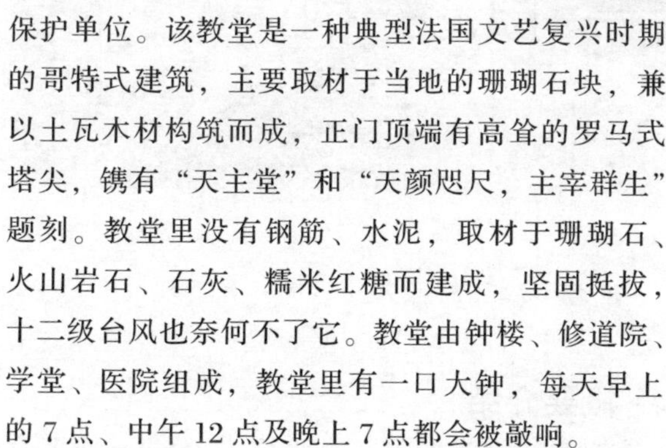

圣母堂也称“法国天主圣母教堂”，是由法国的传教士于 1880 年在涠洲岛建的第一座典型的欧洲乡村的小型哥特式建筑，也是我国南方雷州、廉州地区最早的天主教堂。目前已经被列入北海市文物保护单位。

三婆庙建于清乾隆三年（1738 年），三婆即“天后”，三婆庙是涠洲岛渔民为驱邪求平安而建的一座古庙。天后有三姐妹，老大在福建，老二在澳门，老三即在岛上，三婆名叫林默娘，她活着的时候很善良，经常帮助海上一些遇难的渔民，她死后，人们为了纪念她，便给她修了一座庙。岛上的渔民比较信任这座庙，每逢初一及十五，岛上大部分的人都会到庙里来求拜，四时香火不断。

注意事项

1.如果当天返回，建议购买往返票。也可以下船后直接到港口的售票处买好返回的船票。

2.上船前可服用 1 小片“晕海宁”。

3.岛上阳光强烈，要注意防晒。

4.为方便徒步，要穿一双舒适的鞋子。

5.岛上主要语言为客家方言及本地白话。

6.到岛上花草较多的地方游览，要特别注意毒蛇，它们最喜欢到花儿开放得最艳最香的地方“闲逛”。

7.摄影爱好者最好是从北海乘坐慢船去涠洲岛，下船后可以先在港口吃好午饭。这样不但可以错开游客众多的时间，也可以省去上岛费。

普陀山岛
——佛海天国

看向这里，虔诚的人啊

游览时机

一年四季均可以游览普陀山。如果幸运的话，可以观看到普陀山的“光熙雪霁”美景。

游览线路

在普陀山游览常去的一些景点是：1.去索道站乘缆车上慧济寺；2.游玩完慧济寺乘缆车返回，去法雨寺；3.游普济寺；4.去紫竹林看南海观音；5.返回码头停车场。

普济寺、法雨寺、慧济寺是普陀山的三大寺，紫竹林是一个风景区，包括紫竹林禅院、不肯去观音院、南海观音立佛等六个风景点。

>> 概要介绍

普陀山呈狭长形，南北长 8.6 公里，东西宽 3.5 公里，面积 12.5 平方公里，最高峰佛顶山海拔 288.2 米，是中国四大佛教名山中唯一坐落海上的佛教圣地。佛教《严华经》记载的“观自在菩萨至普陀洛迦山”一说，使普陀成为观世音之圣地。1997 年农历九月廿九，南海观音露天铜像建成。铜像开光之日乌云密布，妙善大师宣布铜像开光时，天开洞门，阳光普照，尤其令海内外信徒倾服。

普陀山气候湿润，景随时迁，冬暖夏凉，草木长青。春季多雾，奇幻莫测，旅游登山，如入神仙世界；盛夏时节，白天最热平均气温不超过 29℃，入夜凉风习习，凉爽宜人；入秋以后，秋高气爽，是观日出东海的绝佳场所；隆冬时节，风和日暖，少见冰雪。

普陀山四面环海，风光旖旎，幽幻独特，被誉为“第一人间清净地”。岛上树木丰茂，古樟遍野，鸟语花香，素有“海岛植物园”之称。虽然全岛不大，但景点分布非常集中，可谓“处处皆景”，在有心人眼中，又是“景景皆禅”。这里的每一块石头，每一个山洞，每一片树叶，每一束浪花，甚至天上之清风明月、白云霞光，林间之鸟语花香、流泉净水，无不与佛心相通，灵性贯通其间。游人流连于此，皆因此地静心。

每年农历二月十九观音圣诞日、六月十九观音成道日、九月十九观音出家日和十一月份左右的中国普陀山南海观音文化节期间，海内外佛教信众纷纷从四面八方云集普陀山敬香朝拜和参加法会，四五万僧众摩肩接踵，三步一拜齐登佛顶山，场面蔚为壮观。

>> 地理位置

普陀山岛位于浙江省杭州湾以东约100海里，属于浙江省普陀县管辖，是舟山群岛中的一个小岛，在舟山群岛东边。普陀山岛地理位置介于东经121~123°，北纬29~31°之间。

>> 自然风光

海天佛国的普陀山上具有众多别具一格的自然景观，主要有光照峰的“光熙雪霁”、磐陀石和千步沙等。

光熙雪霁指的是光熙峰的雪后景色，为普陀十二大景观之一。普陀山难得下雪，冬天显得宁静而奇妙。但如果你运气好，赶上一场大雪，登上佛顶山，俯瞰光熙峰，犹如碧玉塑就，银装素裹，千树万树梨花开，山色混一，海天齐平。此

衣食住行

去普陀山旅游，春、秋天携带羊毛衫和茄克衫即可防寒；冬季最好携带毛衣和羽绒。

去普陀山自然要将海鲜吃个够，有兴趣也可以在寺内吃一顿素斋，普陀山三大寺的斋堂都有方便香客赶斋的时间。一般早餐5:30~6:00，中饭10:00~11:00，晚饭4:30~5:00。

普陀山以“佛教名山”著称，所以大多住宿点都聚集在前寺、后寺附近，规模一般都不大，条件设施一般。较为早建的有息来院饭店、息来小庄、普陀山庄等。条件较好且环境幽雅的有锦屏山庄、普陀山大酒店等。

游客从岛外去普陀山可以海、陆、空并用。舟山普陀山机场位于朱家尖岛北部，目前已开通北京、晋江、厦门、汕头、上海浦东、南京、青岛等航线。从机场到普陀山，先乘中巴车或出租车到蜈蚣峙码头，从这里乘快艇5分钟即达普陀山。

游览方式

在普陀山游览可以步行，也可以乘坐旅游专车，亦可包车。

买张普陀山游览图，有助于步行游览。

普陀山的公共交通还有专线车，将大多数旅游景点都连接了起来。有专线车1和专线车2。专线车1的起点站一个在普济寺的左边，一个在普济寺的右边，通过轮船码头，做钟摆式来回行走。左边起点站是百步沙，右边起点站是西天渡口。途经百步沙、百步阁、紫竹林、入三摩地、码头、海防新村、海鲜园、宝陀饭店、西天渡口。专线车2的起点站是百步沙站，终点站是索道站（索道是去慧济寺的唯一交通工具)。途经百步沙、朝阳洞、大乘庵、法雨寺、飞沙岙、宝月庵、古佛洞、索道站。两路专线车都是定时间运行的，每隔10~15分钟一班。从码头站到普济寺是3元。从百步沙站到索道站是6元。普通景点客车，从入三摩地站到索道站是7元。索道上行：25元，下行：15元，上下联票：35元。

时此景，会觉得心清虑净，犹如身临洁白无垢的佛国净土，舒畅无比。

磐陀石位于梅福庵西边不远处。磐陀石由上下两石相垒而成，下面一块巨石底阔上尖，周长20余米，中间凸出处将上石托住，曰“磐”；上面一块巨石上平底尖，高达3米，宽近7米，呈菱形，顶端平坦，可容30人，曰“陀”。上下两石接缝处间隙如线，睨之通明，似接未接，好似一石空悬于一石之上。相传曾有人牵线横割而过，由此可以证明两石并未相接，但以后试者皆未成功。磐陀石险如滚卵，如果你站在面前，可能会担心一阵大风将上面巨石吹滚下来。但其实巨石是安稳如磐，亿载未动，万劫不摇，两石永远是这样相累相依。磐陀石顶巅平坦，常见有二三十个旅客在其顶上嬉戏，它却纹丝不动，实在是不可思议的一大奇观。磐陀石相传是观音大士说法处，石上有“磐陀石”（候继高书)、“大士说法处”、“金刚宝石”、“西天”、“天下第一石”等题刻。磐陀石上凿有石阶，可沿梯而上到石顶。每当夕阳西下，石披金装，灿然生辉，人们如能在此时登上石顶，环眺山海，洋洋大观，景色壮奇，“磐陀夕照”便是普陀山之一大奇观。

千步沙也称“千步金沙”，在普陀山的东部海岸，南起几室岭北，东北至望海亭。普陀山东侧的一条循山道路名“玉堂街”，街右沿海即为千步沙，南面过朝阳洞为百步沙。千步水长1250余米，因其长度近千步而得名。千步金沙，沙色如金，纯净松软，宽坦软美。此处海浪日夜拍岸，涛声不绝。千步沙沙坡平缓，海面开阔，且水中无乱石暗礁。此处不只是白天很美，每临月夜，婵娟缓移，清风习习，涛声时发，诗意盎然。故有人曾将其与壮丽的“朝阳涌日”合称为“普陀山双绝”。

>> 人文景观

美丽的普陀山不但有众多的自然景观，更有许多的佛教人文景观，无愧为“海天佛国”的美名。

巍峨庄严的普济寺（前寺）、法雨寺（后寺）、慧济寺三大寺，是我国明末清初建筑群的典型。近年兴建33米高的“南海观音”露天铜像、青石浮雕“五百罗汉塔”、纯紫铜铸成的正法讲寺“铜大殿”，新近修复的紫竹林禅院、西方庵、祥慧庵等古刹梵宇，又为佛国增添了风采和魅力。

普济寺位于普陀山灵鹫峰下，坐落在白华山南，为普陀山寺院之首，又称“前寺”（相对于法雨寺的“后寺”）。它的前身为不肯去观音院，创建于唐咸通年间。唐咸通四年（863年），日本僧慧萼从五台山请得观音圣像载归本国，舟过潮音洞附近遇风涛，留像于洞侧，居民张氏请去供奉，称“不肯去观音”。清康熙时赐名“普济寺”，现有建筑为清雍正年间（1723~1736年）所修，有殿宇10余处，楼栋12座，加上堂、轩等共300余间，规模宏大，建筑雄伟，是岛上最大的寺院。主殿为大圆通宝殿，由于百人共入不觉宽、千人齐登不觉挤，人称“活大殿”。和一般寺院主殿供奉如来佛不同，此殿供奉观音大士，观音坐像高6.5米，莲花座高2.3米，庄严慈祥，极为气派。寺后有一石，状如鹫鸟，名“灵鹫石”，又名“慈云石”，石隙间有清冽泉水流入寺内。现普济寺是普陀山佛教活动中心，凡重大佛事活动均在此举行，也是普陀山佛教协会所在地。1983年普济寺

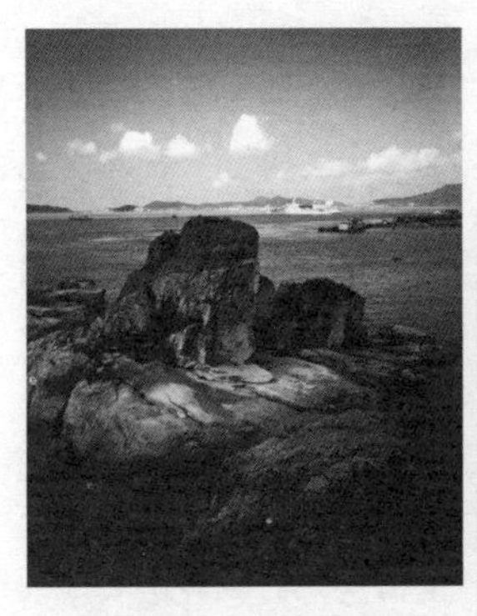

普陀山17:00以后专线车停运，其他车辆也进入收工状态，游客应尽量在自己住地附近游玩，免得行走不便。

普陀山地域12.5平方公里，旅游景点比较分散，对于普陀山一日游的旅客来说包车旅游是一个较好的选择。普陀山客车公司是普陀山唯一专营客运的国营股份公司，有普通中巴车、桑塔纳2000型小轿车和五十铃中巴空调车（24座）、普通中巴车（18座）。普陀山旅游的淡旺季十分明显，价格差别很大。普通中巴车所有景点都玩遍要花费480元。

地方特产

普陀山盛产我国著名的“四大海鱼”产品，尤以黄鱼、墨斗鱼最为有名。每年盛夏捕鱼旺季到时，正是采购新鲜海产品的大好时机。“佛手”是普陀山特有的贝类，是当地特产，每年8月才能尝到。另外，“佛瓜”（普陀山盛产的一种西瓜，以皮薄、肉红、甘甜为特点，为清暑解渴的好品种）、普陀佛茶、南海紫菜、还魂草、催生子、石菜花、普陀水仙、紫竹等都是普陀山特有的，如有兴趣不妨带回一二。

普陀佛茶又称“佛顶山云雾茶”，是一种野生茶树，生长在海拔291米高的佛顶山上。普陀佛茶历史悠久，谷雨前采制的佛茶，用普陀山之泉水冲饮，有药用价值。

普陀水仙是舟山市的市花，花开时芬芳浓郁，香气持久，其特点是球大、花多、香浓，与漳州水仙、崇明水仙齐名，并列为我国最佳的三大水仙品种。

普陀山雪景

被国务院列为首批对外开放的全国重点寺庙之一。

法雨寺是普陀山三大寺之一，也称“后寺”。明万历年八年（1580年），蜀僧大智首创海潮庵于千步沙北上。后改称“海潮寺”、“护国镇海禅寺”。清康熙三十八年（1699年）兴建大殿时，因赐“天花法雨”额而改名“法雨寺”。法雨寺曾多次发生过火灾和海寇，造成无可估计的损失。后经几代住持的努力，不断修复、修缮，至“文革”间全部佛像又被毁。1983年开始由普陀山佛协大规模修复，重建拜经楼，大修九龙殿。1987年在天王殿外新建九龙壁和石经幢2座，1995年在莲池畔建石碑坊1座，殿堂楼阁，气势非凡。现寺宇庞大，有殿宇194间，计8800平方米，分列六层台基上，有天王殿、玉佛殿、九龙观音殿、御碑殿、大雄宝殿、方丈殿、印光法师纪念堂等。其中以九龙观音殿建筑最为辉煌，殿中“九龙盘拱”等建筑系康熙时由金陵（南京）明旧宫九老殿迁移于此，甚为珍贵，殿分7间，深5间，琉璃顶，内槽九龙藻井，一龙盘顶，八龙环八柱昂首飞舞而下，正中琉璃灯宛若一颗明珠，组成九龙抢珠图案。印光法师纪念堂为纪念近代高僧印光大师而设，他在法雨寺潜心著述40年，文章风行全国，被推为“净土宗第13代祖师”。

慧济寺位于普陀山佛顶山上，为普陀山三大寺之一，原有石亭、供石佛。明朝（1368~1628年）僧人圆慧初创，名“慧济庵”。清乾隆五十八年(1793年）僧人能积扩庵为寺，建圆通殿、玉皇殿、斋楼等。清光绪三十三年（1907年）僧人德化请得《大藏经》，又经僧人文正大力建造，遂成巨刹，与普济寺、法雨寺并称普陀山三大禅寺。整个寺院深藏于森林之中，幽静称绝，登高四望，远山近礁，环列奔趋。寺宇依山势而建，殿阁楼堂，雕梁画栋，布局别致，周围古木异卉众多。刻在云扶岩上的“海天佛国”四个大字传说是出自明代抗倭名将侯继高的手笔。

南海观音立于观音跳山岗，总高33米，其中佛像高18米，莲台高2米，渗入黄金6500余克，铜像气势雄伟，是普陀山标志性的建筑物。

注意事项

1.去普陀山游览需要乘船前往，要注意海上安全。若乘快艇，则更要小心。

2.普陀山海鲜繁多，要适可而止，以防止肠道疾病的发生。

3.购买地方特产时要仔细鉴别，以防受骗。

普陀山

南碇岛
——令人惊奇的火山地貌奇观

游览线路

林进屿位于海中央，需坐船才能到达。南碇岛目前还不允许登岛，只能坐船环岛游。

游览时机

林进屿和南碇岛一年四季皆可游览。观赏香山半岛、林进屿和牛头山古火山口的火山遗迹，最佳时间是海水退潮时，以最低潮前后各两小时为宜，此时才可看到裸露的火山岩。查询低潮时间可登录地质公园网站：http://www.geopark.com.cn。

>> 概要介绍

林进屿和南碇岛位于漳州滨海火山国家地质公园。该公园总占地面积318.64平方公里，主要地质遗迹类型为火山地质地貌。

这里为西太平洋新生代火山岩带的重要组成部分，在地质构造上属欧亚板块东缘裂陷带，由2600万年至700万年间火山喷发的玄武岩构成了典型的火山地质地貌景观。其喷发序次清楚，火山口典型且保存完好，既是一处极为宝贵的火山地质遗迹，同时又是旅游观光、度假和科学普及的重要基地，地质公园对研究西太平洋火山岩带发育在历史上有重要的科学价值。地质公园内还有赵家堡、黄道周墓等著名人文景观。

大自然的鬼斧神工造就了地质公园内一大批独特的火山地貌奇观，如穹形褶皱、鱼鳞石、熔岩“珊瑚”、气孔柱“梅花桩”、八卦状火山口构造、抽象画廊、皇后乳锥状火山、熔岩平台、海蚀洞、海蚀崖、海蚀蘑菇、海蚀一线天、海蚀柱“忘归石”、“海龟石”、串珠状火山喷气口、“莲花盘”等，构成了一座天然的火山地质博物馆，具有极高的观赏性、科普性和趣味性。

>> 地理位置

林进屿和南碇岛位于福建省漳州市漳浦县、龙海县滨海地带。

>> 自然风光

林进屿和南碇岛均为火山喷发后形成的小岛。其中南碇岛是由清一色的五角形或六角形石柱状玄武岩组成，非常奇特。这里不但有蓝天、碧海，而且有独特的火山地质景观，并已经成为奇特火山地貌的游览胜地，也是火山科普教育的重要基地。

林进屿是个面积仅 0.16 平方公里的小岛，海拔 72.7 米。据民间传说，明万历年间，漳州学子林进为避开外界干扰来此岛发奋学习，成为漳州史上第一位状元，后人便将此岛称为林进屿。

林进屿完全是由火山熔岩类的玄武岩组成，岛上最著名的火山景观是火山口以及火山口中的喷气口群和古熔岩群。小岛暴露的侧面从顶端一直延伸到底层，在林进屿上，圆环形构造分布的无根“喷气口”极具观赏性，分布在林进屿东北面的海滩上，多达 16 处，是世界罕见的喷气口群。除此之外，这里有各种海蚀地貌和多处优质沙滩，还有 8000 年前的古森林炭化木层等。仅在牛头山古火山口附近就有喷发间断面、火山集块岩、“西瓜皮”构造、地幔深包体玄武岩、隐爆

衣食住行

由于林进屿和南碇岛一年四季皆可游览，要根据季节携带适当的衣物。

地质公园内有状元楼餐厅，如果在林进屿捡到海鲜，可请餐厅代为加工。

香山半岛有小木屋等住宿设施。

在厦门旅游客运码头（和去鼓浪屿坐船的轮渡码头不是同一个，二者距离不远）坐快艇到漳州港（8 元，15 分钟），漳州港到地质公园有直达班车（12 元，30 分钟一班）。从位于香山的公园门口到牛头山可以打车或坐摩的。从厦门出发，可在厦门市第一码头（距鼓浪屿轮渡码头北面不远处）乘发往龙海市石坑码头的渡轮（30 分钟一班）。在石坑下船后，乘前往隆教乡的汽车，40 分钟抵隆教乡，下车后向人打听牛头山火山的位置，步行 20 分钟可至。该景区距漳州市区 80 公里，距漳浦县城 50 公里，从漳州南客运站（即商业城客运站）乘坐至镇海的班车可以前往（一天只有两班往返班车，车程约 2 小时），也可从漳州与其他旅行者合租出租车前往，约 300 元/天。也可从厦门乘车到龙海市，再转乘中巴前往隆教乡（每 40 分钟发一班车，行程 1.5 小时）。

体、海蚀“天桥”、滨海“兵马俑”、海蚀“一线天”等八大景点。

南碇岛“漂浮”在林进屿的东南面，是一座椭圆形的火山岛，离海岸约6.5公里，面积更小，仅仅是林进屿的一半。从香山半岛眺望，林进屿和南碇岛犹如一对姐妹岛，一前一后排列在海上。

南碇岛由清一色的五角形或六角形石柱状玄武岩组成，数量有140万根之多，朝东北向扭动，形成一种风卷海蹈的韵律。当地称之为“发状石林”，也有人称之为“熔岩珊瑚”。

这个岛是目前世界上已知最为巨大、密集的玄武岩石柱群，世界上与此相类似的景致虽近有一水相隔的台湾澎湖列岛，远有北爱尔兰海边的巨人岬，但这些地方的玄武岩石柱也不到4万根，而这里却竟然是数十倍之多。游客如果想看这样的景致，最好的选择当然是这里。南碇岛和陆域上鱼鳞石坑的玄武岩柱状节理，雄伟壮观。岛上约140万根巨型石柱，展现在20~50米高的海岛崖壁上，宛如一排黛丝环岛垂入海中，美不胜收。

目前南碇岛未对游客开放登岛，只有专家才可以近距离接触，而我们要想一睹芳容，只有坐船环岛游，远远感受大自然的力量。

注意事项

1.滨海火山公园位于海中央，需坐船才能到达，不过出海风浪会比较大，而且冬天和春天的季节一般海水涨幅会比较猛，应尽量避免这种恶劣的天气到岛上游览。

2.由于公园处于海中央本身就受限制于海水的涨幅，所以不论什么时节去，都要事先算好海水当天的涨落潮时间，最好是通过旅行社或当地人了解清楚后再作决定，以免高兴而去、败兴而归。

火山岛景色

东方的夏威夷

>> 概要介绍

海陵岛四面环海，中心盆地，峰峦叠翠，水清沙净，岛岸线总长141.7公里。

海陵岛最让人流连忘返的是海滩胜景。这里沙滩宽阔平坦，海浪柔软适中，且无鲨鱼出没，因而成为名扬海内外的天然海水浴场。

海陵岛地处南亚热带，四面环海，山海兼优，气候宜人；年平均气温22.3°C，年降雨量1816毫米，每年有晴天300多天；冬无严寒，夏无酷暑。

海陵岛渔业资源丰富，素有“广东鱼仓”之称。闸坡渔港早已是闻名全国的十大渔港之一。岛上犹如一个巨大的水族馆，鱼、虾、蟹、贝、藻类一应俱全，有捕捞价值的鱼类达300多种，其中有几十种营养价值、经济价值极高的海产珍品。

游览时机

海陵岛地处南亚热带，四面环海，山海兼优；年平均气温22.3°C，每年晴天多过300天；没有严寒酷暑，气候宜人，一年四季皆可旅游。

衣食住行

海陵岛地处南亚热带，只有1~2月的几天时间内需要御寒衣服。

闸坡渔港海鲜在海陵岛远近驰名。闸坡小吃三宝，指的是鱼丸、鱼面、马鲛鱼饭，它们是海陵岛闸坡港具有地方特色的传统风味小食，也是渔家接待贵客的席上佳肴，不但名闻渔区，而且遐尔中外，俄罗斯、美国、日本、新加坡、韩国、印度尼西亚、泰国以及港澳台地区的客人吃了这三种小吃都举起大拇指赞叹不已！每逢宴会，侍者总要捧上一大碗鱼丸汤，一碟炒鱼面，快要终席的时候，侍者还要捧上一大瓷盆热气腾腾、香喷喷的炒马鲛鱼饭。

海陵岛共有旅游宾馆100多家，按星级标准建设的宾馆28间，每天可接待游客2万人次，具备食、住、行、游、购、娱等六大功能。

海陵岛交通网络四通八达，广州、深圳等地有直达旅游车到阳江或闸坡。阳江车站有直达中巴不停往返于阳江与闸坡之间。

海陵岛金沙滩

1989年5月，大角湾马尾岛风景区被省人民政府批准为广东省风景名胜区；1994年，十里银滩海滨浴场被上海大世界吉尼斯总部评为中国最大的海滨浴场，入选大世界吉尼斯之最；1994年5月，海陵岛又被列为广东省首批省级旅游度假区；2001年1月被国家旅游局评为国家4A级旅游景区，成为广东省唯一的一个国家级海滨旅游区，2001年5月海陵岛大角湾又被评选为广东省文明旅游区示范点。

>> 地理位置

海陵岛位于南海之滨，广东省阳江市西南端，处于雷州半岛、西江流域和珠江三角洲包围的腹地，为广东第四大岛。

>> 自然风光

海陵岛最让人流连忘返的是海滩胜景。位于海陵岛闸坡镇东南的大角湾，是海陵岛知名度最高的景点。

大角湾位于海陵岛西南端。它三面群峰拱护，面向浩瀚南海，沙质均匀松软，海水清澈纯净，滩长 2.45 公里，宽 50~60 米，形似巨大的牛角，故名“大角湾”。两边大角山与望寮岭拱卫，湾内风和浪小，峰顶时有云雾缭绕。

十里银滩因其滩长近十里，并因其沙子比金沙滩更白而得名。该海滩长 4.7 公里，宽 60~250 米，海滩基本上呈一条直线。站在观景台一端向其末断望去，感觉其一直延伸到天边一样，犹如一条银色的巨龙横卧在海边。十里银滩不但滩长，而且滩宽、坡缓、浪小，非常适合游泳。

金沙滩位于海陵岛平章村南面，滩长 2 公里，宽度 80~120 米。由于滩上沙质以石英砂为主，长石为辅而呈金黄色，因之得名“金沙滩”。金沙滩保留了较多的自然气息，清静、幽寂。这里地势十分有趣，海岸线由西南向东北方向展开，并突然在东北终端转弯，被飞沙岱山截住，简明而别致。在金沙滩西南部，有一处花岗岩石蛋地貌，大小各异的石蛋统一呈灰黑色，远远望去与远山浑然一体。海浪在这印证了自己的坚韧和力量，岩石被销蚀得全无锐气，悄无声息地铺撒在沙滩一隅。

马尾景区位于该岛的西南端，与闸坡镇山岭相连，海岸曲折多湾。马尾山上林木茂密，海面风平浪静，海滩平缓沙细，非常适合海泳。值得一提的是，这里是观赏海陵岛日落的最佳地点。

注意事项

1.下海游泳要注意安全。

2.海陵岛气温高，要注意多喝水。

3.海陵岛太阳大，紫外线强，要注意防晒。

游览时机

南麂列岛最佳旅游季节为每年6~9月，7、8月尤为热闹。

>>概要介绍

南麂列岛总面积200平方公里，陆域面积11.3平方公里，拥有大小岛屿52个。最大岛屿为南麂岛，面积7.64平方公里，因形似麂而得名。南麂列岛国家级海洋自然保护区是1990年经国务院正式批准建立的，为我国首批五个海洋类型的自然保护区之一，是一处适于发展海洋生态旅游和度假旅游的理想之地。

南麂列岛冬暖夏凉，年平均温度为16.5℃，夏日夜晚的南麂岛海风很大，极凉爽，可以不用空调，历来为避暑胜地。

南麂列岛以海蚀地貌为主，岸线曲折，岬角丛生，海湾众多，礁石密布，沙滩多样，周

俯视南麂列岛

围有龙嘴头等5个岬角和国姓澳、马祖澳、火昆澳3个海湾及港湾南麂港。这里海水终年清澈湛蓝，岩石受海浪长期侵蚀冲击形成海蚀崖、柱、穴、平台等景观，有大沙澳、国姓澳、三盘尾等景区。

南麂列岛景色——猴子拜观音

南麂列岛区域是江浙沿岸流与台湾暖流交汇和交替消长的区域，气候温和，年平均气温为16.5℃，夏无酷暑，冬无严寒。在该区已鉴定出贝类403种、藻类174种，均占我国海洋贝藻类总数的20%以上，被誉为“贝藻王国”。

南麂列岛分大沙岙、三盘尾、竹屿百屿三大景区，是旅游、避暑、度假、疗养和尝海鲜、玩海水的胜地。有宽800米、长600米的贝壳沙海滩，海水清澈透明，能见度达5米以上；有宋美龄休息过的栖风居；有水仙花岛和海鸥岛；有景点集中多达100余处的三盘尾旅游点。金沙碧海、奇礁怪石、异峰雅洞、天然草坪，引人入胜，美不胜收，不愧为“碧海仙山”。在岛上观海上日出，气象万千，幸运的游客还能欣赏到奇妙的“海市蜃楼”。南麂列岛还是郑成功收复台湾的练兵场，至今留有摩崖题刻等多处遗迹。

>> 地理位置

南麂列岛位于浙江省平阳县以东海域，距浙江省平阳县鳌江港56公里，离台湾岛约150公里。

衣食住行

6~9月到南麂列岛旅游，穿单衣即可。

在大沙岙海滩附近有很多海鲜大排档，在军区司令部附近也有很多，普通的海鲜一盘约10多元，佛手之类的就贵些。

岛上各类宾馆饭店共有1100多张床位，基本可以解决住宿问题。沙滩边还有很好的草地，极适合宿营等活动的开展（可自带帐篷）。

温州、瑞安、鳌江等码头均有抗8级风力的快艇往返于陆岛。温州至南麂岛的快速船在夏季（7~9月）周五、周六、周日三天才会开，船靠温州望江码头。温州7:00开，南麂13:30返，2.5小时航程，票价120。

岛上各景点间无班车，可搭宾馆的中巴或包出租车（桑塔纳），只需告诉宾馆你要去的景点。在岛上的交通费约30元。

海岸，是大海和陆地亲吻的地方，

是把陆地与海洋分开又把陆地与海洋连接起来的一道美丽的风景线。

海岸地貌形态千姿百态，海岸类型多种多样。

站在海边，遥望浩瀚无垠、波涛汹涌的海洋，

无论何人都会为那雄伟壮丽的景观而惊叹。

沿海航行，以观海岸，更是气象万千。

自有人类以来，人们就不断地开发利用潮滩资源，

使人类的足迹遍及全球海岸。

现代社会，全世界一半以上的人口生活在临近海岸的地带，

创造着60%以上的物质财富。

亿万人在海岸地带生息，与海岸相依相伴。

{海岸篇}

钱塘江口海岸

——海潮世界少见

海天一线的壮阔

游览时机

每月农历初一至初五、十五至二十均可观潮，农历八月十八日为最佳观潮日。

游览线路

钱塘江观潮线路主要是沿钱塘江江堤一线，分别在钱塘江两边的海宁和萧山，以海宁为最佳。

>> 概要介绍

钱塘江，古称“浙江”、“之江”、“罗刹江”，是浙江省最大的河流，全长605公里。钱塘江最大的特点就是涌潮现象，它是月亮、太阳对地球的引力和地球自转产生的“离心力”及杭州湾得天独厚的喇叭口地形造成的。来潮时，潮波受到愈来愈窄的江岸约束，潮水互相拥挤，潮波能量集中，又由于江口的尖山斜出海面，与对岸的夏盖山在海底相连，形成一个巨大的堆积体拦门“沙坎”，带来每平方米7吨的巨大涌潮冲击力，潮水像碰到一堵墙，前浪受阻，后浪又起，潮水涌积，夺路叠进，势如洪雷，声势浩大，蔚为壮观。世界上只有亚马逊河的涌潮可与钱塘江的涌潮相媲美。

>> 地理位置

钱塘江是浙江省最大的河流，钱塘江口位于浙江省的杭州湾，而钱塘江潮就出现于钱塘江口，以海宁市海岸钱塘江潮最为壮观。

>> 自然风光

潮水来时，在水天相接处，潮水如同一条银线，伴随着隆隆的声响从东方滚滚而来。潮水在到达盐官宝塔之前是断断续续的，而到达宝塔边却成了一条直线。这就叫“一线潮”，而这塔边正是观看“一线潮”的最佳处。拾级登塔远眺，钱塘江水浩浩荡荡，横无际涯。在塔上观看一线潮，你还可以看到涌潮似一条游离龙缓缓涌来，潮过后，由于阳光的反向，整个海面烟波浩渺，别有一番景象。

观潮时，如果用望远镜向远处看可以模糊看到一线银白正在缓缓推进，声音也越来越大。这不是什么机动车发出来的声音，而是潮声。细听下，潮声和其他的任何声音都不同，很有气势，好像这声音是从天上压下来的，又像一列奔驰的火车，正缓缓驶来。

当刚刚看到一条很小的白线时，那水线仿佛是被什么忽然在江面上画出来的，但是随着那白线渐渐推进，就已经可以感受到一点气势，那水线仿佛是被什么驱赶着似的，沿着钱塘江江堤涌来。这时，仿佛时空在刹那间被凝固，近处潮水尚未到江面就开始暗潮涌动，仿佛带着战栗的心情在迎接着什

钱塘江晨曦

衣食住行

由于每月都可以去钱塘江观潮，因此要根据春夏秋冬四季分别携带不同的衣物，冬天和春初需要携带厚实的御寒衣物。如在农历八月十八日观潮，则穿单衣即可，但要多带几套，以便更换。

观潮期间，海宁火车站乘专线中巴到盐官仅需30分钟，车资10元。海宁汽车站坐109公交车可去盐官。

海宁美食以江浙名菜为主，并融合了沪、川、粤、京、淮等地方菜系，异彩纷呈。无论是豪华富贵的食府，还是遍布街巷的酒楼，都将带给您美的享受。海宁的西瓜是当地的特产。它皮薄、汁多、味甜，是夏季解热驱暑的最佳瓜果。如果是冬天来到海宁也不必感到遗憾，这里有非常美味的红烧羊肉可以品尝。还有海宁的京粉（一种类似凉粉的食品，以汤煮食）和萝卜条也很有风味，街边小店里都能买到，游客不妨尝一下尝。

上海方向来的自驾车游客：沪杭高速公路屠甸出口处—海宁南北大道—东西大道（即沪杭复线快速干道、01省道）—观潮大道—观潮公园。

杭州方向来的自驾车游客：沪杭高速公路长安镇出口处—东西大道—观潮大道—观潮公园。

么，而已经在很快推进的潮头却突然呼啸着奔来，大概在几分钟的时间里，潮水就到了很高的位置。潮水浪浪相逐，携风挟浪而至，马上淹没了刚刚还露在外面的防波堤，卷起的黑色浪涛和黄色的潮水翻滚搅动在一起，惊涛拍岸，声声轰鸣。

“早潮才落晚潮来，一月周流六十回”。海宁潮一日两次，白天称“潮”，夜间称“汐”，中间间隔12小时，农历初一、十五子午潮，半月循环一周，潮头最高时达3.5米，潮差可达8~9米，尤以每月农历初一至初五、十五至二十为大，故一年有120个观潮佳日，“海宁天天可观潮，月月有大潮”。海宁涌潮尤以秋潮的农历八月十八日为最佳，潮头高达10米，汹涌向前，滔天浊浪，万马奔腾，轰响如雷，惊心动魄，一派势不可挡之势。

海宁观潮最佳地段在海宁市盐官镇海塘镇海塔下观潮亭一带。在这里可看到“宝塔一线潮”的雄奇壮丽景象。涌潮未来之前，钱塘江平静又浩瀚，但见江流茫茫，秋水共长天一色。当江潮初起时，东方天际处隐约传来阵阵急骤的细雨声，极目望去远处显出一条长长的银线。那银线变得愈粗愈近，化作一条横卧江面的白练，那骤雨般的声音也渐响渐近，变作瓢泼暴雨声，且越来越响，犹如闷雷似地滚来。尔后，潮头临近，沧海横流，江水猛涨，万顷波涛，顷刻一线白练变成了一道数米高的矗立水墙，潮声犹如万马奔腾，惊雷贯耳。刹那间，潮峰从眼前呼啸闪过，向西面奔去。除了盐官海塘是观潮最佳点外，盐官以东7公里的八堡和盐官以西11公里的老盐仓也成了新的观潮佳处。在八堡海塘，可以观看八堡“碰头潮”。东、南两潮汇合，双龙相扑，天崩地裂；潮峰突起叠成如冰山雪峰，令人惊心动魄。老盐仓地段有座9米高、650米长的丁字坝。江潮来到这里猛冲丁字坝时，一声霹雳，如蛟龙脱锁，怒吼回首，潮头突兀竖起，返身扑向十八层石阶的鱼鳞石塘，霎时扬起银色暴雨，冲向天际，煞是惊险，人称“返头潮”；而观赏半夜潮更是月影银涛，有如十万奇军，一潮三看赏四景，令人荡气回肠。宋代大文豪苏东坡赞赏海宁涌潮：“月十八潮，壮观天下无。”

海宁潮之所以特大，民间传说是因吴国大夫伍子胥怒不可遏，乘着素车白马在钱塘江中奔腾吼叫所造成的。而钱塘江涌潮究竟是怎样形成的呢？从东汉哲学家于充开始，人们就开始探寻科学的答案。根据现代科学家们的研究，除了这个时候太阳、月亮、地球都在一条直线上，海水受到引力最大这个原因外还有其独特的原因——杭州湾和钱塘江的地形影响。钱塘江入海口呈喇叭形，江口大而江身小。潮起的时候海水从宽达100公里的江口涌入，溯江而上到达海宁的盐官已不足3公里，可这时江潮却以每秒10米的流速向前推进。由于两岸逐渐收窄，湾内水面迅速提高出现涌潮。而此时钱塘江流出的河水因受潮水阻挡难以外泄，反而提高了湾内的水位，加强了潮势。加上浙江沿海一带夏秋季节常刮东南风，风向与潮水方向大体一致，这也助长了潮水的声势，潮头便形如立墙，势若冲天，举世闻名的海宁潮便由此形成。

注意事项

1.观潮时一定要时刻将安全问题放在首位。钱塘江涌潮的推动力和吸引力都很大，人离涌潮1米左右会轻易地被吸入江中，而一旦遇上龙卷潮即使人离潮2~3米也会被其吸引力卷入江中。

2.观潮时，特别是农历八月十八日观潮时，观潮游客特别多，一定要注意防止踩踏事件，以免造成伤亡。

3.观潮时，游客心情激动，场面混乱不堪，一定要注意财物安全。

4.不要将汽车停放在江堤上，否则有可能会被潮水冲走。我们就曾在电视节目中看到过汽车被潮水冲下海堤的画面。

北戴河海岸——皇家避暑胜地

游览时机

北戴河观鸟的最佳季节，是每年3月中旬~5月下旬，9月上旬~11月中旬。北戴河避暑的时机则是7~8月。

>> 概要介绍

北戴河是休闲度假、游泳、日光浴的好地方。北戴河海滨避暑区，西起戴河口，东至鹰角亭，东西长约10公里，南北宽约3华里。北戴河海滩沙质比较好，坡度也比较平缓，是一个优良的天然海水浴场。清光绪二十四年（1898年），清政府将北戴河海滨开辟为“各国人士避暑地”，到1938年，这里被建成带有殖民地色彩的避暑佳地。解放后，北戴河又新建了不少休养所、疗养院、饭店、宾馆，规模比过去更大了，成了我国规模较大、设施比较齐全的海滨避暑胜地。

北戴河黄昏

北戴河海滩背靠联峰山。联峰山分东西两峰，相距约1.5公里，山上山下松柏成林，郁郁葱葱，东联峰山海拔130米，从山间小路可

行至山顶望海亭。在这里俯瞰海滨，翠绿欲滴的丛林，鹅黄色绒毯般的沙滩，碧蓝的大海，使人心旷神怡。

北戴河地处中纬度暖温带，属暖温带、半湿润、季风型大陆性气候，又因受海洋的调节，具有多风、湿度大、雨量适中、气候宜人的海洋型气候特点。适宜的气候和70%以上的森林覆盖率，以及复杂多变的海岸线，孕育了大量的植物、鸟类和海生动植物，其中尤以鸟类最为驰名。

北戴河的鸟类资源极为丰富，据有关资料所载，我国鸟类共计1186种，而北戴河就有20个目61个科405种，其中属国家重点保护动物的68种，不少还是世界著名的珍禽。早在20世纪初，就有美国、德国等鸟类学者前来考察鸟类资源并写有专著。近年来，英国、美国、日本、丹麦、比利时、澳大利亚等国的众多鸟类科研工作者和鸟类爱好者接踵而至，进行学术研究和观鸟活动。专家认为北戴河是最好的观鸟和鸟类研究基地。为有效地保护和开发鸟类资源，当地政府批准建立了北戴河鸟类自然保护区，并成立了鸟类保护协会。

>> 地理位置

北戴河海滨地处河北省秦皇岛市的西部，离北京380公里，离天津243公里，离沈阳461公里。

衣食住行

到北戴河避暑是不需要特别携带其他衣物的，穿单衣即可。

北戴河自古即是旅游胜地，当地有众多高档宾馆可供选择，也有不少小旅店和家庭旅舍，价格相对较为低廉，约100元左右。

北戴河是以海边夏季避暑为主要特点的旅游景点，旺季是暑期。如果希望既省钱又玩得尽兴，建议避开旅游高峰期，大约在7月上中旬为好，记住一定要错开周末，否则价格还是会暴涨的。

每天，在北戴河这里经过并停留的快车有12列。从北戴河火车站乘5路公交车或从秦皇岛火车站乘3、4路公交车，到北戴河海滨站下车即可。

注意事项

1.每年7~10月中旬，暑期保卫开始，进入北戴河的所有车辆都要有通行证，如果不从联峰山路那儿走，进北戴河右边一条路也可以走，只是绕远了一点点，不过总比罚款好。

2.如果是在7~10月中旬去北戴河，最好自带洗漱用品，因为这段时间住宿紧张，有些旅馆可能不提供洗漱用品。

>> 自然风光

每逢夏秋季节，联峰山上草木葱茏，花团锦簇，各种松柏四季常青。戴河如练，沿山脚蜿蜒入海。山中文物古迹众多，奇岩怪洞密布，各种风格的亭台别墅掩映其中，如诗如画。北戴河是神州九大观日处之一。北戴河观日处位于北戴河海滨，东北端的鹰角亭为最佳地点。日出时，万籁俱寂，天水相连，色彩变幻；红日涌出时，水上水下红日相接，瞬间跃出水面，霞光、阳光洒满山峦沙滩，犹如覆盖上了一层金色的纱幕。倘若随火车行驶观看，则另有一番情趣。“一脉青山，山光积翠；一汪碧水，水色含青”，用这句话来形容北戴河绝不会言过其辞。

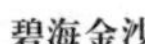

碧海金沙

维多利亚海湾

——海湾,以主之名

>> 概要介绍

维多利亚港湾海底多为岩石星底，泥沙少，航道无淤积。港区水域辽阔，可以同时靠泊50艘巨轮。港区水深大，平均水深为12.2米，万吨级的远洋巨轮可以全天候进出港口。港内有三个海湾和两个避风塘能躲风避浪。另外，由于九龙半岛向南伸入海中，削减了风浪，使港区相对平静。

这里港阔水深，自然条件得天独厚。水域总面积达59平方公里，宽度从1.2公里到9.6公里不等，可以停泊远洋巨轮。维多利亚港有三个主要出入水道，是进入香港的门户，维多利亚港目前有72个供远洋轮船停靠的泊位，其中有43个可供长达183米的巨轮停泊。整个港区开发的码头和货物装卸区总长度近7公里，进出港的轮船停泊时间只需十几个小时，效率之高为世界各大港

游览时机

由于香港年平均气温较高，达22.8℃，天气易受季风影响，所以维多利亚海湾的最佳旅游季节为每年秋季。

维多利亚海湾的夜景是世界上最美丽的夜景之一，最佳的观赏地点是九龙尖沙咀与港岛中西区之间的维多利亚海湾最窄处，这里海面仅1公里。可在尖沙咀海滨观赏对岸景致，上太平山顶俯瞰更佳。在太平山顶的凌霄阁眺望台和狮子亭，整个维多利亚海湾景致一览无余。

衣食住行

香港属于亚热带海滨气候，温暖湿润，除了每年春节前后的一段时间需要厚实一些的御寒衣物外，其他时间最多带一件茄克即可。夏天到香港，女士一定要带上裙子。

香港是美食天堂，世界各地的美味佳肴在此汇集，西餐、中餐口味正宗，各国风味菜在当地都能品尝得到。中餐以粤菜为主，兼收国内各大菜系的代表作，海鲜非常流行，连皮蛋瘦肉粥都加鲍鱼点缀。

香港的用餐环境、人文气氛、服务态度都会让人大开眼界，心满意足。入夜后，庙街有一些特色小菜，是典型的大众小吃。著名的港式小吃有云吞面、鱼蛋、牛丸、清汤腩、牛杂等。香港还有一些很具特色的熟食档，又名“大排档”，您可以在那儿品尝一些当地极具特色的菜式，如咕噜肉、椒盐赖尿虾等。

香港日航酒店位于闻名的维多利亚港旁，交通四通八达，十分方便，酒店共有客房 462 间，包括 18 间套房，设计以瑰丽高雅为主。马可波罗香港酒店，可俯瞰美丽的维多利亚海港和近在眼前的天星码头。香港九龙香格里拉大酒店是尖沙咀东滨水

口之冠。香港港口的助航设施以及港口通信设备也是十分先进和完备的。

1 万多年前，这里是大陆山脉的延伸部分，后来由于山体断裂下沉与海水入侵才形成现在的维多利亚港湾，使香港岛与大陆分离。

>> 地理位置

维多利亚港湾位于维多利亚海峡近岸，地处香港岛与九龙半岛之间。

>> 自然风光

太平山海拔 554 米的太平山顶俗称“扯旗山”，是香港岛之巅，也是俯瞰维多利亚港景色的最佳地点，游览香港的第一焦点。白天和入夜的山顶风景各有不同，无论你是不是个浪漫的人，也一定要安排到太平山赏夜景，赏景最佳的地点在凌霄阁的观景台、缆车总站旁的狮子亭，入夜的香港会让你念念不忘。

下山后可搭乘免费的双层观光巴士游览市区，一定要坐在敞棚的第二层，穿梭在星光闪烁的楼宇中，有点像是电影中的场景。沿路会经过“立法会”，它是一座具有殖民色彩的建筑，很多的电影或港剧曾在这里拍摄，晕黄的灯光及白色的梁柱，非常浪漫。

>> 人文景观

香港会议展览中心简称“会展中心”，位于湾仔，外观雄伟独特，是该区最新建筑群中的代表者之一。香港会议展览中心向外伸出维多利亚港，没有视觉屏障，这里是欣赏香港海景的最佳地点，绚丽的夜景令人心旷神怡、乐而忘返。香港会议

展览中心新落成的新翼，设计如同一只向天空展翅飞翔的巨鸟，全现代化的外形、由铝金属与玻璃两种物料混合，预告了21世纪的建筑新趋势。

1997年香港主权移交典礼就在香港会议展览中心举行。会展中心旁边的金紫荆广场放置了金紫荆雕塑，是中华人民共和国赠予香港特别行政区政府的贺礼，庆祝特区在1997年7月1日成立。雕塑附近屹立着回归纪念碑，上面刻有江泽民主席的亲笔题字，碑顶的白环象征香港的主权归还中国，而上面的50个环则代表香港特别行政区的生活方式保持50年不变。

在金紫荆广场上飘扬着国旗及区旗，每年在7月1日的庆祝特区成立纪念日及10月1日的国庆日，该处都会举行庄严而又隆重的升旗仪式，配合仪仗队步操、飞行服务队的空中花式飞行及消防船的海上喷水表演，吸引成千上万的市民及游客前来欣赏。

尖沙咀位于九龙南端，维多利亚港海滨。区内集中了大量的商店、购物中心、餐厅和办工大楼，在这里任何时间都是车水马龙一片繁华。

弥敦道是贯穿尖沙咀的主要大街，周围商店林立。香港文化中心、香港太空馆和香港艺术馆都在尖沙咀。太空馆是一座规模大、现代化水平高的太空科学馆，馆的外表是一座别具风格的大型圆形建筑，馆内设太阳厅、展览厅、天象厅等，内有各种图表、模型和精密仪器，还有自动放映的闭路电视和电影。游人可以通过各种设备观赏到日蚀、月蚀的美妙景色；可以在太空隧道里亲眼看到运行的宇宙飞船模型，以及宇航员飘在空中失重的状况。整个天象馆如同宇宙天体，游客到此如置身太空一般。

地区的一个标志性建筑，前临维多利亚港，壮阔海景及繁盛港岛景色一一尽收眼底。

从九龙、港岛各地均可乘坐各种交通工具到维多利亚海湾海滨，如果住得不远，走过去是最舒服的。过海可乘地铁，也可搭乘天星小轮。天星小轮最便宜，从尖沙咀到中环过海只需要1.7元港币。

注意事项

1.到香港旅游需要办理港澳通行证，各地公安机关均可办理。内地一些地方仅能办理到澳门的团体旅游证件。

2.旅游人士如能避开上下班乘车高峰时间，就能较容易地乘坐任何交通工具前往各旅游景点。

3.游客最好也能自备一张香港地图，以备查阅之用。

维多利亚海湾

香港购物

香港被誉为“世界的购物天堂”，每年均有来自世界各地的购物爱好者不辞辛苦来到这里购物。对于一个喜欢享受物质所带来的快乐的人，尽情享受血拼的快乐，也许是一种淋漓尽致的痛快。在全球也许有很多个这样的地方，而香港的中环有它独一无二的优势。

像中环这样，拥有几条购物名店或名街，这样的购物环境在世界上不胜枚举，但是如果说包容全球最顶级的200多家名牌店、而且只是连绵在很少的面积内，又与周围最昂贵的写字楼和金融机构相贯通的超级购物中心，只有香港中环才有。在中环狭窄的天空下，却是一个极尽物质休闲享受的地方。

在这里可饱览维多利亚港美景，是香港另一经典的明信片景致。尖沙咀一侧有钟楼，香港文化中心（香港年轻人的至爱婚姻注册地，周末能见到许多新人在此留影，简单大方的婚纱及素雅的捧花总能吸引游人的目光）。

尖沙咀的天星码头，天星小轮穿梭于中区和沙咀两地，成为重要的渡海交通工具。这是世界上最出名最短的渡轮航线，乘坐绿白色相间的小轮渡海只需8分钟，游人可观赏海港两岸美丽的景色。

星光大道设于尖沙咀海滨长廊，以香港电影业发展史及旨在表扬幕前巨星和幕后电影工作者的成就为主题。大道全长440米，从香港艺术馆旁伸延至新世界中心。香港星光大道仿照美国好莱坞星光大道设计、耗资4000万港元建成并于2004年4月28日正式开放。

星光大道地面装嵌了73名电影名人的牌匾，当中30多块有名人打手印。为庆祝已故功夫巨星李小龙先生获香港电影金像奖协会颁发“世纪之星”的荣誉，一尊高 2 米的李小龙铜像竖立于“星光大道”之上，以纪念这位一代巨星对香港电影事业作出的卓越贡献。大道入口处设有金像奖铜像及一个供表演活动的小舞台。此外，你亦可发现一些穿上滚轴溜冰鞋的星光大使在大道上穿梭来往，为游人提供迅速的协助及服务。

在星光大道漫步，游客可以从容地欣赏香港著名的维多利亚港景色、香港岛沿岸特色建筑物以及香港崭新的多媒体灯光音乐汇演“幻彩咏香江”。

湾仔在 20 世纪 60 年代曾以“海员的休闲地”著称，这里是个繁忙不息的闹市，新式建筑林立，包括亚洲最高的 78 层的混凝土建筑物——中环广场。海边的填海区也筑起了许多高楼，创造出一个全新的商业文化中心。景色迷人的维多利亚海港位于九龙半岛和香港岛之间，南北有高山作为天然屏障，东面的鲤鱼厅是控扼它的咽喉要地，它既是著名的军港，也是亚洲乃至世界的重要交通要道。走过人行高架桥就可到达维多利亚公园，它是香港最大的公园，每逢周日下午，公园内举行颇具特色的时事辩论会——城市论坛，这和英国伦敦海德公园的集会相似，市民可以和演讲者辩论，过程还在电视台直接播放。湾仔自然径以旧湾仔邮政局为起点，由湾仔峡伸延至山顶区下半部分，全程有 10 个重要据点，沿途种植了不少古老稀有品种的树木，呈现清幽的城郊风光。

在邮政局古迹的外墙上画有路线图。游客乘地铁到地铁湾仔站“湾仔会议展览中心”出口，沿指示利用连接地铁站及会议展览中心的行人天桥，步行约 10 分钟即可到达。

建议先乘地铁到中环站，可直达置地广场、太子大厦、遮打大厦和国际金融中心等，然后沿皇后大道中向西行，经过多间品牌专卖店，货品都是一等一的齐全，而利源东街、利源西街及永吉街等特色小巷也建议一看。

铜锣湾位于香港岛中心北岸之西，这里有着香港重要的购物、饮食和娱乐场所，多家著名大型日资百货公司皆落户此区，包括崇光百货、时代广场、利舞台广场、世贸中心及位于兴利中心内的三越百货。

铜锣湾购物区亦是全世界租金第三贵的地段，仅次于美国纽约的第五大道及法国巴黎的香榭丽舍大街。

1994 年时代广场落成，成为铜锣湾的标志，是该区规模最大的购物中心，亦是香港十大景点之一。广场的前身是电车厂。如今时代广场共 16 层，约有 300 个店铺专柜，分为 5 大主体：2~9 楼为购物廊和合家欢；负 2 层的“时代便利集”有超级市场和各种生活日常品零售店、快餐店；负 1 层为 City’super 和叶壹堂书店；夹层是连卡佛(Lane Crawford) 百货公司；首层为日式家具广场。

大鹏半岛海岸

——仍留原始

游览时机

大鹏半岛一年四季皆可游览。7~8月间，最适合的就是去海岛度假了。金黄的海滩与蔚蓝大海融为一体，大家还可以在沙滩上打两场排球，带着一身古铜色回来，这肯定是非常健康的生活啦。就算什么都不干，躺在海边吹海风，亦惬意得很，更何况有让人食指大动的海鲜。

>> 概要介绍

大鹏半岛陆域面积294.18平方公里，海岸线长133.22公里，森林覆盖率76%。大鹏半岛海岸资源保存最为完好的地方是东冲、西冲和坝光三个行政村一带。

东冲和西冲海岸沙滩细白、海水湛蓝，因没有被开发，东西冲的景色有着最原始最淳朴的自然之美。它是深圳的“黄金海岸”。

这两个都是天然的海滩，因为交通原因，没有经过所谓人工的后天美化，所以能展示出最自然的风情魅力。西冲和东冲都处在大鹏半岛的边缘，海岸连成一线，海水蓝而透明，海浪一浪接着一浪，气势十足。脚踩的沙尤其细腻，风一吹，人的整个身体都会落下一层，轻拍一下，细沙又随着大队伍飘远。最让人眼馋的是沙滩上满是贝壳，相信这是在深圳沿海线上独一无二的，捡贝壳不用担心别人跟你抢，因为太多了，所以要记得带上塑料袋装贝壳。更有探险精神的朋友，可以沿岸行走，来一场激情穿越。岩石上的窜跳，躲避遍山的带刺野菠萝，蜿蜒小路，挑战自我，绝对是一个美妙旅程。更要提醒您，东冲是深圳见到第一缕阳光的好地方。

坝光的沿海滩涂长满了红树林，大约有200多亩，已有许多白鹭在这里安家，成群结队飞来飞去非常壮观。

>> 地理位置

大鹏半岛位于深圳，东临大亚湾，与惠州接壤，西抱大鹏湾，遥望香港新界。

>> 自然风光

鹅公湾是深圳唯一带瀑布的沙滩。在沙滩北面有一条银白色的瀑布，从山涧飞流而下直冲蔚蓝大海。沙滩长约500米，宽约20米，沙质呈银白色。这里早已开发成海产养殖基地，近年来成为户外穿越、垂钓、潜水、休闲的热点。这里有一只天然大海龟——一只完全是由岩石生成的、静卧于海边的巨大石龟。

七娘山位于深圳市龙岗区大鹏半岛南端，是深圳市内山脉中仅次于梧桐山的第二高峰。它有七个山峰，主峰海拔高度867米。因传说有七个仙女下凡到山上游玩而得名。

七娘山山高谷深，溪涧蜿蜒，并有多处瀑布。山中森林茂盛，保存着未经人为破坏的常绿阔叶林，高大古林浓郁如盖、林中空气清新宜人，每当山风拂过，更有阵阵林涛。在七娘山山顶可以四望海景无敌，而上山道路陡峭崎岖，是游玩、

衣食住行

深圳属于亚热带海滨气候，温暖湿润，除了每年春节前后的一段时间需要厚实一些的御寒衣物外，其他时间最多带一件茄克即可。

这里海参、海胆、宝贝、大螃蟹等任游客挑选，大鹏镇内更有海鲜美食一条街，游客可以现买、现做，当然更可以现吃了。另外，由于深圳是一个移民城市，这里汇集了全国各地乃至世界各地的美食，游客可以尽情挑选和享受。

另外，盐田区海滨的海鲜一条街也很有名气，从市区过去仅30分钟车程。这条街上的食馆全部是沿海岸线修建的二层小楼，顶层设海景露台，多以客家风味和潮汕风味为主，现捉现卖的海产品只进行简单的清蒸，浇上些特制的豉油就上桌了，不仅味道鲜美，而且保留了营养。

到大鹏半岛游览可以夜宿海边别墅，也可以住民居，还可以搭帐篷。不过最好是返回深圳市区内住宿。

到大鹏半岛游览的游客，到深圳后可以乘公交车前往，可在银湖汽车站乘银湖—南澳的360路大巴。

深圳宝安国际机场距离深圳市区32公里，现

已开通国内航线76条，运营航线53条，平均每天约有80多个航班飞往全国约50多个城市。

大京九、京广暨广九两条铁路大干线交会深圳，连接香港，把内地、深圳、香港融为一体，铁路交通十分方便。

深圳有三个长途客运站，每天都有发往广州、汕头、湛江、福州、厦门及省内各县的班车，其中罗湖客运站主要是到省内外各大城市的车。

市内交通由地铁、公共汽车、公共中小巴、出租汽车、豪华双层旅游观光巴士等交通工具组成，非常便利。

锻炼皆宜的好去处，也是每一个深圳登山爱好者必到之所。七娘山雨量充沛，云雾易于形成，云峰在无边无际的云海中穿梭，景象瞬息万变。最为壮观的莫过于在东南风吹拂下，海面来的水汽爬坡而上，遇冷变身为云雾，翻过山脊后顺势飞泻，形成瀑布云奇观。即使是晴朗的天气，山上也经常能看到云雾忽然从山腰汹涌而来，霎时天昏地暗，过不久却又消散殆尽。

七娘山基本上仍然保持原始面貌，没有服务设施，一般游客不便前往。目前这里主要是登山爱好者的练习场所，但要注意安全。

>> 人文景观

大鹏所城，又称“大鹏古城”，在深圳市大鹏镇鹏城村，是广东保存较好的一处所城旧址。大鹏守御千户所置于明洪武十四年（1381年），洪武二十七年（1394年）筑城，“内外砌以砖石。沿海所城大鹏为最，周围三百二十五丈六尺，高一丈八尺”，有门楼、敌楼、护城河等。清代屡有修葺。

该所城平面呈不规则四边形，城内有三条主要街道，分别为东门街、南门街和正街，主要建筑有左营署、参将府、守备署、军装局、火药局、关帝庙、赵公祠、天后庙等。原有格局基本保留，东、西、南三城门仍保存完好。城内现存主要建筑物有振威将军第、刘起龙将军第

大鹏海岸

深圳西冲景色

等，建筑规模宏伟，保存完好。

大鹏所城原为防御海盗、倭寇侵扰而设，清初为大鹏所防守营，康熙年间（1662~1722 年）又改为大鹏水师营，成为一个管辖珠江外洋东部海路的海防军事机构。在海上要塞设有九汛，后又增建南头、大屿山等 4 座炮台。鸦片战争期间，在抗击英国侵略军方面发挥了重要作用。

在深圳市乘 364 大巴（福田汽车站大鹏）到达大鹏镇。到大鹏镇后，步行前往即可，亦可搭乘摩托车前往。

东冲和西冲这两个行政村位于深圳大鹏半岛最南端，离市区七八十公里，是相隔仅 15 分钟车程的两个海港。东冲行政村由 6 个自然村组成，村里本地人不到 500 人，是深圳唯一不通省级公路的村。西冲行政村由 8 个自然村组成，村民以养殖业和捕鱼为生。两个海港偎依在七娘山下，烟雾缭绕，水清沙细，被驴友称为“深圳的天堂”，而村落里的海鲜小酒馆亦让游人流连忘返。迄今为止，到东冲和西冲的人并不多，归航渔船

注意事项

1. 要注意带好身份证，因为进入深圳特区还需要办理边防证。不过，现在凭身份证可在关口办理。

2. 到大鹏半岛徒步一定要注意安全。

3. 注意财物安全。

上的人家享尽了这处海上仙境。

坝光村是龙岗区葵涌镇东部的自然村，位于盐坝高速的终点站。由于这里还未曾开发，生态环境保存得特别好，有大片的红树林、成群的白鹭，附近还有火山岩石地貌的岛屿、沙滩。该村由 18 个自然村组成，散布在 16 公里的海岸线旁，远远望去好像山海孕育的珍珠宝贝。这里藏着坝光人引以为自豪的两样东西：树和海。这里蓝天白云，低丘连绵，山林葱茏，绿野广阔，是游人远离都市、感受自然的好去处。

从深圳市区—盐田—葵涌—金业路—葵坝路—径心水库—坝光，约 60 公里，由于有部分山路，单程需 120 分钟（由于盐坝高速葵涌—坝光段还未通车，故从葵涌开始为普通公路）。坐公交大巴的话乘 360、364 路到葵涌镇下车，再转 987 路（一天 5 班车）直达坝光村，或再搭摩托车或出租车到坝光，每个人 40 元可来回。

大亚湾核电站位于深圳大鹏镇，占地 2 平方公里，电站目前 70%的电量供应香港，30%供应广东。该核电站的建成标志着我国和平利用核能达到世界先进水平。大亚湾核电站的两个反应堆和厂房犹如两个金蓝银甲的巨人屹立在青山绿水之间；长为 2 公里的防浪堤横卧在碧波上，组成了一幅如同天外来客一样的景观，宏伟壮丽，神秘迷离。到了夜晚，这里灯火辉煌，星光闪耀，波光辉映，把这块神秘的土地点染得气象万千，令人流连忘返。

深圳鹅公湾

蓬莱海岸——人间仙境

仙山你在哪里

>> 概要介绍

“蓬莱”一名源于汉武帝至此望海中仙山而得，古为“登州”，唐神龙三年（707 年）置县，1991 年经国务院批准撤县设市。

蓬莱境内有驰名中外的国家重点保护文物——蓬莱水城——蓬莱阁，有令人神往的“仙阁凌空”、“海市蜃楼”、“渔梁歌钓”、“日出扶桑”、“漏天滴润”、“铜井金波”、“万斛珠矶”、“狮洞烟云”、“晚潮新月”、“万里澄波”十大景观，加之“八仙过海”的美传，素以“人间仙境”著称于世，被国务院定为国家级风景旅游区。

>> 地理位置

蓬莱地处中国山东半岛最北端，濒临渤、黄二海，东与日本、韩国隔海相望。

游览时机

海滨旅游城市蓬莱是消夏避暑、旅游观光胜地，每年 7~9 月为旅游旺季。

游览线路

蓬莱城并不大，一日游基本可以游览完毕。下面是蓬莱一日游的游览线路：

A线：海滨公园停车场—蓬莱阁售票处（购票）—马道—船舶发展陈列馆—天桥—蓬莱阁古建筑群（乘索道缆车或步行）—田横山公园（乘索道缆车或步行）—全周影院—登州博物馆（蓬莱阁西门下至正门）—登瀛桥—登州古船博物馆—古市一条街—水师府—振扬门（返回）—海滨公园—八仙塑像—蓬莱文化广场—返回海滨公园停车场。

B线：海滨公园停车场—蓬莱阁售票处（购票）—马道—船舶发展陈列馆—天桥—蓬莱阁古建筑群（乘索道缆车或步行）—田横山公园（乘索道缆车或步行）—全周影院—登州博物馆（蓬莱阁西门下至正门）—登瀛桥—登州古船博物馆—古市一条街—水师府—振扬门—海滨公园—八仙塑像—蓬莱文化广场—停车点乘电瓶车—戚继光故里—乘电瓶车返回—海滨公园停车场。

>> 自然风光

八仙渡海口位于海水浴场东侧海中，西与蓬莱遥遥相望，是根据八仙过海神话传说而填海造地新建的景区，造地面积3.3万平方米，空中俯视形似丫腰葫芦。南部外墙设计为游龙起伏脊，龙首位于正门两侧，墙体内侧嵌有甲子神、日游神、夜游神及生肖图案等汉白玉浮雕70余方。景区内建有大型八仙过海汉白玉照壁，布置各种雕塑20余尊，奉道教神仙100余尊。景区内还建有人工池2处，分别注入海水和淡水，名曰“北海”、“南湖”。景区北部的环步廊长400余米，连接憩息凉亭9处，步廊梁架间有彩绘174幅，形象地展示了八仙得道成仙的神话传说，可谓景随步移，令人目不暇接。

狩猎谷是龙首山的一条大峡谷。大峡谷自北向南全长1600多米，谷宽8~15米，两边绿树掩映，谷底深邃奇绝，瀑布直泻而下，流水潺潺。鹿、獾、兔、猴等多种动物栖息其间，狩猎者持强弩顺谷而上，可以猎得各种野味，潇洒刺激，情趣独具。

水帘洞是龙首山中的一个洞穴。它位于龙首山巅偏北，周长680米。此系群猴的天地。入水帘洞观赏群猴儿的攀缘嬉戏，首先应通过回折深幽的山洞，迈过如帘似幕的水墙，方可领略猴子的“尊容”，真是别有洞天。动物园中有十多种野生动物，狗熊、石羊、鹂鹋、驼鸟等珍贵动物在此安家落户。

>> 人文景观

蓬莱阁建于山顶。远远望去，楼亭殿阁掩映在绿树丛中，高踞山崖之上，恍如神话中的仙宫。

蓬莱阁坐落在蓬莱市北濒海的丹崖山上，始建于北宋嘉祐六年（1061 年），占地面积 1.89 万平方公里。蓬莱阁的神奇景象和宏伟规模，与黄鹤楼、岳阳楼、滕王阁并称为“中国四大名楼”。阁内文人墨宝、楹联石刻，不胜枚举。蓬莱阁现已是国家重点文物保护单位。

蓬莱阁每个建筑单体由多种风格的楼亭殿阁所簇拥，犹如众星拱月。阁内布局奇巧，浑然天成，层层叠叠，错落有致。登上主阁，凭栏四顾，轻纱般的云雾缠绕阁下，亭楼殿阁在掩映中时隐时现，使人超凡出世之感油然而生。

传说汉武帝多次驾临山东半岛，登上突入渤海的丹崖山，寻求“蓬莱仙境”，后人就把这座丹崖山唤作“蓬莱”。恍如仙境丹崖山立在海边，临海的一面是陡峭的绝壁，山岩纹理是暗红色，故有此名。

仙人桥在蓬莱阁的下面，结构精美，造型奇特，它是神话中八仙过海的地方。据传，汉钟离、吕洞宾、韩湘子、蓝采和、张果老、铁拐李、曹国舅、何仙姑八仙借助于各自的宝物，从仙人桥漂洋过海，凌波而去，到了蓬莱阁对面的庙岛。“八仙过海，各显其能”，也就成为流传甚广的神话故事。

仙人望海楼位于海滨公园中部南侧，坐南面北，设计为民族古典式风格。主体建筑为二层木石结构楼阁，木质窗棂，南北两侧各有 20 米明廊，一层正中为门厅，二层置释迦牟尼、太上老君、孔子塑像各一尊，均面向大海。东、西、南三面围墙，内壁为汉白玉质地，镌佛、道、儒肖像浮雕 309 尊。园内正中汉白玉莲台上为四面观音汉白玉石雕，高 8 米，南北东西四面分别为滴

衣食住行

如果在每年 7~9 月到蓬莱旅游，穿单衣即可。

到蓬莱旅游，可“观仙境，尝美食，嚼海鲜，品水果”，兴趣盎然，不亦乐乎。

八仙宴取自蓬莱“八仙过海”传说。1989 年蓬莱宾馆厨师新创“八仙宴”：以大虾、海参、扇贝、海蟹、红螺、真绸等海珍品为主要原料，由 8 个拼盘、8 个热菜和 1 个热汤组成。拼盘制作仿照八仙过海使用的宝物拼成图案，造型生动别致，工艺精巧，盘盘都有神话典故，不仅味道鲜美，还可观赏助兴；热菜烹饪更为精致，呈现蓬莱多处名胜景观，巧夺天工；热汤以八种海鲜加鸡汤制成，味道鲜美奇特。“八仙宴”是蓬莱高级宾馆酒宴类的保留全席。

蓬莱是个名副其实的旅游城市，在蓬莱阁周边 1 公里的范围内，遍布大大小小的旅馆和饭店。蓬莱阁宾馆古色古香，离蓬莱阁非常近，出了大门往北 100 米左右是浩瀚的大海，抬头左望，就是蓬莱阁。除此之外，八仙居度假村、银蓬培训会议中心也是理想住处。

蓬莱汽车站位于北关路钟楼北路口，距蓬莱阁仅 1 公里之遥。蓬莱到烟台每天 6:00~18:00，15 分

钟一班，1个多小时可达，票价10元。蓬莱到青岛，每天5:10~16:00，30分钟一班，4小时可达，票价36~41元。蓬莱到潍坊，每天6:00~17:00，每小时一班，4小时可达，票价26元。蓬莱到济南，每天有8个班次，6小时可达。蓬莱直达威海的班车，每天3班，票价24元。蓬莱港码头位于市区田横山下的海港路北首，有发往长岛和旅顺的客轮。每天6:30~17:30，基本每隔40、50分钟就有船出海前往长岛，航程40分钟，要是赶上快船，只需25分钟就到达，票价：15元/人。蓬莱与旅顺之间每天对开两班车客渡船，蓬莱开船时间为12:00、20:00，旅顺返航时间为14:00、20:00，航程5小时。蓬莱港码头不通公交车，从汽车站打的到蓬莱港只需5元。蓬莱

水观音、平安观音、如意观音、送子观音。莲台四周为荷池，四面有汴桥，甬道可通莲台。园内四周植垂柳、斑竹及各色花卉，间以小型雕塑，景致秀丽，气氛幽雅恬静。

避风亭位于蓬莱阁西侧，又名“海市亭”或“避风阁”。该亭三面无窗、临海、大门敞开，纵然外面海风呼啸，但室内点燃蜡烛不灭，甚至纹风不动。有人作过测试，火柴点燃后火苗依然、抛纸屑原地下落，到室外一抛，纸屑立即随风刮飞不知去向。百试百灵，实为蓬莱阁一大奇迹。经观察发现，原来亭门前几米处有弧形短墙遮护，海风依崖吹来，形成一股强烈的上冲气流，使风越亭而过。避风亭的设计独具匠心，在建筑学上有很高的研究价值。

>> 天象奇观

海滋和海市蜃楼是一种非常奇特的气象景观，只有在极少数的地方、极少时间可以见到，而在同一地点、同一时间同时见到这两种气象奇观就更为少见了。然而，令人称奇的是2006年5月7

蓬莱阁

日，在“人间仙境”的蓬莱阁同时出现了海滋和海市蜃楼这两种奇观。

上午9时，蓬莱海滨薄雾渐退，海平面上空出现乳白色带状云雾。从11:40开始，海平面上呈现海滋现象。远处，长岛列岛开始变幻万端，只见海中岛屿两头翘起，变幻成军舰、大桥、鲸鱼等各种形状，从大海深处徐徐飘来，然后慢慢隐去，时隐时现，不断变幻形状。

同时，长岛列岛之间原本空旷的海面上出现了多个奇形怪状的墨绿色海岛。这些海岛不断变幻，似蘑菇、似树桩、又似轮船。霎时，蓬莱阁东部海域上空又出现一道天幕，海市蜃楼奇观呈现在人们面前，如同一幅繁华美丽的城市美景，景象极为清晰。

这时的景象就像一个依山傍水的海滨小城鸟瞰图，镶嵌在蓬莱阁东侧上空。小城的前面有绕城而过的护城河；河中，碧水荡漾，舟楫横渡，渔民垂钓。“画面”的右边既像绵延千里、葱绿茂盛的热带森林，又像远望的山野村庄散落在天际。这一高度清晰的“天象”一直到16:00后才开始渐渐转淡，最后在海风中慢慢飘失，持续时间长达4个多小时。

据专家介绍，海市蜃楼和海滋都是一种光学现象。春夏、夏秋之间，气温升高，万里无云，海水与水面的空气层易出现较大温差。由于水温低于空气温度，这时水面的气层与空中的气层密度便发生较大差异，光线通过密度不同的气层时便会发生折射或全反射，于是就形成了海市蜃楼和海滋的奇观。这次海市蜃楼和海滋的形成，一方面是源于大气质量的改善，另一方面是源于5日至6日当地的降雨，雨后天晴，空气清新。

新港：位于市区东面的经济开发区港河口，每天有三班豪华客渡轮发往大连湾港务公司客运站。市区（登州镇）内有6条公交线路，既不通码头，又不到蓬莱阁，班次间隔时间长，对旅游者作用不大。蓬莱城区不大，出租车价格与烟台一样，5元起价，可走2.9公里。在市区（登州镇）内打的一般不会超过8元，路程稍远一点的可不打表与司机议价。

注意事项

1.蓬莱属北温带季风型大陆性气候，夏无酷暑，冬无严寒，气候怡人，湿润凉爽，但昼夜温差较大，游客应注意预防感冒。

2.旅游区每天最佳旅游时间为上午8:00~10:00，下午3:00~5:00。另外，清晨可到海边散步、看日出，傍晚可以到海滨浴场游泳。

3.蓬莱阁旅游咨询服务中心位于游客集中的景区南门振扬门东侧。在旅游咨询服务中心内陈列各种介绍蓬莱阁景区的宣传资料、导游路线图和蓬莱市区各宾馆、旅行社、景区及精选旅游线路等资料，免费向游客提供。

海滋与海市蜃楼是有区别的。海滋一般是指空中映照的是本地的景观，如这次海滋景观是该地的庙岛列岛（长岛列岛）一带的岛屿；海市蜃楼一般是指空中映照的是异地的景观，比如在新疆沙漠地区的空中出现大兴安岭的森林景观。

蓬莱海边

>> 神话传说

八仙过海的神话故事是我国流传广泛、人人皆知的传说故事。相传，八仙某天在蓬莱阁上聚会饮酒，酒至酣时，铁拐李提议乘兴到海上一游，众仙齐声附和，并言定各凭道法渡海，不得乘舟。

八仙的举动惊动了龙宫，东海龙王率虾兵蟹将出海观望，言语间与八仙发生冲突，引起争斗。东海龙王乘八仙不备，将蓝采和擒入龙宫。八仙大怒，各展神通，上前厮杀，腰斩两个龙子。虾兵蟹将抵挡不住，纷纷败下海去，隐伏水底。八仙则在海上叫战。东海龙王请来南海、北海、西海龙王，合力翻动五湖四海水，掀起狂涛巨浪，杀奔众仙而来。危急时刻，曹国舅的玉板大显神通，只见他怀抱玉板前头开路，狂涛巨浪向两边退避。众仙紧随在后，安然无恙。四海龙王见状，急忙调动四海兵将，准备决一死战。正在这时，恰好南海观音菩萨经过，喝住双方，并出面调停，直至东海龙王释放蓝采和，双方罢战。八位仙人拜别观音菩萨，各持宝物，逐浪遨游而去。

后记

“中国，一辈子也玩不完。”这是一位外国游客到中国旅游多次后所说的一句话。中华大地不仅以她的地大物博养育了几百亿的中华子孙，还以她优美壮丽的自然风光滋润着他们的心田。

美，在山中，在水中，在建筑中，在田园中，更在人们的心中。高山大川美，山村城市美，碧波荡漾美，大漠黄土也美。美在人们的体验中：千辛万苦，甚至冒着生命危险去攀登雪山的人是为了要欣赏雪山的美丽、体验攀登的美丽、享受征服的美丽。最美是相对的，不是绝对的。故此，本书中的最美，是作者体会的最美。

旅游重在游览，是赏心悦目，是发现，而不仅仅是暴走，更不是生命冒险。旅游观赏自然风光，欣赏人文景观，了解历史地理，从而实现旅游的两个主要目的：放松心情，增长知识。这就是本书写作的最基本的出发点和最基本的目的。

本书从神州大地上成千上万风光无限的旅游景点中选择了其中的一部分（83 个景点）进行介绍，我们称之为“中国最美的地方”。其实，这些景点不过是中华美景中的“沧海一粟”罢了。在本书中，我们将“中国最美的地方”的地理位置、自然景观、人文景观、神话传说、游览时机、游览线路和游览方式(有的还有登山时机、登山线路、登山历史、民族风情）等介绍给读者。另外，在书中还给出了注意事项和环保建议。希望读者不但能在书中欣赏这些令人向往的地方，感受中华锦绣河山的壮美，而且还能够引发读者亲历游览的欲望，在现场所看到的、所感受到的体验是图书所无法描述的。

本书具有四个突出的特点。第 ·个突出的特点是不但介绍了东部地区原本就是著名的旅游胜地，即是一些人们熟知的名山、名湖、名江、名水、名城和名村。第二个突出的特点是介绍了西部地区风光奇特的一些景点，这里有许多的边缘文化令人神往。第三个突出的特点是还介绍了一些沙漠、雅丹和冰川游览景点，这些貌似偏僻、荒凉的地方，实则是引发人们心灵震撼之地。第四个突出的特点是介绍一些具有代表性的森林、海岸、岛屿等自然景观，这是一些大部分还未成为旅游景点而保持为原生态（或未开发成熟的旅游景点）的地方，以期引起读者的关注，培养读者热爱森林、热爱大自然的良好情操。

随着现代交通的便捷和通信方式的发达，为人们到达和游览遥远、偏僻的雪山、冰川、草地、沙漠提供了极为便利的条件。由此，人们的审美情趣也发生了变化，视野变得更为开阔。有趣的是，我们曾于2005年10月底、11月初参加了由四川新旅程旅行社组织的四川西部探险摄影旅行团，朝拜了香格里拉的坐标、位于四川稻城亚丁的三座神山（雪山）——仙乃日、夏诺多吉、央迈勇，拜访了蜀山之王——贡嘎雪山，攀登了亚洲海拔最低，宽达1100米、落差高达1080米的海螺沟一号冰川。与以往我们曾经游览过的小家碧玉般的江南风景相比，这些雪山、冰川给人的感觉是高大、粗犷、雄伟，令人心灵震撼。

这次旅行，体会到了乐趣，也体会到艰难。乐趣在于饱了眼福、美了心灵。景色之美令人心旷神怡，眼不够用，心不够用，手也不够用——左手照相机，右手摄像机。艰难在于山高路险（可以通过有交通工具——如汽车、缆车、螺马、滑竿等——帮助解决问题），高原（高山）反应。在高原（高山）地区行路，平路和下坡并没有什么问题，但稍微上坡，则气喘嘘嘘。另外，高原（高山）强烈的紫外线也使人脸上和鼻子上一层一层地脱皮，用手一摸即感灼痛。苦是苦，但苦的舒畅，苦的开心，因为在这一路上，美丽如影随行。借用当代名人的话说，就是“痛并快乐着！”

这次旅行，我们认识到一直以来我国旅游东部热、西部（特别是青藏高原及其边缘地区）冷的主要有两个原因：一是东部地区旅游设施（包括交通、食宿和通信等）较为完备，而西部地区的旅游设施相对落后；另一个原因（甚至是更主要的原因）是东部地区旅游知名度高，而西部地区的旅游知名度低。正由于旅游资源知名度低这个原因，导致许多游客不了解，甚至有些畏惧到西部旅游。这次到四川西部地区旅游的经历告诉我们：到西部旅游不但不可怕，而且能够感受到艰难困苦之后的喜悦。比如，我们从成都到卧龙（大熊猫保护区）—四姑娘山—新都桥（号称“摄影天堂”）—理塘（号称“世界高城”，海拔4100多米）—稻城—亚丁（最后的香格里拉）—海螺沟—成都的这次旅行，就先后15次（其中包括往返两次）共翻越了9座海拔4500米以上的高山，其中有的山峰甚至超过了海拔5000米。旅途中是有一些高山（高原）反应，但并不严重。与所获得的愉悦相比，这些痛苦算不了什么！旅行中，我们还获得了一个意外惊喜和体验，半夜的地震把我们从甜梦中惊醒。

在这次旅行中，我们也思考了一个问题，就是我们这些旅游者在怀着美好的心情愉快地饱览着华夏大地的美丽景色的同时，似乎还少了点什么？思考的结果是我们还少了关于这些美丽景点的完整知识。这就引发了我们编写本书的强烈冲动。

有朋友说，外国有的景观（特别是自然景观）中国都有，所以不需要到外国去旅游。这话虽有偏颇，但足以说明中国美景之丰富。通过阅读本书，对于其中一些已经游览过的地方，读者可以在书中重温这些美景；而对于还没有去到的地方，读者可以在书中先畅游这些美景，也许以后的某一天就会亲身体验一番；（由于各种原因，比如身体条件限制）对于那些很可能一生中无法到达地方（比如，珠穆朗玛峰、乔戈里峰），读者可以在书中神游它们。

今年（2006年）“五一”黄金周期间，我们自驾车游览了涠洲岛和海陵岛。这样，一方面欣赏了两岛的美丽风光，另一方面也检验了本书内容的合理性。通过这次实践，我们发现携带本书对于自助游览是非常有帮助的。

关注旅游、喜欢旅游的读者阅读本书可以在心中神游华夏大地。而对于以导游为职业的读者来说，阅读本书可以了解书中所介绍的全部景点的基本知识。这样，就可以成为一个全能的导游，不仅可以轻松地把游客从南方导游到北方，而且也可以把游客轻松地从东边导游到西边。

这里套用一首打油诗总结本书：万水千山都是情，东游西览累不停。要识庐山真面目，机缘尽在本书中。

参加本书编写和摄影工作的有：罗运模、谢志敏、罗铱苾、孟雪峰、许洁萍、王琛、毛建初、王玮玲、李智渊、黄云森、燕飞、潘天勇、陈华、冯漪、黄立雅、王方辰、汪学明、小老虎、古远明、陈实、徐英、陈智君、黄荣娟、桔色小猪、熊林飞、杜燕华、吴光、高屯子、阿日彬、冯兆林、张庆平、魏蓬莱、张国军、柳本直、许云华、倪谷、何舰、罗承军、陈希文、吴珊、张金涛、李春光、蜀南竹海、薛梅、周晓玲、肖锋、江美庐、金德明、姚启荣、姜光树、刘宪忱、美三亚、沈荣民、张晓、赵海平、贵马岭、乌兰呼奇、浮云、王健、舒晓波、许华山、文卓、沈璐、张蕾、郑长岭、谢宝和、叶晓琴、谢志毅、谢丁露莎、陆柳君、王小荣、苏池胜、福漳浦、吕宪臣、李凯兵、朱庆福、新昭苏、谢宝和、苏兆庆、严红丽、周飞龙、党小强、安鹤男、爱澳、amy、魏顺德、Gleb Sokolov、张国祥、释中之道、王小民、阿文（又名“一个人的西藏”，博客：http://blog.sina.com.cn/m/mytibet， http://blog.sina.com.cn/u/4673c3730100045n）、周亚玲、简 E、吴军、毕志彰、吴勇刚。

感谢新详图片中心（www.wangchen.cn）、湖南省黄龙洞风景区、云南省（罗平县旅游局）九龙瀑布风景区、海宁华视图文（钱塘江海岸风景区）、四川省若尔盖县旅游局、呼伦贝尔草原风景区、辽宁省本溪水洞风景区、北戴河风景区、西双版纳风景区、乌鲁木齐亚克西旅行社（www.xjykx.com）、福建漳浦旅游事业局、山东蓬莱旅游度假区管委、福建鼓浪屿旅游局、新疆旅游网（www.bayi88.com）、四川宜宾市长宁县万岭镇竹海管理局、山东长岛县旅游局、江西省九江市旅游局、苏州市旅游局、贵州织金县旅游局、贵州织金洞风景管理处、乌鲁木齐雷鸟探险俱乐部（www.xjhiker.com）、海南三亚旅游产业发展局、西藏波密县宣传部、浙江省温州市平阳南麂镇、宁夏中卫沙坡头旅游区、普陀山美好景象设计室（www.95bv.com）、舟山市普陀山管理局、长白山旅游网、黑龙江华夏焦点文化传媒有限公司（www.cis163.com）、长白山旅游网（www.cbshan.net）、马岭河峡谷风景名胜区管理处、鄱阳湖候鸟保护区、通辽市旅游局、新疆乔戈里高山探险服务有限公司（www.hellok2.com）、释中之道（www.szzdgd.com）、原野户外运动俱乐部（www.yyhw.net）等为本书提供了相关景区的精美照片。

2006 年 6 月于深圳